ZAUFANIE

CZYLI

WALUTA PRZYSZŁOŚCI

DZIĘKUJĘ ZA
ZAUFANIE
#ZCWP

MICHAŁ SZAFRAŃSKI

Autor bestsellera „Finansowy ninja"

ZAUFANIE

CZYLI

WALUTA PRZYSZŁOŚCI

MOJA DROGA OD ZERA DO 7 MILIONÓW Z BLOGA

Michał Szafrański
Zaufanie, czyli waluta przyszłości.
Moja droga od zera do 7 milionów z bloga

Redakcja: Kamila Wrzesińska
Korekta: Anna Dudało
Zdjęcie na okładce: Paweł Stelmach

Projekt okładki i layout: Ewelina Malinowska
Skład: Ewelina Malinowska, Sylwia Budzyńska

ISBN 978-83-65796-78-3

Druk: Drukarnia W.L. Anczyca S.A., Kraków

Grupa Wydawnicza Relacja sp. z o.o.
ul. Łowicka 25 lok. P-3
02-502 Warszawa
www.relacja.net

Dla Gabi, mamy Magdy, mamy Eli i taty Zygmunta
z olbrzymim podziękowaniem za Waszą miłość,
zaufanie w kluczowych momentach i nieoceniony wkład
w strojenie mojego kompasu życiowego

SPIS TREŚCI

WSTĘP

Jest 5 lutego 2018. Gdy wydawało się już, że Warszawa pożegnała się z zimą, to dziś za oknem znowu powitał mnie widok śniegu. Dla mnie to jak znak, że wszystko się zmienia, i jednocześnie powiew optymizmu, że kolejny dzień wcale nie musi być tak szary jak poprzedni. Czasem na zmianę trzeba długo poczekać, a czasem zaskakuje ona swoją szybkością.

Tak naprawdę tej książki miało nie być. Jako osoba zajmująca się edukacją z zakresu finansów osobistych rozpisałem sobie kilka tematów kolejnych publikacji, ale nie było wśród nich autobiograficznego *case study* mojej działalności biznesowej. Pierwsza iskra takiego pomysłu pojawiła się, gdy wydawczyni książki Pata Flynna *Gotowi na start* (ang. *Will It Fly?*) zaprosiła mnie do napisania przedmowy do polskiego wydania.

Pat to mój idol i jednocześnie internetowy nauczyciel. Osoba, od której uczyłem się w 2012 r., jak tworzyć swojego bloga. To także człowiek, który – bez swojego bezpośredniego zaangażowania – pomógł mi podźwignąć się z największej życiowej traumy: ciągnących się skutków wypadku, w wyniku którego musiałem na nowo uczyć się chodzić (więcej o tym w dalszej części książki). Z Patem łączy nas szczególna więź, której kulisy przedstawię w kolejnych rozdziałach.

Zaproszenie do napisania wstępu bardzo mnie ucieszyło, ale nie zdziwiło. Historia rozwoju mojego bloga *Jak oszczędzać pieniądze* → **zcwp.pl/jop** to świetny przykład, że strategia przedstawiona w książce *Gotowi na start* doskonale sprawdza się także w Polsce. Efekty, które uzyskałem – czy to w zakresie popularności bloga, czy wysokości generowanych dzięki niemu przychodów – udowadniają, że tworzenie wysokiej jakości treści dających realną szansę na wprowadzanie korzystnych zmian w życiu innych osób jest uniwersalną wartością – docenianą w podobnym stopniu po drugiej stronie oceanu, jak i w Polsce.

Chciałem pomóc w promocji polskiego wydania książki Pata. Wymyśliłem, że napiszę *case study,* jak strategie tego amerykańskiego autora zastosowałem w praktyce do budowy zasięgu bloga i podcastu. Pierwotnie miał to być prezent dla czytelników *Jak oszczędzać pieniądze* – ot, niewielka broszura z najważniejszymi spostrzeżeniami i sugestiami. Konspekt rozrósł się jednak do sporych rozmiarów i stało się dla mnie oczywiste, że jest to raczej materiał na kolejną, obszerną książkę.

Pomysł ten idealnie zbiegł się w czasie z okrągłą rocznicą powstania mojej firmy. W marcu 2018 r. minęło dokładnie 5 lat od dnia, kiedy założyłem działalność gospodarczą związaną z blogiem, która w tym okresie wygenerowała ponad 7 milionów złotych przychodu netto. To firma, której przychody w całości uzależnione są od zaufania do mnie i jakości marki osobistej, którą w tym okresie udało mi się zbudować. Ale jednocześnie tej firmy dzisiaj by nie było, gdyby nie wiara mojej żony Gabrieli w moje możliwości oraz gdyby nie głęboka wiara w to, że dobro powraca i że warto dzielić się za darmo tym, co mam najlepszego, inwestując godziny, tygodnie, miesiące i lata w rozwijanie bloga. To dlatego tytuł tej książki to *Zaufanie, czyli waluta przyszłości*. Dam ci w niej liczne dowody na to, że warto systematycznie pracować na zaufanie innych i być osobą godną ich zaufania.

Czy te 7 milionów złotych to dużo czy mało? To oczywiście zależy od perspektywy. Dla kogoś pracującego za średnią krajową są to olbrzymie i niewyobrażalne pieniądze. Ja sam 5 lat temu byłbym szczęśliwy, gdyby ktoś zagwarantował mi, że zarobię „raptem" 200 tysięcy złotych rocznie.

Z kolei dla kogoś, kto jest założycielem dużego przedsiębiorstwa, 7 milionów to zaledwie początek drogi. Nie uznałby pewnie takiego wyniku za powód do pisania autobiografii przez twórcę takiej firmy.

Uważam jednak, że najcenniejsza jest wiedza właśnie o początkach udanego przedsięwzięcia. Wiem, że warto dzielić się takimi historiami z innymi osobami, które chciałyby pójść podobną drogą, ale na razie toną w nadmiarze wątpliwości. Przykłady sukcesu największych przedsiębiorców są czasami zbyt odległe od naszej rzeczywistości. Pamiętam, że w porzuceniu etatu i przejściu na swoje najbardziej pomogły mi historie przedstawione w książce *Niskobudżetowy startup* Chrisa Guillebeau – opowieści o ludziach takich jak ja, którzy odważyli się wykonać ten trudny krok.

Dzięki postępowi technologii i internetowi mogę prowadzić niskokosztowy biznes w modelu *solopreneur*, czyli jako przedsiębiorca niezatrudniający pracowników. To mój świadomy wybór. Najbardziej cenię bowiem święty spokój i nie chcę brać sobie na głowę odpowiedzialności za los zatrudnionych pracowników w przypadku, gdyby mojej firmie miała się powinąć noga.

Brak znaczących kosztów stałych powoduje, że większość przychodów zostaje w kieszeni. To z kolei spowodowało, że trafiłem do wąskiego grona 0,1% najbogatszych Polaków (w Polsce jest zaledwie ok. 41 tys. dolarowych milionerów). Najciekawsze jest to, że wcale nie czuję, żebym dokonał czegoś wybitnie spektakularnego w zakresie zarabiania pieniędzy. Wierzę, że droga, którą przeszedłem, jest dostępna niemal dla każdego, kto gotowy jest zostać przedsiębiorcą i wytrwale stosować podobny do mojego reżim pracy.

Zgodnie z planem tę książkę mam ukończyć w ciągu najbliższych czterech tygodni. Czy to się uda? Wygląda to na tę chwilę nierealnie – podobnie jak większość dużych przedsięwzięć, za które się zabierałem w życiu. Podczas wielu z nich uczyłem się na bieżąco. Mając realną wizję końca, nie wiedziałem jeszcze, jakie kroki przyjdzie mi stawiać na drodze do celu. Patrząc z zewnątrz, można było po czasie odnieść wrażenie, że wszystko, czego dotykałem, po prostu zamieniało się w złoto. Rzeczywistość była jednak zupełnie inna. Projekty składały się z ogromnej ilości pracy, błędów, uświadamiania ich sobie, zmieniania kierunku w międzyczasie, eksperymentowania oraz dużej dozy szczęścia. Wierzę także, że nie obyło się bez olbrzymiego wsparcia Opatrzności.

Ta książka ma pokazać kulisy mojej drogi, czyli to wszystko, czego nie widać, kiedy patrzy się jedynie na finalne efekty. Wydaje mi się, że tylko odwzorowując całą drogę danej osoby, można zrozumieć, dlaczego odniosła ona sukces w dziedzinie, którą się zajmuje. Oczywiście byłbym nadmiernym optymistą, wierząc, że można powtórzyć moje efekty w stu procentach. Mam jednak nadzieję, że poznanie moich rozterek, błędów, toku myślowego stojącego za kluczowymi decyzjami oraz ewolucji, przez którą przeszedłem, pomoże ci osiągnąć sukces.

Nadałem książce konkretną strukturę:

- Najpierw doprecyzuję, dlaczego i dla kogo ją napisałem.
- Potem opowiem nieco o sobie. Przedstawię moją obecną sytuację, a także pokażę swoje doświadczenie życiowe i zawodowe sprzed czasów bloga i własnej firmy. Chcę bowiem, abyś dobrze rozumiał, z jakim bagażem doświadczeń wchodziłem w blogowanie. Wiele przyczyn mojego obecnego sposobu działania można znaleźć we wcześniejszym okresie.
- Później szczegółowo przedstawię 10 etapów rozwoju bloga i to, jak moje plany, priorytety i działania zmieniały się pod wpływem rezultatów, obserwacji i zbieranych doświadczeń.
- W międzyczasie będę opisywał te czynniki, które miały największy wpływ na mój sukces.

Muszę jednak dokonać jednego, bardzo istotnego zastrzeżenia: w podtytule książki nie bez powodu pojawia się dopisek „moja droga". Musisz mieć świadomość, że jest to bardzo subiektywna książka przedstawiająca moją drogę i moją rzeczywistość. Nie zakładaj, że skoro mi się udało, to kopiując dokładnie moje kroki, także odniesiesz sukces. Bardzo ci tego życzę, ale wszystko, co przeczytasz, musisz przefiltrować pod własnym kątem. Jesteśmy różnymi osobami o różnym bagażu doświadczeń. Poza tym zmieniła się już nieco rzeczywistość i możliwości. Coś, co sprawdzało się kiedyś, teraz już może nie mieć zastosowania.

Niemniej jednak uważam, że pewne reguły pozostają niezmienne. Co więcej, coraz bardziej widzę znaczenie waluty przyszłości, jaką jest zaufanie. Mam również liczne dowody na to, że wykonując dobrą robotę, świadcząc przydatne usługi i jednocześnie dbając o to, żeby po prostu dawać się lubić, można systematycznie osiągać świetne efekty – czerpiąc jednocześnie olbrzymią satysfakcję z pracy i poczucia bycia dobrym człowiekiem.

Podkreślam jeszcze raz, że piszę o własnych doświadczeniach i przemyśleniach. O drodze, którą kroczę w konkretny sposób, z dużą świadomością tego, czego już dokonałem. Nie napisałbym jednak tej książki, gdyby nie moja wiara, że poznanie etosu pracy, który w niej promuję, może mieć korzystny wpływ na twoje życie. I tego właśnie ci życzę.

Jeszcze kilka uwag porządkowych:

- W książce znajdziesz bardzo dużo odnośników do zewnętrznych źródeł. Rozpoczynają się one od → **zcwp.pl**. Wystarczy, że wpiszesz taki adres w przeglądarce internetowej. Wszystkie te adresy zebrałem także na specjalnej stronie → **zcwp.pl/bonus** i pogrupowałem rozdziałami.
- Nieustająco zapraszam także do odwiedzenia mojego bloga pod adresem → **jakoszczedzacpieniadze.pl**.
- Będzie mi bardzo miło, jeśli podzielisz się ze mną opinią o tej książce, pisząc maila na adres → **michal@finansowyninja.pl**.
- Gdybyś chciał podzielić się informacją o tej książce w mediach społecznościowych, to zachęcam do stosowania hashtagów → **#zcwp #zaufanieczyliwaluta** lub po prostu **#zaufanie**.

Życzę miłej lektury!

ROZDZIAŁ 1

Zacznij od „dlaczego?”

Simon Sinek w mądrej książce *Zaczynaj od DLACZEGO* doskonale tłumaczy, jak ważne jest uświadomienie sobie, co nas motywuje do aktywnej codzienności. Stronę internetową książki rozpoczyna seria pytań: „Dlaczego wstajesz każdego ranka? Dlaczego wykonujesz swój zawód? Dlaczego Twoja firma istnieje? Twoje *Dlaczego* to Twój cel, przyczyna, przekonanie lub wiara, która inspiruje Cię do robienia rzeczy, które robisz. Kiedy myślisz, działasz i komunikujesz się, rozpoczynając od *Dlaczego*, możesz inspirować innych".

Dziś każdy projekt rozpoczynam od identyfikacji prawdziwych powodów, dla których chcę go realizować. Poszukując odpowiedzi na pytania o zasadność nowego przedsięwzięcia, w gruncie rzeczy weryfikuję jego celowość. Utwierdzam się w przekonaniu, że warto podjąć wysiłek, lub – wręcz przeciwnie – przekonuję sam siebie, że uległem chwilowej euforii związanej z nowym pomysłem, który tak naprawdę nie przetrwał próby kilku podchwytliwych pytań.

Te motywacje są bardzo ważne. Z każdym dużym zobowiązaniem, którego się podejmujemy, związane są liczne zagrożenia. Może dopaść nas marazm, możemy być zmęczeni długą pracą bez widocznych rezultatów, mogą nas ogarnąć wątpliwości co do zasadności tego, co robimy, lub, co gorsza, możemy sami kwestionować nasz mandat do realizacji danego projektu.

Każdy duży i ważny projekt wzbudza zazwyczaj lęk przed porażką, który może przerodzić się w prawdziwy strach. Dotyczy to zwłaszcza nowych dla nas przedsięwzięć. Takich, w których przekraczamy własne ograniczenia po to, aby sięgnąć po bardziej spektakularne rezultaty.

Wiem, o czym mówię. Cały czas doświadczam tych mieszanych uczuć. I chociaż z perspektywy czasu mam tendencję do pomniejszania ich znaczenia po tym, jak dany projekt zostanie już zakończony, to faktem jest, że towarzyszące mi emocje nie raz stawiały duży znak zapytania nad celowością kontynuowania niekończących się – jak mi się wtedy wydawało – prac. Tak było z próbą przekucia bezpłatnego bloga w maszynę do zarabiania pieniędzy niezbędnych do utrzymania rodziny. Tak było również z książką *Finansowy ninja* → **fin.ninja**, która kosztowała mnie wiele wyrzeczeń w okresie dwóch lat jej powstawania.

To właśnie odpowiednio wczesne przygotowanie zestawu odpowiedzi na pytanie „dlaczego to robisz?" pomagało mi przetrwać gorsze momenty i chwile zwątpienia. Przeczytanie listy wyjątkowo mocnych motywacji pomagało nie tylko znaleźć dodatkowe pokłady energii, ale także wsparcie ze strony sprzymierzeńców, którzy znali moje cele, czasami mocniej niż ja wierzyli w ich zasadność i wspierali mnie w doprowadzeniu prac do szczęśliwego finału.

DLACZEGO NAPISAŁEM TĘ KSIĄŻKĘ

Nie inaczej było w przypadku tej książki. Chciałbym, żebyś już teraz dobrze zrozumiał, co jest moim zamiarem, dlaczego tę tematykę uważam za ważną i przez jaką transformację zamierzam cię przeprowadzić.

Często otrzymuję od czytelników bloga powtarzające się pytania dotyczące początków mojej działalności jako blogera. Wielu nowych czytelników widzi miliony zarobione na jednej książce i od razu zadaje pytania:

- Jak to zrobiłeś?
- Co robiłeś przed blogiem?
- Kto może odnieść sukces jako bloger?

Za nimi idą pytania bardziej szczegółowe i bardziej też związane z zarabianiem:

- Od czego zacząć prowadzenie bloga?
- Jak wyglądał pierwszy rok twojego blogowania?
- Jak mogę zarabiać na blogu?

Fragmentaryczne odpowiedzi na te pytania pojawiały się już u mnie na blogu. Stworzyłem nawet całą sekcję poświęconą metodom zarabiania na wykonywaniu tej profesji → **zcwp.pl/zarabianie**. Niemniej jednak nigdy nie udzieliłem kompleksowej odpowiedzi, która pokazywałaby nie tylko konkretne taktyki, ale także pewien etos i charakterystyczny reżim pracy, który cały czas staram się utrzymywać.

Osoby czytające książkę ***Finansowy ninja*** zwracały mi także uwagę, że napisałem ją w ich opinii zbyt bezosobowo. Że brakuje tam informacji o tym, jaki naprawdę jest Michał Szafrański i jakie decyzje podejmuje. Był to z mojej strony zabieg celowy, bo *Finansowy ninja* miał być uniwersalnym podręcznikiem wiedzy o finansach osobistych i nie chciałem go wypaczać moim subiektywizmem. Nadrabiam to jednak z nawiązką w tej książce.

Będę chciał cię przekonać, że dobro naprawdę powraca. Że z tego hasła można uczynić podstawę długofalowej strategii działania. Chociaż na początku wydaje się, że taki sposób działania jest bardzo ryzykowny i wystawia nas na wykorzystanie przez inne osoby, to jestem chodzącym dowodem na to, że strategia zaufania po prostu się sprawdza. Owszem, od czasu do czasu przeżyłem mniejsze i większe rozczarowania osobami, które odpłacały mi się w przykry sposób. Niemniej jednak wiara w to, że ludzi dobrej woli jest więcej niż tych złych, przyniosła w moim przypadku wspaniałe rezultaty. Bardzo chciałbym cię przekonać, że warto wierzyć w siebie i ufać w dobrą wolę innych.

Wiem także, że sporo ludzi przyglądających się teraz moim dokonaniom, wynikom finansowym i rozpoznawalności uważa, że moje sukcesy są wynikiem szczęścia lub bliżej nieokreślonego wsparcia ze strony mediów lub jakichś wpływowych osób. Jeszcze inni próbują naśladować to, co robię, mając nadzieję, że to także i ich w krótkim czasie doprowadzi do dużych przychodów. Jedna i druga grupa jest w błędzie. Zresztą ich zachowanie nie jest nietypowe. Niestety tak postępuje bardzo wiele osób, które próbują oceniać rzeczywistość na podstawie obserwacji efektów innych ludzi.

To, co widać publicznie, to końcowe efekty mojej pracy, które nic nie mówią o kulisach ich powstawania. Ta książka powstała właśnie po to, aby je pokazać. Chociaż możesz mnie odbierać jako człowieka sukcesu, to zobaczysz także porażki, którymi wybrukowana była droga do świetnych rezultatów. Dowiesz się też, jak wyglądały moje plany na każdym z etapów rozwijania bloga i w jak niewielkim stopniu udawało się je zrealizować w założonych terminach. Prawdziwa rzeczywistość przedsiębiorcy nie ma zbyt wiele wspólnego z cukierkowym wyobrażeniem o niej (co nie znaczy, że czegokolwiek żałuję). Jak wszystko ma ona swoje ciemne i jasne strony – napiszę o nich bez owijania w bawełnę.

Warto wierzyć, że dobro powraca.

Chcę pokazać, że chociaż rzeczywistość ma niewiele wspólnego z misternie tworzonymi planami, to jednak warto takie plany opracowywać. Wytyczają nam one kierunki rozwoju i stanowią kompas pomagający weryfikować, czy rzeczywiście trzymamy się wyznaczonego kierunku.

Chcę też uzmysłowić, że nawet mając wiele porażek na koncie, można odnieść sukces (według naszej indywidualnej definicji tego słowa). Kluczowe znaczenie ma nasza postawa. To, czy po mniejszych i większych upadkach jesteśmy w stanie podnieść się i próbować jeszcze raz i jeszcze raz... oczywiście cały czas wyciągając wnioski i nie powtarzając tych samych błędów. Nawet będąc chodzącą porażką, można w końcu odnieść sukces – myślę, że pod tym stwierdzeniem może podpisać się całkiem sporo przedsiębiorców.

Nawet będąc chodzącą porażką, można w końcu odnieść sukces.

Kolejny z powodów, dla których napisałem tę książkę, to ulotność mojej pamięci. Chociaż każdy może prześledzić rozwój bloga *Jak oszczędzać pieniądze*, to trudno wyczytać z niego, z jakimi wyzwaniami musiałem się mierzyć – zarówno jako bloger próbujący docierać przez internet do kolejnych czytelników, jak również przedsiębiorca, który jako główny żywiciel rodziny podjął trudną decyzję o rzuceniu etatu i zarabianiu na życie w niecodzienny sposób. Książka dokumentuje ten najbardziej burzliwy okres rozwoju mojej firmy. Obejmuje pierwsze pięć lat, w których nastąpiło najwięcej zwrotów akcji i które dobrze pokazują, z czym musiałem się mierzyć jako przedsiębiorca dopiero poszukujący optymalnego modelu biznesowego.

Na przykładzie tego okresu najłatwiej będzie mi również pokazać, że ciągła zmiana i ewolucja są jak najbardziej normalnym procesem. Zakładanie, że będziemy realizować raz wyznaczoną pięcioletnią strategię, może być dużym błędem. Zmienia się otoczenie, pojawiają się nowi konkurenci, coraz więcej biznesów walczy o przetrwanie, zmieniają się także potrzeby i preferencje klientów. Życie przedsiębiorcy to nieustanne balansowanie – z jednej strony musimy się koncentrować na tym, co jest najważniejsze w danej chwili dla nas i naszych klientów, a z drugiej strony musimy nieustannie mieć oczy szeroko otwarte i obserwować, czy właśnie nie nadjeżdża kolejny biznesowy pociąg, do którego warto się przesiąść.

I ostatnia rzecz, którą chciałbym mocno uwypuklić, to **moje podejście do pieniędzy**. Chociaż są mi one bardzo bliskie (chociażby ze względu na tematykę bloga), to chcę podkreślić, że w moim życiu nigdy nie były najważniejsze. Co więcej, kluczowe decyzje w swojej karierze zawodowej podejmowałem, stawiając na pierwszym miejscu zupełnie inne kryteria niż wysokość zarobków. Chcę na własnym przykładzie pokazać, że największe pieniądze w życiu zarabia się wtedy, gdy nie stawia się ich na pierwszym miejscu. Wiem, że jest to nieintuicyjne i może wydawać się paradoksalne. Niemniej jednak mam liczne przykłady na to, że dopiero skupiając się na dostarczaniu realnej wartości, mamy szansę być za to sowicie wynagradzani.

Usuwając z pierwszego planu cel w postaci pieniędzy, możemy robić to, co naprawdę uważamy za ważne. A jeśli będziemy w tym świetni, to jest spora szansa, że to przyciągnie duże pieniądze. Niejako przy okazji, jako skutek uboczny dobrze wykonywanej pracy. Takiej, za którą inni chętnie nam będą płacić – chociażby z wdzięczności.

Ciągła zmiana i ewolucja są jak najbardziej normalnym i pożądanym procesem.

Największe pieniądze w życiu zarabia się wtedy, gdy nie stawia się ich na pierwszym miejscu.

Nie bez powodu twierdzę, że zaufanie jest walutą przyszłości. Zaufanie do siebie, które pomaga kroczyć nietypową drogą, oraz zaufanie do innych – że nie zrobią nam krzywdy, lecz będą skłonni z kolei zaufać nam i odwdzięczyć się za świetną pracę, którą dla nich wykonujemy. Powtórzę, że działa to w takiej sekwencji:

- najpierw zaufaj sobie,
- następnie zaufaj innym,
- a dopiero potem ludzie mogą zaufać tobie.

Moje blogowanie jest przykładem, że taka strategia doskonale sprawdza się również w Polsce.

NIE LICZ NA SUKCES W JEDNĄ NOC!

Lubisz pracować od 9:00 do 17:00 z przerwami na kawkę i posiłki? To lepiej skończ marzyć o wielkim sukcesie. Szukasz balansu między pracą a życiem osobistym? Nawet nie myśl o własnej firmie. Uważasz, że pracuje się dla pieniędzy? Im szybciej się wyleczysz z takiego myślenia, tym prędzej znajdziesz drogę do szczęścia i… pieniędzy. Takie są moje doświadczenia, ale oczywiście nie musisz się ze mną zgadzać.

Wiele osób poszukuje magicznej formuły na posiadanie pieniędzy. Nawet nie napiszę „zarabianie", bo prawda jest taka, że te osoby najchętniej pieniądze by po prostu posiadały, bez konieczności włożenia w to wysiłku. Niektórzy naiwnie wierzą, że ktoś podsunie im gotowe rozwiązanie w kilku punktach. Nazywam ich czasami „dawcami kapitału". Gotowi są wydać olbrzymie pieniądze na szkolenia uczące „jak zarobić milion", ale tak naprawdę nawet nie przyswajają zawartego w nich materiału. Skaczą z kwiatka na kwiatek bez głębszej refleksji, po co to robią i czy samo skakanie przynosi jakikolwiek efekt. Czasami mam wrażenie, że przez brak cierpliwości i wytrwałości nie dają sobie szansy na osiągnięcie pożądanych rezultatów.

„Im więcej potu na treningu, tym mniej krwi na ringu."

W 2014 r. w mediach gruchnęła informacja, że za jeden wpis na blogu zarobiłem 69 tys. zł. Wzbudziło to sporą sensację. Na tyle dużą, że pojawiłem się na czołówkach największych portali. I wbrew tytułom mało kto wnikał, jak ja to naprawdę zrobiłem. Liczyło się tylko to, że zgarnąłem kasę wielokrotnie wyższą niż średnia krajowa.

Oczywiście takie tytuły to propaganda sukcesu i szukanie taniej sensacji. Rzeczywistość wcale nie musi być taka różowa. Tu znowu ktoś widzi tylko finalny efekt i nie chce nawet zastanawiać się, jak złożona droga do niego doprowadziła. Nie widzi wysiłku, poświęceń i trudnych wyborów, które finalnie umożliwiły dojście do takiego, spektakularnego już wtedy rezultatu. Rzeczywiście łatwo w takiej sytuacji o ocenę „takiemu to dobrze – udało mu się". Prawda jest jednak dużo bardziej złożona.

Mój blog miał już wtedy dwa lata. Przez cały ten czas pracowałem nad nowymi wpisami, stopniowo zaskarbiając sobie sympatię i zaufanie czytelników. W międzyczasie podjąłem decyzję o rzuceniu etatu i żyłem za odłożone wcześniej pieniądze (szczegóły w kolejnych rozdziałach). Trudno nawet powiedzieć, że powyższy efekt był zasługą zaledwie dwóch lat mojego blogowania, bo tak naprawdę blog powstał na bazie wszystkich wcześniejszych doświadczeń. Jeśli ktoś chciałby przeanalizować, jak to zrobiłem, i dotrzeć do źródeł sukcesu, to powinien ich poszukać w całym moim życiu i w najważniejszych wydarzeniach, które mnie ukształtowały. Poświęcam im rozdział trzeci.

Nie wierzę w to, że można przez całe życie chodzić na skróty. Przyznaję, że czasem się to sprawdza, ale nie wierzę, że można zbudować wieloletni, wiarygodny biznes, uciekając się wyłącznie do sztuczek i forteli. Jestem z tej szkoły, w której wkłada się do głów, że na sukces trzeba sobie solidnie zapracować. Że nie uda się go osiągnąć bez poświęcenia i włożenia w pracę całego serca. Nie bez powodu mówi się, że z niewolnika nie będzie pracownika. Jeśli ktoś nie lubi swojej pracy i wykonuje ją tylko i wyłącznie dla zapłaty, to owszem – coś tam zrobi, ale nie można mieć wygórowanych oczekiwań co do jakości jego działań. Systematyczne przekraczanie oczekiwań jest w takim scenariuszu bardzo mało prawdopodobne.

Jeśli coś traktujesz poważnie, to nie ma drogi na skróty.

Spójrzmy na drugi biegun. Na pewno znasz osoby, które w pracy potrafią się kompletnie zatracić i nie zauważają nawet upływu czasu. Właśnie tak jest, gdy robi się to, co się kocha, co nas fascynuje, co daje nam frajdę. Czy tacy ludzie skrupulatnie liczą nadgodziny? Czy w ogóle się nad tym zastanawiają? Czy może po prostu cieszą się z tego, że mają szansę rozwijać się poprzez swoją pracę? Oczywiście za każdą pracę należy się zapłata, ale dla takich osób pieniądze mają najczęściej drugoplanowe znaczenie. Bardziej liczy się osobista satysfakcja i radość z dobrze wykonanej pracy, która po prostu pali im się w rękach. Wiem, o czym mówię. Przepracowałem wiele lat dla różnych pracodawców i zawsze pieniądze liczyły się dla mnie mniej niż szeroko rozumiane poczucie spełnienia i zadowolenie z efektów mojej pracy.

*

Na pewno znasz ludzi z jakimś hobby. Być może sam jesteś taką osobą. Gotowanie, modelarstwo, ogrodnictwo, fotografowanie, rzeźbienie, malowanie, układanie kwiatów – przykłady przeróżnych pasji można mnożyć. Czy ktoś płaci ci za rozwijanie swojego hobby? Czy brak zapłaty stopuje cię w podnoszeniu kwalifikacji i kunsztu? Przeznaczasz godziny na swoje hobby, bo po prostu lubisz to robić. Dobrze wiesz, że nauczenie się konkretnego rzemiosła wymaga czasu: śledzenia specjalistycznych forów, oglądania instruktażowych filmów na YouTubie, samodzielnego eksperymentowania. Czasem ktoś coś podpowie, co może stanowić dobrą drogę na skróty, ale tak naprawdę nie da się ładnie malować bez ćwiczeń i zmarnowania farb, pędzli i płótna. Nawet jeśli ktoś zacznie ci już płacić za twoje rękodzieła, to tak naprawdę dla ciebie bardziej będzie się liczyć to, że w ogóle ktoś cię docenia, niż to, że zapłacił ci konkretną kwotę. Każdy intuicyjnie czuje, że w takich dziedzinach nie da się na długą metę oszukiwać i osiągać satysfakcjonujących efektów bez systematycznego wykonywania pracy i doskonalenia warsztatu.

Jeśli coś traktujesz poważnie, to nie ma drogi na skróty. Musisz swoje przepracować. W blogowaniu jest tak samo. To zajęcie interdyscyplinarne wymagające zdobycia wielu nowych umiejętności:

- Zrozumiałego pisania
- Budowania przejrzystej struktury tekstu
- Ciekawego opowiadania historii (narracji)
- Doboru fajnych ilustracji
- Obróbki graficznej zdjęć i rysunków
- Znajomości platformy technologicznej, np. WordPress
- Kultury dyskusji w komentarzach
- Promowania treści w mediach społecznościowych
- Dobrej komunikacji za pośrednictwem newsletterów
- Słuchania konstruktywnej i niekonstruktywnej krytyki
- Opanowania pomagającego przezwyciężyć negatywne emocje
- Odpowiedzialności w zakresie publikowanych treści
- Zarządzania własnym czasem oraz harmonogramem publikacji

Mam jednak dobrą informację. Jakkolwiek skomplikowanie to brzmi, to tak naprawdę **wszystko, o czym piszę w tej książce, jest do powtórzenia**. Nie wymyśliłem tego sam. Blog zacząłem prowadzić dopiero w 2012 r., więc mogłem korzystać z najlepszych wzorców światowych i podpatrywać tych, którzy robili to naprawdę dobrze.

Przyznam, że w Polsce nie znalazłem wtedy przykładów wartych naśladowania (być może słabo szukałem). Większość blogów koncentrowała się wtedy na treściach związanych z szeroko rozumianym stylem życia oraz komentowaniem otaczającej rzeczywistości. Osobnym nurtem były blogi modowe i pokazujące styl życia (tzw. *lifestyle*). Nie były to jednak kierunki, które chciałem eksplorować. Pamiętam, że jedyną polską inspiracją był dla mnie wtedy blog *Mr. Vintage* → **zcwp.pl/mrvintage** prowadzony przez Michała Kędziorę. Prezentował on modę męską, ale jednocześnie miał to, czego poszukiwałem u ekspertów w danej dziedzinie: wysoką jakość publikowanych treści, świetną jakość fotografii produktowych oraz dogłębne analizy dotyczące zarówno dobierania ubrań, jak i historii stojących za konkretnymi krojami lub markami. Ten blog niósł i nadal niesie konkretną wartość dla osób, które zainteresowane są tą tematyką. Potrafię to docenić, chociaż bardzo daleko mi do eleganta.

Na szczęście na świecie znalazłem dużo więcej przykładów blogowania wysokiej jakości. Szczególnie upodobałem sobie podglądanie tych osób, które jawnie dzieliły się kulisami warsztatu i nie bały się otwarcie przyznawać do błędów. Można powiedzieć, że moimi wirtualnymi mentorami zostali wtedy:

- Pat Flynn z bloga *Smart Passive Income* → **zcwp.pl/pat**
- Cliff Ravenscraft znany jako *The Podcast Answer Man* → **zcwp.pl/cliff**
- Michael Hyatt – *Your Leadership Mentor* → **zcwp.pl/hyatt**

To od nich uczyłem się blogowania i podpatrywałem, jak buduje się pozycję eksperta w danej dziedzinie. To oni pokazali mi, w jaki sposób prowadzić merytoryczne dyskusje (także w podcaście), jak pogłębiać tematy i pracować na rzecz gromadzącej się wokół blogera społeczności. Oni również poprowadzili mnie do innych osób, z których doświadczeń czerpałem: Tima Ferrissa, Chrisa Guillebeau, Marie Forleo, Gary'ego Vaynerchucka, Ramita Sethiego, Dereka Halperna, Amy Porterfield, Corbetta Barra, Toma Ewera, Scotta Dinsmore'a, Chrisa Duckera, Johna Lee Dumasa i wielu, wielu innych.

Najlepsze jest to, że nikt z nich nie wiedział o moim istnieniu. Uczyli mnie, chociaż nigdy się nie spotkaliśmy. To dzięki zdobywanej z ich blogów i podcastów wiedzy zrozumiałem, jak wielkie znaczenie ma internet – nie tylko w wymiarze biznesowym, ale także jako narzędzie edukacyjne. Nagle miałem dostęp do wiedzy z najlepszych źródeł – od praktyków znajdujących się na drugim końcu świata. Mimo że siedziałem w branży IT od 20 lat, to dopiero przygotowując się do startu bloga, uświadomiłem sobie, jak niesamowita rewolucja wydarzyła się za mojego życia.

Powtórzę, że mój blog nie był niczym nowym. Nie czuję się właścicielem żadnego z zastosowanych przeze mnie rozwiązań, poza publikowanymi treściami. Zebrałem z całego świata to, co według mnie miało największy sens, i efektem tego jest sposób działania mojego bloga, podcastu oraz firmy. Nie wymyślałem koła od nowa. Czerpałem z najlepszych wzorców, dopasowując je do swojego sposobu działania. Niektóre rzeczy odrzuciłem (np. do dzisiaj korzystam na blogu ze standardowego systemu komentarzy WordPress zamiast popularnego Disqus), a inne zaadaptowałem i rozwinąłem – cały czas słuchając mądrzejszych od siebie, ale i własnego rozsądku. Nie ma tu żadnej magii. Tylko praca.

Dlatego uważam, że to, co zrobiłem i osiągnąłem, jest jak najbardziej do powtórzenia. Wymaga to olbrzymiej pracy, poświęcenia, wiary w sens działania, ale nagroda dla wytrwałych i cierpliwych może być bardzo satysfakcjonująca. I większa niż moja.

Do 38. roku życia niewiele wiedziałem o blogach i uważałem, że to tylko pamiętniki nastolatek. Mając czterdziestkę, rzuciłem intratną pracę w branży informatycznej, aby całkowicie uwolnić się od etatu i finansować życie poprzez... prowadzenie bloga. Czy można wyobrazić sobie bardziej radykalną zmianę przekonań? Chcę, żebyś czytając tę książkę, uwierzył, że nigdy nie jest za późno i że zawsze jest dobry czas na wprowadzanie pozytywnych zmian w życiu.

KAŻDY MOŻE BYĆ MOTOREM ZMIANY

Na konferencji infoShare 2015 w Gdańsku przedstawiałem obrazowy przykład, jak każdy może zostać motorem dużej zmiany → **zcwp.pl/infoshare**. Że nie jest prawdą, że jesteśmy tylko nieznaczącymi trybikami w wielkiej maszynie. Wszyscy, których dzisiaj znamy jako wielkich wynalazców popychających cywilizację do przodu, byli kiedyś przede wszystkim zwykłymi ludźmi. Co więcej – ludźmi, którzy mieli dużo bardziej utrudniony dostęp do wiedzy i technologii niż my dzisiaj. Nawet jeśli nie chcesz być kolejnym Teslą, Jobsem czy Muskiem, to możesz wykorzystać swoją wiedzę i umiejętności w sposób potencjalnie wywołujący lawinę korzystnych zdarzeń.

W Polsce mamy ponad 2 miliony dłużników z przeterminowanym zadłużeniem, tzn. takim, gdzie opóźnienie w spłacie rat przekracza 90 dni. Na infoShare mówiłem o tym, że gdyby dzięki mojemu bezpłatnemu kursowi Pokonaj swoje długi → **zcwp.pl/psd** udało się zaledwie 10% z nich wyprowadzić na finansową prostą, to w długofalowej perspektywie mogłoby to wpłynąć nawet na zwiększenie polskiego PKB (Produktu Krajowego Brutto). Osoby bez długów są dużo bardziej zmotywowane do zwiększania swoich zarobków i mają oszczędności, których część mogą przeznaczać na podwyższanie stopy życiowej zamiast wyniszczającą psychicznie walkę z długami i odsetkami.

Ktoś mógłby powiedzieć, że moje działania to kropla w morzu potrzeb, że przecież nie rozwiążę w ten sposób problemu długów konsumenckich w skali całego kraju. Wiem jednak, że dzięki internetowi moje działania mogą przyczynić się do zmiany sytuacji finansowej konkretnych kilkudziesięciu tysięcy osób, które zdecydowały się przejść przez darmowy kurs

Pokonaj swoje długi. Dla nich i dla mnie jest to zmiana, o którą naprawdę warto walczyć.

Każdy ma wpływ na życie innych osób – czasami tylko kilku w najbliższym otoczeniu, a czasami setek, tysięcy lub nawet milionów. Ignorowanie tej szansy uważam za marnowanie swojego potencjału. Być może wynika to z mojej wiary, że talenty, które są nam dane, powinniśmy wykorzystywać nie tylko dla siebie, ale także dla dobra ogółu.

Każdy z nas może być motorem dużej pozytywnej zmiany.

Wierzę, że działa tutaj efekt domina. Rzadko kiedy mam szansę bezpośrednio zrewanżować się tym, którzy pomogli mi osiągnąć sukces. Chociażby dlatego, że oni po prostu nie potrzebują już mojej pomocy. Są na takim poziomie, że nie mam im wiele do zaoferowania.

Pat Flynn, który pokazał mi drogę blogowania, nie oczekuje jakiegokolwiek rewanżu. Dzielił się swoją wiedzą, bo zdobył ją dzięki innym, którzy także nie oczekiwali rewanżu. Swój dług wdzięczności mogę spłacać, jedynie edukując kolejne osoby, dzieląc się owocami sukcesu z tymi, którzy teraz potrzebują tego wsparcia znacznie bardziej niż Pat. W gruncie rzeczy jest to bardzo naturalny proces. Ci bardziej doświadczeni dzielą się najlepszym, co mają do zaoferowania, z osobami, które skłonne są korzystać z ich wiedzy.

Zobacz, w jaki sposób zatoczyliśmy pętlę i wróciliśmy do początku tego rozdziału, czyli pytania o to, co jest moim „dlaczego". Chęć poprawiania świata to coś, co wykracza poza mój własny interes. Wiem, że nie jestem w tym idealny, ale robię to na tyle dobrze, na ile w danej chwili potrafię. Czasami przytłacza mnie skala potrzeb i pracy, ale po zaakceptowaniu, że wszystkiego przecież nie zrobię, więc robię tyle, ile akurat mogę, jest o wiele łatwiej. Znacznie częściej taka długofalowa strategia po prostu pomaga mi przezwyciężać codzienne trudności. Gdy ewidentnie nic mi nie idzie i czuję wstręt do pracy, to pytam sam siebie: „Michał, czym twoje chwilowe problemy są w zestawieniu z tym wszystkim, czego już udało ci się dokonać i co jeszcze na ciebie czeka?". To pomaga. A nawet jeśli nie pomaga i praca nadal się nie klei, to tłumaczę to sobie prostym stwierdzeniem: widać tak miało być. Gdy akceptuję chwilową porażkę, to łatwiej przejść nad nią do porządku dziennego. Po prostu dalej trzeba robić swoje.

ROZDZIAŁ 2

Kim jestem dziś i co robiłem przed blogiem

Zacząłem z grubej rury, a wypadałoby się najpierw przedstawić. Przecież wcale nie wiesz, czy warto czytać to, co mam do powiedzenia. Nazywam się Michał Szafrański i piszę te słowa na tydzień przed ukończeniem 45 lat. Już połowę życia spędziłem w towarzystwie Gabrieli – mojego najlepszego „skrzydłowego" i jednocześnie żony od 21 lat. To moja ukochana, najlepszy przyjaciel i jednocześnie najbardziej niedoceniany wspólnik wszystkich moich osiągnięć – rzadko kiedy zauważany przez osoby podglądające moje sukcesy. Niedawno Mirek Burnejko prowadzący kanał YouTube *MiroBurn* → **zcwp.pl/miroburn** zapytał mnie: „Który Polak najbardziej cię inspiruje? Kto miał na ciebie największy wpływ?". Bez wahania odpowiedziałem: „Gabi". Nie ma drugiej osoby, która bardziej niż ona motywowałaby mnie do starań o lepsze jutro dla naszej rodziny. Nikt tak jak ona nie potrafi sprowadzić mnie na ziemię, gdy za bardzo odlatuję, i jednocześnie wspierać mnie wtedy, gdy naprawdę tego potrzebuję.

Jestem też tatą nastoletnich dzieci – Idalii i Szymona. A raczej cały czas aspiruję do tej roli, bo praca wciąż zajmuje większość mojego życia.

Bloger

Mam także kilkoro innych „dzieci". Od lipca 2012 r. prowadzę **blog *Jak oszczędzać pieniądze* (JOP)** – jakoszczedzacpieniadze.pl – na którym dzielę się przemyśleniami, analizami i konkretnymi podpowiedziami dotyczącymi szeroko rozumianych finansów osobistych. Początkowo były to tematy związane wyłącznie z oszczędzaniem i prowadzeniem budżetu domowego. Sukcesywnie poszerzałem tematykę o walkę z długami, zwiększanie zarobków, negocjowanie, inwestowanie, zarabianie na nieruchomościach, optymalizację podatkową oraz przedsiębiorczość. Nie stronię także od tematów związanych z zapleczem zarabiania na blogu, samodzielnym wydawaniem książek (*self-publishing*) oraz szeroko rozumianą promocją w internecie.

Coś, co powstało jako dodatkowe zajęcie o niejasnej przyszłości, przerodziło się w platformę wymiany wiedzy o finansach osobistych, którą co miesiąc odwiedza około 250 000 tzw. unikalnych użytkowników (UU) zliczanych przez Google Analytics, podstawowy system analizy ruchu na stronach internetowych. Prawda jest jednak taka, że większość tych osób odwiedza blog tylko raz. W efekcie całkowita roczna liczba odwiedzin wynosi aż 2,2 miliona UU. Grupa regularnych czytelników jest jednak dużo mniejsza i zamyka się w liczbie kilkudziesięciu tysięcy osób. To i tak wystarcza, żeby JOP był najbardziej poczytnym blogiem finansowym w Polsce.

Czy to dużo? To zależy od punktu widzenia. Z jednej strony wielu blogerów dałoby się pokroić za takie wyniki. Blog specjalistyczny, który systematycznie odwiedzany jest przez ponad 200 000 UU, to czołówka polskojęzycznego internetu. Z drugiej jednak strony to nadal niewiele, biorąc pod uwagę, że tematyka finansowa powinna interesować w zasadzie każdego dorosłego. W Polsce mamy ok. 31,5 miliona osób posiadających portfel z własnymi pieniędzmi (osoby powyżej 18. roku życia). Podobno połowa z nich średnio radzi sobie z finansami, ale mój blog odwiedza zaledwie 250 tys. czytelników miesięcznie. Widać, że chyba jednak coś robię źle…

W ciągu ostatnich kilku lat mój blog był wielokrotnie doceniany w przeróżnych konkursach. W konkursie Blog Roku 2013 zdobył m.in. nagrodę dla *Najbardziej inspirującego bloga*. Byłem też trzykrotnie zdobywcą nagrody Blog Forum Gdańsk Award, odbierając wyróżnienia dla *Społecznie odpowiedzialnego blogera* oraz *Wpływowego blogera*. Zapracowałem na wiele statuetek, które dopieszczały moje ego, ale także uświadamiały znaczenie mojego blogowania i odpowiedzialność za treści, które publikuję w internecie.

Podcaster

Rozszerzeniem formuły mojego bloga jest podcast ***Więcej niż oszczędzanie pieniędzy*** (WNOP) → **zcwp.pl/podcast**. To taka forma audycji radiowej w internecie – o tyle fajniejsza, że podcasty można odtwarzać w dowolnym dogodnym momencie i słuchać ich na smartfonach. Słuchacze piszą do mnie, że towarzyszę im podczas treningów biegowych, przy domowych porządkach, umilam wieczorne godziny, gdy już nic się nie chce, albo uatrakcyjniam swoim głosem dojazdy do pracy.

Podcast to pośrednia forma pomiędzy artykułami pisanymi na blogu a filmami, które można oglądać na YouTubie (swoją drogą mój podcast w formie wideo także się tam znajduje). To moja ulubiona forma twórcza, która lepiej niż tekst pisany pozwala przenosić emocje i angażować odbiorcę. To właśnie przez podcasty poznawałem twórczość swoich amerykańskich mentorów – Pata Flynna, Cliffa Ravenscrafta oraz Michaela Hyatta.

W podcaście poruszam tematy znacznie wykraczające poza finanse osobiste. Zapraszam ciekawych gości, którzy dzielą się swoim doświadczeniem biznesowym i życiowym. Czasami występuję także sam, omawiając kulisy mojej działalności oraz przedstawiając proste sposoby, na jakie organizuję swoje życie i otaczającą rzeczywistość.

Od marca 2013 r. do lutego 2018 r. nagrałem 115 odcinków, które wysłuchane zostały już ponad 3,5 miliona razy! Nowe odcinki pojawiają się regularnie co dwa tygodnie i każdego z nich słucha kilkadziesiąt tysięcy osób. To czyni z WNOP jeden z trzech najchętniej słuchanych w Polsce podcastów.

Autor bestsellerów

Jestem także autorem książek. Jeszcze w ubiegłym wieku napisałem bestseller *Windows 95* – o nowym wtedy systemie operacyjnym, który zdominował świat komputerów PC. Ale to dopiero opublikowany 20 lat później ***Finansowy ninja*** przyniósł mi uznanie i duże pieniądze. Jako jeden z naprawdę nielicznych autorów zdecydowałem się wydać książkę papierową w modelu *self-publishing*, czyli samodzielnie – pomijając tradycyjnego wydawcę i decydując się na jej bezpośrednią sprzedaż przez własny sklep internetowy. W efekcie, w ciągu zaledwie półtora roku, sprzedałem ponad 55 000 egzemplarzy, osiągając kilkumilionowe przychody. Sukces *Finansowego ninja* to świetny przykład, że chodzenie własnymi drogami i eliminowanie kosztownych pośredników może być bardzo intratne. Szczegóły tego projektu przedstawiałem dokładnie na blogu, w ramach cyklu wpisów poświęconych udanemu *self-publishingowi* → **zcwp.pl/selfpublishing**.

Kilka razy do roku występuję także na dużych konferencjach, dzieląc się wiedzą z zakresu finansów i przedsiębiorczości. Sporadycznie przyjmuję także zaproszenia od szkół i uczelni wyższych. Chociaż publiczne występy dają mi dużo pozytywnej energii, to od dwóch lat podchodzę do takich propozycji bardzo asertywnie. Każdy występ wymaga solidnego przygotowania, a przecież dociera on najczęściej jedynie do wąskiego grona uczestników danej konferencji. Wiem, że przeznaczając ten sam czas na tworzenie nowych treści na bloga, do podcastu lub książek, jestem w stanie dużo lepiej realizować swoją misję edukacji finansowej i trafiać do dużo szerszego grona. Coraz większe znaczenie w tym, co robię, ma nie tyle moja osobista frajda, co optymalizacja wykorzystania energii życiowej i zwiększanie ogólnej skuteczności działań.

WYNIKI MOJEJ FIRMY

Gdy zaczynałem prowadzić bloga, to jednym z założeń leżących u jego podstaw była transparentność finansowa. Nie chciałem, aby czytelnicy musieli domyślać się, z kim mają do czynienia. Czy osoba pisząca bloga jest studentem biednym jak mysz kościelna, czy może, wręcz przeciwnie, osobą dobrze sytuowaną, ale jednocześnie za bardzo odklejoną od rzeczywistości przeciętnego Kowalskiego. Uznałem, że najprościej będzie, jeśli po prostu pokażę koszty naszej rodziny. Właśnie dzięki temu każdy mógł dokładnie zweryfikować, jak wygląda na tle Szafrańskich, i po spojrzeniu w nasze finanse podjąć decyzję, czy uznaje, że warto śledzić to, co mam do powiedzenia.

Nie ukrywam, że moje raporty finansowe cieszyły się bardzo dużym zainteresowaniem. Zwłaszcza wtedy, gdy zdecydowałem się je również rozbudować o przychody z działalności blogowej i okołoblogowej. Nie tylko mówiłem, co konkretnie robię, ale także pokazywałem, ile na tym zarabiam. Przykładem takiej transparentności był dla mnie Pat Flynn, autor amerykańskiego bloga *Smart Passive Income* → **zcwp.pl/spi**, który nieustająco publikuje swoje rezultaty finansowe. I o ile ma naśladowców po tamtej stronie oceanu, to w Polsce moja transparentność była czymś zupełnie nietypowym.

Nadal wychodzę jednak z założenia, że **nic nie przekonuje tak jak konkretne liczby**. Wiem, że jeśli masz uznać to, co piszę, za wartościowe, to najpierw zapewne będziesz chciał sprawdzić, czy w ogóle jest sens mnie słuchać. Być może jesteś już o wiele dalej niż ja na swojej drodze rozwoju jako przedsiębiorca, masz już dobry model biznesowy i wcale nie potrzebujesz wiedzy o kulisach mojej drogi. Pora więc przejść od słów do czynów. Oto wyniki mojej firmy od chwili założenia działalności gospodarczej w marcu 2013 r. do końca 2017 r.

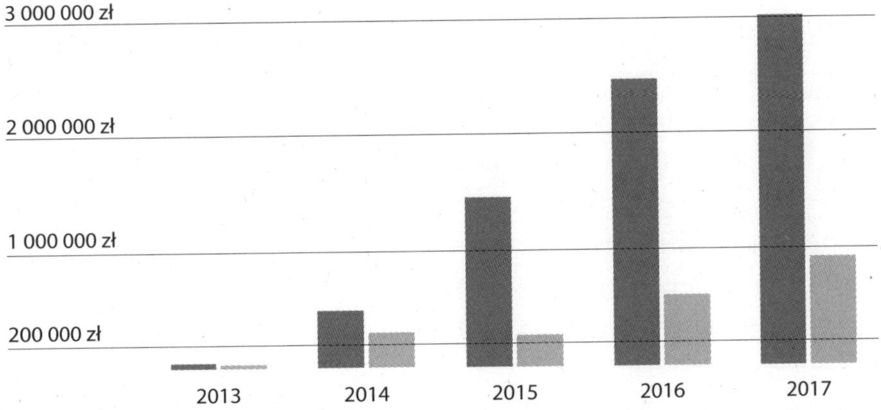

Interesy robimy najchętniej z tymi, których lubimy i którzy dają powody, aby ich lubić.

Te wyższe i ciemniejsze słupki, to przychody netto* mojej jednoosobowej firmy – czyli pieniądze zapłacone przez kontrahentów i klientów. W 2017 r. przekroczyły one 3 miliony złotych. Jaśniejsze i niższe słupki to sumy rocznych kosztów netto, czyli wszystkich ponoszonych przeze mnie wydatków. Jak widać, prowadzę wysokomarżową działalność, w której aktualnie osiągam całkiem wysokie zyski (czyli przychody pomniejszone o koszty, ale przypominam, że od tej różnicy musiałem jeszcze zapłacić podatek dochodowy).

Jeśli jednak spojrzysz na lata 2013–2014, czyli początki mojego bloga, to z pieniędzmi było naprawdę krucho. To był czas inwestycji – głównie mojego czasu – w stopniowe budowanie wiarygodności i przekonywanie osób takich jak ty, że warto korzystać z mojej twórczości.

Wykres przychodów firmy doskonale obrazuje moją filozofię życiową, którą lubię sprowadzać do przykładu skakania na trampolinach. Gdy robisz to pierwszy raz, to nie możesz wskoczyć od razu na największą z trampolin, na której wybijać się będziesz na wiele metrów w górę. To byłoby głupie, ryzykowne i potencjalnie zabójcze. Nie znasz jeszcze techniki skoków i nie masz umiejętności pomagających korygować błędy w ich wykonaniu. Nie

* Czyli pomniejszone o wartość podatku VAT.

wiesz także, jak ratować się z opresji po złym wybiciu. Nie wiedząc, jak to jest w górze, po olbrzymim wybiciu łatwo wpaść w panikę w kluczowym momencie. Gdy dopiero aspirujesz do bycia akrobatą, to musisz schować dumę do kieszeni i zacząć zdobywać doświadczenie na małych trampolinach. Stopniowo będziesz mógł przeskakiwać na coraz większe, sukcesywnie eliminując błędy, zwiększając pewność skoków oraz ograniczając poczucie paraliżującego strachu. Trening czyni mistrza, ale każdy zaczyna od podstaw.

Zaufania nie da się kupić. Trzeba sobie na nie solidnie zapracować.

Nie inaczej jest w biznesie. Zanim zaczniesz robić duże interesy, musisz pokazać, że jesteś partnerem godnym zaufania. Warto także zdobyć doświadczenie biznesowe, które pomoże przede wszystkim ufać sobie i odważniej podejmować decyzje. Na początku jest to oczywiście trudne, ale stopniowo, z każdym zrealizowanym projektem, nasze kompetencje wzrastają i jeśli rzeczywiście robimy dobrą robotę, to rośnie także nasza wiarygodność.

Interesy robimy najchętniej z tymi, których lubimy i którzy dają powody, aby ich lubić. Mój życiowy kompas nie pokazuje tu żadnej drogi na skróty. Zaufania nie da się kupić. Trzeba sobie na nie solidnie zapracować.

Początkowo – tak jak większość początkujących blogerów – miałem nadzieję, że kiedyś dostrzegą mnie firmy gotowe zapłacić za współpracę i pokazywanie na blogu ich marek, produktów i usług. Dopiero po roku eksplorowania tego kierunku zarabiania zrozumiałem, że ścieżka tzw. współprac komercyjnych ma swoje bardzo istotne minusy (będę je wymieniał w kolejnych rozdziałach) i obiektywnie trudno jest pogodzić interesy wszystkich zainteresowanych stron: czytelników bloga, partnera zainteresowanego współpracą oraz moje własne. Z tej trampoliny zdecydowałem się zeskoczyć. Zakończyłem współprace komercyjne z firmami, akceptując fakt, że ucinam sobie w ten sposób setki tysięcy złotych przychodu rocznie.

Im więcej mam oszczędności i kapitału, tym większe mam możliwości angażowania się w coraz większe i potencjalnie bardziej dochodowe projekty.

Skoncentrowałem się na rozwijaniu własnych produktów (kursów oraz książek), które mógłbym bezpośrednio sprzedawać czytelnikom mojego bloga. Paradoksalnie, dopiero gdy nauczyłem się mówić „nie" podsuwanym mi pod nos relatywnie łatwym do zarobienia pieniądzom, to rentowność mojego blogowego biznesu znacząco wzrosła. Im bardziej rosły zyski firmy, tym odważniej mogłem eliminować mało efektywne sposoby zarabiania i podejmować się realizacji projektów, które uważałem za społecznie ważne a niekoniecznie dochodowe.

Rok 2017 – spędzony w większości na regeneracji po kilkuletniej pracy na wysokich obrotach – najlepiej pokazał mi, że **wyniki finansowe biznesu wcale nie muszą być zależne od liczby przepracowanych godzin**. Mimo że obiektywnie najbardziej się w tym roku obijałem, to zarówno przychód, jak i dochód osiągnęły rekordowo wysokie poziomy.

FRAGMENT WIĘKSZEJ CAŁOŚCI

Jak doprowadziłem do milionowych zarobków na blogu? Przekonasz się, czytając kolejne rozdziały. Muszę dokonać tu jednak jednego istotnego zastrzeżenia. Byłem złotówkowym milionerem, jeszcze zanim zacząłem prowadzić bloga. W lipcu 2012 r. nasza wartość netto, czyli wartość posiadanego majątku pomniejszona o sumę wszystkich zobowiązań i kredytów, wynosiła ponad półtora miliona złotych. Oczywiście jego większość stanowiły nieruchomości – mieszkanie, w którym żyje nasza rodzina, oraz „stare" mieszkanie, które wtedy wynajmowaliśmy. Gotówki mieliśmy relatywnie niewiele – kilkadziesiąt tysięcy złotych poduszki finansowej.

Dlaczego o tym wspominam? Musisz mieć świadomość, że nie zaczynałem prowadzenia bloga jako finansowy golas. Wręcz przeciwnie – można powiedzieć, że byłem już jako tako ustawiony w życiu.

Owszem, największe pieniądze zarobiłem na prowadzeniu bloga, ale było to wynikiem doświadczeń zbieranych dużo wcześniej – przez około 25 lat wcześniejszej pracy i kariery zawodowej. Jestem przekonany, że gdyby nie to, w jaki sposób zostałem ukształtowany wcześniej, to nie mógłbym liczyć na tak udany rozwój działalności blogowej. Skłamałbym, mówiąc, że świetne rezultaty mojej firmy w ostatnich latach to wyłącznie efekt dokonań od 2012 r. Przygodę z przedsiębiorczością rozpocząłem dużo wcześniej i żeby dobrze zrozumieć tę drogę, to musimy cofnąć się w czasie aż do mojego dzieciństwa.

Oszczędne dzieciństwo

Urodziłem się w 1973 r. w Warszawie jako pierworodny syn nauczycielki języka niemieckiego i ekonometryka, który skręcił w stronę informatyki. Mama nie potrafiła się nudzić. Była wiecznie zabiegana i cały czas znajdowała sobie jakieś zajęcia. Chociaż z pracy w szkole wracała do domu dosyć wcześnie, to stale udzielała korepetycji. Przez nasze mieszkanie na warszawskich Jelonkach przewinęło się sporo uczniów. To chyba właśnie z mlekiem matki wyssałem skłonność do nieustannej gonitwy i przyjemność odhaczania kolejnych załatwionych spraw.

Tata dużo pracował, późno wracał i przynosił pracę do domu. Mieliśmy z tego z siostrą sporą korzyść, bo przynajmniej było na czym rysować – dostawaliśmy zadrukowane z jednej strony kartki z drukarek oraz karty perforowane, które wykorzystywane były do programowania ówczesnych komputerów.

W domu się nie przelewało, ale jednocześnie jako dziecko miałem zaspokojone wszystkie podstawowe potrzeby. Rodzice od wczesnych lat uczyli mnie oszczędzania. Moje zachcianki nie były spełniane. Pamiętam, jak zazdrościłem kolegom niektórych zabawek. Mnie uczono, że muszę sobie odłożyć na takie zakupy z kieszonkowego. Z nim też było trochę zabawy, bo tata wypłacał mi je dopiero po przejrzeniu mojego notatnika z zarobkami i wydatkami. Jeśli kwota zarobków (zazwyczaj tylko kieszonkowe i okazjonalne prezenty pieniężne od dziadków) po odjęciu wszystkich spisanych wydatków zgadzała się ze stanem gotówki, to wtedy dostawałem kolejną, comiesięczną wypłatę. Zawsze wolałem, żeby mi się zgadzało, a nawyk spisywania wydatków pozostał mi do dzisiaj.

Szybko nauczyłem się także tabliczki mnożenia. Nauka miała formę zabawy finansowej. Przepytująca mnie mama za każdą poprawną odpowiedź płaciła jakieś grosze, ale za błędną to ja musiałem jej płacić. Dosyć szybko zrozumiałem, że pieniądze jest bardzo łatwo stracić, a trudniej zarobić.

Tata zainteresował mnie tematyką komputerową. Czytanie polubiłem dopiero wtedy, gdy do domu zaczął przynosić czasopisma komputerowe.

Jesteśmy sumą doświadczeń z całego życia. Niestety ja interpretowałem je bardzo powoli.

Pierwsze numery „Bajtka" czytałem od deski do deski. Zamarzyłem o kupnie komputera ZX Spectrum. Rodzice gotowi byli dołożyć się do zakupu, ale większość kwoty musiałem uzbierać sam. To wtedy zrozumiałem, jak kolosalne znaczenie ma posiadanie oszczędności. Niestety, szybka kalkulacja finansowa wykazała, że nijak nie będzie mnie stać na to, aby – nawet oszczędzając całe kieszonkowe – kupić w ciągu kilku lat komputer kosztujący wtedy około 120 dolarów (zagraniczne towary można było wtedy kupić tylko za obcą walutę w sieci sklepów Pewex lub Baltona). Stało się oczywiste, że muszę zacząć sam zarabiać pieniądze.

Przedsiębiorczy dzieciak

Byłem wtedy w pierwszych klasach podstawówki. Łapałem się więc zajęć, które były w zasięgu moich możliwości. Zbierałem butelki i makulaturę i wszystko zanosiłem co jakiś czas do punktu skupu. Odkładałem wszystkie zarobione w ten sposób pieniądze.

Mama nie lubiła kwiatów, więc gdy nadchodził początek roku szkolnego, jego zakończenie albo dzień nauczyciela, to czasami miałem zadanie szybkiego pozbycia się imponujących bukietów. Najczęściej zanosiłem je do kościoła, ale kiedyś zdecydowałem się je po prostu odsprzedać. Nie pamiętam, czy propozycja wypłynęła ze strony mamy widzącej, jak próbuję zarobić na komputer, czy może sam na to wpadłem. Wziąłem z domu ceratę i olbrzymie naręcze kwiatów i udałem się na bazar na tyłach Hali Targowej Wola w Warszawie. Już rozkładając towar na ceracie, czułem na sobie spojrzenia zaciekawionych przechodniów. W końcu nie co dzień widzi się smyka handlującego bukietami kwiatów.

Te dwie godziny nauki handlu wryły się w moją pamięć i psychikę. Doświadczałem całej gamy emocji:

- **Wstydu** – gdy starsza paniusia spekulowała przy mnie na głos, jaki to muszę być biedny i jakich muszę mieć złych rodziców, że zmuszają mnie do pracy w takim wieku.
- **Przerażenia** – gdy starszy pan zapytał mnie po raz pierwszy, czy te kwiaty rozdaję, czy sprzedaję, a w ogóle to skąd je mam i czy ich nie ukradłem.
- **Euforii** – gdy jedna z pań zapłaciła mi za bukiet prawdziwymi pieniędzmi.
- **Strachu** – gdy jakiś dużo starszy chłopak chwycił kwiaty i uciekł bez zapłacenia. Wtedy nie potrafiłem być jeszcze wściekły. Po prostu się przestraszyłem.
- **Zawodu** – gdy kolejne osoby podchodziły, mierzyły mnie spojrzeniem, narzekały, że kwiaty więdną na słońcu, i odchodziły bez zakupu po rzuceniu kilku gorzkich zdań.

W tym krótkim czasie nauczyłem się także, że lepiej się uśmiechać (chociaż nie bardzo potrafiłem), że warto mieć z góry ustalony cennik, że bardzo mało osób kupuje, a więcej po prostu ogląda lub przechodzi bez słowa. Przekonałem się też, że handel nie jest trudny – o ile tylko potrafi się zapomnieć o wstydzie i przełamać wewnętrzne opory. Niesprzedane kwiaty zaniosłem do kościoła, a kładąc się spać tego dnia, byłem z siebie bardzo dumny. Nie spodziewałem się, jak szybko przyjdzie mi znowu wykorzystać te doświadczenia.

Nie pamiętam już, ile czasu zajęło mi uzbieranie 120 dolarów. Zbliżając się do tej kwoty, regularnie odwiedzałem sklep Baltony przy ul. Żurawiej w Warszawie, sprawdzając dostępność wybranego modelu komputera. Zamiast ZX Spectrum z gumowymi klawiszami zdecydowałem się kupić jego klona – nowszą konstrukcję Timex Computer 2048, którego niewątpliwą zaletą była wygodna, plastikowa klawiatura. Niestety na tydzień przed planowanym zakupem komputerów po prostu zabrakło. Powróciły do sprzedaży około miesiąca później, ale w nowej, wyższej cenie. Byłem zdruzgotany. Na szczęście rodzice dołożyli się do spełnienia mojego marzenia.

Komputer jako narzędzie pracy

Nowy nabytek służył mi przede wszystkim do grania, ale szybko mi to spowszedniało. Fascynowały mnie możliwości, jakie dawało to urządzenie. Granie w gry sprawiło, że zapragnąłem sam pisać tego typu programy. Szybko nauczyłem się języka BASIC i wgryzłem się także w asemblera, czyli dużo bardziej złożony tzw. kod maszynowy. Zacząłem poznawać nowy, fascynujący świat i już wtedy byłem przekonany, że nauka programowania jest dużo ważniejsza od „staroświeckiej" edukacji szkolnej.

Mieszkając w Warszawie, miałem niesamowitą okazję być blisko centrum tego, co dotyczyło komputerów. Zacząłem jeździć na kultową Warszawską Giełdę Komputerową przy ul. Grzybowskiej. Tam poznawałem zapaleńców takich jak ja, którzy nie tylko wymieniali się programami komputerowymi i grami, ale także je sprzedawali, a nawet pisali! Pod pseudonimem „Szafran" zacząłem tworzyć własne dema – specjalne programy demonstrujące możliwości graficzne komputerów. Na giełdzie rozwinąłem także swoje umiejętności handlowe, sprzedając gry komputerowe (wtedy jeszcze ich kopiowanie nie było nielegalne). Podglądałem innych i widziałem, że sprzedać można praktycznie wszystko. Liczyła się tylko dobra nawijka:

– O czym jest gra *Bomb Jack*? – pytał klient wertujący katalog kaset dostępnych do przegrania.

– A... skacze się w niej takim bombowym Jackiem – przekonująco odpowiadał sprzedawca, który sam dobrze nie pamiętał, o co w niej chodzi.

– A *The Way of the Exploding Fist*? – nie ustawał klient.

– To takie karate... no wie pan... jakby droga eksplodującej pięści. Weźmie pan dwie, to będzie taniej.

Pakietowanie, używanie magicznych słów „taniej" i „promocja" – tego wszystkiego nauczyłem się właśnie na Grzybowskiej jeszcze przed piętnastym rokiem życia.

Sprzedaż gier i tzw. programów użytkowych miała jednak jeden duży minus – olbrzymią konkurencję. Żeby zwiększyć zarobki, trzeba byłoby zwiększyć liczbę stoisk na giełdzie lub magnetofonów, na których przegrywało się taśmy z programami. Czas obsługi każdego klienta był bardzo długi, a powodów, by kupował właśnie u mnie – niewiele.

W tym czasie dużą popularność na giełdzie wzbudzały dodatkowe moduły dźwiękowe (dziś można byłoby powiedzieć: karty dźwiękowe) do komputerów ZX Spectrum. Pozwalały one na odtwarzanie wielokanałowego dźwięku, a ich sercem był układ scalony AY-3-8910. Zapotrzebowanie na te moduły było bardzo duże, a dostawy niewielkie. To wtedy pierwszy raz na poważnie zająłem się elektroniką. Uczyłem się od starszych kolegów. Ostatecznie po serii testów i spaleniu kilku układów elektronicznych miałem w końcu działający prototyp, który trzeba było tylko zminiaturyzować i zamknąć w obudowie. Zaprojektowałem płytkę drukowaną i zamówiłem w wyspecjalizowanej firmie produkcję ok. 100 sztuk. Co tydzień jeździłem na giełdę Wolumen na Żoliborzu, żeby kupić części elektroniczne, a następnie spędzałem cały wolny czas, lutując je do płytek i zamykając w zgrabnych obudowach. Gotowe układy dźwiękowe sprzedawałem samodzielnie, a także wstawiałem je w komis na kilku stoiskach na Grzybowskiej. W ciągu pół roku sprzedałem około 90 takich „kart dźwiękowych".

Ta ręczna produkcja seryjna wiele mnie nauczyła. Przede wszystkim zrozumiałem, jak dużych nakładów pracy wymaga przygotowanie własnego fizycznego produktu. Miałem także namacalny przykład, jak mały może być zysk zostający w mojej kieszeni – po uwzględnieniu wszystkich kosztów: materiałów, części elektronicznych, błędów (np. spalonych układów) oraz prowizji płaconej pośrednikom. Do tego wszystkiego dochodziła jeszcze czasochłonność produkcji. Plusem było to, że w przeciwieństwie do pracy handlowej taką produkcję mogłem realizować niezależnie od sprzedaży i bez osobistego kontaktu z klientem. Pomimo wysokiej ceny produktu końcowego tak naprawdę prawie nic na nim nie zarabiałem.

Tak właśnie wyglądała rzeczywistość nastoletniego przedsiębiorcy. Niemniej jednak zbierałem cenne doświadczenia, które przydały mi się w późniejszym życiu.

POSZUKIWANIE WŁASNEJ DROGI

Jako nastolatek chwytałem się bardzo wielu zajęć. Eksperymentowałem. Cały czas zmieniałem zarówno swoje zainteresowania, jak i sposób zarabiania. Wraz z wiekiem otwierały się przede mną nowe możliwości.

Ciekawym doświadczeniem były **zajęcia szermierki**. Zachęcił mnie do nich (mniej więcej w połowie szkoły podstawowej) nauczyciel WF-u, który jednocześnie był trenerem w klubie RKS Marymont. Floret, szpada, szabla, specyficzna terminologia, swoisty kodeks grzecznościowy tego sportu, stopniowe szlifowanie umiejętności pod okiem doświadczonego trenera – to były kolejne w moim życiu lekcje cierpliwości i pokory. To podczas goryczy kolejnych przegrywanych pojedynków uczyłem się przekuwać ambicję w skuteczną obronę i precyzyjne ataki – wtedy, gdy widziałem szansę na ich powodzenie. Szacowanie szans, podpuszczanie przeciwnika, pozorowanie ataku, by wymusić błąd, i w końcu wypady i rzuty szermiercze z bojowymi okrzykami – to wszystko był inny świat niż znany mi dotychczas. Wszedłem w sport, który uczył dyscypliny, zwinności i samokontroli.

Przygoda z szermierką trwała raptem rok. Trener wyjechał za granicę i nie zdecydowałem się na kontynuowanie zajęć. Przerzuciłem się na taniec-połamaniec. Jako słuchacz rapu natrafiłem na breakdance i od razu spodobało mi się to, co tancerze potrafili robić ze swoimi ciałami. Niestety nie miałem wokół siebie nikogo, kto podzielałby moją nową pasję. W efekcie trenowałem sam na ograniczonej powierzchni w domu, ucząc się większości ruchów z teledysków, które odtwarzałem z zajeżdżonych do bólu kaset wideo.

Na początku liceum wyjechałem w wakacje pracować na Węgrzech, przy zbiorze truskawek oraz wiśni. Miesiąc pracy w polu i w sadach, w palącym słońcu, przez sześć dni w tygodniu od świtu do późnego popołudnia nauczył mnie głównie tego, że nie chcę musieć wykonywać takiej pracy. Z drugiej jednak strony cieszyłem się jej rezultatami. Zarobione pieniądze przepuszczałem na przyjemności w Budapeszcie, m.in. odwiedzając dyskoteki, jakich w Polsce jeszcze wtedy nie było. Ten wyjazd dobitnie pokazał mi, jak ciężko może być zarabiać pieniądze i jak łatwo jest je wydać.

Za ostatnią wypłatę dokonałem na Węgrzech dwóch dużych inwestycji: kupiłem świetnie wyglądającą deskę skateboardową Santa Cruz z zamiarem jej późniejszej sprzedaży w Polsce oraz film *Breakin'* – kultową produkcję dla fanów breakdance'a – wraz z dodatkową instruktażową kasetą wideo z podstawowymi akrobacjami → **zcwp.pl/breakin**.

Deska okazała się kompletnym niewypałem. Zamiast sprawdzić przed wyjazdem, jakie modele są obecnie na topie i który z nich mógłby być dobrą inwestycją, to przy zakupie kierowałem się po prostu atrakcyjnością wyglądu i niską ceną. Okazało się, że kupiłem przeceniony skateboard sprzed dwóch sezonów. Po powrocie nie znalazłem chętnego na jego odkupienie. W efekcie do dzisiaj ta deska leży zafoliowana w mojej piwnicy. Być może kiedyś będzie miała wartość kolekcjonerską, ale wtedy nauczyła mnie tylko tego, że dokonywanie inwestycji bez szczegółowej wiedzy, w co się inwestuje i jakimi regułami rządzi się dany rynek, to po prostu przejaw głupoty. Łatwiej w ten sposób stracić pieniądze niż zarobić.

Inaczej było z filmem. Pomógł mi szlifować umiejętności taneczne i w efekcie w kolejnych latach wygrałem zawody breakdance'a oraz zostałem instruktorem tego tańca w jednym z warszawskich klubów.

Równolegle rozwijałem się jako komputerowiec. Zdarzało mi się pisać proste programy na zamówienie, tworzyłem dema komputerowe i proste gry, konkurując z innymi takimi wariatami jak ja. Jednym z nich był Maciej Obuchowicz znany wtedy jako „Br0mba". Był on dziennikarzem redakcji „Bajtka", magazynu komputerowego, którym byłem zauroczony. Zaproponował mi, bym wpadł do redakcji... i tak zostałem jej współpracownikiem, któremu przypadło w udziale odpowiadanie na listy czytelników.

Uwielbiałem to zajęcie. Po pierwsze, za każdą odpowiedź otrzymywałem wynagrodzenie i już samo to było super. Po drugie, z listów (takich tradycyjnych, pisanych odręcznie) dowiadywałem się, jakie problemy i wyzwania mają użytkownicy komputerów, i cieszyłem się, że mogę podzielić się swoją wiedzą, podpowiadając im konkretne rozwiązania. To chyba wtedy po raz pierwszy poczułem, że lubię tłumaczyć innym zrozumiałe dla mnie, a im nieznane zagadnienia, i że daje mi to dużą satysfakcję. Potem dostałem szansę pisania artykułów do samej gazety – na przełomie podstawówki i liceum.

Kolejny ważny etap rozpoczął się, gdy „Bajtek" powierzył mi zupełnie nowy komputer – SAM Coupe, przełomowego technologicznie następcę ZX Spectrum – z zadaniem pisania artykułów właśnie na jego temat. Niestety, w Polsce sprzedało się zaledwie kilkaset sztuk tego modelu. Nigdy nie odniósł on sukcesu rynkowego. Ja jednak byłem zafascynowany jego możliwościami. W czasach przed internetem dotarłem listownie do jego fanklubów w Anglii, Czechach, Niemczech oraz Nowej Zelandii. Stałem się pośrednikiem w sprowadzaniu programów do Polski. Gdy redakcja „Bajtka" zdecydowała się porzucić tę tematykę, rozpocząłem wydawanie własnego magazynu, który nazwałem „SAM Paper". Miałem nawet stałego współpracownika, który pomagał mi w przygotowywaniu artykułów. Wszystko przed osiemnastymi urodzinami.

Jakkolwiek poważnie by to nie brzmiało, to „SAM Paper" był przedsięwzięciem całkowicie amatorskim. Chociaż był miesięcznikiem, to nie była to prawdziwa gazeta. Ukazywał się jako tzw. magazyn dyskowy, w formie programu nagranego na dyskietce 3,5". Tworzyłem go w domu, nagrywałem setki kopii i wysyłałem zwykłą pocztą do osób, które wcześniej przesłały mi pieniądze przekazem pocztowym. Całość opierała się na zaufaniu. Czytelnicy wpłacali mi pieniądze, licząc na to, że odeślę im po kilku tygodniach nagraną dyskietkę. Niektórzy, aby obniżyć swoje koszty, przesyłali mi wcześniej czystą dyskietkę. W szczytowym momencie mój magazyn czytało około 600 osób, także za granicą.

To dzięki wydawaniu tego pisma po raz pierwszy wystąpiłem publicznie. Mając 20 lat, zostałem zaproszony do Pragi na konferencję fanów komputera SAM Coupe, na której występowałem jako absolutny autorytet, twórca magazynu dyskowego dystrybuowanego na terenie wielu krajów bloku postkomunistycznego. To było coś niesamowitego – wyjść i stanąć przed salą, na której było wtedy ok. 300–400 osób traktujących mnie jak gościa honorowego. Bardzo się denerwowałem, ale jednocześnie byłem bardzo dumny z tego, co już wtedy udało mi się osiągnąć.

Równolegle próbowałem odnaleźć się duchowo. Kilka razy uczestniczyłem w pieszej pielgrzymce do Częstochowy, próbowałem sił na perkusji w seminarium Pallotynów w podwarszawskim Ołtarzewie, wyjeżdżałem na Europejskie Spotkania Młodych organizowane przez Wspólnotę z Taizé. Dla jasności: nigdy nie byłem przesadnie religijny. Wyjazdy były dla mnie okazją do poznania fajnych ludzi, zobaczenia innych europejskich miast, a także ciekawego spędzenia okresu świąteczno-noworocznego w towarzystwie znajomych.

Na pierwszym wyjeździe do Budapesztu poznałem Gabi, która pięć lat później została moją żoną. Przez trzy kolejne lata sam organizowałem wyjazdy do Wiednia, Monachium i Paryża. Uznałem, że zamiast narzekać na jakość autokarów i słabą organizację wyjazdów, trzeba wziąć sprawy w swoje ręce. Dodatkowym plusem było to, że w zamian za pracę koordynacyjną jechałem na taki wyjazd praktycznie bezpłatnie, zaskarbiając sobie jednocześnie wdzięczność jego uczestników.

*

W liceum w okresie wakacyjnym zajmowałem się także handlem podręcznikami. Nauczony doświadczeniami z pracy w polu na Węgrzech, wiedziałem już, że prowadzenie jednego stoiska sprzedającego książki to za mało. Zdecydowałem się być pośrednikiem – osobą, która hurtowo zamawia książki i jednocześnie współpracuje ze sprzedawcami na stoiskach w całym mieście w najgorętszym okresie, czyli od czerwca do września. To, czego nie przewidziałem, to skala nadużyć ze strony takich okazjonalnych sprzedawców. Wtedy nauczyłem się, że dawanie towaru w komis bez zastawu to marny pomysł. Zdarzało się, że osoby, które „wypożyczały" u mnie towar za kilka tysięcy złotych, legitymowały się fałszywymi dokumentami. Nigdy więcej ich już nie widziałem. Nasłuchałem się także wiele opowieści o tym, że komuś ukradziono towar albo że nigdy nie wydałem tyle egzemplarzy, ile wynikało z protokołu podpisanego przez odbierającego. Zdarzały się także przypadki, w których zwracano mi komplet podręczników, ale innych niż te, które ja wcześniej wydałem. Były też osoby, które mówiły wprost: „Sprzedałem, zarobiłem, ale pieniędzy ci nie oddam i co mi zrobisz?".

W efekcie ta działalność w ostatnim roku była na dużym minusie – do tego stopnia, że musiałem pożyczyć pieniądze od rodziców. To była dla mnie bolesna szkoła życia. Pierwszy raz tak bardzo zawiodłem się na niektórych ludziach, którym po prostu chciałem dać pracę. To wyleczyło mnie na długi czas z pomysłu prowadzenia własnej firmy.

SZKOŁA CZY PRACA? OTO JEST PYTANIE!

Uczciwie mówiąc, nigdy nie było mi po drodze ze szkołą. Z gry w odpytywanie z tabliczki mnożenia przez mamę wyniosłem także jedną niekorzystną naukę – że starać się w szkole należy tylko na tyle, żeby nie miało to dla mnie negatywnych konsekwencji. Bez względu na otrzymywane oceny tata i tak zawsze pytał mnie: „A dlaczego nie piątka?". Nerwowo było tylko w okolicy dwójek i trójek. Przy czwórkach miałem względny spokój. Moje ambicje kończyły się więc na czwórkach.

W podstawówce „czerwony pasek" na świadectwie miałem tylko dwa razy: w pierwszej i ósmej klasie. Wiedziałem, że będę zdawał do prestiżowego liceum Gottwalda (obecnie Staszica) – wtedy i również obecnie najlepszego w Warszawie. Zależało mi więc na zwiększeniu szans. W samym liceum wolałem poświęcać czas na komputerowe i taneczne hobby. Lubiłem także grać w kosza, co było pewnym wyczynem przy moim niskim wzroście. Już wtedy widziałem bezcelowość niektórych przedmiotów. Przykładowo: po którejś próbie zmuszenia mnie do nauczenia się stolic państw w całej Afryce zrezygnowałem z uczęszczania na lekcje geografii, a mimo to i tak zaliczyłem semestr. Liceum nauczyło mnie zasady Pareto w praktyce, czyli jak poświęcając na coś 20% energii, osiągać 80% efektów. Do dzisiaj w tych mniej ważnych dla mnie obszarach staram się postępować właśnie w taki sposób.

Dlaczego tak się z tym odsłaniam? Jestem kolejnym przykładem na to, że nie trzeba być świetnym uczniem, aby odnosić w życiu sukcesy. Co więcej, wiele jest przykładów na to, że znanymi przedsiębiorcami zostają nie prymusi, ale właśnie ci, którzy czas szkolny przeznaczali na rozwijanie swoich naturalnych talentów i nie przesadzali z nauką. Więcej takich przykładów znajdziesz w moim wystąpieniu inaugurującym rok akademicki na uczelni Collegium Da Vinci → **zcwp.pl/cdv**.

Kończąc liceum, nie odpuściłem informatyki. Zdecydowałem, że idę na studia informatyczne na Politechnice Warszawskiej. Czułem, że to mój kierunek. Niestety, zabrakło mi punktów na egzaminie wstępnym i wylądowałem na elektronice w tejże uczelni na tzw. przesuniętym semestrze – moje studia zaczynały się nie od października, lecz od lutego. Miałem więc ponad pół roku wolnego. Wtedy podjąłem się dwóch prac.

Pierwszy etat!

W wakacje tuż po maturze zacząłem szkolić bezrobotnych z obsługi komputera. Zostałem zatrudniony na umowę-zlecenie przez firmę, która takie szkolenia organizowała. Jeździłem do Piastowa pod Warszawą i tam prowadziłem dwie grupy osób, głównie pań, dużo starszych ode mnie, które próbowały nauczyć się obsługi komputera. Już wtedy miałem do czynienia z pecetami, więc uczyłem je DOS-a, Windowsa i edytora tekstowego QR-Tekst.

– Dzień dobry, ale pan młody – powitały mnie moje kursantki.
– Ważniejsze jest to, czego mogę was nauczyć – odpowiedziałem.

Na koniec kursu otrzymałem od kilku pań podziękowania i bukiety kwiatów. To było bardzo miłe. Wtedy po prostu podziękowałem, ale do dziś pamiętam to uczucie spełnienia i satysfakcji z dobrze wykonanej pracy. Było coś magicznego w tym, że byłem w stanie przeprowadzić kobiety, których ręce trzęsły się na sam widok komputera, do stanu, w którym poruszały się z pewnością po klawiaturze, potrafiły uruchomić edytor tekstu, napisać ładnie sformatowany tekst i prawidłowo go zapisać.

Miłe wspomnienia, które mam z tamtych czasów, to doświadczenia z edukacją i przekazywaniem wiedzy. Przekonałem się, że wcale nie trzeba być superekspertem, wystarczy wiedzieć ciut więcej od tych, których się szkoli. Nie ma sensu kisić w sobie wiedzy i czekać na nie wiadomo co. Przekonałem się też, że lubię uczyć. Niestety zrozumienie, że właśnie to jest moją mocną stroną, zajęło mi tak naprawdę kolejne kilkanaście lat. Wydaje mi się, że w tamtym czasie tak bardzo chciałem biec do przodu, że nie miałem chwili na refleksję i strategiczną, chłodną ocenę swojej sytuacji. Za dużo działałem, a za mało myślałem.

Z kolei po wakacjach, kiedy kursy już się skończyły, zatrudniłem się jeszcze na pół roku w sklepie komputerowym. To była moja pierwsza oficjalna praca na etacie. Zarabiałem w niej 3 miliony złotych miesięcznie (to było jeszcze przed denominacją), czyli dzisiejsze 300 zł. Kiedyś przeliczałem, ile byłbym w stanie sobie za to kupić. Pamiętam, że jajko kosztowało od 2 do 4 tys. zł, więc co miesiąc było mnie stać na 1200 jajek. Chleb kosztował wtedy 7 tys. zł.

Pracowałem w suterenie na warszawskim Żoliborzu, w sklepie na uboczu, do którego prawie nikt nie przychodził. Tygodniowo zaglądały tam może ze cztery osoby. Bywały dni, w których nie widziałem ani jednego zainteresowanego. Wtedy zrozumiałem, że można być firmą prowadzącą sieć kompletnie niedochodowych sklepów. Można mieć góry pieniędzy umoczone w towarze, po który nikt nie przyjdzie. Sklep nawet z najnowszymi technologiami informatycznymi nie jest nic warty, jeśli brakuje marketingu, reklamy i innych działań, które przyciągałyby klientów.

Brak klientów był mi na rękę. Nie było moją rolą ich zdobywać. Po prostu przychodziłem do swojej pracy, bo byłem zwykłym sprzedawcą, awansowanym po dwóch miesiącach na kierownika sklepu, chociaż tak naprawdę cały czas pracowałem jednoosobowo i wykonywałem ten sam zakres zadań. To właśnie w trakcie tej pracy tworzyłem kolejne edycje magazynu dyskowego „SAM Paper". Stale starałem się sobie wypełniać czas i nie marnować go bezproduktywnie.

Okolica sklepu była pełna willi i zamożnych domów. Pamiętam, że miałem tam dwóch klientów, których uczyłem breakdance'a, czyli po wyjściu ze sklepu po prostu szedłem do takiego domu i dorabiałem po godzinach, udzielając dodatkowych lekcji. To była prawdziwa dywersyfikacja przychodów. Już wtedy zarabiałem więcej niż moja mama nauczycielka, mimo że nie miałem jeszcze stałej pracy i tak naprawdę pobierałem wynagrodzenie przede wszystkim za uprawianie hobby.

Porzucenie studiów dziennych

Gdy zacząłem już studia na wydziale elektroniki Politechniki Warszawskiej, to uświadomiłem sobie absurd sytuacji, w której się znalazłem. Byłem na elektronice – na studiach, które kompletnie mnie nie interesowały. Trafiłem tu za karę, bo byłem zbyt cienki, aby dostać się na informatykę! Nie wyobrażałem sobie pracy w zawodzie elektronika. Zresztą wykładowcy dosyć skutecznie nam wbijali do głowy, że przyszłość najlepszych jest za granicą. Oczywiście wielu absolwentów wydziałów elektroniki, fizyki czy matematyki świetnie odnajduje się w biznesie, ale ja wtedy – po doświadczeniach ze sprzedażą podręczników – zrezygnowałem z walki o własną firmę. Zastanawiałem się, co dalej ze sobą zrobić. Tylko strach przed rodzicami powstrzymywał mnie przed rezygnacją ze studiów. Wiedziałem, że sprawiłbym im tym olbrzymi zawód.

Dużo się nie myliłem. Po trzech latach spędzonych na Politechnice miałem w pełni zaliczone raptem trzy semestry. Wtedy doszedłem do wniosku, że nie ma się co dalej męczyć. Odważyłem się jednak rzucić studia dopiero wtedy, gdy miałem już w miarę stałą pracę.

Studiując dziennie, popołudniami jeździłem do redakcji „Gazety Wyborczej", gdzie trafiłem po prostu z ogłoszenia. Kiedyś przeglądając dodatek „Biuro i Komputer", trafiłem na ogłoszenie, że redakcja szuka osób, które chciałyby pisać o technologiach informatycznych. To było to, co lubiłem, więc po prostu poszedłem na rozmowę i okazało się, że chętnie mnie przetestują. Moje doświadczenia z „Bajtka" i z „SAM Paper" otworzyły mi drzwi do redakcji „Gazety Wyborczej".

Nie miałem z nimi formalnej umowy. Pobierałem tzw. wierszówkę, czyli wysokość mojego wynagrodzenia zależała wprost od liczby napisanych tekstów. Bardzo dużo wtedy pisałem i zacząłem całkiem fajnie zarabiać – nawet 5–8 razy tyle co za pełnoetatową pracę w sklepie komputerowym.

Podjąłem decyzję, że rzucam elektronikę i idę na studia humanistyczne w trybie zaocznym na kierunku Public Relations – proste, łatwe i przyjemne. W dodatku „Biuro i Komputer" pracowałem nieco ponad rok, w latach 1994–1995. Także tam nie potrafiłem się nudzić. W 1994 r. stworzyłem stronę internetową, na której regularnie co tydzień pojawiały się wszystkie artykuły z „Biura i Komputera". Była to pierwsza regularnie publikowana gazeta w polskim internecie. To wydarzenie doprowadziło do pierwszego wywiadu ze mną w telewizji publicznej.

„Gazeta Wyborcza" nauczyła mnie warsztatu dziennikarskiego. Moje pierwsze koślawe artykuły redaktor po prostu wywracał do góry nogami. Pokazywał, jak należy układać strukturę tekstu, jak podawać informacje, aby były łatwe do przyswojenia, jak konstruować materiały w taki sposób, żeby te najmniej wartościowe informacje były na końcu. Tekst nie wchodził bowiem w całości do gazety, zawsze przycinało się go tak, żeby zmieścił się na stronie. Każdy artykuł musiał więc być napisany tak, aby łatwo było usunąć z niego całe fragmenty, bez szkody dla jakości całego materiału. To była niesamowita szkoła pisania.

Pierwsza książka

W 1995 r. wydarzyła się jeszcze jedna ważna rzecz. Pracując w gazecie, byłem zapraszany jako dziennikarz informatyczny na konferencje i wydarzenia prasowe praktycznie na całym świecie. W pierwszej połowie 1995 r. na zaproszenie firmy Microsoft odwiedziłem Seattle w USA, gdzie prezentowany był wtedy nowy system operacyjny – Windows 95. Znalazłem się w gronie ok. 200 dziennikarzy z całego świata, którzy mieli okazję poznać go na kilka miesięcy przed premierą. To wtedy po raz pierwszy spotkałem osobiście Billa Gatesa, założyciela i prezesa Microsoftu. Otrzymałem wersję demonstracyjną Windows 95. Wróciłem do Warszawy, zainstalowałem go na komputerze taty i stwierdziłem, że to jest przełom. Takiego postępu technologicznego jeszcze nie widziałem. Bez większego zastanowienia zdecydowałem, że napiszę książkę o tym, jak się używa tego systemu.

Książka powstała w zaledwie dwa miesiące. Poświęciłem na nią całe wakacje. Ukazała się w listopadzie 1995 r. i była pierwszą książką o Windows 95 na polskim rynku. W ciągu dwóch lat sprzedała się w nakładzie ok. 40 tys. egzemplarzy, co było niesamowitym sukcesem. To dokonanie było kolejnym, kluczowym doświadczeniem w moim życiu. Nie dość, że jako 22-latek byłem autorem książki, to jednocześnie miałem szansę doświadczyć, że można świetnie zarabiać, wykonując pracę tylko raz. Wiele lat później dowiedziałem się, że takie zarabianie określa się jako uzyskiwanie dochodu pasywnego.

Po napisaniu tej książki otrzymywałem tantiemy, czyli udział w zyskach z jej sprzedaży. To były bardzo konkretne sumy jak na tamte czasy, które pomogły później kupić, wyremontować i wyposażyć nasze pierwsze mieszkanie.

Czy pamiętasz, jak pisałem o trampolinach w karierze zawodowej? Takim skakaniem po coraz większych trampolinach jest całe nasze życie. Przyjrzyj się jeszcze raz sekwencji zdarzeń z mojego życia: wszystko, co robiłem, posuwało mnie do przodu i otwierało kolejne możliwości. Oczywiście na początku nie było w tym żadnej zaplanowanej strategii, głównie szczęśliwe zbiegi okoliczności. Dopiero później, z perspektywy czasu, mogłem wyciągnąć prezentowane tu wnioski.

Wszystko, co robiłem, posuwało mnie do przodu i otwierało kolejne możliwości.

Nigdy bym nie napisał książki o Windows 95, gdybym jako małolat nie jeździł na giełdę na Grzybowskiej, nie trafił do „Bajtka", nie wykonywał dodatkowych działań, rozwijając umiejętności, i nie próbował stale w coś nowego się wgryzać. Nie miałem obawy, żeby drążyć różne tematy od strony technologicznej. Zamiast imprezować, poświęcałem swój prywatny czas na tworzenie magazynu dyskowego. To wszystko dało mi podstawowe umiejętności w zakresie pisania, które przydały się, gdy przyszedłem pracować do „Gazety Wyborczej". A gdybym nie dostał pracy w gazecie, to nie jeździłbym po świecie na konferencje i nigdy nie doszłoby do napisania książki o Windows 95, bo nie miałbym w odpowiednim momencie w ręku tego systemu. Ważna była także zdolność oceny, że jest to system, któremu warto poświęcić uwagę. Pozyskałem ją dzięki 10 latom tkwienia po uszy w komputerach.

Szczęście sprzyja przygotowanym i tym, którzy potrafią dostrzec nadarzającą się okazję i mają umiejętności, aby ją wykorzystać.

W tym wszystkim był oczywiście ogrom szczęścia. Warto jednak pamiętać, że szczęście sprzyja przygotowanym i tym, którzy potrafią dostrzec nadarzającą się okazję i mają umiejętności, aby ją wykorzystać.

„Gazeta Wyborcza" nie chciała mnie zatrudnić na stałe. Od września 1995 r. zacząłem pracę na etacie w wydawnictwie prasy komputerowej IDG Poland. Zostałem redaktorem dwóch działów w tygodniku „Computerworld".

W 1996 r. wzięliśmy ślub z Gabi. Nie było nas jeszcze wtedy stać na mieszkanie i nie chcieliśmy brać sobie na głowę kredytu mieszkaniowego. Przez kolejne 3 lata mieszkaliśmy z mamą Gabi. Byłem wtedy bardzo skoncentrowany na celu. Wiedziałem, że musimy zarabiać i jednocześnie odkładać na mieszkanie. Pracując w wydawnictwie IDG Poland, ciągnąłem równolegle dwa etaty: byłem dziennikarzem i redaktorem w tygodniku „Computerworld", ale również szefem działu informatyki, czego podjąłem się rok po moim przyjściu do wydawnictwa. Uwielbiałem to połączenie teorii z praktyką. Jednak w 2000 r., kiedy w końcu kupiliśmy mieszkanie i gdy urodził się nasz syn Szymon, uznałem, że nie jestem w stanie pracować na dwa etaty.

Musiałem wybrać i niestety postawiłem na złego konia. Zdecydowałem, że rezygnuję z IT. Zatrudniłem szefa działu informatyki i przekazałem mu wszystkie kompetencje. Sam zostałem „tylko" redaktorem. Wydawało mi się, że to jest moim powołaniem i że bardziej odnajdę się po stronie dziennikarskiej. Stało się jednak inaczej. Czasami w życiu podejmujemy błędne decyzje, nawet w tak kluczowym obszarze jak kariera zawodowa. Zdarza się. Jeśli to zauważymy, to ważne, aby sprawnie zastanowić się, jak ten błąd najlepiej naprawić.

Pod koniec 2001 r. widziałem już wyraźnie, że rynek prasy i tradycyjne media znajdują się na równi pochyłej i zmierzają w złym kierunku. Już wtedy nie potrafiły zauważyć potencjału, który dawał internet. Zamiast poszukiwać nowych modeli zarabiania w sieci, koncentrowały się na działalności, którą dobrze znały: zarabianiu na sprzedaży reklam oraz prenumeracie. Gdy zrozumiałem, że jestem na tonącym statku, którego kapitan nie chce zmienić kursu, podjąłem decyzję o rzuceniu dziennikarstwa. Mimo że świetnie wtedy zarabiałem (także dzięki publikacjom specjalnym i konferencjom, które organizowałem), to w 2002 r. odszedłem z wydawnictwa i przeszedłem na drugą stronę barykady – do firmy dcs.pl, która zajmowała się wyłącznie projektami i technologiami informatycznymi.

W dcs.pl przepracowałem kolejne 10 lat. Tam od nowa uczyłem się wszystkiego, tj. marketingu, sprzedaży, dopieszczania klientów, wystąpień publicznych, PR-u, kreowania i wprowadzania na rynek produktów i usług, ale też kompleksowego zarządzania projektami i ludźmi. Było to 10 lat bardzo intensywnej nauki i zdobywania wielu nowych kompetencji. To tam nauczyłem się realiów pracy z dużymi i wymagającymi klientami: operatorami telekomunikacyjnymi, firmami medialnymi, bankami i ubezpieczycielami. Pomagałem opracowywać i dostarczać systemy informatyczne, które stawiły trzon ich działalności – w większości były pisane zupełnie od zera przez zespół programistów pracujących w firmie. Praca na wysokich obrotach dała mi się jednak bardzo we znaki.

WYPADEK, KTÓRY ZMIENIŁ WSZYSTKO

Pracując w „Gazecie Wyborczej", „Computerworld", a potem w dcs.pl, czułem się kuloodporny. Miałem sporo osiągnięć na koncie i projekty, których się podejmowałem, zazwyczaj kończyły się mniejszym lub większym sukcesem. Wydawało mi się, że dobra passa będzie trwać wiecznie.

W grudniu 2007 r. wyrwałem się ze znajomym na snowboard do Korbielowa. Maciek Warszawski to programista, z którym pracowałem w IDG i którego zarekomendowałem do dcs.pl, jeszcze zanim sam tam trafiłem. Obaj lubiliśmy śmigać na desce, dobrze znaliśmy stoki Pilska i zdecydowaliśmy się wyskoczyć na trzy dni w góry przetestować świeży śnieg.

Gabi miała złe przeczucia, ale nie dałem się zatrzymać. Na trasie Warszawa-Korbielów dwa razy zatrzymała mnie drogówka, wlepiając mandaty za przekroczenie prędkości – za drugim razem o zaledwie 15 km/h. Dziś interpretuję to tak, że Opatrzność próbowała dać mi znać, że powinienem mocno zwolnić. Oczywiście wcale się tym nie przejąłem.

Kolejnego dnia śmigaliśmy sobie po zboczu Pilska po dziewiczym śniegu zgodnie z zasadą „decha a za nią krecha". Niestety jeden z moich skoków się nie udał. Nawet bardzo się nie udał. Nie ustałem lądowania i zacząłem odbijać się od stromego stoku jak piłka. Jestem mały i lekki, więc wylatywałem w powietrze i spadałem na nogi, turlało mną przez plecy i głowę, i znowu uderzałem deską o stok. Po którymś z takich fikołków coś chrupnęło… i, krótko mówiąc, złamałem obydwie nogi.

GOPR, karetka, spór kompetencyjny między nimi, kto ma mnie znieść ze stoku, transport do Żywca, diagnoza, szybka decyzja o powrocie do domu i w środku nocy mój inny kolega – Michał Daras – wiózł mnie do Warszawy. W międzyczasie telefonicznie skontaktowałem się z Waldemarem Sielskim – współwłaścicielem kliniki Carolina Medical Center w Warszawie, specjalizującej się w trudnych przypadkach ortopedycznych. Z Waldkiem znaliśmy się jeszcze z czasów, gdy byłem początkującym dziennikarzem, a on prezesem Microsoft Polska. Był wtedy jedną z pierwszych osób, które otrzymały ode mnie książkę o Windows 95. Po wypadku pomógł mi szybko trafić do najlepszego specjalisty. To świetny przykład na to, jak dobre relacje z innymi pomagały mi w trudnych sytuacjach.

Diagnoza: „Konieczna operacja, ale nie wcześniej niż za tydzień, jak już zejdzie opuchlizna". Stan bardzo poważny, bo piszczele są rozsypane, nie wiadomo, czy stawy są w porządku, i „brak gwarancji przywrócenia pełnej sprawności ruchowej". To brzmiało prawie jak wyrok. Czy będę chodził? Czy będę biegał? Ile to potrwa? Oczekiwanie się dłużyło, a ja byłem coraz bardziej zdruzgotany.

Na szczęście kilkugodzinna operacja zakończyła się sukcesem. Tuż przed świętami Bożego Narodzenia wróciłem zoperowany do domu. W moich nogach znalazło się kilka tytanowych płytek i około 20 śrubek. Wiedziałem tylko, że czeka mnie długa rehabilitacja bez jednoznacznej daty zakończenia i co najmniej kilka miesięcy w domu.

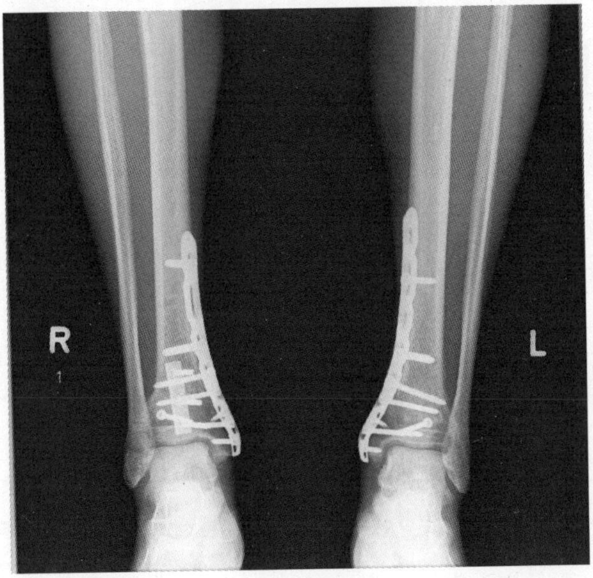

Nie mogłem stać, nie mogłem chodzić. Czułem się jak tygrys w klatce. Jednocześnie ogarniało mnie poczucie winy. Uważałem, że przez swoją głupotę zawiodłem rodzinę, szefa i współpracowników. Wszystkie moje plany legły w gruzach i byłem niepewny co do mojego przyszłego stanu fizycznego i... psychicznego.

Po raz pierwszy w życiu zacząłem się naprawdę martwić i mieć negatywne myśli. Zastanawiałem się, czy przypadkiem nie jest tak, że wszystko co najlepsze w moim życiu już się wydarzyło. Czy teraz nie będzie już tylko gorzej? Rodzina bardzo mnie wspierała, ale to powodowało, że jeszcze bardziej się dołowałem. Przed wypadkiem zachowywałem się jak kuloodporny człowiek. Nic nie było dla mnie trudne. A teraz straciłem nie tylko możliwość stania i chodzenia, ale i wiarę w siebie. Coś we mnie pękło i tak już zostało.

To był zdecydowanie najcięższy okres w moim życiu.

Fizyczny ból, którego doświadczałem w trakcie przejazdu do Warszawy, podczas wielokrotnego znoszenia i wnoszenia po schodach (w moim bloku nie było windy i systematycznie korzystałem z ofiarności moich kolegów z pracy: Michała Darasa, Darka Nożyńskiego i Marcelego Matyni, którzy dosłownie nosili mnie na rękach), oczekiwania na operację oraz kilka dni po niej – istotnie przesunął granicę mojego akceptowalnego progu bólu. Ale ból fizyczny był niczym w porównaniu z tym, co działo się w mojej głowie. Minął ponad miesiąc, zanim zacząłem akceptować swój stan.

Z drugiej strony wiedziałem, że **jestem jedyną osobą, która może zmienić ocenę mojej sytuacji**. Mogłem spowodować, że wszyscy wokół mnie martwiliby się o mnie i mój stan psychiczny, albo mogłem grać twardziela, który potrafi sobie poradzić w każdej sytuacji. Zdecydowałem, że będę próbował mieć pozytywne nastawienie i zachowywałem się tak, jakby nic się nie stało. Nikt nie wiedział, co się tak naprawdę dzieje w mojej głowie (dzisiaj żałuję, że zataiłem mój stan przed Gabi, chociaż wtedy wydawało mi się, że chronię ją przed nadmiarem trosk). Grałem twardziela, którym nie byłem.

Przywdziałem niepasującą do mnie zbroję, która miała mnie chronić przed współczuciem innych. Współczucie byłoby żałosne. Dlatego grałem swoje „nic się nie stało", chociaż z moją głową i psychiką było naprawdę źle.

Będąc przywiązanym do łóżka, zacząłem stawiać sobie od nowa cele. Zacząłem od tych najmniejszych, takich jak np. posprzątanie mieszkania. Wydają się małe, ale wtedy był to dla mnie trudny wyczyn (mogłem się czołgać lub chodzić na kolanach, bo kostki jeszcze przez kilka miesięcy po operacji nie nadawały się do obciążania). Sprzątanie mieszkania normalnie zajmowało mi 30 minut, a teraz trwało dwa dni. Niby taka drobna rzecz, ale jak już to zrobiłem, to moja wiara w siebie samego zaczęła rosnąć. Przekonałem się, że przynajmniej w taki sposób mogę być pomocny rodzinie. I wtedy zacząłem planować bardziej ambitne cele i powoli je realizować. Krok po kroku (bardzo małymi krokami) odbudowywałem wiarę w siebie i swoje możliwości. To wtedy postawiłem sobie jeden cholernie ambitny cel: „kiedyś przebiegnę maraton". W tamtym okresie wydawało się to kompletnie nieracjonalne i nieosiągalne, zważywszy na to, że nawet nie mogłem jeszcze stać na nogach i dopiero miałem przed sobą ponowną naukę chodzenia (nie mówiąc o bieganiu).

Pozytywne nastawienie bardzo mi pomogło. Z aktora grającego cudzą rolę przekształciłem się w osobę, która naprawdę cieszyła się z małych sukcesów i czerpała z nich siłę do osiągania kolejnych celów. Zdałem sobie sprawę, że nawet na wózku inwalidzkim mogę robić większość rzeczy, które robiłem przed wypadkiem. Potrafiłem zejść po schodach na kolanach, ściągnąć sobie po schodach wózek, wsiąść na niego i pojechać do pobliskiej restauracji, by spotkać się z kolegami oraz klientami.

W kwietniu 2008 mogłem już chodzić o kulach (obciążając obie nogi równocześnie i skacząc jak kangur). Firma Microsoft zaprosiła mnie wtedy jako prelegenta na ogólnopolski tzw. *roadshow*, czyli objazdowy cykl spotkań w wielu miastach, związany z premierą Windows Server 2008. Wziąłem w nim udział, kuśtykając o kulach. Aktywność bardzo pomogła mi wrócić do normalnego życia. W czerwcu 2008 mój lekarz i rehabilitanci pozwolili mi samodzielnie chodzić. Sumiennie i codziennie ćwiczyłem, żeby jak najszybciej być w pełni sprawnym. W lipcu pozwolono mi już biegać. We wrześniu 2008 przebiegłem swoje pierwsze 10 km w biegu *Nike Human Race*. W tym czasie było to dla mnie jak wejście na Mount Everest. Cały czas w moich nogach tkwiły tytanowe płytki i śruby i nie miałem jeszcze pełnego zakresu ruchu w kostkach.

W październiku 2008 przeszedłem drugą operację, podczas której usunięto mi cały tytan (wciąż trzymam go na pamiątkę). Z końcem 2008 roku rehabilitacja dobiegła końca. Cały czas miałem jednak w głowie jeden ekstremalny i nieosiągalny cel – maraton. Może się to wydawać głupie, ale była to ostatnia rzecz, która nie pozwalała mi zamknąć tego traumatycznego rozdziału w życiu.

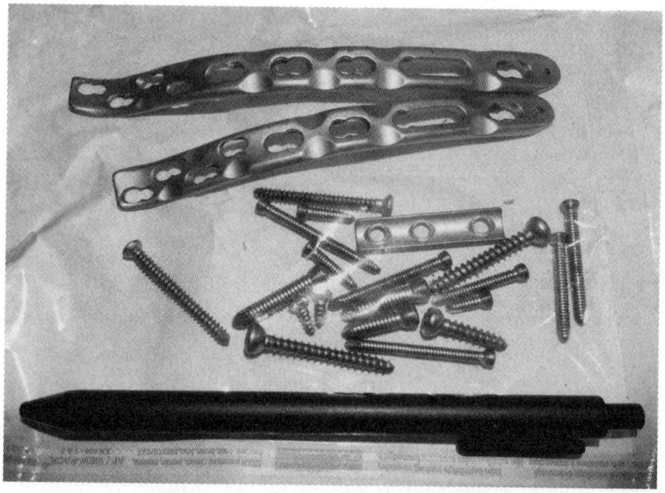

Tytan, który przez blisko rok scalał moje kości

WYPALENIE ZAWODOWE

Po powrocie do pracy byłem po prostu inny. Znajomi pytali mnie, czy to nie za wcześnie, ale naprawdę potrzebowałem się czymś zająć, poczuć się znowu użyteczny, nie mieć stygmatyzującej taryfy ulgowej. Niby pracowałem i patrząc z zewnątrz, wszystko toczyło się OK, ale wewnątrz czułem narastającą pustkę – coś, co można byłoby określić jako wypalenie pogłębione kryzysem wiary w siebie i swoje możliwości.

Byłem zmęczony monotonią pracy. Mimo że realizowałem coraz to nowsze projekty IT, to miałem wrażenie, że nie uczę się niczego nowego. Że wszystko, co robię, jest odtwórcze. Do tego straciłem poczucie, że to, co robię, jest naprawdę pożyteczne.

Stopniowo narastała we mnie frustracja. Z jednej strony czułem odpowiedzialność za los firmy i wiedziałem, że jestem kluczowym pracownikiem, na którym polega jej właściciel. Z drugiej strony miałem świadomość, że najbardziej efektywne lata mojego życia oddaję firmie, w której nawet nie jestem udziałowcem. Byłem dobrze wynagradzany, ale miałem poczucie, że to inni lepiej wychodzą na efektach mojej pracy.

Obserwowałem siebie, starszych i młodszych kolegów i docierało do mnie, że już nie jestem kuloodpornym „młodym wilkiem". Czułem, że im jestem starszy, tym trudniej jest mi dobrze wykonywać moją pracę. Byłem tym zmęczony, a do tego nie miałem już serca do pracy w IT. Częściowo przyczyniła się do tego narastająca świadomość, że moja praca się „nie skaluje". Że jedyny sposób, aby zarobić w niej istotnie większe pieniądze, to włożyć w nią istotnie więcej czasu i energii. Praca wymagała ode mnie coraz więcej, a ja miałem świadomość, że nie wiem, jak jeszcze więcej z siebie dać. Dopóki pędziłem jak chomik w kołowrotku, to nie dostrzegałem istoty problemu. Dopiero wypadek i dużo wolnego czasu skłoniły mnie do głębszej refleksji nad sensem i celowością moich działań. Zadawałem sobie pytanie „co ty chcesz osiągnąć w życiu?".

Uświadomiłem też sobie (w końcu!), że praca w dotychczasowym modelu stoi w sprzeczności z moimi oczekiwaniami względem samego siebie.

Chciałem mieć więcej czasu dla rodziny i dla siebie. Czułem, że zbyt wiele poświęcam pracy, i zacząłem rozumieć, że już nigdy nie nadrobię straconego czasu. Trzeba było działać.

Zrozumiałem też, że jako główny żywiciel wystawiłem rodzinę na olbrzymie ryzyko swoim brakiem odpowiedzialności. Że gdybym na tej górze skręcił kark, to Gabi miałaby naprawdę bardzo trudną sytuację – nie tylko na poziomie emocjonalnym, ale również finansowym. Dobrze wtedy zarabiałem, ale nasze oszczędności gotówkowe wcale nie były imponujące i na pewno nie wystarczyłyby na lata dostatniego życia. Przemyślenia „co dalej?" zajęły mi całe lata. Miałem wiele pytań, na które nie potrafiłem udzielić dobrej odpowiedzi.

Równolegle cały czas trenowałem. W marcu 2009 pobiegłem swój pierwszy półmaraton (21 km) i szczęśliwy dotarłem do mety. We wrześniu 2009 uzyskałem swój najlepszy dotychczas wynik w biegu na 10 km – 47 minut i 15 sekund. Pod koniec września 2009, po wielomiesięcznych treningach, wystartowałem w Maratonie Warszawskim… i go nie ukończyłem. Zszedłem z trasy na 31. kilometrze z kontuzjowanym kolanem (problem zaczął się już na 7. kilometrze, ale przestałem biec dopiero, gdy nie mogłem już zrobić kolejnego kroku). Czułem się okropnie. Problem okazał się być dosyć poważny (zapalenie pasma biodrowo-piszczelowego). Znowu trafiłem na pół roku na rehabilitację. Wydawałem się sobie chodzącą porażką. Psychicznie byłem wrakiem. Wtedy zacząłem myśleć, że może za bardzo się spieszę i że może mój cel jest w ogóle poza moimi możliwościami i nigdy go nie osiągnę.

Nie będę wnikał w szczegóły tego, co działo się przez kolejne dwa lata. Dość powiedzieć, że miałem problemy z sobą samym i swoim nastawieniem i rzadko kiedy chciało mi się wyjść pobiegać. Przez cały 2010 i 2011 rok przebiegłem mniej kilometrów niż przez jeden miesiąc 2009 roku. Przybrałem na wadze i miałem wrażenie, że zmierzam donikąd. Prawie straciłem całe pozytywne nastawienie. Czasami czułem, że jestem toksyczny dla innych i dla siebie samego. Ta samoocena mnie dołowała.

W 2010 r. kupiliśmy kolejne, większe mieszkanie. Za duże na nasze potrzeby. Przepłacone. Mimo wszystko było to przedsięwzięcie, które dało nam sporo radości. Pół roku po przeprowadzce uświadomiłem sobie, że nie potrafię żyć bez solidnej poduszki finansowej na koncie. Wszystkie dotychczasowe oszczędności poszły na zakup i wyposażenie mieszkania (i to z szukaniem wsparcia u rodziny). Wtedy ostatecznie zrozumiałem, że muszę dokonać jakiejś radykalnej zmiany w życiu i kompletnie zmienić sposób zarabiania. Będąc młody, wyobrażałem sobie, że będę pracował do czterdziestki, a potem przejdę na wcześniejszą emeryturę. Miałem jednak 39 lat, kilkadziesiąt tysięcy złotych na koncie i zero zapału do obecnej pracy. Był już najwyższy czas na podjęcie kolejnej ważnej decyzji dotyczącej przyszłości.

SZUKAM LEPSZEJ PRACY, A NIE PŁACY

Charakterystyczne było to, że wszystkie przełomowe momenty występowały w okolicy równych dekad mojego życia. Jako dziennikarz przepracowałem ponad dziesięć lat. Przechodząc ze świata mediów do świata IT, miałem 29 lat. Rzucając etat w firmie informatycznej i otwierając swoją własną firmę rozwijającą bloga i podcast, miałem 39 lat. Dzisiaj mam 45 i, szczerze mówiąc, nie chce mi się już po raz kolejny zmieniać zawodu.

Dla większości osób patrzących z boku moje decyzje o porzuceniu mediów oraz pracy w branży IT były niezrozumiałe. Szczególnie ta druga wzbudziła olbrzymie wątpliwości. „Jesteś na krzywej wznoszącej i wkraczasz w etap, w którym mógłbyś zarabiać naprawdę świetne pieniądze, np. zarządzając większymi organizacjami. Dlaczego porzucasz tak intratną branżę?” – pytali niektórzy. Pieniądze nie były dla mnie najważniejsze. Daleko bardziej liczyła się satysfakcja z dobrze wykonywanej pracy.

Przyczyną każdej z decyzji o rewolucji w mojej karierze była rzetelna odpowiedź na dwa podobne pytania dotyczące różnego horyzontu czasowego:

1. Czy pracę, którą dzisiaj wykonuję, chcę wykonywać za pięć lat?
2. A czy chcę nadal wykonywać tę pracę za dwa lata?

Jeżeli odpowiedź na obydwa te pytania brzmiała „nie", to w już w tej chwili był moment, w którym trzeba było podjąć decyzję „co dalej?". Czasem wypracowanie tej odpowiedzi zajmowało mi rok, a czasem rozciągało się na dłuższy okres. Wiedziałem jedno – skoro nie chciałem wykonywać tej samej pracy za kilka lat, to znaczyło, że muszę zmienić ją jak najszybciej, nawet nie mając konkretnego planu i nie wiedząc, jak ta decyzja wpłynie na realia kilku kolejnych lat.

Od zawsze tkwiłem w złotej klatce relatywnie wysokich zarobków, dlatego bardzo trudno było mi zrezygnować z pewności zarobków na rzecz niepewnej przyszłości. Każda taka zmiana zawodowa wiązała się z ryzykiem obstawienia złego konia. O konkretne plany było wtedy trudno, bo tak naprawdę miałem dosyć mgliste wyobrażenie o nowych zawodach. Doświadczenia zbierałem na bieżąco, już po rozpoczęciu nowej pracy. W pewnym sensie za każdym razem był to akt wiary, którego musiałem dokonać dobrowolnie – nikt nigdy nie zwolnił mnie z pracy. To zawsze była moja decyzja i dotychczasowi pracodawcy do końca starali się nakłonić mnie do jej zmiany. Nie dość, że sam miałem obawy związane z przyszłością, to i odchodzenie z dotychczasowej pracy było trudne.

Miałem także świadomość, że zmieniając branżę i wchodząc do nowej jako „świeżak", będę musiał zaakceptować spadek wynagrodzenia. W wydawnictwie IDG zarabiałem jako dziennikarz, redaktor, autor dodatków specjalnych oraz organizator konferencji. W branży IT, do której przechodziłem, nie miałem wtedy tak szerokich możliwości dorabiania. W efekcie moje roczne zarobki spadły o połowę. Dopiero potem, w miarę upływu lat i zdobywania doświadczenia, otrzymywałem podwyżki i prowizje od projektów oraz awansowałem na stanowisko dyrektorskie. Z kolei kiedy przeszedłem z IT do utrzymywania się z bloga, to mój dochód rok do roku spadł o 90%. To najlepszy dowód na to, że w podejmowaniu tych decyzji kierowałem się kryteriami innymi niż pieniądze.

Każdorazowa zmiana branży była dla mnie inwestycją – w krótkim terminie bardzo kosztowną. Ale to były inwestycje długoterminowe. Wiedziałem, że aby otworzyć sobie szansę na lepszą przyszłość, muszę coś poświęcić i zaryzykować. Mój rozwój wymagał konkretnego wkładu finansowego. Z ręką na sercu mogę powtórzyć, że pieniądze nigdy nie były podstawowym celem mojego działania. Dużo bardziej liczy się dla mnie satysfakcja z dobrze wykonywanej pracy, radość tworzenia rzeczy wartościowych i przydatnych dla innych. Zarabiane z czasem duże kwoty były po prostu skutkiem ubocznym dobrze wykonywanej pracy. Pożądanym, ale absolutnie nie najważniejszym.

Pieniądze nigdy nie były dla mnie celem samym w sobie. Są skutkiem ubocznym dobrze wykonywanej pracy.

Bardzo charakterystyczny był sposób, w jaki zmieniałem pracę przy przebranżawianiu. Tak naprawdę nigdy nie musiałem przygotowywać i wysyłać swojego CV. Zmiany odbywały się bardzo spokojnie w oparciu o wypracowane wcześniej relacje z przyszłymi szefami.

Podczas pracy w „Gazecie Wyborczej" miałem okazję spotykać się z dziennikarzami innych czasopism. Znaliśmy się z widzenia, szanowaliśmy, rozmawialiśmy przy okazji konferencji prasowych czy wyjazdów organizowanych przez firmy IT. Jednym z takich znajomych był Krzysztof Frydrychowicz z „Życia Warszawy", który współtworzył konkurencyjny cotygodniowy dodatek informatyczny do tej gazety. Jego szefem był wtedy

Wojciech Raducha, który na początku 1995 r. został redaktorem naczelnym tygodnika „Computerworld". Zadzwonił do mnie.

– Michał, buduję od nowa redakcję. Znam twoje teksty. Chciałbym, abyś do nas dołączył. Porozmawiamy?

– Dziękuję za propozycję. Doceniam, ale nie jestem zainteresowany. Dobrze mi w „Gazecie Wyborczej". Jeśli propozycja będzie aktualna, to odezwij się za pół roku. Może mi się zmieni – odpowiedziałem.

Powiedziałem prawdę. Wtedy jeszcze studiowałem dziennie i nie byłem gotowy na pracę na pełen etat. Wolałem niezobowiązującą współpracę z redakcją „Gazety Wyborczej". Sytuacja zmieniła się, gdy zdecydowałem się rzucić studia na elektronice.

Na szczęście Wojtek zadzwonił po kilku miesiącach. Miałem świetną pozycję negocjacyjną. Wiedziałem, że nadal mnie potrzebuje, że chce mi powierzyć dwa działy w „Computerworld", że potrzebuje mnie nie tylko jako dziennikarza, ale i redaktora. Na spotkaniu z prezesem wydawnictwa zagrałem *va banque* i zażądałem wynagrodzenia stanowiącego trzykrotność moich zarobków w „Gazecie Wyborczej". Udało się.

Gdy rok później przejmowałem dział IT wydawnictwa, firma Microsoft – producent oprogramowania serwerowego, z którego zamierzałem skorzystać – poleciła mi kontakt z Jackiem Diehlem, właścicielem i prezesem małej firmy specjalizującej się w technologiach Microsoftu. Złapaliśmy dobry kontakt. Przez kolejne 6 lat rozwijaliśmy naszą relację odbiorca-dostawca, ale także po prostu rozmawialiśmy o tym, co nas interesowało. Jacek wiedział, że poza dziennikarstwem byłem także mocny w zakresie oprogramowania Microsoft. Po godzinach poszerzałem kompetencje i zdobyłem elitarny w tamtych czasach certyfikat inżyniera Microsoft – MCSE (Microsoft Certified Systems Engineer). Wiele firm chciało mieć wtedy takich inżynierów wśród swoich pracowników.

Od słowa do słowa, po ujawnieniu moich planów związanych z zamiarem porzucenia dziennikarstwa, Jacek zaproponował mi pracę w swojej firmie – wtedy nazywającej się DCS Computer Consultants Group, a obecnie dcs.pl. Pół roku zajęło nam skonkretyzowanie tego, czym właściwie mógłbym się zająć. Jako znajomi obydwaj dążyliśmy do wypracowania czegoś bezpiecznego i rozwojowego zarówno dla firmy, jak i dla mnie. Musiałem mieć pewność, zwłaszcza że zgodziłem się rozpocząć pracę z istotnie niższym wynagrodzeniem niż dotychczas.

Nie lubię palić za sobą mostów, więc z pięciomiesięcznym wyprzedzeniem dałem też znać Wojtkowi, że odchodzę z redakcji i pomogłem w przekazaniu wszystkich moich obowiązków. Rozstanie było o tyle trudne, że w redakcji zostawiałem przyjaciół, w tym Adama Jadczaka – chrzestnego mojego syna i kolegę, z którym pracowałem od czasu studiów – najpierw w „Gazecie Wyborczej", a potem w „Computerworld". W podobnie spokojny sposób opuszczałem 10 lat później dcs.pl, o czym jeszcze wspomnę w kolejnych rozdziałach.

Można powiedzieć, że każdej zmiany pracy dokonywałem dzięki relacjom wypracowywanym latami. Uszczypliwi mogliby powiedzieć „po znajomości", ale za każdym razem były to relacje partnerskie, oparte na wzajemnym zaufaniu, a same decyzje o zatrudnieniu mnie podejmowane były w oparciu o przesłanki merytoryczne. Wojtek mógł mnie tylko zarekomendować, ale negocjacje prowadziłem już bezpośrednio z szefem wydawnictwa. Jacek – jako właściciel dcs.pl – zatrudniając mnie, ryzykował własnymi pieniędzmi. Nasza wcześniejsza znajomość pomogła mu właściwie oszacować ryzyko.

Obaj podali mi pomocną dłoń wtedy, kiedy tego potrzebowałem – dzięki temu, że już wcześniej wzbudziłem ich zaufanie – co do mojej osoby i co do jakości pracy, którą wykonuję. Ja z kolei zaufałem im, że z naszej współpracy mogą długofalowo płynąć obopólne korzyści, nawet jeśli przejściowo musiałem pogodzić się z gorszymi warunkami zatrudnienia.

Zmiany nigdy nie są łatwe. Ale z drugiej strony miałem bardzo dużo wiary w siebie i wiele doświadczeń budujących moją pewność siebie. Pomagały mi one wierzyć, że poradzę sobie w każdej sytuacji. W lepszy lub gorszy sposób, ale sobie poradzę.

Zawsze byłem zwolennikiem działania i korygowania tego, co się dzieje, już w trakcie. Owszem, staram się planować różne rzeczy do przodu, ale nigdy nie było to bardzo drobiazgowe, bo uważam, że nie da się dokładnie zaplanować i przemyśleć konsekwencji takich życiowych zmian. Zbyt długo rozmyślając, często znajdujemy wiele przeszkód, które hamują nas przed działaniem. Z jednej strony bardzo ostrożnie podchodzę do zmian w życiu, ale z drugiej – ufam sobie i gotowy jestem dawać z siebie maksimum, korygując kurs, którym podążam. Zawsze wolę start z przemyślanym, choćby i niedokończonym prototypem od piętrzenia obiekcji, które tak naprawdę paraliżują mnie przed działaniem.

Zbyt długo rozmyślając, często znajdujemy wiele przeszkód, które hamują nas przed działaniem. Czasem warto po prostu działać.

Są też takie projekty, które rozpoczynam z pełną świadomością, że nie mam jeszcze umiejętności niezbędnych do ich zakończenia. Znam siebie i wiem, że jestem wystarczająco pracowity i zdolny, aby po drodze nauczyć się wszystkiego, czego potrzebuję, albo znaleźć osoby, które pomogą mi w realizacji celu.

Zaufanie samemu sobie – to kluczowy wymóg. To akt wiary, który daje szansę, że inni także nam uwierzą, zaufają zasadności celów, do których dążymy, i prawdziwości determinacji, z którą po nie sięgamy. Jeśli chcemy, aby inni nam ufali, to najpierw my musimy umieć zaufać sobie i innym osobom, które mogą nam pomóc w osiąganiu celów.

POWRÓT DO KORZENI

Potrzebowałem 20 lat, aby połączyć wszystkie kropki wyznaczane przez najważniejsze i najbardziej wartościowe wydarzenia mojego życia. Naprawdę długo próbowałem zrozumieć, co jest moją supermocą i co rzeczywiście chcę robić.

Pomogli mi w tym znajomi. Niektórzy z tych, którym brakowało do pierwszego, zastanawiali się, jak to możliwe, że zarabiam nieco skromniej od nich, ale wystarcza mi na wszystko, czego potrzebuję, i jeszcze co nieco odkładam. Adam, z którym utrzymywałem kontakt także po odejściu z IDG, zasugerował mi, że moją wiedzą z obszaru finansów osobistych powinienem w jakiś sposób podzielić się z innymi. To on podłożył iskrę, która doprowadziła do uruchomienia bloga.

Cofając się pamięcią, uświadamiałem sobie, że największą radość czerpałem, obserwując efekty edukacji innych. W gruncie rzeczy robiłem to cały czas w różnych miejscach: początkowo odpowiadając na listy w redakcji „Bajtka", potem przekazując wiedzę na kursach dla bezrobotnych, dzieląc się swoim obserwacjami z czytelnikami „SAM Paper" oraz omawiając złożony świat nowoczesnych technologii w „Gazecie Wyborczej" i „Computerworld". Nawet podczas pracy w dcs.pl moją rolą było m.in. prezentowanie i upraszczanie usług informatycznych w taki sposób, aby skorzystać z nich mógł dosłownie każdy.

Kilka lat później okazało się, że moja diagnoza samego siebie znalazła potwierdzenie w wynikach specjalnego testu StrenghtsFinder, którego zadaniem jest ujawnienie mocnych stron – lub inaczej talentów – wykonującej go osoby (szczegółowo o tym teście mówiłem w 25. odcinku mojego podcastu → **zcwp.pl/025**). W moim przypadku akurat okazało się, że te talenty to, w kolejności od najważniejszego: Relator, Achiever, Significance, Maximizer oraz Responsibility. Opis pierwszego z nich tłumaczy, że „posiadające go osoby cechuje czerpanie radości z bliskich relacji z innymi i odczuwanie głębokiej satysfakcji z ciężkiej pracy z przyjaciółmi w osiąganiu ich wspólnych celów".

Swoją drogą polecam przesłuchanie rozmowy, w której Dominik Juszczyk – autor podcastu *Near Perfect Performance* i certyfikowany coach Instytutu Gallupa – interpretuje moje mocne strony, koncentrując się na talencie Maximizer → **zcwp.pl/npp**.

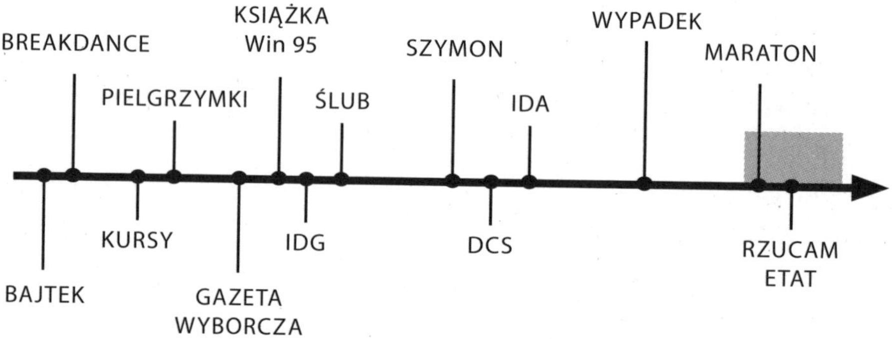

Historia mojego bloga zaczęła się na długo przed nim. Złożyły się na nią zarówno doświadczenia zawodowe (pod osią), jak i wydarzenia z życia prywatnego (nad osią), które formowały mój charakter. Prostokąt na wykresie reprezentuje okres prowadzenia bloga

Tworzenie praktycznych treści na blog *Jak oszczędzać pieniądze* było tak naprawdę powrotem do moich korzeni – pisania i nauczania. W pewnym sensie zatoczyłem koło. Trochę żałuję, że uświadomienie sobie tego faktu zajęło mi tyle czasu, ale staram się nie uważać go za zmarnowany. Zdobyłem bardzo dużo interdyscyplinarnej wiedzy o kulisach marketingu, PR-u, budowaniu lojalności klientów, sprzedaży, komunikowaniu się poprzez wartościowe treści, zarządzaniu zespołami roboczymi, projektami oraz dbaniu o koszty i wyniki projektów. Dzięki temu, startując po raz kolejny z własną firmą, mogłem uniknąć wielu pułapek, w które wpadają początkujący przedsiębiorcy. Moje doświadczenie życiowe i bagaż zarówno pozytywnych, jak i negatywnych wydarzeń pomogły uniknąć ładowania się na miny. W pewnym sensie musiałem dojrzeć do ponownego wejścia do rzeki nazywającej się „przedsiębiorczość".

Czasami trzeba długo dojrzewać, aby uwierzyć w siebie.

Dziś dziękuję Opatrzności za wypadek, który mi się przytrafił. Przeżyłem i jestem w pełni sprawny, a jednocześnie był to prawdopodobnie ostatni dzwonek, abym wysiadł z pędzącego pociągu i szczerze zastanowił się nad swoim życiem. To właśnie ta refleksja spowodowała, że doszedłem m.in. do takich dotyczących mnie wniosków:

- **Chciałem robić rzeczy ważne i poprawiać jakość życia innych.** Wierzyłem, że w ten sposób wydepczę sobie ścieżkę do nieba. Nie wiedziałem początkowo, jak się za to zabrać. Z czasem przekonałem się, że pisanie własnego merytorycznego bloga jest dobrym sposobem, aby robić to na masową skalę.
- **Chciałem pomagać innym, ale w mądry sposób.** Tak samo jak nie uważam pieniędzy za najważniejsze w życiu, tak również nie wierzyłem, że dając komuś pieniądze, pomagamy mu rozwiązać przyczyny

słabej sytuacji, w której się znajduje. Chciałem podsuwać rozwiązania i przekazywać wskazówki, które miałyby zachęcać do zastanowienia i wypracowania własnych, indywidualnych wniosków.

- **Chciałem inspirować do działania.** Wiedza bez jej praktycznego zastosowania jest bezużyteczna. Dlatego wierzyłem, że pokazując konkretne przykłady ze swojego życia oraz historie innych osób, którym się powiodło, będę w stanie zachęcać odbiorców moich treści do praktycznego działania.
- **Miałem nadzieję, że będzie można zarabiać tym na życie.** Nie wiedziałem, czy się uda, ale miałem olbrzymią nadzieję, że znajdę sposób na to, jak dzięki popularyzacji darmowych treści zarabiać wystarczająco dużo, by nie musieć się martwić wizją powrotu do innej pracy na etacie.

ROZDZIAŁ 3

Etap 1: Uruchamiam bloga!

OKRES:

od marca 2012 r. do końca września 2012 r. Blog *Jak oszczędzać pieniądze* zadebiutował 2 lipca, więc ten okres obejmuje zarówno czas przygotowań do jego startu, jak i pierwsze trzy miesiące blogowania.

PRZYCHODY Z BLOGA:

0 zł

WIEK BLOGA WE WRZEŚNIU:

3 miesiące

LICZBA CZYTELNIKÓW:

151 UU w lipcu 2012 r.

1697 UU w sierpniu 2012 r.

2977 UU we wrześniu 2012 r.

Pewnie teraz zastanawiasz się, czy musisz mieć tak obfity jak ja bagaż doświadczeń, aby rozpocząć prowadzenie własnego bloga. Odpowiedź brzmi – nie.

Owszem, miałem doświadczenie w pisaniu, co było niewątpliwym atutem. Ale po latach pracy w branży IT i tworzeniu głównie specyfikacji technicznych oraz suchych informacji prasowych mój język nieco zardzewiał. Początki powrotu do komunikacji prostym językiem były prawie jak nauka chodzenia od nowa. No, może trochę przesadzam. ;-)

Do tego okazało się, że wszystkie moje kompetencje wyniesione ze świata technologii serwerowych Microsoftu nie mają znaczenia przy blogowaniu. Żadnego. Ze świata, w którym większość potrzeb rozwiązywaliśmy, zatrudniając programistów i samodzielnie pisząc aplikacje realizujące konkretne usługi, przeniosłem się w świat, gdzie wszystkie rozwiązania były już gotowe. Wystarczyło je tylko połączyć ze sobą jak puzzle. Niestety nie posiadałem żadnej wiedzy o elementach tej układanki. W tym zakresie byłem zwyczajnym ignorantem i musiałem się wszystkiego nauczyć od zera. Moja dotychczasowa wiedza dotyczyła zupełnie innych rozwiązań i technologii.

Nie wiedziałem nawet, za pośrednictwem jakiego medium powinienem dzielić się swoją wiedzą. Miałem wtedy błędne postrzeganie blogów, które wydawały mi się być tylko cyfrowymi pamiętnikami nastolatek. Jedyny blog, który znałem, prowadzony był przez mojego kolegę z pracy – Ziemka

Borowskiego. Umieszczał on na nim przeróżne notatki dotyczące serwerów pocztowych Microsoft Exchange. Zauważyłem jednak, że to miejsce jest dla niego swoistym wentylem bezpieczeństwa: było na nim nieco wpisów głęboko technicznych, pokazujących profesjonalizm Ziemka, trochę felietonów, w których dawał upust swoim przemyśleniom, i garść krótkich ogłoszeń czy relacji z wydarzeń, w których uczestniczył. Mydło i powidło, ale całościowo budowało to obraz osoby, która lubi to, co robi, oraz ma ogromną wolę dzielenia się tym ze światem.

Widziałem też, że Ziemek jest doceniany za swoją działalność edukacyjną: zapraszają go na ważne wydarzenia, sam współorganizuje spotkania inżynierów i w końcu otrzymał także prestiżowy tytuł MVP – Most Valuable Professional (najbardziej wartościowy profesjonalista) od samej firmy Microsoft.

Gdy Adam Jadczak podsunął mi ideę dzielenia się moją wiedzą finansową, to przypomniałem sobie, że redakcja „Computerworld" także posiadała swojego bloga *Bywalec* ➔ **zcwp.pl/bywalec**, który istnieje do dzisiaj i jest swego rodzaju kroniką towarzyską branży IT. Zrozumiałem wtedy, że nie istnieje jeden, z góry określony sposób prowadzenia bloga. O jego kształcie i zawartości decyduje autor. Jedyną wspólną cechą blogów jest to, że umożliwiają one publikację oddzielnych wpisów, które domyślnie ułożone są chronologicznie – od najnowszych do najstarszych (chociaż i to można zmienić).

Jako człowiek o podejściu projektowym wyznaczyłem sobie na początek trzy zadania:

1. Rozejrzeć się w Polsce i po świecie i znaleźć przykłady dobrze prowadzonych blogów.
2. Sprawdzić, czy istnieją już blogi finansowe i przeanalizować ich zawartość.
3. Dokształcić się w zakresie technicznych aspektów prowadzenia bloga, czyli zdobyć wiedzę, jak mogę uruchomić swój własny blog.

Nie istnieje jeden, z góry określony sposób prowadzenia bloga. O jego kształcie i zawartości decyduje autor.

Był marzec 2012 r. Jako osoba techniczna zacząłem od trzeciego punktu, wpisując w wyszukiwarce frazę „how to start a blog" (jak wystartować z blogiem). Moją uwagę zwrócił film na YouTubie zatytułowany *Jak zbudować blog w krócej niż 4 minuty (i napisać twój pierwszy wpis)* → **zcwp.pl/4minuty**. Obejrzałem go z zainteresowaniem, kliknąłem w link i tak trafiłem na blog *Smart Passive Income* prowadzony przez Pata Flynna.

Wsiąkłem tam na dobre. Pat blogował dokładnie tak, jak wyobrażałem sobie prowadzenie poradnikowego bloga. W obszernych, szczegółowych artykułach drobiazgowo tłumaczył różne aspekty prowadzenia bloga, wykorzystywania nowoczesnych narzędzi i usług, a przy tym transparentnie pokazywał, ile co miesiąc kosztuje go jego tworzenie i ile na tym zarabia. Kwoty zrobiły na mnie piorunujące wrażenie! Przychody miesięczne Pata wynosiły wtedy około 50 000 dolarów – to z grubsza tyle, ile ja zarabiałem rocznie. A przy tym Pat pracował w domu i zajmował się czymś tak z pozoru mało poważnym jak prowadzenie bloga.

Chciałem zrozumieć, jak to jest możliwe, że ten 10 lat młodszy ode mnie Amerykanin zarabia tak kolosalne pieniądze, rozdając bezpłatnie swoją wiedzę. Sprawdziłem całą historię jego raportów finansowych i dowiedziałem się, że prowadzi też własny podcast, w którym dzieli się szczegółami swojego biznesu i przepytuje inne osoby zarabiające podobnie jak on.

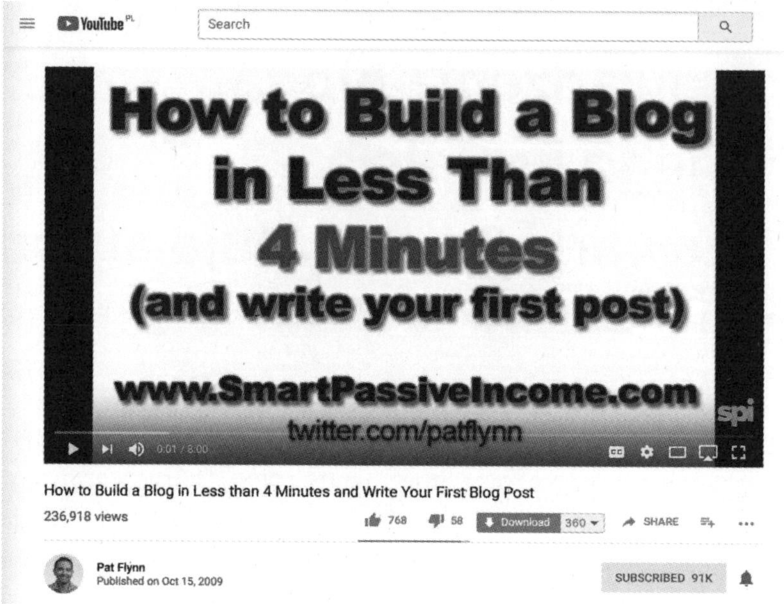

Był jednak pewien problem – byłem zapracowany i nie miałem czasu na słuchanie podcastów. A już wtedy czas wszystkich nagranych przez Pata odcinków wynosił ok. 40 godzin. Do pracy miałem zaledwie 5–10 minut autem, więc słuchanie w drodze także nie rozwiązywało problemu. To wtedy ponownie znalazłem dobry powód do biegania. Po zejściu z trasy maratonu w 2009 r. bałem się kolejnej porażki. Nie chciałem znowu rozpoczynać biegowych treningów w obawie przed kolejną przegraną z samym sobą. Ale Pat dał mi bardzo dobry pretekst – wiedziałem, że biegając i jednocześnie słuchając, nie będę uznawał tego czasu za zmarnowany. Zdałem sobie jednocześnie sprawę, że to ostatni Maraton Warszawski przed moją czterdziestką, a nie ukrywam, że bardzo chciałem zamknąć nim traumatyczny okres związany z rekonwalescencją po wypadku. 1 czerwca 2012 r. – niecałe cztery miesiące przed datą maratonu – wróciłem do treningów, słuchając podcastów. Zostało mi tylko 120 dni. Ułożyłem plan. Nie wiedziałem, czy zdążę się wystarczająco przygotować do biegu, ale wiedziałem, że przesłuchanie wszystkich podcastów Pata na pewno przyda się mojemu nowo tworzonemu blogowi.

Pat Flynn stał się moim wirtualnym mentorem. Jest takie powiedzenie: „Gdy uczeń jest gotowy, to mentor się znajdzie". Chociaż Pat nic nie wiedział o moim istnieniu, to dla mnie znaczył coraz więcej i bardzo mi pomagał. Większość odcinków przesłuchałem kilkakrotnie – tak bardzo naszpikowane były przydatnymi dla mnie wskazówkami. To wtedy przekonałem się o sile podcastów. Gdy ktoś przez godziny mówi ci prosto do uszu, to czujesz, jakbyś poznawał tę osobę. Intonacja, emocje przekazywane w głosie – to wszystko słychać i ma to nieporównywalnie większą moc niż tekst pisany.

Szczerze mówiąc, byłem trochę przytłoczony ilością zagadnień, którymi trzeba się zająć i mieć pod kontrolą, jeśli chce się mieć dobry, poczytny i chętnie odwiedzany przez innych blog. Wiedziałem, że muszę mieć solidny plan działania. Ale z drugiej strony słyszałem też zachęty Pata w jego podcastach: „Nie kiś pomysłu, nie czekaj, zacznij po prostu tworzyć dobre treści i udostępnij swój blog – rusz tyłek jak najszybciej". Zdecydowałem, że nie będę długo czekał, bo i tak nie zaplanuję wszystkiego idealnie.

Tak zaczęła się moja wielka przygoda z blogowaniem. Ustawiłem sobie realistyczną datę startu bloga na 1 lipca 2012. Cały czerwiec po godzinach pracy poświęciłem na naukę uruchamiania i konfigurowania bloga, zaplanowałem tematy artykułów na parę miesięcy do przodu i podążałem za poradami Pata. Im więcej go czytałem i słuchałem, tym bardziej przekonywałem się, jak niesamowitym jest człowiekiem.

ANALIZA POLSKICH BLOGÓW

Uczciwie mówiąc, mój research blogów w Polsce nie przyniósł zadowalających rezultatów. Względnie popularne były blogi lifestyle'owe – przedstawiające styl życia blogerów, przedmioty, którymi się otaczali, i miejsca, w których bywali. Najczęściej były to krótkie materiały okraszone zdjęciami. Brakowało treści pogłębionych i praktycznych – chociażby takich jak na blogu Pata. Miałem wrażenie, że polska blogosfera to zupełnie inny świat, znajdujący się daleko w tyle za USA.

Z drugiej jednak strony znałem serwisy technologiczne takie jak *Antyweb* i *Spider's Web*, których po prostu wtedy nie postrzegałem jako blogi. A tak naprawdę dokonania Grzegorza Marczaka (*Antyweb*) i Przemka Pająka (*Spider's Web*) były świetnym przykładem ewolucji, jaką przechodzili najlepsi polscy blogerzy, tworzący wokół swoich blogów kilkuosobowe redakcje pokrywające spektrum tematów w danej dziedzinie. Nadal jednak działalność tych osób stanowi wyjątek, a nie standard. Zdecydowana większość polskich blogów do dzisiaj oparta jest na marce budowanej przez jednego autora.

Dobrymi przykładami merytorycznego blogowania jednoosobowego były wynajmistrz.pl oraz eKomercyjnie.pl – blogi, na które natrafiłem już wcześniej, szukając informacji o interesujących mnie wtedy dziedzinach (tematyce wynajmu mieszkań oraz prowadzenia własnego sklepu internetowego). To właśnie na blogu *Wynajmistrz* w maju 2012 r ukazał się mój pierwszy wpis, który był formą sprawdzenia się w blogowaniu eksperckim → **zcwp.pl/pierwszy**. Dotyczył on najmu okazjonalnego i zawierał gotowy wzór umowy, którą stosowałem z moimi najemcami.

Mało kto też wie, ale w poszukiwaniu pomysłu na przyszłość planowałem w 2011 r. otworzenie internetowego sklepu z klockami LEGO. Obejrzałem wtedy wszystkie liczące się platformy e-sklepów. Pomysł ten ostatecznie porzuciłem, uznając, że stworzenie dobrego sklepu z pełną ofertą wymaga dużego kapitału, a konkurowanie w internecie czymś innym niż ceną będzie bardzo trudne. W porę przypomniałem sobie usłyszaną kiedyś zasadę, że „nie wystarczy coś lubić, aby robić na tym dobry biznes" (boleśnie przekonują się o tym np. osoby, które lubią dobrze jeść i z tego powodu otwierają restaurację). Niemniej jednak zdobyta wtedy wiedza o handlu w internecie niesamowicie przydała mi się po latach, gdy budowałem sklep internetowy prowadzący sprzedaż mojej książki *Finansowy ninja*.

JAK WAŻNA JEST NAZWA DOMENY

Planując otworzenie sklepu internetowego z klockami LEGO, chciałem zarejestrować domenę internetową, która dawałaby szansę, że osoby wyszukujące frazę „klocki LEGO" w Google widziałyby często moją stronę na górze wyników wyszukiwania.

Był jednak pewien problem: producent LEGO nie zgadzał się, aby fraza „LEGO" jawnie występowała w nazwie domeny. Groziło to cofnięciem praw do sprzedaży klocków. Wpadłem jednak na pewien pomysł. Wymyśliłem, że mój sklep będzie się nazywał *Klocki na całego!* i w efekcie zarejestrowałem domenę **klockinacalego.pl**. W nazwie były i „klocki", i pozbawione polskich znaków „lego".

Ostatecznie sklepu nie uruchomiłem, ale przekonałem się, że warto wcześnie myśleć o tym, w jaki sposób użytkownicy internetu będą trafiać na naszą stronę i odpowiednio dopasować do tego nawet nazwę naszej marki widocznej w sieci.

Ten przykład świetnie pokazuje, że wszystkie doświadczenia, które zbieramy w życiu, do czegoś później nam się przydają. Czasami udaje się je wykorzystać bezpośrednio, a czasami po prostu udoskonalają nasz filtr poznawczy, dzięki któremu lepiej korzystamy z możliwości stających na naszej drodze życiowej i bardziej świadomie dokonujemy wyborów. Im bagaż doświadczeń jest zasobniejszy, tym bardziej racjonalne decyzje możemy podejmować, minimalizując jednocześnie ryzyko porażek.

Wróćmy jednak do roku 2012. Całkiem pozytywnie wyróżniały się wtedy znalezione przeze mnie blogi finansowe – dotarłem do około 20. Dominowały na nich raczej krótkie i ogólne treści, chociaż temat finansów wydawał mi się wręcz idealny do przedstawiania bardzo precyzyjnych kalkulacji i policzalnych konkretów. Spędziłem długie godziny, analizując plusy i minusy polskich blogów finansowych. Chciałem przede wszystkim zobaczyć, w jaki sposób pisane są teksty, jak prowadzona jest narracja, na ile oddzielne wpisy są wzajemnie powiązane (organizacja treści była i nadal jest moją piętą achillesową) oraz jak blogerzy wciągają czytelników do dyskusji. Kilka blogów zdecydowanie wyróżniało się na korzyść:

- ***Oszczedzanie.net*** – nieistniejący już blog Pawła Katy, który w największym stopniu zbliżony był do mojego wyobrażenia o oszczędnościowym blogowaniu.
- ***Subiektywnie o finansach*** – prowadzony przez Macieja Samcika, wieloletniego dziennikarza ekonomicznego „Gazety Wyborczej".
- ***AppFunds*** – najbardziej popularny wtedy blog o inwestowaniu, prowadzony przez Zbyszka Papińskiego.
- ***Metafinanse* i blog usługi *Kontomierz*** – prowadzony przez tę samą osobę, Krzysztofa Sobolewskiego.

Pełną listę blogów finansowych, na które wtedy zaglądałem, znajdziesz pod adresem → **zcwp.pl/blogi**.

Zidentyfikowałem jednak kilka kluczowych problemów dotyczących blogów finansowych:

1. **Jako czytelnik nie wiedziałem, kim tak naprawdę jest autor bloga i jakie ma dokonania w obszarze finansów osobistych.** Niektórzy autorzy ukrywali tożsamość. Inni występowali pod imieniem i nazwiskiem, ale tak naprawdę nie pisali nic o sobie. Nawet jeśli przedstawiali np. strukturę budżetu domowego lub skład portfela inwestycyjnego, to operowali procentami, a nie konkretnymi kwotami. Tak naprawdę bardzo trudno było dowiedzieć się, w jakiej są sytuacji finansowej i czy w istocie mają mandat do dawania mi wskazówek, jak mam zarządzać swoimi pieniędzmi. Po prostu nie wiedziałem, na ile serio mogę traktować to, co piszą. Zdecydowanie nie chciałem słuchać o drodze do milionów od osoby, która sama tkwiła w długach, albo czytać przemyśleń inwestycyjnych studenta posiadającego

portfel akcji wartych 100 zł. Każdy ma oczywiście prawo pisać w internecie, ale nie każdy powinien to robić. A już na pewno czytelnik powinien mieć szansę na szybkie zorientowanie się, czy za blogiem finansowym stoi osoba, która jest na zbliżonym do niego poziomie lub takim, do którego warto aspirować.

Każdy ma prawo pisać w internecie, ale nie każdy powinien to robić.

2. Nawet jeśli autor przedstawiał jakieś wyliczenia, to nie udostępniał kalkulatorów umożliwiających weryfikację lub modyfikację jego obliczeń. Przykładowo: dokonując analizy opłacalności wariantów kredytu hipotecznego, nie wystarczy moim zdaniem przedstawić wynikowych obliczeń. Warto też dać czytelnikowi gotowy arkusz kalkulacyjny, który pozwoli mu podstawić tam własne liczby. Ogólne przykłady na okrągłych liczbach są oczywiście wartościowe, ale nic tak nie przekonuje jak zobaczenie konkretnych, własnych kwot oszczędzanych lub traconych poprzez nieumiejętne podchodzenie do kwestii finansowych.

3. Brakowało poradnikowych cykli tematycznych prowadzących czytelnika za rękę. Specyficzną cechą blogów jest to, że umożliwiają tworzenie niezależnych, w żaden sposób ze sobą niepowiązanych wpisów. Większość treści na ówczesnych blogach to były krótkie artykuły, które rzadko kiedy wyczerpywały dany temat. Mało który bloger dbał o to, aby takie pojedyncze wpisy układać w serie wyczerpujące dany temat i prowadzące czytelnika za rękę.

Wszystkie te obserwacje wykorzystałem przy tworzeniu swojego bloga. Cieszyłem się z tego, że istnieje już tak dużo blogów finansowych, bo oznaczało to, że ta tematyka znajduje czytelników (co zresztą było widać po liczbie zamieszczanych komentarzy). Jeszcze bardziej byłem zadowolony z tego, że nie widziałem wielu przykładów praktycznych wpisów, które sam planowałem tworzyć. Wydawało mi się, że znalazłem swoją niszę.

ZAŁOŻENIA POCZĄTKOWE DLA JAK OSZCZĘDZAĆ PIENIĄDZE

Po około miesiącu przyglądania się polskiej i światowej blogosferze wiedziałem już z grubsza, jakie treści chciałem publikować u siebie. Przyjąłem założenia, których trzymałem się przez pierwsze dwa lata blogowania:

1. **Publikuję wpisy ponadczasowe.** Wiedziałem, że jakoś muszę odróżnić się od gazet i portali, które prześcigały się w przedstawianiu i komentowaniu bieżących wydarzeń ekonomicznych. Wiedziałem, że nie będę w stanie z nimi konkurować pod względem szybkości. Zresztą wcale nie chciałem. Swojej siły upatrywałem właśnie w wykładaniu podstaw domowych finansów i tworzeniu treści uniwersalnych, które się nie dezaktualizują. Taką strategię polecał także Pat Flynn, który skutecznie przekonał mnie, że artykuły stworzone przez niego kilka lat wcześniej są (dzięki dobrej widoczności w wyszukiwarce Google) stale czytane przez nowych odwiedzających. Gdyby miały charakter newsowy – czytelnik byłby rozczarowany. Jeśli są jednak treściami ponadczasowymi (tzw. *evergreen content*), to czytelnik zawsze może skorzystać na ich lekturze. Można je także cyklicznie promować w mediach społecznościowych, np. mój artykuł o ograniczaniu kosztów

ogrzewania zawsze gromadzi dużą liczbę czytelników na początku sezonu grzewczego – chociaż napisałem go kilka lat temu. Pewne materiały się nie dezaktualizują i stale pracują na wizerunek blogera.

2. **Buduję wiarygodność poprzez transparentność finansową.** Wychodziłem z założenia, że zaufania czytelników nie można kupić ani zdobyć sztuczkami. Można sobie na nie tylko zapracować. Nauczony obserwacjami innych blogów, chciałem czytelnikom maksymalnie ułatwić decyzję, czy warto poznawać moją twórczość. Uznałem, że nic nie przekonuje tak jak konkretne liczby. Dlatego zdecydowałem się publikować comiesięczne raporty kosztów (obecnie już tego nie robię – powody tłumaczę w kolejnych rozdziałach). Każdy mógł łatwo sprawdzić, czy znajduje się na podobnej, wyższej czy niższej stopie życiowej. Taka transparentność była czymś unikalnym w Polsce i jednocześnie stała się moim znakiem rozpoznawczym. Było to ryzykowne posunięcie, ale wierzyłem i nadal wierzę, że zanim inni nam zaufają, to my najpierw musimy pokazać się jako osoby warte obdarowania zaufaniem. Żeby skrócić dystans, to ja musiałem zaufać pierwszy, wierząc, że publikacja szczegółowych danych finansowych będzie miała więcej plusów niż minusów.

Zanim inni nam zaufają, to my najpierw musimy pokazać się jako osoby warte obdarowania zaufaniem.

Wiarygodność budowałem także na inne sposoby, m.in. pokazując swoją twarz na blogu, ujawniając zawód i miejsce pracy, a także witając się na wideo z pierwszymi czytelnikami.

3. Stawiam na wysoką jakość, merytoryczność i użyteczność wpisów. Wychodziłem z założenia, że piszę przede wszystkim dla czytelników, którzy muszą rozumieć to, co napisałem, oraz mieć możliwość praktycznego zweryfikowania i wykorzystania przedstawianej wiedzy. Temu miały służyć m.in. kalkulatory Excel, które udostępniam na blogu. Wymóg ten determinował także długość wpisów – przy złożonych tematach artykuły znacząco odbiegały od średniej w blogosferze. W tamtych czasach uważało się, że wpisy powinny mieć maksymalnie 1000 wyrazów, bo „nikt przecież nie będzie czytał w internecie długich i rozwleczonych treści". Ja jako czytelnik miałem niedosyt informacyjny, czytając takie skrótowe artykuły. Dlatego świadomie ignorowałem te wytyczne i eksperymentowałem z dłuższymi formami, stawiając na pierwszym miejscu merytoryczność wpisów.

4. Przekazuję obiektywnie informacje, ale jestem subiektywny w ocenach i wyraźnie to podkreślam. Blogowanie czasami porównuje się do dziennikarstwa, które z założenia powinno obiektywnie przedstawiać fakty. Niektórzy zarzucają blogerom, że epatują swoją opinią, zamiast skupić się na obiektywnym przedstawieniu sytuacji. Są różne szkoły blogowania i wiele zależy od poruszanej tematyki. Ja wychodziłem z założenia, że blog jest moim miejscem w internecie, gdzie z założenia przedstawiam subiektywne opinie i przemyślenia. Co więcej, uważałem, że dodatkową wartością bloga jest to, że przedstawiam nie tylko suche fakty dotyczące np. modelowego sposobu podziału pieniędzy w budżecie domowym, ale także dzielę się swoim zdaniem na ten temat, popartym praktycznymi doświadczeniami. W ten sposób mogłem komunikować nie tylko fakty, ale także pokazywać pewien system wartości i stopniowo grupować wokół siebie osoby myślące podobnie, kierujące się zbliżonymi zasadami bądź do nich aspirującymi. Jednocześnie jednak chciałem dbać o to, aby czytelnik potrafił oddzielić moje subiektywne stanowisko od faktów i rozumiał, że istnieje indywidualny punkt widzenia. Dlatego w artykułach często staram się pokazywać różne strony medalu i zastrzegać, że każdy musi wybrać z tego, co piszę, to, co pasuje do niego.

5. Wpisy dobre merytorycznie przyciągają dobre merytorycznie dyskusje. Nie miałem pewności, że tak będzie, ale głęboko w to wierzyłem. Obserwowałem taką prawidłowość na amerykańskich blogach. Tam, gdzie autor nie starał się być kontrowersyjny, gdzie treści były wysokiej jakości, w komentarzach w naturalny sposób gromadziły się osoby prowadzące dyskusję na wysokim poziomie, często znacznie wzbogacając merytorycznie publikowane artykuły. To tam zrozumiałem, że liczy się nie tylko wpis, ale także dodatkowa wartość wnoszona przez dyskutantów. Wierzyłem, że potrafię stworzyć środowisko do rozwoju takiej społeczności na swoim blogu.

Warto uwierzyć w to, że dobre merytorycznie wpisy przyciągają dobre merytorycznie dyskusje.

6. Blog ma być bezpiecznym miejscem dla moich czytelników. Śledząc portale internetowe, widziałem, że tamtejsze sekcje komentarzy są plugawym miejscem, w którym anonimowi ludzie potrafią wzajemnie się obrażać i obrzucać wyzwiskami. Zdecydowałem, że mój blog będzie miejscem wolnym od takich zachowań. Postanowiłem, że będę usuwał wszystkie komentarze, w których ludzie przeklinają i atakują innych. Zakładałem, że dopuszczać będę personalne ataki na mnie i będę starał się kulturalnie odpowiadać na zaczepki – właśnie po to, aby dawać pozytywny przykład, na czym według mnie polega kultura wypowiedzi w internecie. Na szczęście okazało się, że punkt piąty był wystarczającym filtrem na niekulturalne osoby. Potwierdziła się reguła, że to chamstwo przyciąga chamstwo. Jeśli dba się o poziom dyskusji, to generalnie nie ma czego sprzątać – jej uczestnicy pilnują sami siebie i równają do ogólnego poziomu. Śmiałem się nawet czasami, że osoby zamieszczające w internecie prymitywne wypowiedzi prawdopodobnie nie mają cierpliwości i wychodzą ze strony, zanim przewiną do końca moje długie artykuły – jeszcze przed dojściem do sekcji komentarzy. Bez względu na to, jaki był prawdziwy powód, cieszyłem się, że mam tak mało pracy z moderacją (czyli weryfikacją i akceptacją treści komentarzy).

7. Realizuję strategię „Be Everywhere" – bycia wszędzie. Tego również nauczyłem się od Pata. Wiedziałem, że nie wystarczy publikować treści na blogu. Trzeba było jeszcze poinformować świat o tym, że taki blog w ogóle istnieje i warto go odwiedzać. Byłem pilnym uczniem Pata, który mówił wprost:

- **Musisz mieć własny newsletter**, bo w ten sposób budujesz bazę kontaktów osób, które zainteresowane są otrzymywaniem informacji o każdym nowym wpisie.
- **Musisz informować o nowych artykułach na blogu w mediach społecznościowych**, bo w ten sposób docierasz do aktualnych i nowych czytelników.
- **Warto, abyś był aktywny w dyskusjach prowadzonych na innych blogach** z twojej branży oraz na forach internetowych, gdzie rozmawia się na te tematy.
- **Warto, abyś poznawał innych blogerów i publikował wartościowe wpisy gościnne** na ich blogach (o ile przyjmą taką propozycję), bo to pozwoli pokazać się z jak najlepszej strony ich publiczności, która może dzięki temu trafić do ciebie.

BOT'S GAMING, CZYLI SERWERY BEZ PRZEKLINANIA

Tuż po wypadku na desce zacząłem grać w *Counter-Strike'a*. Rywalizacja szybko mnie wciągnęła. Równie szybko zacząłem dostrzegać mankamenty grania na przypadkowych serwerach w sieci: przeciążenia, kule omijające przeciwników i oszustów korzystających z tzw. cheatów nieuczciwie zwiększających szanse na wygraną (np. przez automatyczne celowanie). Prawdziwym utrapieniem była konieczność słuchania kwiecistych wiązanek przekleństw – w zasadzie bez przerw.

Zdecydowałem, że zainwestuję we własny serwer, na którym to ja będę ustalał regulamin gry. Pod marką *Bot's Gaming* pracowało kilka serwerów, na których obowiązywał zakaz przeklinania i obrażania. Jeśli ktoś łamał zasady, otrzymywał tzw. bana, czyli automatycznie egzekwowany zakaz gry na tych serwerach.

Nauka kultury osobistej była dla graczy bolesnym procesem. Przez kwartał otrzymywałem groźby, że nikt u mnie nie będzie grał. Stało się jednak zupełnie inaczej. Z czasem kilku administratorów całkowicie wyeliminowało przeklinanie na serwerach. Zapanowała naprawdę miła i kulturalna atmosfera, która przyciągnęła do nas wielu świetnych graczy. Grały też u nas osoby słynące z kaleczących uszy wiązanek, które w jakiś sposób potrafiły jednak powstrzymać ten język u nas. Skutkiem ubocznym takiego regulaminu była niestandardowo duża liczba grających u nas dziewczyn, które po prostu czuły się tu bezpiecznie.

Serwery *Bot's Gaming* doprowadziły do wielu przyjaźni. Kilkukrotnie organizowaliśmy nawet spotkania i zloty graczy w różnych miejscach w Polsce. Ta przygoda nauczyła mnie, że warto konsekwentnie wprowadzać własne zasady i można trwale zmieniać nawyki i przyzwyczajenia nawet najbardziej zatwardziałych przeciwników zmian, o ile tylko uzasadnione są one ich jakością.

Markę *Bot's Gaming* porzuciłem w 2011 r. Serwery przekazałem w zarządzanie innym graczom i obecnie nie wiem, czy istnieją i jaki regulamin tam obowiązuje. W *Counter-Strike'a* gram nadal i to ze stałą drużyną. Kilka razy w tygodniu spotykamy się w sieci, aby poplotkować i odprężyć po pracy (pozdrawiam Ewelinę, Adriana, Artura, Grzegorza i pozostałych druhów z drużyny #DiG).

8. Upubliczniam siebie, ale chronię prywatność rodziny. Wiedziałem, że publiczne występowanie na blogu skazuje mnie na bycie osobą, o której inni mogą chcieć wiele wiedzieć. Chciałem jednak ograniczyć ewentualny wpływ, jaki moja blogowa działalność mogłaby mieć na życie Gabi i naszych dzieci. To dlatego na blogu nie znajdziecie ich zdjęć. Dzieci nie ma również w mediach społecznościowych. Jeśli gdzieś pojawiamy się razem, to staram się także dbać o uszanowanie ich prywatności, np. proszę, aby nie robiono nam razem zdjęć. Nigdy nie wiadomo, kto, kiedy i w jakim kontekście będzie chciał wykorzystać zdjęcia moich dzieci i czy nie zaszkodzi im to kiedyś w przyszłości, np. w kolejnych latach edukacji lub w ich karierze zawodowej. Nawet rówieśnicy w szkole potrafią być bezwzględni. Uważam za skrajnie nieodpowiedzialne zachowanie tych blogerów, którzy upubliczniają i wykorzystują wizerunek swoich dzieci – tak naprawdę bez ich świadomej zgody i głębszej refleksji nad możliwymi, negatywnymi konsekwencjami. Dla jasności: nie trzeba się ze mną zgadzać. Niemniej jednak ja, w uzgodnieniu z najbliższymi, wyznaczyłem wyraźną granicę ich prywatności.

OKREŚLENIE MIERZALNYCH CELÓW PROJEKTU

W pracy prowadziłem projekty informatyczne. Doskonale znałem od strony praktycznej zasady postępowania, które pomagały kończyć je sukcesem. Do blogowania podszedłem dokładnie w taki sam sposób.

Żeby móc zweryfikować po jakimś czasie, czy osiągamy zamierzone cele, trzeba najpierw je skonkretyzować, np. według zasady SMART stanowiącej akronim od pierwszych liter angielskich wyrazów:

- **Specific** – konkretny. Chodzi o to, żeby cel nie był marzeniem, lecz żeby był bardzo precyzyjny.
- **Measurable** – mierzalny, czyli żebyśmy wiedzieli, jak konkretnie określimy, czy go faktycznie osiągnęliśmy.

- **Actionable** – mówi o tym, żeby celem było pewne działanie, a nie jedynie chęć osiągnięcia celu.
- **Realistic** – realistyczny, czyli możliwy do zrealizowania.
- **Time-bound** – określony w czasie.

Przykładowo: nie wystarczy postawić sobie za cel: „W 2018 roku schudnę". Powinniśmy potrafić po jakimś czasie zweryfikować, czy ten cel udało nam się osiągnąć. Po jakim czasie, czyli do kiedy planujemy schudnąć? Co to znaczy, że „schudliśmy"? Czy schudnięciem jest zrzucenie dwóch kilogramów, czy dziesięciu?

Prawidłowo sformułowany cel powinien brzmieć: „zrzucę 10 kg do 31 grudnia 2018" i można jeszcze dodać „czyli będę ważył 72 kg". Dzięki temu, znając granice czasowe, możemy wyznaczyć kroki, które stopniowo doprowadzą nas do osiągnięcia celu. A w konkretnym terminie będziemy mogli obiektywnie zweryfikować, czy cel został osiągnięty. Więcej o skutecznym planowaniu celów usłyszysz w 10. odcinku mojego podcastu → **zcwp.pl/010**.

Pytania, które stawiałem przed rozpoczęciem blogowania, brzmiały następująco:

- Czy sprawdzę się w roli blogera?
- Czy potrafię regularnie łączyć prowadzenie bloga z pracą na pełen etat?
- Czy zdobędę czytelników?
- Czy moje wpisy zostaną uznane za użyteczne i czy będą rzeczywiście przyczynkiem do wartościowych dyskusji?
- Czy mój styl blogowania zostanie zaakceptowany przez pierwszych czytelników?
- I w końcu: czy blogowanie będzie mi sprawiało frajdę?

Zgodnie z zasadą SMART przekułem te pytania w konkretne i mierzalne cele:

1. Piszę i publikuję po dwa wpisy tygodniowo, czyli łącznie osiem wpisów miesięcznie. To miał być test mojej systematyczności. Dopuszczałem, że mogą zdarzyć się tygodnie z mniejszą liczbą wpisów, ale zakładałem, że w skali miesiąca muszę wyrobić „normę".

2. Pod każdym wpisem musi się znajdować co najmniej dziesięć komentarzy. Wtedy uznam, że rzeczywiście budzą one zainteresowanie i inicjują dyskusję. Na wszelki wypadek nie doprecyzowałem, czy liczę tylko komentarze czytelników, czy także moje własne odpowiedzi. ;-)

3. Liczba użytkowników odwiedzających mój blog przekroczy 10 000 UU miesięcznie (unikalni użytkownicy według Google Analytics). Przed startem bloga było to bardzo ambitne założenie. No, ale nie zależało mi na prowadzeniu nieczytanego blogaska.

Dałem sobie pół roku na realizację wymienionych powyżej celów. 31 grudnia 2012 r. miał być „dniem prawdy" i oceny zasadności mojego dalszego blogowania.

Zauważ, że w powyższych celach nie było żadnych założeń finansowych! W tym początkowym okresie najważniejsza była weryfikacja, czy jestem w stanie być regularnym i poczytnym blogerem produkującym przydatne dla innych treści. Do dziś uważam, że nie warto stawiać pieniędzy na pierwszym miejscu listy motywacji do otwierania bloga. Bardzo łatwo wtedy o rozczarowanie. Czytelnicy są inteligentni i szybko zauważą, jaka jest prawdziwa motywacja takiego blogera, a nikt z nas nie lubi być traktowany instrumentalnie. Wyniki finansowe są pochodną jakości wykonywanej pracy. Jeśli stawia się pieniądze na pierwszym miejscu, to energia w tym początkowym, najważniejszym i najbardziej pracowitym okresie rozprasza się na poszukiwaniu źródeł finansowania, a moim zdaniem powinna być skoncentrowana przede wszystkim na opracowywaniu nowych, świetnych treści i stopniowym budowaniu zasięgu bloga, czyli docieraniu do nowych czytelników. Dopiero potem, gdy potwierdzimy już naszą jakość i będziemy potrafili wykazać, że zgromadziliśmy wokół siebie zaangażowaną społeczność, warto myśleć o sukcesywnej, mądrej monetyzacji naszej popularności – czyli po prostu zarabianiu.

Nie warto stawiać pieniędzy na pierwszym miejscu listy motywacji do otwierania bloga. Bardzo łatwo wtedy o rozczarowanie.

Świetnie podsumował to Tim Ferriss, bloger, autor amerykańskich bestsellerów i najpopularniejszego podcastu biznesowego na świecie – *The Tim Ferriss Show* (łącznie ponad 200 milionów pobrań tylko do końca 2016 r.). Zapytany o to, kiedy rozpocząć zarabianie na podcaście, odpowiedział:

> „Ważne jest, aby zdawać sobie sprawę, że nie wpuściłem reklamodawców do mojego podcastu, dopóki nie miałem 100 000 pobrań na odcinek (liczonych w okresie sześciu tygodni od jego publikacji).
>
> Początkujący podcasterzy (też nim kiedyś byłem) i blogerzy zbytnio się rozpraszają zarabianiem na wczesnych etapach rozwoju swojego medium. W ciągu pierwszych 3–9 miesięcy powinieneś doskonalić swój warsztat i po prostu wykonywać coraz lepszą pracę.
>
> Opcja A: możesz zmarnować 30–50% czasu na przekonanie kilku małych sponsorów do opłacenia reklam i jednocześnie zatrzymać się na

30 000 pobrań każdego odcinka, bo nie będziesz mieć czasu na uwolnienie swojej kreatywności.

Opcja B: możesz zagrać w długoterminową grę, poczekać 6–12 miesięcy, aż osiągniesz masę krytyczną, osiągniesz poziom 300 000 pobrań na odcinek i zarobisz 10 razy tyle na każdym z nich, współpracując z dużo większymi markami.

Jeśli możesz sobie na to pozwolić, nie spiesz się. Pośpiech czyni szkodę. W tym przypadku może ona stanowić różnicę między 50 000 dolarów rocznie a milionem dolarów rocznie lub więcej. Tu jest podobnie jak przy blogach: «Dobra treść to najlepsze SEO». Przeczytaj książkę *The 22 Immutable Laws of Marketing* → **zcwp.pl/22laws** i bądź inny od wszystkich, a nie tylko trochę lepszy." (→ **zcwp.pl/tim**)

Jest jeszcze jeden powód, dlaczego na wczesnym etapie raczej nie warto myśleć o pieniądzach. Zastanów się, jak bardzo spada motywacja, jeśli pomimo wysiłków nie uda się zarabiać na blogu. Z doświadczenia wiem, że i bez celów finansowych bardzo trudno jest przetrwać chwile próby, które mogą pojawić się w początkowych okresach blogowania, np. krytykę, agresję i hejt.

STRATEGICZNE DECYZJE I PLAN ARTYKUŁÓW

Istnieje kilka szkół blogowania. Pierwsza mówi, że jeśli chcesz blogować, to nie powinieneś rozważać wszystkich za i przeciw, zastanawiać się nad tym, jak powinien wyglądać perfekcyjny artykuł, tylko usiąść i po prostu napisać tych pierwszych kilka zdań. Taką metodą małych kroków możesz doskonalić umiejętność pisania. Pozwala ona szybko zacząć, ale bez konkretnego planu trudno jest odnieść sukces.

Druga szkoła blogowania mówi, że warto narzucić sobie pewien stały reżim publikowania nowych artykułów i przynajmniej na pierwszy miesiąc opracować „plan wydawniczy". Można śmiało założyć, że w pierwszym okresie istnienia bloga częstotliwość artykułów powinna być większa, a po kilku miesiącach można ją zmniejszyć, o ile tylko potrafi się sprawnie przyciągnąć czytelników każdym nowym wpisem. Poszedłem właśnie tą ścieżką.

Gdy sprecyzowałem już swoje cele, to wypisałem sobie listę ok. 30 tematów, które chciałbym poruszyć na blogu, a następnie część z nich zgrupowałem w cykl *Zaplanuj budżet domowy* → **zcwp.pl/budzet**. Zależało mi na tym, żeby już przy czytaniu pierwszego wpisu na ten temat czytelnicy wiedzieli, że to tylko fragment większej całości, że planowana jest kontynuacja i że chociażby dlatego warto zapisać się na mój newsletter. Tylko wtedy bowiem odwiedzający miał gwarancję, że nie ominie go informacja o każdym nowym, potencjalnie interesującym wpisie.

Spośród zanotowanych tematów wybrałem 10, które chciałem opublikować najpierw. Kryterium decyzji było tu pokrycie jak najszerszego spektrum zagadnień związanych z oszczędzaniem – tematem przewodnim mojego bloga – ale jednocześnie tak, aby jak najszerzej zademonstrować jakość mojego blogowania w całym obszarze finansów osobistych.

To ważne! Niektórzy już na starcie zaprzepaszczają swoją szansę. Czy tego chcemy, czy nie, to pierwsze wrażenie robi się tylko raz. Warto zadbać o to, aby było ono jak najlepsze i zachęcało do pozostania na dłużej.

Pierwsze wrażenie robi się tylko raz. Warto zadbać, aby było ono jak najlepsze.

Gdybyś teraz chciał spojrzeć na pierwsze 10 wpisów na moim blogu, to możesz to zrobić w spisie treści → **zcwp.pl/spis**. Weź proszę poprawkę na to, że wtedy nie miałem jeszcze pełnej jasności, co tak naprawdę robię. Był to okres eksperymentów i to ja sam byłem najważniejszym recenzentem i jednocześnie dosyć amatorskim krytykiem własnej działalności blogowej.

Duże znaczenie ma także **wybór tematyki bloga** oraz jej jednoznaczne zakomunikowanie czytelnikom. Warto, by formuła przewodnia była na tyle szeroka, żeby umożliwiała poruszanie tematów z różnych obszarów. Jednocześnie musi być na tyle precyzyjna i wyrazista, by nowy czytelnik nie miał problemu ze zrozumieniem, czego dotyczy blog. W przypadku *Jak oszczędzać pieniądze* zdecydowałem, że tematem przewodnim będzie „ograniczanie wydatków i rozsądne wydawanie pieniędzy". Dopuszczałem publikację wpisów wykraczających poza tę tematykę, ale jednocześnie traktowałem ją jako oś przewodnią bloga.

Ostatnim dylematem, który musiałem rozstrzygnąć, była decyzja, **czy pisać bloga anonimowo, czy pod własnym nazwiskiem**? Wszystko zależy od tego, jaki masz cel.

Jeżeli posiadasz wiedzę i doświadczenie i chcesz tworzyć blog merytoryczny, poświęcony konkretnemu tematowi, to warto od początku uwiarygodnić go swoim imieniem i nazwiskiem. W tym przypadku twoja historia może działać na korzyść i poprzez blog możesz budować swoją pozycję eksperta w danej dziedzinie. Tak właśnie zdecydowałem się działać. Chciałem na własnym przykładzie pokazywać, że wdrażając zdrowe zasady oszczędzania, można dojść do konkretnego majątku. Planowałem budować swoją wiarygodność i rozpoznawalność, dzieląc się otwarcie tymi informacjami. To, w połączeniu ze znajomością poruszanych tematów, spowodowało, że uznano mnie za eksperta w tej dziedzinie i zapraszano do udziału w programach telewizyjnych, audycjach radiowych oraz konferencjach i wykładach.

Jeśli jednak obawiasz się rozpoznawalności, to możesz zacząć prowadzić blog anonimowo i dopiero po jakimś czasie ujawnić, kim jesteś. Możesz także próbować działać anonimowo przez dłuższy okres, ale jeśli zaczniesz być naprawdę popularnym blogerem, to raczej nie uda ci się zbyt długo ukrywać tożsamości. Zastanów się więc, czy nie warto od razu budować swojej pozycji, rozpoczynając od ujawnienia, kim jesteś.

Punktem, na którym potrafią utknąć początkujący blogerzy, jest **decyzja o wyborze nazwy bloga oraz nazwy domeny internetowej**, pod którą będzie się on znajdował. Ja zadawałem sobie także pytanie, w jakim języku pisać mojego bloga? Czy lepiej od razu wystartować z blogiem anglojęzycznym, który będzie mógł dotrzeć do czytelników z całego świata, czy zdecydować się na pisanie w ojczystym języku – co prawda do mniejszej liczby odbiorców, ale jednocześnie bez bariery językowej. Tak naprawdę zdecydowało kryterium merytoryczne. Żyłem w Polsce, znałem lokalne realia, wiedziałem, że chcę prowadzić blog przedstawiający bardzo precyzyjne wyliczenia. Moje artykuły byłyby przydatne przede wszystkim dla żyjących w Polsce i uznałem, że to jest właśnie moim atutem. Skoro wiele firm potrafi świetnie się rozwijać i zarabiać na dostarczaniu produktów tylko na rynek wewnętrzny w Polsce, to dlaczego ja nie miałbym zostać lokalnym specjalistą od finansów osobistych? Wiedziałem także, że obiektywnie mam małe szanse, by być równie elokwentnym po angielsku i do tego jeszcze świetnie odpowiadać na potrzeby czytelników np. ze Stanów Zjednoczonych, skoro nie znałem ich realiów i tamtejszego rynku usług finansowych.

ANGIELSKI JOP

Jeśli zastanawiasz się, czy naprawdę rozważałem blogowanie w języku angielskim, to sprawdź historię domeny **moneysavingmike.com** (*Oszczędny Michał*). Przez pewien czas należała do mnie. To właśnie pod tym adresem chciałem blogować na cały świat. Dziś cieszę się, że do tego nie doszło.

Skąd nazwa bloga? Po prostu zastanowiłem się, jaką frazę wyszukiwania mogą wpisywać w Google osoby zainteresowane tematyką oszczędzania pieniędzy. Słuchając podcastów Pata, wiedziałem, że SEO, czyli dopasowanie używanych na blogu słów kluczowych do fraz wyszukiwania, ma kluczowe znaczenie dla pojawiania się wpisów z mojego bloga wysoko na liście wyników Google. Zależało mi na tym, aby idealnie trafiać we wszystko, co wiąże się z oszczędzaniem. To jest także powód, dla którego nie zdecydowałem się na udostępnienie bloga pod moim imieniem i nazwiskiem.

Możesz zastanawiać się, czy wiedząc to, co wiem teraz, nazwałbym wtedy swój blog inaczej. Odpowiedź brzmi: nie. Wybór tej nazwy przetrwał próbę czasu i doskonale sprawdzała się ona w sprowadzaniu na mojego bloga ruchu z Google. Prawdą jest, że z czasem nazwa rozjechała się z zawartością bloga (poruszam na nim całe spektrum tematów – także związanych z szeroko rozumianą przedsiębiorczością). Niemniej jednak JOP jest już tak silną marką, że stali czytelnicy doskonale wiedzą, czego mogą się spodziewać na blogu i że tematyka oszczędzania – wbrew nazwie – stanowi jedynie część poruszanych zagadnień.

TECHNOLOGIA NA ZAPLECZU BLOGA

Większość startujących blogerów obawia się technicznej strony uruchomienia bloga. W rzeczywistości jest to dużo prostsze, niż mogłoby się wydawać. Kluczowym pytaniem jest: czy skorzystać z jednej z gotowych, bezpłatnych platform blogowych, czy może zdecydować się na uruchomienie własnego serwera z blogiem?

Zaletą korzystania z bezpłatnych serwisów blogowych jest to, że nie trzeba samodzielnie martwić się o instalację bloga i jego hosting (czyli przestrzeń i rozwiązania technologiczne do udostępniania strony WWW bloga). Otrzymujemy gotowe rozwiązanie i po rejestracji w takim serwisie można od razu przystąpić do pisania artykułów. Blog automatycznie znajdzie się także w katalogu danego serwisu, a przy odrobinie szczęścia trafi na listę blogów polecanych, co może pomóc w zdobyciu czytelników. Minusami są ograniczony wybór szablonów wyglądu bloga i ograniczone możliwości rozszerzania jego funkcjonalności. Niektóre serwisy, np. WordPress.com, nie pozwalają też umieszczać na blogu reklam, co ogranicza możliwość zarabiania na nim.

Gdy w 2012 r. podejmowałem decyzję „gotowa platforma czy własny hosting", to wybór ogólnodostępnych rozwiązań był duży. Oferowały je portale Onet.pl, Wp.pl oraz Gazeta.pl. Żadna z tych polskich platform blogowych nie przetrwała jednak próby czasu, co doskonale pokazuje, jak ryzykowną decyzją jest lokowanie swojego bloga na cudzej platformie. Obecnie na świecie liczy się praktycznie tylko kilka darmowych platform dla blogerów – Wordpress.org, Blogspot.com oraz Tumblr.com.

Od początku zdecydowałem się na wykupienie własnej domeny oraz hostingu dla bloga. Łączne koszty nie są duże – przy nowych blogach zamykają się w kwocie dolnych kilkuset złotych rocznie, np. 200–300 zł.

Nie siliłem się na oryginalność. Skorzystałem z wyborów Pata Flynna, którymi ten dzielił się publicznie. Wciąż praktycznie jedynym wyborem dla własnej platformy blogowej jest oprogramowanie **WordPress** (WP). Można używać je odpłatnie – korzystając z utrzymania bloga na serwerach producenta WordPressa, lub też bezpłatnie – instalując na „własnym" serwerze. Wybrałem tę drugą opcję, bo była całościowo tańsza i dała mi poczucie własności mojej platformy blogowej. Większość firm oferujących usługi hostingu stron internetowych posiada kreatory pozwalające automatycznie zainstalować i uruchomić WP. Tak właśnie było w przypadku amerykańskiej firmy **Blue Host**, gdzie – za radą Pata – wykupiłem usługę hostingu. Skorzystałem też z jego przewodników i sam skonfigurowałem bloga. Gdy miałem wątpliwości, po prostu mailowo lub przez czat prosiłem o pomoc obsługę techniczną dostawcy. Niewątpliwym plusem było moje wcześniejsze doświadczenie z obsługą systemów informatycznych, ale chcę podkreślić, że wszystko, co robiłem, rozpoczynając blogowanie, było dla mnie nowe.

Do WP dodałem jeszcze dwa rozwiązania – identyczne jak te stosowane przez blog *Smart Passive Income* – czyli nakładkę na WP o nazwie **Thesis,** rozszerzającą możliwości dostosowania wyglądu tej platformy, oraz tzw. szablon graficzny **Marketers Delight** firmy Kolakube. O ile WordPress jest bezpłatny, to za te nakładki musiałem zapłacić, łącznie jednorazowo ok. 900 zł. Czy zaczynając od nowa, znowu skorzystałbym z obu tych rozwiązań? Dzisiaj ograniczyłbym się do szablonu Marketers Delight, który znacznie od tamtego czasu ewoluował → **zcwp.pl/md**.

W pełni funkcjonalny blog udało mi się uruchomić dosłownie w kilka godzin. Przez kolejny tydzień wieczory przeznaczyłem na dostosowywanie przeróżnych elementów: zmianę grafiki, fontu, dodanie obsługi newslettera, ułożenie struktury menu itd. Wykonana wtedy praca służy mi do dzisiaj. Prawie sześć lat później nadal korzystam z tego samego szablonu bloga. Dodatkowe funkcje realizuję za pośrednictwem tzw. plug-inów, czyli wtyczek rozszerzających możliwości platformy WordPress. Pozwalają one na dowolne dostosowywanie wyglądu i sposobu działania bloga do moich wymagań, np. poprzez dodanie odtwarzacza podcastów, odtwarzacza wideo, filtra spamu w komentarzach czy też funkcji ułatwiających udostępnianie treści z bloga w mediach społecznościowych. Listę wszystkich używanych przeze mnie aktualnie wtyczek znajdziesz pod adresem → **zcwp.pl/wtyczki**.

Jedyną istotną zmianę wykonałem rok po premierze – przeniosłem cały blog do polskiej firmy Zenbox. Okazało się, że takie przenosiny nie są trudne i Zenbox wykonał całą pracę za mnie → **zcwp.pl/zenbox** (pod tym linkiem otrzymasz 10% rabatu na usługę hostingu bloga lub strony internetowej).

Wygląd bloga

Wygląd bloga jest ważny, ale pamiętaj, że nie jest ważniejszy od jakości publikowanych treści. Znam blogerów, którzy poświęcili wiele czasu na szlifowanie wyglądu bloga, ale nigdy nie osiągnęli wymarzonego sukcesu. Warto zachować zdrowy rozsądek: wystartować z blogiem, który ma prosty wygląd i przede wszystkim jest czytelny (bez ozdobników i utrudnień dla czytelnika), i skupić się na tworzeniu wartościowych treści.

Wygląd bloga można zmienić w dowolnym momencie, bez konieczności ingerencji w opublikowane na nim materiały. Dlatego właśnie szablon graficzny JOP wyglądał niemalże identycznie jak domyślna konfiguracja „skórki" Marketers Delight (zobacz obok).

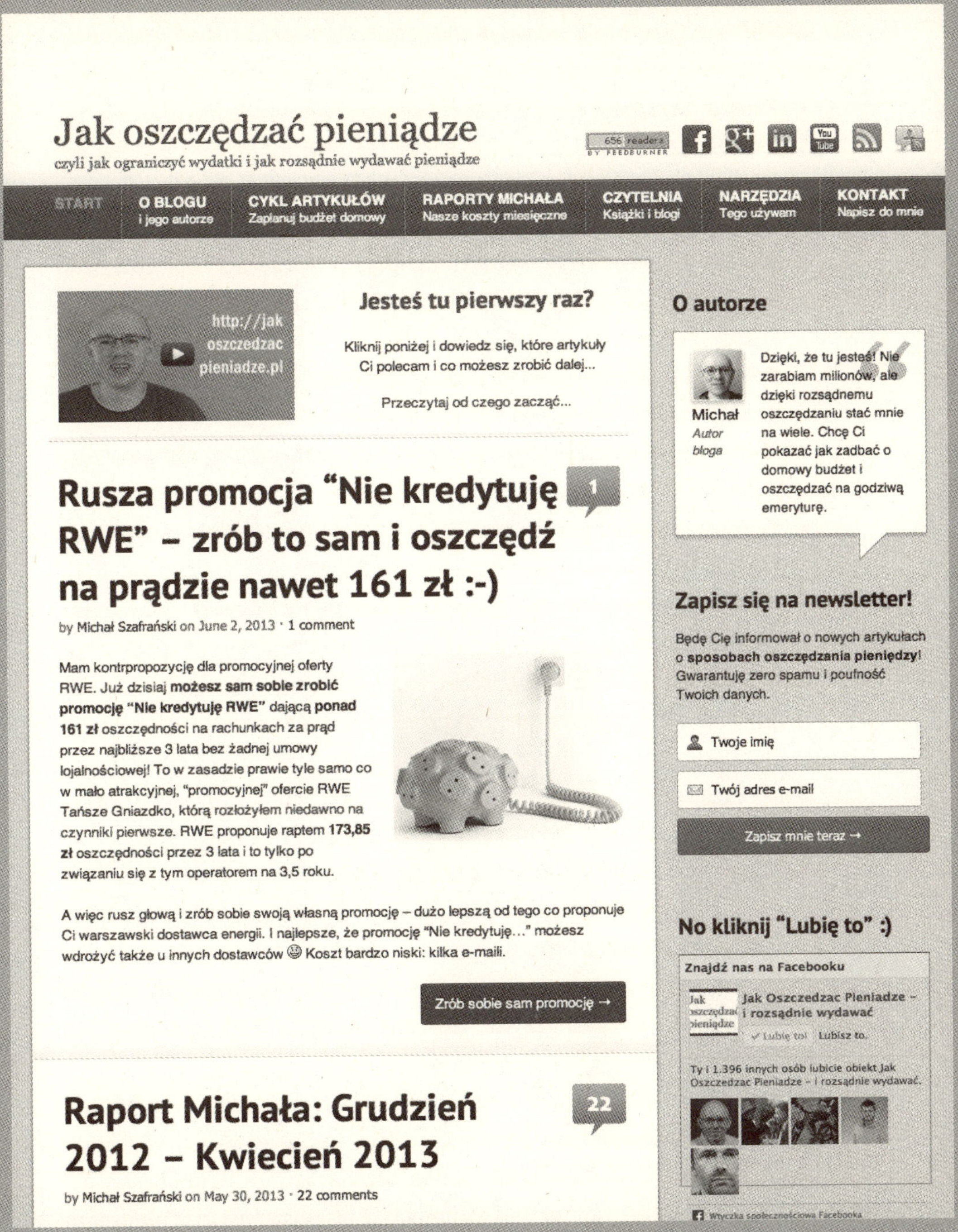

Jak oszczędzać pieniądze

czyli jak ograniczyć wydatki i jak rozsądnie wydawać pieniądze

656 readers BY FEEDBURNER

START | O BLOGU i jego autorze | CYKL ARTYKUŁÓW Zaplanuj budżet domowy | RAPORTY MICHAŁA Nasze koszty miesięczne | CZYTELNIA Książki i blogi | NARZĘDZIA Tego używam | KONTAKT Napisz do mnie

http://jakoszczedzacpieniadze.pl

Jesteś tu pierwszy raz?

Kliknij poniżej i dowiedz się, które artykuły Ci polecam i co możesz zrobić dalej...

Przeczytaj od czego zacząć...

Rusza promocja "Nie kredytuję RWE" – zrób to sam i oszczędź na prądzie nawet 161 zł :-)

1

by Michał Szafrański on June 2, 2013 · 1 comment

Mam kontrpropozycję dla promocyjnej oferty RWE. Już dzisiaj **możesz sam sobie zrobić promocję "Nie kredytuję RWE"** dającą **ponad 161 zł** oszczędności na rachunkach za prąd przez najbliższe 3 lata bez żadnej umowy lojalnościowej! To w zasadzie prawie tyle samo co w mało atrakcyjnej, "promocyjnej" ofercie RWE Tańsze Gniazdko, którą rozłożyłem niedawno na czynniki pierwsze. RWE proponuje raptem **173,85 zł** oszczędności przez 3 lata i to tylko po związaniu się z tym operatorem na 3,5 roku.

A więc rusz głową i zrób sobie swoją własną promocję – dużo lepszą od tego co proponuje Ci warszawski dostawca energii. I najlepsze, że promocję "Nie kredytuję..." możesz wdrożyć także u innych dostawców 😃 Koszt bardzo niski: kilka e-maili.

Zrób sobie sam promocję →

Raport Michała: Grudzień 2012 – Kwiecień 2013

22

by Michał Szafrański on May 30, 2013 · 22 comments

O autorze

Dzięki, że tu jesteś! Nie zarabiam milionów, ale dzięki rozsądnemu oszczędzaniu stać mnie na wiele. Chcę Ci pokazać jak zadbać o domowy budżet i oszczędzać na godziwą emeryturę.

Michał
Autor bloga

Zapisz się na newsletter!

Będę Cię informował o nowych artykułach o **sposobach oszczędzania pieniędzy**! Gwarantuję zero spamu i poufność Twoich danych.

Twoje imię

Twój adres e-mail

Zapisz mnie teraz →

No kliknij "Lubię to" :)

Znajdź nas na Facebooku

Jak Oszczedzac Pieniadze – i rozsądnie wydawać

✓ Lubię to! Lubisz to.

Ty i 1.396 innych osób lubicie obiekt Jak Oszczedzac Pieniadze – i rozsądnie wydawać.

Wtyczka społecznościowa Facebooka

Zwróć uwagę na najważniejsze elementy:

- **Proste, tekstowe logo z opisem bloga** – żeby nikt nie miał wątpliwości, o co tu chodzi.
- **Ikony odsyłające do mediów społecznościowych** – mówiące „jestem wszędzie tam, gdzie chcecie i gdzie wam wygodnie".
- **Wyraźny „społeczny dowód słuszności"** – informacja o liczbie osób subskrybujących blog przez czytniki RSS oraz liczbie osób lubiących stronę bloga na Facebooku.
- **Powitalne wideo** – wraz z krótką informacją, jak poruszać się po blogu i od których wpisów warto rozpocząć jego lekturę.
- **Moja twarz i krótkie wprowadzenie „o autorze"** – jednoznacznie pokazujące, kto stoi za blogiem.
- **Czytelne tytuły i przejrzyste teksty** – łatwość czytania jest najważniejsza.
- **Wyraźnie wyeksponowana opcja zapisu na newsletter** – wtedy jeszcze nie podawałem, ile osób już się na niego zapisało. Po prostu nie było się czym chwalić. Tę liczbę zacząłem podawać dopiero wtedy, gdy liczba subskrybentów przekroczyła kilka tysięcy.

Dużo większe znaczenie miały dla mnie funkcje bloga niż jego wygląd. Zresztą, tak jest do dzisiaj. Dopiero rok po uruchomieniu bloga nieznacznie zaktualizowałem jego wygląd. Chociaż prosi się już o kolejne zmiany i dostosowanie do współczesnego wyglądu tego typu serwisów, to czytelnicy niezmiennie chwalą sobie łatwość konsumowania treści. Gdy dzisiaj mam zdecydować, czy wolę poświęcić miesiąc, dwa na wypracowanie nowego wyglądu i organizacji bloga, czy na tworzenie nowych treści przydatnych dla czytelników, to wygrywa to drugie.

Czasami zastanawiam się, czy tkwiąc wciąż przy starym szablonie graficznym, nie ograniczam odbioru i zasięgu mojego bloga. W takich przypadkach zaglądam jednak na bardzo popularny blog Tima Ferrissa → **zcwp.pl/tim** odwiedzany przez 3–4 miliony UU miesięcznie i przypominam sobie, że przede wszystkim liczy się jakość treści, a nie wygląd. Oczywiście są zapewne takie segmenty działalności, w których wygląd ma podstawowe znaczenie, np. moda czy szeroko rozumiany luksus. Niemniej jednak w działce finansów osobistych śmiało można założyć, że ważniejsze są inne wartości.

Newsletter

Dziś może być trudno w to uwierzyć, ale w 2012 r. rzadko który bloger prowadził własny newsletter. Niektórzy uważali e-maile za przeżytek i stawiali na media społecznościowe, a w szczególności Facebooka. Strategia ta miała się szybko zemścić, gdy okazało się, że Facebook stopniowo, ale systematycznie ogranicza widoczność wpisów twórców treści linkujących do zewnętrznych źródeł. Dla mnie było oczywiste, że lepiej od razu budować swoją platformę i kanały komunikacji, które są pod całkowitą kontrolą blogera (np. newsletter), niż polegać wyłącznie na zewnętrznych platformach, takich jak Facebook, LinkedIn, Twitter czy nawet Google, które mogą w dowolnym momencie zmienić zasady publikacji treści i odciąć blogera od jego odbiorców.

Oczywiście nie można zaprzepaścić szansy, jaką daje obecność w mediach społecznościowych, zwłaszcza na Facebooku. Zachęcam jednak, aby nie traktować go jako jedynego kanału pozyskiwania czytelników. Warto być wszędzie tam, gdzie potrafimy utrzymywać systematyczną komunikację, to ważne przede wszystkim na początku blogowania.

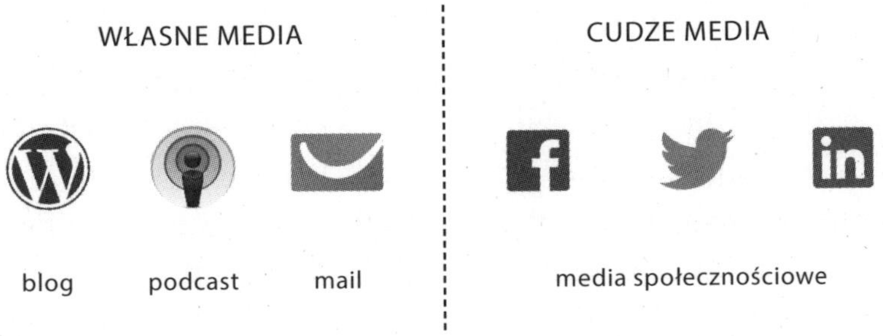

W kwestii mailingów postawiłem początkowo na **GetResponse** – od razu płacąc za usługę komercyjną (482 zł za pierwszy rok) → **zcwp.pl/gr**. Rozpoczynając teraz budowę bazy newslettera, zacząłbym od **MailChimp** → **zcwp.pl/mc** – dobrej usługi oferującej obsługę do 2000 adresów e-mail zupełnie za darmo. Dopiero po zdobyciu pierwszych doświadczeń zastanawiałbym się nad wyborem docelowego, płatnego rozwiązania.

Z GetResponse ostatecznie zrezygnowałem po ponad dwóch latach korzystania, bo ma bardzo kosztowny model rozliczeń. Każe płacić za każdy adres e-mail na każdej liście mailingowej. Jeśli posiadamy kilka takich list i jeden subskrybent zapisany jest z tym samym adresem na trzy różne listy, to zapłacimy za niego trzykrotnie – jakbyśmy obsługiwali trzy różne osoby. Teraz już nie przepłacam. Dwa lata temu przeniosłem się do konkurencyjnej i bogatszej funkcjonalnie usługi **ActiveCampaign** → **zcwp.pl/ac**, w której każdy adres liczony jest pojedynczo – bez względu na liczbę list, na które jest zapisany. Z tej usługi jestem zadowolony i polecam ją wszystkim znajomym.

Analiza ruchu

Istotnym źródłem informacji dla blogera jest analiza odwiedzin na blogu. Pomagają w tym systemy statystyk internetowych, z których najpopularniejszym jest **Google Analytics**. Dodatkowo można uruchomić wtyczkę **JetPack Statistics** oraz zarejestrować się w serwisie **Clicky** → **zcwp.pl/clicky**, którego podstawowa wersja jest bezpłatna. Wszystkie te rozwiązania powiedzą nie tylko, ile odsłon ma blog i ilu unikalnych czytelników go czyta, ale pozwolą także szczegółowo przeanalizować zachowania gości. Przykładowo Clicky pozwala analizować, w których miejscach bloga czytelnicy spędzają najwięcej czasu, gdzie próbują kliknąć itp. Wszystkie te informacje pozwalają w przyszłości poprawiać umiejscowienie na stronie takich istotnych elementów jak np. formularz zapisu na newsletter.

Rzetelnie prowadzona analiza ruchu mówi też, które z artykułów cieszą się największą popularnością i w jaki sposób czytelnicy trafiają na blog: wchodząc bezpośrednio, z wyszukiwarek, z serwisów społecznościowych czy może z newslettera lub czytnika RSS. W ten sposób można weryfikować, na ile rozsyłane przez blogera komunikaty (na Facebooku lub e-mailowo) przyczyniają się do wzrostu ruchu. A to stopniowo pozwoli zdobyć wiedzę, które ze sposobów promocji bloga pomagają przyciągać najwięcej czytelników.

Google Analytics pozwala dowiedzieć się, jakie frazy wpisywały w wyszukiwarkę osoby, które trafiły w ten sposób na blog. I tak przykładowo jednym z najpopularniejszych magnesów przyciągających nowych czytelników do bloga *Jak oszczędzać pieniądze* jest fraza: „koszt kWh", dla której artykuł *Jak przeliczyć koszt W na kWh i koszt w złotówkach* znajduje się na szczycie wyników Google pomimo upływu 5 lat od jego publikacji.

KOSZTY STWORZENIA BLOGA – KIEDYŚ I DZIŚ

Oto najważniejsze składniki bloga *Jak oszczędzać pieniądze* i ich kosztów w 2012 r.

- Hosting w **Blue Host** = 415 zł płatne z góry za 2 lata
- Platforma **WordPress** = 0 zł
- Silnik szablonów **Thesis** = 164 dolarów, czyli 572 zł
- Szablon bloga **Marketers Delight 2** = 84 dolarów, czyli 293 zł
- Usługa mailingowa **GetResponse** = 482 zł płatne z góry za rok
- Statystyki **Google Analytics** = 0 zł
- Statystyki **Clicky** = 0 zł

Całkowity koszt = 1762 zł. Przepłaciłem.

Gdybym dzisiaj zaczynał od nowa, to wybrałbym polski hosting, płacąc 200–300 zł rocznie, kupił własną domenę, płacąc kilkanaście złotych za pierwszy rok, wybrałbym darmowy WordPress i dokupił do niego szablon Marketers Delight w najnowszej wersji (kosztuje około 100 dolarów) lub jakiś inny tańszy. Newsletter obsługiwałbym za darmo w MailChimp i dopiero zbliżając się do 2000 zapisanych na niego osób, zastanowiłbym się, czego potrzebuję, i ewentualnie przeniósł się do innego dostawcy.

Wpisywane przez wyszukujących frazy mogą być także świetnym źródłem inspiracji dla blogera. Dzięki nim można się dowiedzieć, o czym czytelnicy chcieliby przeczytać (bo wiesz, czego szukają). Jeśli widzisz, że ponad 100 osób trafiło na twój blog, wpisując frazę „gdzie sprzedać złoto", a jednocześnie wiesz, że w żadnym artykule nie dałeś jeszcze odpowiedzi na to pytanie, to może warto o tym napisać.

Sposób obsługi komentarzy na blogu

Warto w tym miejscu wspomnieć o jeszcze jednym istotnym elemencie, nad którym masz kontrolę jako twórca bloga – **systemie komentarzy**. Komentarze pod wpisami na blogu są podstawowym sposobem kontaktu i interakcji z czytelnikami. Warto więc, by ich dodawanie było jak najłatwiejsze dla czytelników, a jednocześnie byś ty miał pełną kontrolę nad treściami pojawiającymi się na twoim blogu.

Szczególnie istotny jest ten ostatni element, gdyż komentarze mogą być prawdziwym utrapieniem dla posiadacza popularnego bloga. Oprócz tych wartościowych pojawią się też bezwartościowe komentarze spamerów, którzy będą próbowali wykorzystać blog jako źródło linków do swoich stron WWW, wstawiając bezsensowne i przypadkowe treści. Zdobywając popularność, możesz także liczyć na tzw. hejt, czyli nienawistne komentarze ze strony osób, które korzystając z anonimowości w internecie, będą po prostu chciały cię zdyskredytować i oczernić w oczach innych czytelników.

Zanim wystartujesz z blogiem, warto się zastanowić, jak będziesz postępował z takimi komentarzami. Na blogu *Jak oszczędzać pieniądze* każdy komentarz od nowego czytelnika oczekuje na tzw. moderację, czyli jego dopuszczenie do publikacji przez autora bloga. Jeśli dany komentarz został zaakceptowany, to kolejne komentarze tej osoby zamieszczane będą już automatycznie, bez potrzeby ich akceptacji. Generalnie dopuszczam wszystkie komentarze poza tymi, które szerzą nienawiść, są obraźliwe dla innych lub zawierają przekleństwa.

Pamiętaj, że twój blog to twoja przestrzeń w internecie i wcale nie musisz postępować zgodnie z demokratycznymi zasadami, zwłaszcza w stosunku do osób, które będą próbowały nadużyć gościnności. Ale z drugiej strony, ograniczając komentarze, wystawisz się na zarzuty, że wprowadzasz cenzurę. Dlatego warto od początku dobrze i jasno określić zasady, jakie obowiązują przy komentowaniu na twoim blogu, i udostępnić je czytelnikom.

WordPress ma własny system komentarzy, ale coraz częściej autorzy blogów korzystają z zewnętrznych systemów – najpopularniejsze to **Disqus** oraz **komentarze Facebooka**. Takie zewnętrzne systemy komentarzy podpinane są poprzez wtyczki i dają kilka korzyści: wprowadzają jednorodny i znany użytkownikom wygląd systemu komentarzy, zapewniają dobre filtrowanie spamu i mogą wymagać wcześniejszego zalogowania się użytkownika w sieciach społecznościowych, co zwiększa zasięg marketingowy naszego bloga (komentarze danej osoby mogą być od razu publikowane na Facebooku i w innych serwisach). Ale mają też swoje wady: komentarze znajdują się w zewnętrznym serwisie i nie masz nad nimi pełnej kontroli, ładowanie zewnętrznego systemu komentarzy wydłuża czas wczytywania strony i dodatkowo może się okazać, że treść takich „zewnętrznych" komentarzy nie jest uznawana za element twojej strony przez Google, co ogranicza liczbę słów kluczowych budujących pozycję bloga w wyszukiwarce. Disqus zaczął też wyświetlać reklamy w sekcji komentarzy (nie ma ich w płatnej wersji).

Jeśli zdecydujesz się skorzystać z komentarzy wbudowanych w WordPress, to warto równocześnie dodać i uaktywnić wtyczkę **Akismet**. Rejestracja w serwisie Akismet jest dla blogerów bezpłatna, a dodanie tej wtyczki skutecznie zabezpiecza przed spamem w komentarzach.

Polityka prywatności i ochrona danych osobowych

Jako bloger musisz pamiętać, że nie stoisz ponad prawem. Prowadząc serwis internetowy zbierający dane o użytkownikach, musisz przestrzegać przepisów Rozporządzenia o Ochronie Danych Osobowych (RODO). Mówiąc inaczej, musisz stosować się do zasad, zgodnie z którymi ujednolicono przetwarzanie danych osobowych na terenie całej Unii Europejskiej, m.in. publikując na swoim blogu tzw. politykę prywatności, zbierając zgody na przetwarzanie danych osobowych np. przy rejestracji na newsletter, a także wdrażając procedury zarządzania gromadzonymi danymi.

Szczegółowy przewodnik dotyczący zapewnienia zgodności z wymogami RODO dla blogerów znajdziesz na świetnym blogu eksperckim *Prakreacja* prowadzonym przez prawnika Wojciecha Wawrzaka → **zcwp.pl/rodo**.

2 LIPCA 2012 R. – DZIEŃ NARODZIN BLOGA

Po przemyśleniu założeń bloga, przygotowaniu krótkoterminowego planu oraz całej platformy technologicznej wystarczyło tylko wystartować.

Datę upublicznienia bloga wybrałem nieprzypadkowo. 30 czerwca rozpocząłem kilkutygodniowe wakacje, poświęcając pierwszy weekend na szkolenie z zakresu wynajmu nieruchomości u **Piotra Hryniewicza → zcwp.pl/hryniewicz**. Jak się później okazało, miał on ogromny wpływ na kierunek rozwoju mojej działalności inwestycyjnej, a pośrednio i bloga.

Pierwszy wpis opublikowałem w poniedziałek 2 lipca. Tak naprawdę zwlekałem aż do urlopu, aby nie dawać szefowi ani nikomu z ówczesnych współpracowników pretekstu do dopytywania mnie o powody uruchomienia bloga. Obawiałem się także, że ktoś mógłby mi zarzucić, że przeznaczam czas na blogowanie zamiast na pracę etatową. Wiedziałem, że publikując z urlopu, postawię wszystkich po prostu przed faktem dokonanym – blog jest, ma już kilka wpisów, powstał w czasie wolnym i jego uruchomienie nie miało żadnych negatywnych konsekwencji dla mojej pracy.

Dziś wiem, że takie podejście było bardziej ważne dla mnie niż dla pracodawcy. Nie zmienia to jednak faktu, że chciałem mieć poczucie bycia w stu procentach *fair* w stosunku do zatrudniającej mnie firmy.

Równolegle z blogiem utworzyłem fanpage *Jak oszczędzać pieniądze* na Facebooku – początkowo bez polskich znaków, bo naiwnie sądziłem, że skoro to amerykański serwis, to tak powinienem zrobić. Przez długi czas utrudniało to wyszukiwanie nazwy bloga przez użytkowników FB, ale założenie fanpage'a i tak było to jedną z najlepszych decyzji. To dzięki fanpage'owi i udostępnianiu treści z bloga na moim prywatnym profilu na FB szybko udało się zdobyć pierwszych czytelników – z grona znajomych.

Niestety popełniłem pewien błąd. Chociaż wiedziałem, że obsługa newslettera jest ważna – bo cały czas mówił o tym Pat Flynn – to zapisy na listę mailingową udostępniłem z ponad miesięcznym opóźnieniem. W efekcie osoby, które raz wpadły na mój blog, nie miały praktycznie żadnej możliwości dowiedzenia się o nowych wpisach inaczej niż poprzez Facebooka lub ponowne bezpośrednie odwiedzenie JOP. Wtedy sobie tego nie uświadamiałem. Chciałem po prostu po cichu wystartować i zobaczyć, co się stanie.

Z niecierpliwością wyczekiwałem reakcji czytelników. Jeden dzień, drugi... i nic się nie działo. Po trzech dniach pojawiły się pierwsze dwa komentarze od Adama Jadczaka, mojego przyjaciela i pomysłodawcy bloga. Ucieszyłem się, ale jednocześnie miałem poczucie, że to takie „komentarze współczucia". Dopiero po opublikowaniu pięciu wpisów i kolejnych trzech tygodniach ciszy 30 lipca pojawiły się pierwsze dwa komentarze od całkowicie nieznanych mi osób. Skakałem do góry z radości!

Nie od razu Kraków zbudowano. Początki były bardzo skromne. Przez cały lipiec 2012 r. na bloga zabłąkało się zaledwie 151 unikalnych użytkowników (UU). Zrozumiałem, że poza pisaniem nowych artykułów muszę intensywniej postarać się o zdobywanie nowych czytelników.

Aktywność poza blogiem

Skoro na blogu brakuje czytelników, to warto poszukać ich tam, gdzie mogą się oni znajdować. Częstą praktyką wśród początkujących blogerów jest zamieszczanie komentarzy wraz z linkiem do swojej strony na innych, tematycznie zbliżonych blogach, a także udzielanie się w dyskusjach na forach internetowych. To dobre sposoby, o ile tylko zadba się o to, aby nie być zbyt nachalnym i bezpośrednim.

W złym tonie jest nadawanie sobie nicka z adresem bloga, np. „Michał z jakoszczedzacpieniadze.pl" lub też żerowanie na treściach innych autorów, np. poprzez zamieszczenie lakonicznego komentarza „Więcej informacji o kosztach prądu znajdziesz na blogu jakoszczedzac...". Takie komentarze nie przechodzą na ogół moderacji. Na swoim blogu staram się je natychmiast usuwać. Zazwyczaj nie niosą wartości dla innych czytelników i są przejawem żerowania na cudzej popularności.

Inaczej jest z merytorycznymi komentarzami, które rzeczywiście wnoszą coś do dyskusji o artykule, pod którym je zamieszczamy. Co prawda nie zawierają one linku do naszego bloga, ale pomagają nam budować pozycję eksperta w danej dziedzinie lub po prostu wizerunek kulturalnego rozmówcy. Większość stron pozwala zamieścić link do bloga w formie aktywnego linku podpiętego pod pseudonim komentującego, więc jeśli ktoś będzie zainteresowany tym, co napisaliśmy, to i tak do nas trafi.

Warto udzielać się w dyskusjach na tych blogach, które i tak cyklicznie przeglądamy. Ponadto warto znaleźć serwisy, w których toczą się regularne dyskusje na bliskie nam tematy. W moim przypadku było to forum dyskusyjne o oszczędzaniu na portalu Gazeta.pl. Z czasem zauważyłem także, że sporo kobiet porusza zagadnienia związane z finansami na forum Wizaz.pl. Dobrym miejscem do wszelkich dyskusji jest także Facebook – i to zarówno prywatne profile naszych znajomych, jak i fanpage'e firm z naszej branży (w moim przypadku np. blogów finansowych, instytucji finansowych, UOKiK i KNF) oraz tematyczne grupy dyskusyjne.

W sierpniu 2012 r. tak się szczęśliwie złożyło, że Remigiusz Witczak prowadzący blog *Racjonalne oszczędzanie* ogłosił konkurs, w którym prosił swoich czytelników o przedstawienie najlepszych sposobów na oszczędzanie. Nagrodą była publikacja opracowań na jego blogu. W przygotowanie tego materiału włożyłem wszystkie swoje umiejętności. Artykuł zatytułowałem *Oszczędnościowa autobiografia* → **zcwp.pl/ro**.

To był strzał w dziesiątkę! Tak właśnie opublikowałem na cudzym blogu pierwszy tzw. wpis gościnny, który jednocześnie – dzięki dużej szczegółowości i konkretnym liczbom – bardzo pozytywnie się wyróżniał. Ten wpis pomógł mi zaistnieć w środowisku osób zainteresowanych tematyką oszczędzania i przyprowadził na mojego bloga setki użytkowników.

Strategia komentowania treści na innych blogach znacząco przyczyniła się do wzrostu ruchu. Dość powiedzieć, że w pierwszych dwóch miesiącach działania JOP źródło ponad połowy wizyt na blogu stanowiły tzw. *referrals*, czyli przejścia po kliknięciu w link w innych serwisach. Moja aktywność przynosiła pożądane rezultaty.

Start newslettera

Kolejnym wyzwaniem było skuteczne zachęcanie do powrotu na bloga tych odwiedzających, którzy już raz na niego wpadli. Na konfigurację usługi pocztowej potrzebowałem drugiego urlopu. Zapisy na newsletter udostępniłem dopiero 15 sierpnia 2012 r. Z perspektywy czasu mogę powiedzieć, że była to **najważniejsza decyzja wspierająca rozwój mojego bloga**.

W ciągu kolejnych lat wysyłane przeze mnie e-maile były trzecim co do wielkości źródłem wejść na mojego bloga (11%) – po wyszukiwarce Google (52%) i wizytach po bezpośrednim wpisaniu adresu (18%). Wszystkie media społecznościowe razem wzięte (10%) spowodowały mniej wizyt niż newsletter. Statystyki te dotyczą okresu od lipca 2012 r. do marca 2018 r.

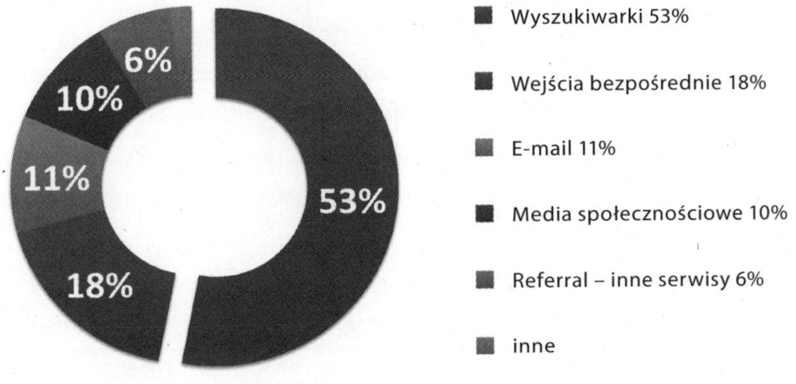

Źródła ruchu na blogu JOP w okresie od lipca 2012 r. do marca 2018 r.

Systematycznie budowana baza mailingowa jest jednocześnie jedynym środkiem komunikacji z czytelnikami należącym wyłącznie do mnie. Żaden dostawca nie może ograniczyć zasięgu moich e-maili. Jeśli okaże się, że u jednego z nich zbyt wiele wiadomości traktowanych jest jako spam, to w dowolnym momencie mogę całą bazę przenieść do innego dostawcy usługi newslettera o lepszej reputacji i skuteczności dostarczania e-maili.

Wszystkie media społecznościowe razem wzięte spowodowały mniej wizyt na blogu niż wysyłany newsletter.

W sierpniu 2012 r. na newsletter zapisały się 54 osoby. We wrześniu – kolejne 56 osób. Tempo budowy bazy nie było zawrotne, ale cieszyłem się, widząc tam prywatne adresy moich współpracowników, kolegów ze studiów, liceum i nawet podstawówki oraz klientów, z którymi na bieżąco pracowałem. Większość z nich nadal prenumeruje mój newsletter. W utrzymaniu lojalności subskrybentów pomagają przyjęte przeze mnie założenia:

1. **Chcę, by każdy nowy subskrybent czuł się dobrze zaopiekowany.** Dlatego nowe osoby zapisujące się na newsletter otrzymują automatycznie dwa e-maile: natychmiast po zapisaniu krótki e-mail powitalny, a po dwóch dniach – pierwsze wskazówki dotyczące korzystania z bloga.

2. **Każdy e-mail piszę tak, jakbym pisał do bliskiego znajomego.** Nie zaczynam z grubej rury. Zawsze staram się napisać coś miłego od siebie, poinformować, co u mnie słychać, starając się jednocześnie, aby nie przesadzać z poufałością. Dorzucam garść obserwacji lub refleksji dotyczących bieżącego dnia lub ostatnich wydarzeń. Dopiero po nich informuję, dlaczego warto przeczytać nowy artykuł i zamieszczam link do bloga.

3. **Staram się używać formy bezosobowej.** Mam świadomość, że e-maile czytają zarówno mężczyźni, jak i kobiety. Dlatego staram się pisać tak, aby nikt nie poczuł się urażony – zarówno treścią, jak i formą, w jakiej się zwracam do odbiorcy. Czasami się to nie udaje (zwłaszcza przy opisywaniu wydarzeń w czasie przeszłym). Nie udało się to także w tej książce, za co najmocniej wszystkie panie przepraszam.

4. **Każdy e-mail piszę w formie tekstowej, maksymalnie zbliżonej do zwykłej korespondencji.** Nie używam rozbudowanych i kolorowych form graficznych. Operuję zwykłym tekstem i m.in. to powoduje, że mój newsletter odbierany jest często jako zwykły list od znajomego.

5. **Nowy newsletter wysyłam zawsze po publikacji nowego wpisu w dni robocze.** Nowe artykuły publikuję przede wszystkim w dni robocze. E-maile staram się wysyłać w godzinach porannych 8:00–10:30 lub wieczornych 18:00–20:30. Te przedziały wypracowałem z czasem, obserwując zachowania osób, do których wysyłam e-maila. W tych okresach mam najkorzystniejsze współczynniki otwarć e-maili oraz kliknięć kierujących na bloga. Oczywiście u każdego blogera sytuacja może wyglądać inaczej.

6. **Pozostałe e-maile wysyłam w soboty, w ramach tzw. automatyzacji.** Poza każdorazowo redagowanym ręcznie newsletterem posiadam w systemie e-mailowym tzw. automatyzacje, czyli sekwencje gotowych kilkunastu e-maili wysyłanych zgodnie z określonym wcześniej scenariuszem, np. co tydzień do tych wszystkich osób, które zainteresowane są moją książką

Finansowy ninja. Żeby ograniczyć ryzyko wysłania kilku e-maili do jednego adresata tego samego dnia, zdecydowałem, że automatyzacje będą wysyłały e-maile w soboty. W ten dzień nie publikuję już wpisów na blogu i nie nadaję newslettera.

Taka higiena w zakresie wysyłania korespondencji powoduje, że czytelnicy często zadają mi pytania, czy na pewno wysyłam e-maile automatycznie. Mają wrażenie, jakbym pisał je specjalnie dla nich. Nawet gdybym chciał, to nie byłoby to możliwe. Na koniec stycznia 2018 r. w mojej bazie znajdowało się 156 187 aktywnych adresów e-mail.

CO MOGĘ ZROBIĆ DLA PATA?

Wspomniałem już, że pełnymi garściami czerpałem wiedzę od Pata Flynna. Wiesz już, że uprościł wiele trudnych decyzji i w efekcie uruchomiłem swojego bloga w ciągu dwóch tygodni. Nie musiałem zastanawiać się nad wyborem każdego z elementów technologicznych puzzli. Po prostu zaufałem propozycjom bardziej doświadczonego autora bloga *Smart Passive Income*.

Słuchałem podcastów Pata na okrągło przez 660 km treningów biegowych i było to niesamowite doświadczenie. Czasami się śmiałem, czasami płakałem. Pat dzieli się nie tylko swoimi przemyśleniami i poradami, ale zaprasza także gości oraz przytacza historie osób takich jak każdy z nas. Pamiętam wiele takich opowieści. Jedna z nich dotyczyła chorego człowieka, który tracił wzrok i w ramach samomotywacji na okrągło słuchał tych samych podcastów Pata. Ja podczas treningów robiłem to samo. Stopniowo Pat stawał mi się bardzo bliski i zacząłem traktować go jak osobistego trenera i ważną dla mnie osobę. Dziwne, biorąc pod uwagę, że on kompletnie o tym nie wiedział. Chciałem zrobić dla niego coś wyjątkowego, jako wyrażenie mojej wdzięczności za hojność w dzieleniu się wiedzą i wsparcie, którego nieświadomie mi udzielał. Wpadłem na nietypowy pomysł.

Zdecydowałem, że wrześniowy maraton zadedykuję najbliższym, znajomym i Patowi i że **zrobię to w wielkim stylu**. Jak zaplanowałem, tak zrobiłem. 30 września 2012 r. przebiegłem Maraton Warszawski. 42 kilometry i 195 metrów z moim osobistym trenerem Patem Flynnem, który przez cały czas mówił do mnie przez słuchawki.

Meta tego maratonu znajdowała się na Stadionie Narodowym w Warszawie. Wbiegłem na niego, trzymając nad głową baner z napisem **„Dziękuję Ci Boże :) i Wam Gabi, Szym, Ida, Rodzice, DCS & Pat Flynn”**. Nie wyobrażasz sobie, jaki byłem szczęśliwy, przekraczając linię mety. Zatrzymałem się i popłakałem jak dziecko. Osiągnąłem w końcu ten niewyobrażalny dla mnie parę lat temu Mount Everest i dobitnie utwierdziłem się w przekonaniu, że nie ma dla mnie niczego niemożliwego, o ile tylko korzystam ze wsparcia Boga, bliskich, współpracowników, trenera Pata i wszystkich, którzy chcą mi pomóc.

Niczego, co osiągnąłem, nie zawdzięczam wyłącznie sobie, ale też niczego bym nie osiągnął, gdybym nie zrobił tych pierwszych małych kroków. Oficjalny czas mojego maratonu to 4 godziny, 23 minuty i 13 sekund.

Niczego, co osiągnąłem, nie zawdzięczam wyłącznie sobie, ale też niczego bym nie osiągnął, gdybym sam nie zrobił pierwszych małych kroków.

Dziękuję Ci Boże :-) i Wam
ABI, SZYM, IDA, RODZICE, DCS & PAT
Bieganie
4297
MICHAŁ
8633
TIMEX

Miałem kryzys na trasie, ale spokojny i optymistyczny głos Pata pomógł mi przez niego przejść. Już na 11. km z przodu stopy zrobił mi się wielki bąbel, a od 16. km piekł mnie każdy krok, na 34. km w nagrzanym toi toiu prawie się przewróciłem (ostre zawroty głowy). Na 27. km i 29. km na Ursynowie spotkałem się z moją rodziną i dziećmi. Miałem zwinięty baner w ręce i czułem, że nic mnie nie powstrzyma. Na 38. km miałem wszystkiego dość. Biegłem jak robot, ale mówiłem sobie „to tylko głupie 5 km, które biegasz w 30 minut, nawet jak jesteś chory" i wyobrażałem sobie siebie wbiegającego na stadion z wielkim „Dziękuję" nad głową. Ten cel pozwolił mi przetrwać. Dziś myślę, że gdybym musiał, to pewnie bym się doczołgał do tego stadionu.

ZROBIŁEM TO! Maraton okazał się kolejnym znaczącym momentem w moim życiu. Powiedzieć, że wzrosło moje poczucie pewności siebie, to jak nic nie powiedzieć. Po prostu tryskałem energią! Po ochłonięciu sformułowałem kilka wniosków dotyczących ostatnich lat:

- **Jest gigantyczna różnica pomiędzy tymi, którzy zatrzymują się na myśleniu, że mogą coś osiągnąć, a tymi, którzy rzeczywiście coś osiągają.** Czasami łapię się na tym, że mówię „też tak mógłbym jak on", po czym nie robię nic, żeby to osiągnąć. Takie myślenie i przekonywanie samego siebie to strata czasu. Lepiej ruszyć tyłek i zacząć po prostu iść w kierunku celu. Po prostu działać.

- **Jeśli znajduję wymówkę i usprawiedliwiam sam sobie zaniechanie działań – to jest to tylko i wyłącznie moja wina.** Próbuję, tak jak mówi Tim Ferriss, pozytywnie się zmotywować. Skoro gość bez rąk i nóg wszedł na Kilimandżaro, to dlaczego ja nie miałbym wejść? Skoro człowiek, który miał mniejszą zdolność kredytową niż ja, może dzisiaj żyć z wynajmu nieruchomości, to dlaczego ja nie mogę?

- **Czasami łapię się na tym, że opracowuję wielki plan i w nieskończoność dopieszczam szczegóły, zanim jeszcze zacznę ten plan realizować – to strata czasu.** Próbując doskonalić pomysły, zanim jeszcze cokolwiek zrobię, tak naprawdę wcale nie zbliżam się do celu. A w międzyczasie tracę zapał, no bo przecież „takie to skomplikowane, że realnie trudno to zrobić". Tylko że zazwyczaj to ja niepotrzebnie komplikuję, nikt mnie do tego nie zmusza. Dla odmiany, jeśli nakreślę tylko ogólny plan i zaczynam szybko działać, to sprawy same zaczynają się toczyć i pierwszymi sukcesami nakręcam się do kolejnych działań.

- **Muszę mierzyć wysoko i uparcie dążyć do celu, a wiele będzie w moim zasięgu.** W styczniu 2008 r. z połamanymi nogami i z niejasnymi perspektywami postanowiłem, że przebiegnę maraton. Zrobiłem to cztery lata później. Co może być trudniejszego? Paradoksalnie czasami mi się wydaje, że wyniesienie śmieci jest trudniejsze, ale to są tylko ograniczenia w mojej głowie i nie mają nic wspólnego z rzeczywistością. Walczę z tym wewnętrznym leniem, a codzienne zwycięstwa i doskonalenie siebie dają mi kolejnego kopa do działania. To lepsze od piętrzenia trudności.

Po tygodniu usiadłem i napisałem mój pierwszy i jednocześnie bardzo długi e-mail do Pata, w którym opisałem te kilka lat, moją drogę do maratonu i start bloga. Podziękowałem mu za jego wkład w zamknięcie najbardziej traumatycznego rozdziału w moim życiu. Myślałem, że ten e-mail podsumuje i zakończy ten temat. Później okazało się, że życie dopisało dalszy scenariusz.

ETAP 1 – PODSUMOWANIE I WNIOSKI

Planując uruchomienie bloga, miałem wiele różnych obaw, a jedne z największych związane były z pytaniami „co powiedzą w pracy?" i „co powiedzą klienci?". Naprawdę się tego bałem. Przecież byłem „panem dyrektorem", a tu nagle pojawia się rysa na wizerunku w postaci przyziemnej tematyki związanej z oszczędzaniem. Wyolbrzymiałem wątpliwości, zastanawiając się, czy przypadkiem klienci nie pomyślą, że oszczędzam również w biznesie, np. przydzielając tańszych i mniej doświadczonych programistów do realizowanych dla nich projektów. Na szczęście ani razu nie spotkałem się z przejawem takiego myślenia. To była tylko moja wybujała wyobraźnia.

Otrzymałem za to wiele sygnałów – od szefa, współpracowników i kontrahentów – że to, co robię, jest wartościowe. To głównie oni oraz moi znajomi byli pierwszymi czytelnikami JOP. „Przydatne rzeczy piszesz" – powiedział mi mój szef Jacek Diehl. To było szczere, miłe i bardzo dla mnie ważne.

Decyzja o szybkim uruchomieniu bloga – w ciągu kilku tygodni – była najlepszym, co mogłem zrobić. Gdybym skupiał się na detalach, to pewnie nie wystartowałbym przez kolejne pół roku… a może i wcale. Odpuszczenie detali okazało się być kluczowe dla sukcesu. Skupienie na prowadzeniu merytorycznych dyskusji o finansach poza moim blogiem okazało się kluczem do przyciągnięcia na niego czytelników spoza grona znajomych. A aktywność na Facebooku pomogła z kolei dotrzeć do znajomych moich znajomych i dzięki ich zaangażowaniu także spopularyzować blog w tym początkowym, najważniejszym okresie.

STATYSTYKI BLOGA

151 UU – lipiec 2012 r.

1697 UU – sierpień 2012 r.

2977 UU – wrzesień 2012 r.

Pamiętam, że wtedy byłem niewolnikiem statystyk. Wszystko, co „pierwsze", niesamowicie mnie cieszyło: pierwszy czytelnik, pierwszy komentarz, pierwsza dłuższa dyskusja, pierwsza setka UU, pierwszy miesiąc, pierwszy subskrybent newslettera, pierwszy tysiąc UU – sprawdzałem przeróżne liczby i bardzo się nimi cieszyłem. Zainstalowałem na telefonie aplikację wyświetlającą dane o ruchu z Google Analytics i odświeżałem ją kilkadziesiąt albo nawet kilkaset razy na dobę, tak jakby miało to jakiekolwiek przełożenie na liczbę wizyt.

Później się z tego wyleczyłem. Dziś nawet nie wiem, ile osób odwiedziło mojego bloga wczoraj, przedwczoraj czy w ubiegłym tygodniu. Ta wiedza nie jest mi do niczego potrzebna i tylko niepotrzebnie zaprzątałaby mi głowę.

To, co się liczy i co ma największe znaczenie dla mnie jako blogera, to tworzenie wartościowych i przydatnych innym treści oraz angażowanie się w dyskusje ze stopniowo gromadzącą się wokół nich społecznością. To jest właśnie kluczowe dla długofalowego sukcesu. Na szczęście doskonale to rozumiałem i czułem, że o to właśnie chodzi w blogowaniu, które chciałem uprawiać. Chcę jednak podkreślić, że żaden blog sam się nie wypromuje. To jego autor musi to robić. Wystarczy spojrzeć, jak wyglądał ruch na blogu w lipcu 2012 r. (lewa strona wykresu) i w sierpniu (prawa strona wykresu).

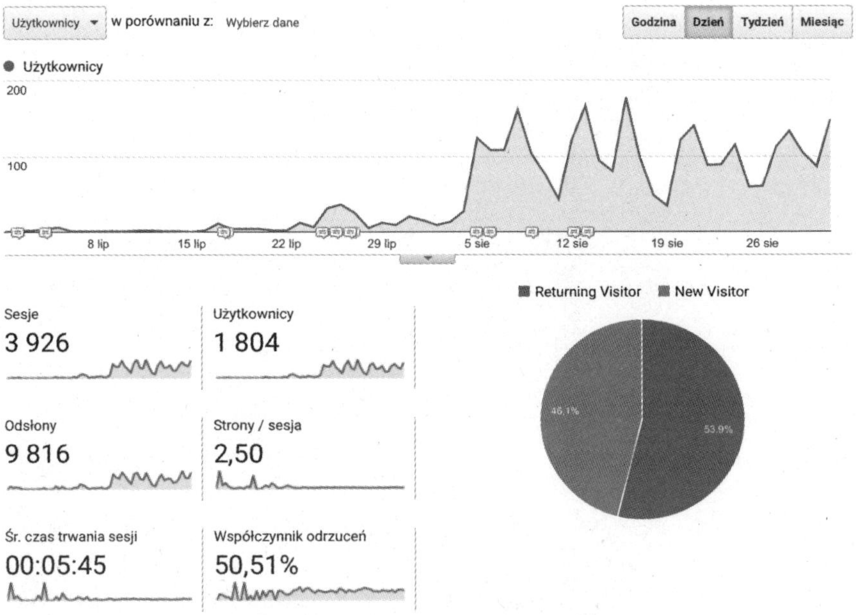

Ruch na blogu w okresie lipiec–sierpień 2012 r.

4 sierpnia ukazał się mój gościnny wpis na blogu *Racjonalne oszczędzanie*, który znacząco przyczynił się do sprowadzenia na JOP wielu nowych czytelników zainteresowanych tematyką finansową.

W 2008 roku ukazał się świetny esej, którego autorem jest Kevin Kelly, zatytułowany *1000 True Fans* → **zcwp.pl/kk**. Przez ostatnie 10 lat stał się on swoistym przewodnikiem twórców internetowych. Kevin tłumaczy w nim, że nie potrzebujesz milionów dolarów, milionów czytelników czy milionów klientów lub fanów. Tak naprawdę do finansowania swojego życia potrzeba zaledwie 1000 prawdziwych fanów, czyli takich, którzy gotowi są kupić każdy produkt, który im zaoferujesz. To tylko przybliżenie, bo tak naprawdę liczba ta może być zarówno mniejsza, jak i większa. Istotne jest to, że jeśli taki fan zapłaci ci rocznie 100 zł, to mając 1000 fanów, możesz zarabiać 100 000 zł rocznie, co pozwala spokojnie pokryć koszty życia na rozsądnym poziomie. To, co jest jednak niezbędne, aby to równanie było prawdziwe, to obustronne zaufanie. Najłatwiej jest je budować, okazując po prostu troskę o czytelników – dostarczając wartościowe treści, okazując swoje zaangażowanie i chęć szczerego adresowania ich potrzeb.

W treści książki znajduje się dużo odesłań do zewnętrznych źródeł.
Ich pełną, zawsze aktualną listę znajdziesz pod adresem → **zcwp.pl/bonus**.

ROZDZIAŁ 4

Etap 2: Nauka zwiększania ruchu

OKRES:

od października 2012 r. do końca grudnia 2012 r.

PRZYCHODY Z BLOGA:

219 zł

WIEK BLOGA W GRUDNIU:

6 miesięcy

LICZBA CZYTELNIKÓW:

9766 UU w październiku 2012 r.

12 068 UU w listopadzie 2012 r.

12 147 UU w grudniu 2012 r.

Maraton był czymś dużo większym niż przebiegnięte 42 kilometry i 195 metrów. Był iskrą nadziei, która rozniecіła we mnie odwagę do dalszego działania. Przejąłem panowanie nad losem. Poczułem, że rzeczywiście moje plany – chociaż przeplatane porażkami – daje się realizować i prowadzą one do osiągnięcia niewyobrażalnych kiedyś celów. Cztery lata wcześniej nikt nie postawiłby złamanego grosza, że przebiegnę maraton. Tak jak wtedy byłem jedyną osobą, która nieracjonalnie w to wierzyła, tak w październiku zacząłem wierzyć, że uda mi się do końca roku spełnić blogowe cele.

Zacząłem poważnie zastanawiać się nad rzuceniem etatu. Żeby ten pomysł miał szanse powodzenia, musiałem zadbać o odłożenie odpowiednich oszczędności – takiej kwoty, która wystarczyłaby na pokrywanie kosztów życia naszej rodziny przynajmniej do czasu, aż zacząłbym sensownie zarabiać na blogu. Co gorsza, nie miałem pojęcia, czy to jest możliwe i kiedy nastąpi. Krótko mówiąc – nie wiedziałem, ile pieniędzy potrzebujemy.

Przypominam, że z nadwyżkami finansowymi było wtedy stosunkowo krucho. Od ponad pół roku mieszkaliśmy w nowym mieszkaniu kupionym za gotówkę i w efekcie na naszym koncie znajdowało się „tylko" kilkadziesiąt tysięcy złotych. Mnie, przyzwyczajonemu do posiadania oszczędności idących w setki tysięcy złotych, taka poduszka finansowa wydawała się bardzo cienka, a w praktyce – ze względu na mój sposób zarabiania – to właśnie z niej pokrywaliśmy koszty życia.

Struktura moich zarobków wyglądała bowiem w ten sposób, że co miesiąc zarabiałem relatywnie niską kwotę – niższą niż nasze comiesięczne koszty – a większa część wynagrodzenia pochodziła z wypłacanych mi dwa razy do roku premii, których wysokość uzależniona była od wyników zarządzanych przeze mnie projektów. Taki model zarobków miał swoje plusy i minusy. Z jednej strony mogłem być beneficjentem dobrego wyniku firmy, a z drugiej – nie miałem gwarancji otrzymania większości rocznej sumy wynagrodzenia. Jeśli inne projekty w firmie szwankowały, to koszty pochłaniały zyski i nawet wypracowując dodatni wynik, ryzykowałem, że otrzymam niższą premię lub nie otrzymam jej wcale. Firma nie wypłacała premii, jeśli całościowo nie generowała zysku. Z jednej strony jako osoba częściowo odpowiadająca za biznes doskonale to rozumiałem. Z drugiej zaś nie miałem kontroli nad projektami niedochodowymi, więc buntowałem się, gdy niepowodzenia w innych obszarach firmy bezpośrednio odbijały się na moich zarobkach pomimo rentowności podlegających mi projektów. Efekt był taki, że pieniądze z każdej premii musiałem akumulować, aby być w stanie pokrywać ewentualne braki w budżecie w kolejnych miesiącach.

Takie realia finansowe spowodowały, że po dwóch latach w dcs.pl przeszedłem na roczne planowanie naszych finansów. Wiedziałem, jaką kwotę muszę zarobić w skali roku, i ile mogę wydać na życie, zakładając, że chcę też odłożyć trochę oszczędności. Takie spojrzenie pozwoliło mi oderwać się od perspektywy miesięcznej i bardziej długofalowo planować mój tzw. *cashflow*, czyli płynność finansową. W 2012 r. widziałem, że perspektywy nie są różowe. Z moich wyliczeń wynikało, że po rzuceniu etatu oszczędności wystarczyłyby na około pół roku. Ryzyko niepowodzenia było zbyt duże.

ZROZUMIEĆ CZYTELNIKÓW

W zakresie prowadzenia bloga koncentrowałem się na realizacji określonych wcześniej założeń. Przede wszystkim zależało mi na utrzymaniu systematyczności. Wstawałem co rano około 5.30 i przez dwie godziny pisałem nowe artykuły oraz zajmowałem się ich publikacją. Powoli przekonywałem się też, jak czasochłonna jest to praca. Oprócz samego napisania artykułu każdorazowo musiałem także przygotować treść newslettera oraz wpisów do mediów społecznościowych. Ciesząc się z każdego przeczytanego komentarza, dużo czasu poświęcałem na odpisywanie na większość z nich oraz odpowiadanie na pytania czytelników. Potem śniadanie, krótka droga do pracy i cały dzień w biurze i na spotkaniach. Po powrocie około 18.00 – kolejna runda odpowiadania na komentarze, e-maile oraz dokształcania się w zakresie prowadzenia bloga. Pierwsze pół roku jego istnienia to była prawdziwa orka.

Kolejna rzecz, na której bardzo zależało mi w tym okresie, to zrozumienie:

- Kim są czytelnicy mojego bloga?
- Czego ode mnie oczekują?
- Dlaczego zainteresowani są czytaniem treści, które piszę?

Aby się tego dowiedzieć, chętnie wchodziłem w interakcje i prowadziłem długie, mailowe dyskusje z tymi, którzy do mnie pisali. To było bardzo cenne doświadczenie. Czytelnicy sami sugerowali mi kolejne tematy wpisów, dzięki czemu moja lista planowanych tematów szybko się wydłużała. Większość osób była mi bardzo przychylna. Doceniali jakość tworzonych treści i pomogli mi zrozumieć, gdzie tkwią moje atuty. Te rozmowy – chociaż czasochłonne – pomogły mi dopracować założenia dotyczące tworzenia kolejnych tekstów. Ze wpisu na wpis stawałem się coraz bardziej pewny tego, co robię, i sposobu, w jaki to robię. Rozwiewałem własne wątpliwości, dzięki czemu także łatwiej było mi pisać. To z kolei zachęcało mnie do eksperymentów, np. publikowania treści, w których coraz bardziej się odsłaniałem – nie tylko w kwestiach finansowych, ale także pokazując wartości, którymi kieruję się w życiu, i to, jaki jestem.

W październiku 2012 r. wydarzył się kolejny mały cud. Pat Flynn wzruszony moim maratońskim podziękowaniem odpisał na mój długi e-mail i zapytał, czy może opublikować go na swoim blogu. Zatkało mnie ze szczęścia. Czułem się tak, jakby mój inny idol, Michael Jordan, zapytał mnie, czy chcę zagrać z nim w kosza 1:1. Oczywiście zgodziłem się bez wahania. Do dzisiaj możecie jeszcze znaleźć ten e-mail na blogu *Smart Passive Income* → **zcwp.pl/list-pat**. Komentarz, który zamieścił wtedy Pat, stał się moim mottem na kolejne lata.

„WSZYSCY mamy moc prawdziwego zmieniania życia innych ludzi."

W grudniu zdecydowałem się wykonać największy akt zawierzenia moim czytelnikom. W obszernym artykule zatytułowanym *Z wózka inwalidzkiego do mety maratonu, czyli jak pokonałem sam siebie* opisałem bardzo osobistą historię z mojego życia. Do dzisiaj jest to jeden z najbardziej poruszających wpisów na blogu → **zcwp.pl/maraton**.

Nie wiedziałem, jakiej reakcji się spodziewać. To był pierwszy tak osobisty artykuł na blogu, jednocześnie dosyć luźno związany z jego główną tematyką. Powoli rozumiałem jednak, że prowadząc bloga, nie chcę być jednym z wielu anonimowych blogerów. Chciałem być sobą i grupować wokół siebie ludzi, którzy akceptują mnie takim, jakim jestem, ze wszystkimi zaletami i wadami. Dyskutując z czytelnikami, zrozumiałem, że każdy z nas ma inny zestaw doświadczeń życiowych. Niektórzy byli tak wcześnie na swojej drodze, że tych doświadczeń mieli bardzo niewiele. Dotarło do mnie, że nie mogę pokazywać mojego podejścia do finansów wyłącznie z perspektywy „tu i teraz". Dla zrozumienia mojej filozofii oszczędzania, zarabiania i inwestowania kluczowe było także dostrzeżenie pewnego bagażu doświadczeń, który wyniosłem z dotychczasowego życia.

Im więcej rozmawiałem z innymi, tym bardziej zaczynałem rozumieć, jak ważne jest pokazywanie różnych punktów widzenia nawet na te same zagadnienia. Ja miałem tylko jedną perspektywę, swoją własną. Zależało mi więc, aby czytelnicy rozumieli, co ją ukształtowało. By dotarło do nich, że moje przemyślenia mają szansę najbardziej rezonować u tych osób, które podobne są do mnie – czy to w zakresie doświadczeń życiowych, czy wartości, czy po prostu stylu życia. W każdym innym przypadku należało brać poprawkę na to, co pisałem, i traktować moje podpowiedzi jako jedną z wielu wskazówek – nie zawsze właściwą w sytuacji danej osoby. Właśnie w ten sposób uczyłem się odpowiedzialności za publikowane treści.

EWOLUCJA SPOSOBU TWORZENIA TREŚCI

Stopniowo dopracowywałem także warsztat. Poniżej znajdziesz wypracowane przez lata wskazówki, które powinny w zasadzie stanowić treść oddzielnego rozdziału. Niemniej jednak uznałem, że warto, jeśli przeczytasz je już teraz. Rozwinę je jeszcze potem, w rozdziale poświęconym współpracom komercyjnym z firmami.

Zacznę jednak od pewnego ćwiczenia, które przeprowadziłem kiedyś na blogowym warsztacie. Zadałem na jego początku głośno serię pytań i poprosiłem uczestników o odpowiedź poprzez podniesienie ręki. Ty też głośno na nie odpowiedz:

1. Czy widziałeś już mojego bloga?
2. Czy lubisz pisać?
3. Co myślisz o mnie?
4. Czy jesteś chrześcijaninem?
5. Czy przeczytałeś Biblię?

Odpowiedziałeś na głos? No to teraz zatrzymaj się na chwilę i dobrze zastanów nad swoją pierwszą reakcją na te pytania.

Przy dwóch pierwszych było jeszcze niewinnie, prawda? Odpowiedz sobie jednak szczerze, co pomyślałeś, czytając dwa ostatnie pytania? Gonitwa myśli? Bunt? Szarpnięcie emocjami? Być może zastanawiałeś się, dlaczego o to pytam? Jeśli odpowiadałeś głośno na te pytania, to bardzo dziękuję za okazane zaufanie. Zaraz wyjaśnię powody.

Pozostaje trzecie pytanie, czyli „co myślisz o mnie?" (dla ułatwienia załączam zdjęcie). Trochę już mnie poznajesz poprzez tę książkę. Być może śledzisz mnie w internecie. Zastanów się jednak, jak można byłoby mnie ocenić tylko na podstawie wyglądu i tego, jak się ubieram. Czy to, że chodzę w sportowych butach i koszulce, powoduje, że automatycznie mnie szufladkujesz? A może uważasz, że jest to przejaw braku szacunku do innych?

Z jednej strony każdy z nas zna powiedzenie „nie ocenia się książki po okładce", a z drugiej – wystarczy dosłownie kilka sekund, abyśmy natychmiast takiej oceny dokonali. Będąc świadomi, jak to działa, czasami celowo przyjmujemy pewną postawę lub pewien sposób narracji, aby osiągnąć pożądany efekt. Kreujemy swój wizerunek (tzw. *image*), ale również wykorzystujemy okazję do tego, by go świadomie zarysować, podrapać.

Wyobraź sobie, że mam cię szkolić i przychodzę w schodzonych butach. Jak myślisz, dlaczego to robię? Odpowiedzi może być wiele:

- Bo tak mi wygodnie.
- Bo nie muszę trzymać się ramek.
- Bo jestem swojakiem, a nie sztywniakiem.
- Bo chcę pokazać, że *image* kreuję sam i sam burzę, jeśli tak mi pasuje.
- Bo chcę się pobawić i pokazać ci, jak łatwo mogę się jako bloger ustawić w dowolnej pozycji, jaką uważam za dobrą dla mnie.

Ale może być też tak, że swoim niepozornym wyglądem wykonuję świadomy zabieg: nisko ustawiam poziom twoich oczekiwań, dzięki czemu wiem, że mnie nie doceniasz. To z kolei pozwoli mi później pozytywnie cię zaskoczyć i utwierdzić w przekonaniu, że jestem ekspertem w tym, co robię.

Jest jednak jeden wymóg, aby móc sobie pozwolić na taki eksperyment publicznie – trzeba mieć wystarczająco dużo czasu, aby móc zatrzeć ewentualne niekorzystne pierwsze wrażenie.

Niemniej jednak wprowadzenie już na początku komunikacji pewnego dysonansu poznawczego pomaga nam świadomie zaintrygować publiczność i podtrzymać zainteresowanie. To nie jest tak, że stosuję jakieś czary-mary, żeby czytelnicy u mnie na blogu chętnie komentowali publikowane treści. Stosuję po prostu pewien warsztat, którym właśnie teraz się podzielę.

BIBLIA JAKO PRZYKŁAD SZTUKI OPOWIADANIA

Chrześcijanie nie mylą się, mówiąc, że w Biblii można znaleźć odpowiedzi na wszystkie pytania. Z mojej blogowej perspektywy to przede wszystkim podręcznik sztuki opowiadania angażujących historii – takich, które wyzwalają emocje i zachęcają do przemyśleń. Czasami już nawet sama wzmianka o Biblii powoduje, że skacze nam ciśnienie.

Warto zobaczyć, w jaki sposób autorzy Biblii dbają o zapewnienie zrozumienia Słowa Bożego. Przykładowo, gdy Jezus oskarżany jest przez faryzeuszy o to, że przyjmuje grzeszników i jada z nimi (Ewangelia Św. Łukasza, rozdział 15, wersy 1–7), to nie odpowiada im wprost na zarzuty. Posługuje się za to obrazowym językiem przypowieści, odnosząc ich oskarżenia do kolejno trzech różnych, ale analogicznych sytuacji życiowych, które są zrozumiałe dla czytających Biblię: o poszukiwaniu zagubionej owieczki, o kobiecie, która zgubiła drachmę, i o synu marnotrawnym, który wraca zawstydzony do swojego ojca po przepuszczeniu całego majątku.

Właśnie w taki sposób budowany jest szerszy kontekst i pokazywana jest wielowymiarowość spojrzenia na ten sam problem. Jezus nie mówi, co trzeba zrobić. Pokazuje za to przykłady trzech sytuacji życiowych przedstawiających godne zachowania. Nawet jeśli pierwsza z tych historii nie przemawia do czytelnika, to druga lub trzecia chwyci go za serce. Poprzez opowiedzenie przypowieści prostym językiem eliminowana jest tzw. bariera wejścia – każdy może je zrozumieć. Do tego język przypowieści pokazuje, że nawet trudne zagadnienia można wytłumaczyć poprzez analogie do prostych i przyziemnych przykładów. Do dzisiaj te przypowieści są także po prostu mocnymi historiami, wzbudzającymi silne emocje.

Abstrahując od tego, czy jesteś osobą wierzącą, warto docenić wartość Biblii, która jest największym światowym bestsellerem od 2000 lat. Dodatkowo można się z niej wiele nauczyć na temat angażowania „fanów" – tu najlepszym dowodem skuteczności jest ponad dwa miliardy wyznawców chrześcijaństwa na całym świecie.

PODSTAWY WARSZTATU BLOGERA

Blogowanie jest procesem tworzenia angażujących opowieści – z naciskiem na słowo „angażujących". Są blogerzy, którzy świetnie operują emocjami, ale mam wrażenie, że niektórzy nadużywają mocy, którą dysponują. Łatwo wtedy wylać dziecko z kąpielą i dać się poznać jako manipulator, któremu bardziej zależy na chwilowym przyciągnięciu ruchu na bloga niż zaspokojeniu oczekiwań czytelnika. Przykładem takiego negatywnego działania jest tzw. *clickbait*, czyli tytuły wpisów, które nęcąco zachęcają do kliknięcia w link.

Często taka obietnica z tytułu nie znajduje pokrycia w treści artykułu. Zamiast tajemnicy mamy do czynienia z rzeczami oczywistymi i znanymi. Zaintrygowany początkowo czytelnik czuje potem, że ktoś z niego zadrwił i oszukał. Możliwe, że chwilowo taki bloger uzyska pożądany efekt – dużą liczbę wejść na bloga, którymi później będzie się mógł pochwalić potencjalnym reklamodawcom – ale tak naprawdę mamy tu do czynienia z instrumentalnym traktowaniem czytelników i żerowaniem na ich zainteresowaniu. Raczej niszczy to reputację blogera, niż przyczynia się do budowania długofalowej relacji opartej na zaufaniu.

W jaki sposób angażować zatem czytelników, nie przekraczając granicy dobrego smaku? Wyodrębniłem pięć takich czynników mających zastosowanie w przypadku mojego bloga, który można sklasyfikować jako poradnikowy, specjalistyczny i oparty na treściach merytorycznych:

1. Wyrazistość, ale bez ego

To prawdopodobnie najtrudniejsza cecha do opanowania. Moim zdaniem wyrazistość poglądów jest konieczna, ale jednocześnie muszę pamiętać, że piszę dla czytelników, a nie dla siebie. Czytelnik z jednej strony zainteresowany jest moją opinią i punktem widzenia na poruszane sprawy, ale zazwyczaj nie przychodzi na bloga czytać o mnie. Wyrazistość pomaga nadać ludzką twarz temu, co piszę. Wolę jednak powstrzymywać swoje ego i ograniczać do niezbędnego minimum formułowanie wniosków, opinii bądź zaleceń. Chcę raczej przedstawiać czytelnikom wartościowe informacje umożliwiające wyciągnięcie własnych wniosków, niż próbować narzucać konkretny sposób myślenia.

Uważam, że umiejętnie prowadzony blog specjalistyczny to optymalne połączenie wyrazistości opinii jego autora i obiektywnej merytoryczności wpisów. Wyrazistość powinna być przyprawą, a nie esencją przygotowywanej potrawy. Takie materiały są nie tylko wartościowe, ale także mają indywidualny sznyt, dzięki któremu chce się nas czytać bez względu na to, o czym piszemy. Sam charakterystyczny sposób podania treści powoduje, że temat staje się interesujący.

2. Systematyczność dająca przewidywalność

Bez względu na to, jak często publikuję wpisy, chcę, by czytelnik wiedział, kiedy powinien do mnie zajrzeć. W idealnym scenariuszu harmonogram publikacji powinien być znany, np. „nowe wpisy pojawiają się w poniedziałek i czwartek", „nowy odcinek podcastu ukazuje się co drugi wtorek" itp.

Staram się też powiadomić odbiorców o planowanych przerwach, np. wakacjach. To najprostszy sposób pokazania, że zależy mi na czytelnikach.

Warto także dla siebie samego określić wewnętrzny harmonogram przeplatania rodzajów zamieszczanych treści. Przykładowo w następujące po sobie czwartki zamieszczam po kolei tego typu wpisy:

- **Obszerna analiza konkretnego zagadnienia**, np. lokat strukturyzowanych, leasingu aut, samodzielnego wydawania książki itp. – to najważniejszy i najbardziej obszerny wpis w danym miesiącu.
- **Q&A (od ang. Questions and Answers)**, w którym odpowiadam kompleksowo na pytanie zadane mi przez czytelnika.
- **Recenzja aplikacji** do zarządzania domowymi finansami, systemu internetowego lub aplikacji mobilnej banku.
- **Luźny felieton z akcentami osobistymi** oraz poradami w zakresie oszczędzania, np. historia z życia związana z tematyką finansową.

Zauważ, że przyjęcie takiego harmonogramu niesamowicie porządkuje cykl wydawniczy. Jednocześnie tematy trudniejsze do przygotowania (obszerna analiza i recenzja), przeplatane są publikacjami lżejszymi (Q&A i felieton) – w takim przypadku łatwiej rozłożyć siły.

Jeśli jesteśmy systematyczni, to stajemy się przewidywalni. Czytelnik wie, czego się po nas spodziewać. W ten sposób przyczyniamy się do kształtowania u odbiorców nawyku systematycznego sprawdzania naszego bloga. Moim zdaniem to najlepszy sposób zapewnienia sobie stałego ruchu.

PRZYKŁADOWE FORMY WPISÓW NA BLOGU

Bloger nie jest ograniczony do jednego formatu wpisów. Wręcz przeciwnie, można celebrować różnorodność. Oto garść inspiracji do twojego planu publikacji:

- **Standardowy artykuł** – format, jakim najczęściej się posługujesz.
- **Komentarz** – możesz np. odnieść się do przeczytanego artykułu w prasie lub na innym blogu, przedstawiając własny punkt widzenia.
- **Q&A** – odpowiedzi na pytania czytelników.
- **Recenzja książki** – świetny sposób na zaoszczędzenie czasu czytelników, subiektywna opinia i zarobek dzięki polecaniu danej książki.
- **Zbiór ciekawych linków** – przykładowo lista artykułów, które ostatnio czytałeś i które uważasz za ciekawe.
- **Seria wydawnicza** – cykl wpisów na konkretny temat.
- **Cykliczny raport lub analiza** – ja przedstawiałem co miesiąc raporty kosztów, a np. mój doradca kredytowy rozsyła co kwartał *Raport z rynku kredytów hipotecznych*.
- **Wywiad** – to świetny sposób budowania swojego wizerunku na autorytecie innych osób.
- **Wpis gościnny** – możesz oddać łamy bloga zewnętrznym ekspertom, którzy będą udostępniać swoją wiedzę dla dobra twoich odbiorców.

Więcej przykładów rodzajów treści znajdziesz na świetnym blogu *ProBlogger* → **zcwp.pl/problogger**.

3. Tajemniczość

Chociaż jestem autorem, który stawia na szczegółowość przekazywanych informacji i transparentnie dzieli się danymi finansowymi, to uważam, że dobrą rzeczą jest pozostawienie odrobiny niedopowiedzenia. Pewna tajemniczość stymuluje wyobraźnię czytelnika, inicjuje procesy myślowe, zmusza do zastanowienia i uzupełnienia tych brakujących elementów. Często jest tak, że kreuje on w ten sposób bardziej pozytywny i „większy" obraz, niż sam byłbym w stanie namalować dosłownym tekstem. Najłatwiej będzie to przedstawić na przykładzie.

Gdy publikowałem na blogu moje raporty finansowe, to pisałem, że „podaję wszystkie koszty oraz niektóre przychody". Czytelnik nie wiedział tak naprawdę, ile zarabiam. To rodziło spekulacje w komentarzach, a rozbieżności w szacunkach potrafiły być olbrzymie. W zakresie tych danych, które chciałem ujawnić, byłem w pełni transparentny, ale nie oznaczało to wcale, że pokazuję wszystkie kulisy.

Inny przykład: wyobraź sobie, że piszę: „Mam dwa samochody i dwa mieszkania". Od razu zaczynasz się zastanawiać, jakie to samochody i jak duże mieszkania (i gdzie). Być może przechodzisz od razu do spekulacji, że musiały być drogie lub wręcz przeciwnie. Wyobraźnia zaczyna działać. Gdy ktoś napisze, że pewnie jeżdżę używaną toyotą, bo jestem taki oszczędny, to ktoś inny natychmiast może skontrować, że „pewnie to jakieś lepsze auto, bo Michał wie, że osoby oszczędne powinny kupować dobre jakościowo rzeczy". Zupełnie inaczej byłoby, gdybym napisał od razu: „Mam skodę octavię i forda focusa oraz jedno mieszkanie 50 m^2 od rodziców i drugie 70 m^2 kupione w kredycie". Takie stwierdzenie również może stymulować komentarze i własne interpretacje, ale pole do dyskusji i działania wyobraźni jest już znacznie mniejsze.

Jeśli jako autor świadomie otwieram pewne furtki i pozostawiam niedopowiedziane tematy, to często wywiązuje się rozmowa. Czasami można to zrobić, formułując otwarte pytanie, lub wręcz przeciwnie – stawiając dyskusyjną tezę, bez jej wystarczającego uargumentowania. Dyskusja w komentarzach może wtedy znacząco wzbogacić treść samego wpisu. Uważam, że to właśnie połączenie wpisu na blogu oraz dyskusji autora z czytelnikami w komentarzach jest esencją blogowania odróżniającą tę formę od jednostronnej komunikacji tradycyjnych mediów.

To właśnie połączenie wpisu na blogu oraz dyskusji autora z czytelnikami w komentarzach jest esencją blogowania.

4. Bezpieczeństwo

Wspominałem już, że moim priorytetem jest, aby dyskutujący w komentarzach czuli się u mnie bezpiecznie. Biorąc pod uwagę skalę chamstwa internetowych dyskusji, jestem zdecydowanym zwolennikiem moderowania komentarzy i usuwania tych, które sprowadzają się do personalnych docinków i zawierają język, którym nie posługujemy się w kulturalnych rozmowach.

Chociaż jestem przeciwnikiem cenzury, to uważam, że nie można tolerować hejtu, chamstwa i szkalowania. Pisałem, że jakościowe artykuły przyciągają jakościowe komentarze. Niestety, funkcjonuje to także w drugą stronę – tolerowanie przekleństw i przytyków *ad personam* powoduje, że takich komentarzy pojawia się więcej. Warto jako autor bloga kulturalnie upominać krewkich rozmówców, a następnie – w przypadku braku poprawy – bezwzględnie eliminować ich z grona komentujących.

Warto też zrozumieć, że poczucie bezpieczeństwa czytających tekst i komentarze może się przekładać nie tylko na bogatsze dyskusje („skomentuję, bo tutaj nic mi nie grozi za wyrażenie swojej opinii"), ale także większą liczbę udostępnień naszych wpisów, np. w mediach społecznościowych.

5. Empatia

Staram się jako bloger być takim człowiekiem, jakim chciałbym, aby inni byli dla mnie. Wydaje mi się, że nie wystarczy: „Nie rób drugiemu, co tobie niemiłe". Trzeba robić to, czego pożąda się od innych.

Empatia, osobisty kontakt z czytelnikami (na tyle, na ile to możliwe), dobre słowo, prawdziwe zainteresowanie ich losem, np. poprzez poruszanie zagadnień, które są dla nich interesujące – to przejawy troski o innych.

Jeśli chcesz być liderem, za którym pójdą ludzie, to musisz być kimś, za kim chcą podążać. Stawiać innych przed sobą.

Warto jawnie pokazywać zainteresowanie opinią czytelników, np. poprzez przygotowywanie ankiet, w których pozwalamy im zdecydować o kolejności tematów publikowanych na blogu, lub wręcz poprosić o propozycję zagadnień, o których chcieliby przeczytać. To daje każdemu poczucie realnego wpływu na rzeczywistość, bycia częścią czegoś większego, np. społeczności osób zainteresowanych tematyką oszczędzania.

PĘTLA TRANSFORMACJI

Warto patrzeć też na blogowanie jako pewien stały cykl, który ja lubię nazywać pętlą transformacji.

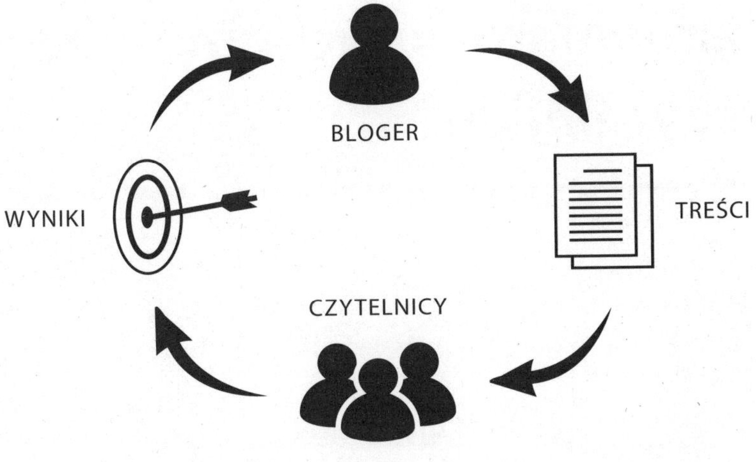

Rozpoczyna się ona ode mnie jako blogera, który wcześniej siebie zdefiniował, uczciwie odpowiadając sobie na pytania: „Dlaczego bloguję? Jakie są moje motywy? Co mam do zaoferowania?".

Moje motywacje wpływają na tworzone przeze mnie treści. Z kolei te treści wpływają na moich odbiorców. Dobrze wiem, że jako bloger nie istnieję bez czytelników. Jak podcaster nie istnieję bez słuchaczy. Jako youtuber nie istnieję bez widzów.

Tworzone treści muszą odpowiadać na pytania: „Dlaczego ci odbiorcy mieliby je konsumować? Dlaczego to, co robię, miałoby mieć dla nich znaczenie?”. U podstaw dobrego blogowania leży odpowiedź na fundamentalne pytania: „Przez jaką transformację pomagam przejść mojemu czytelnikowi? Co realnie zmieniam w jego życiu?”.

Moje blogowanie to ciągłe zadawanie sobie pytania: „Co realnie zmieniam w życiu mojego czytelnika?”.

Za tym idą kolejne: „Czy naprawdę jestem gotowy na sprzężenie zwrotne i krytykę? Czy wchodzę w interakcję z odbiorcami i czy liczę się z ich zdaniem?”.

Zaangażowanie czytelników przekłada się na konkretne wyniki. Mogą być one różne:

- Satysfakcja, poczucie robienia dobrej roboty, nauka i samodoskonalenie.
- Wizerunek, szacunek, zbudowanie więzi z czytelnikami, zdobycie ich zaufania.
- Bardziej policzalne rezultaty, np. rosnące statystyki odwiedzin lub zarobki.

- Wewnętrzne utwierdzenie w słuszności obranej drogi, np. potwierdzenie, czy potrafię blogować dwa razy w tygodniu, czy rodzina jeszcze mnie nie znienawidziła za przesiadywanie przed komputerem, czy nadal sprawia mi to radość, czy nie wypstrykałem się z tematów itd.

Wyciągane na podstawie wyników wnioski powodują z kolei, że ja jako bloger także się zmieniam. Nauczony nowymi doświadczeniami przechodzę własną transformację, poprawiając swój warsztat, w większym stopniu rozumiejąc, czego oczekują czytelnicy, doskonaląc również sposoby monetyzacji bloga. W efekcie mogę dostarczać jeszcze bardziej przydatne treści i w jeszcze większym stopniu przyczyniać się np. do polepszania jakości życia odbiorców poprzez poprawianie jakości zachodzącej u nich transformacji. A to z kolei powraca do mnie jako twórcy w postaci satysfakcji, zarobków czy stymulowania do dalszego rozwoju.

JAK POZYSKIWAĆ RUCH NA BLOGA

Pat Flynn poleca blogerom metodę promocji bloga opartą na haśle „Be Everywhere" – bądź wszędzie tam, gdzie są twoi potencjalni odbiorcy. Dotyczy to zarówno platform internetowych – bloga, podcastów, YouTube'a, mediów społecznościowych, takich jak Facebook, Instagram, Twitter, LinkedIn i kiedyś Google+, jak również mediów tradycyjnych, takich jak prasa, radio, telewizja, magazyny i serwisy internetowe.

Dla mnie brzmiało to przekonująco. Przecież żeby inni dowiedzieli się o moim istnieniu, to ktoś musi im o mnie opowiedzieć. Jako były dziennikarz doskonale wiedziałem, że wcale nie jest łatwo trafić do mediów – zwłaszcza jeśli nie chce się tego zrobić w atmosferze skandalu. Ale wiedziałem też, że jeśli przynajmniej raz uda się tam trafić jako specjalista w danym temacie i zrobić dobre wrażenie, to z kolejnymi zaproszeniami będzie już dużo łatwiej. Generalnie tradycyjnym mediom brakuje nowych twarzy i osób, które mogłyby sensownie komentować codzienną rzeczywistość.

Nie jest sztuką zdecydować o obecności na wielu platformach. Prawdziwym wyzwaniem jest wymyślenie formatu prezentowanych tam treści.

W początkowym okresie rozwoju bloga skupiłem się jednak przede wszystkim na tym, co sam uznawałem za najważniejszy czynnik decydujący o wzroście ruchu na blogu – tworzeniu wartościowych i angażujących treści i stopniowym budowaniu zainteresowania czytelników poprzez bezpośrednią komunikację w mediach społecznościowych oraz na moim i innych blogach.

Uruchomiłem kanał na YouTubie, ale wyłącznie jako przechowalnię materiałów wideo, z których korzystałem na blogu – np. wideoporadników i przewodników po aplikacji Microsoft Money. Szybko zrozumiałem, że nie jest sztuką zdecydować o obecności na wielu platformach. Prawdziwym wyzwaniem jest opracowanie koncepcji prezentacji treści (tzw. formatu), która zawsze musi być dostosowana do specyfiki danego medium. To, że dobrze czuję się w formie pisanej, nie oznaczało, że odnajdę się na YouTubie. Tak naprawdę to przez kolejne pięć lat nadal nie dopracowałem takiego formatu wideo, w którym mógłbym sensownie i w atrakcyjny sposób dzielić się wiedzą z zakresu finansów osobistych.

Dużo lepiej poszło mi z podcastem, chociaż pierwsze przymiarki do jego nagrywania - pod koniec 2012 r. - zakończyły się całkowitą klapą. Znałem już jednak siłę podcastu i wiedziałem, że jego uruchomienie jest tylko kwestią czasu.

W zakresie promocji bloga wśród czytelników uciekałem się do najprostszych i jednocześnie najbardziej lubianych rozwiązań. Często prosiłem osoby śledzące fanpage JOP na Facebooku o opinie na tematy, o których planowałem napisać. Następnie wybierałem najciekawsze odpowiedzi i wzbogacałem nimi publikowane wpisy.

Docenienie w ten sposób zaangażowania czytelników przynosiło świetne rezultaty. Osoby te chętnie dzieliły się dalej moimi wpisami ze swoimi znajomymi, co pozwalało mi docierać coraz szerzej. Jednocześnie także moje wpisy zyskiwały na wartości poprzez wzbogacenie ich o opinie innych osób. Każdy na tym wygrywał.

W efekcie po pierwszych 6 miesiącach blogowania źródła ruchu na moim blogu przedstawiały się następująco:

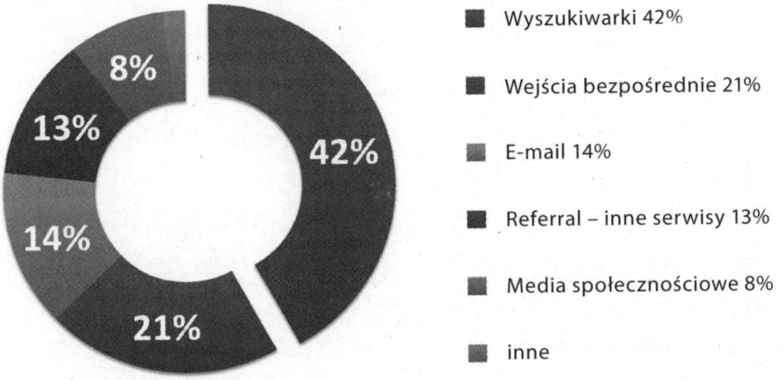

Źródła ruchu na blogu w okresie lipiec–grudzień 2012 r.

Znaczną większość stanowiły wejścia z wyszukiwarki Google (42%). Tu główną przyczyną była publikacja treści wysokiej jakości, które wysoko pozycjonowały się w wynikach wyszukiwania. Dla jasności: nie stosowałem wtedy żadnych wyszukanych metod SEO, zresztą do dzisiaj tego nie robię. Po prostu dbam o to, aby każdy tekst miał dobry tytuł, lead (nagłówek pod tytułem) oraz właściwe słowa kluczowe w prawdziwy sposób opisujące jego zawartość.

Warto być we wszystkich tych mediach, na których obsługę potrafimy systematycznie wygospodarowywać czas.

Drugim źródłem ruchu były wejścia bezpośrednie (21%), czyli po prostu wpisanie w przeglądarce przez użytkownika adresu mojego bloga – jakoszczedzacpieniadze.pl. Wysoki udział takiego ruchu pokazał mi, że spora grupa czytelników po prostu zapamiętała nazwę mojego bloga i świadomie na niego wchodziła. To bardzo ważna część odbiorców. Te osoby poradziłyby sobie z trafieniem do mnie, nawet gdyby Google usunął JOP z wyników wyszukiwania.

Dwa kolejne, porównywalne do siebie liczbowo źródła to wejścia na bloga w wyniku lektury mojego newslettera (14%) oraz kliknięcia linków na innych blogach kierujących do JOP (13%). Jak już wiesz, newsletter uważam za najbardziej przewidywalny i jedyny pewny kanał komunikacji.

Dopiero na szarym końcu były „przekliki" ze wszystkich mediów społecznościowych (8%). Czy to oznacza, że powinienem był z nich wtedy zrezygnować? Absolutnie nie. Powodów mogło być wiele. Być może po prostu słabo się komunikowałem za ich pośrednictwem, a być może tak dobrą robotę robiłem w innych mediach, że czytelnicy częściej trafiali do mnie za pośrednictwem innych źródeł, a może po prostu treści dotyczące finansów osobistych nie trafiły w tych mediach na podatny grunt. Niemniej jednak to nadal przekładało się na tysiące wizyt. Media społecznościowe to także świetne miejsce na pozyskiwanie nowych czytelników, którzy z czasem docierają do nas innymi kanałami, np. przez newsletter lub wchodząc bezpośrednio na bloga.

MENTALNE PRZYGOTOWANIE DO RZUCENIA ETATU

Równolegle z rozwojem bloga przygotowywałem się mentalnie do odpowiedzi na pytanie: „Co stanie się, jeśli na koniec roku wszystkie blogowe cele zostaną zrealizowane?". Iskra nadziei i wzrost pewności siebie – wzbudzony przebiegniętym maratonem, docenieniem przez samego Pata Flynna oraz pozytywnym odbiorem każdego nowego wpisu na blogu – powodowały, że coraz wyżej oceniałem prawdopodobieństwo rzucenia etatu.

Wiedziałem, że nie przyjdzie mi to łatwo, i dlatego szukałem potwierdzenia, że moje przemyślenia nie są tylko przejawami kryzysu wieku średniego i że nie powinienem ich ignorować.

Inspiracji szukałem przede wszystkim w książkach i na blogach poruszających tematykę zmiany kierunku kariery zawodowej. W tamtym czasie pełnymi garściami czerpałem z następujących źródeł:

- **Książka *Fastlane Milionera*** autorstwa MJ'a DeMarco. Świetna lektura, która w najbardziej dobitny sposób uświadomiła mi, że wyłącznie prowadzenie własnego biznesu daje szansę na takie zwiększenie zarobków, które pozwala realnie myśleć o wcześniejszej emeryturze. → **zcwp.pl/fastlane**

- **Książka *Niskobudżetowy startup*** autorstwa Chrisa Guillebeau. Lektura doskonale pokazująca, że nie trzeba ponosić olbrzymich kosztów, aby zbudować firmę pozwalającą świetnie zarabiać. Co więcej, jest to pochwała małych biznesów i modelu *solopreneur*, w którym przedsiębiorca może działać w pojedynkę i odnosić sukcesy, wcale nie będąc zmuszonym do powiększania firmy poprzez zatrudnianie kolejnych pracowników. Takie podejście bardzo u mnie rezonowało. → **zcwp.pl/100startup**
- **Blog *Live Your Legend*** prowadzony przez zmarłego tragicznie Scotta Dinsmore'a. Jest to blog, który miał największy wpływ na moją decyzję o rzuceniu etatu → **zcwp.pl/lyl**. Scott przedstawiał na nim sposoby, jak żyć, utrzymując się ze swojej pasji, jak przygotować się na zmianę pracy i modelu zarabiania, jak wykonywać pracę, którą się kocha i która nas określa. Pochłaniałem dosłownie wszystkie jego materiały, bardzo obszerne i szczegółowe. Koniecznie obejrzyj wystąpienie Scotta na konferencji TEDx → **zcwp.pl/scott** – do dzisiaj uważam je za jedno z najbardziej inspirujących przemówień, jakie widziałem.
- **Blog *Leaving Work Behind*** prowadzony przez Brytyjczyka Toma Ewera. Człowiek z Europy, z mojego kręgu kulturowego, który rzucił pracę etatową, aby zostać freelancerem – osobą utrzymującą się z obsługi zleceń. Podglądałem jego działania, wyciągając własne wnioski. Pomógł mi uwierzyć, że nawet jeśli nie uda mi się zarabiać na samym blogu, to przecież mogę dorabiać okresowymi zleceniami w branży IT, więc raczej moja rodzina nie umrze z głodu. → **zcwp.pl/lwb**
- **Podcast *The Podcast Answer Man*** prowadzony przez Cliffa Ravenscrafta, który m.in. omawiał, w jaki sposób zrezygnował z intratnej pracy w branży ubezpieczeniowej na rzecz prowadzenia licznych podcastów.
- I oczywiście **podcast *SPI Podcast***, w którym Pat Flynn omawiał m.in. początki swojego blogowania w wyniku zwolnienia go z pracy w biurze architektonicznym.

Śmiało mogę powiedzieć, że te osoby pomogły mi dojrzeć do decyzji o porzuceniu etatu i przejściu na swoje. To, co jest wspaniałe w mojej drodze blogowej, to fakt, że w ciągu kolejnych pięciu lat miałem okazję się spotkać i podziękować osobiście czterem z tych sześciu osób.

Rozmyślania były fajne, ale nadal pozostawał prozaiczny problem kasy. Zakup nowego mieszkania niemalże całkowicie pozbawił nas oszczędności. Szczerze mówiąc, pierwszy raz w życiu znalazłem się w tak podbramkowej sytuacji. Co prawda nasza wartość netto była wysoka (dwa mieszkania, działka), ale płynność finansowa wisiała na włosku. Czułem się jak zakładnik mojego pracodawcy, żyjąc od pensji do pensji i musząc oglądać każdą wydawaną złotówkę dokładniej niż wcześniej.

Zaledwie rok po zakupie zacząłem żałować, że tak bardzo „wypstrykaliśmy" się z pieniędzy. W starym mieszkaniu brakowało nam tylko jednego pokoju, a w efekcie przeprowadziliśmy się do nowego lokum większego aż o 50 m^2. Z jednej strony fajnie, ale z drugiej – poczułem, co to znaczy stać na urwisku i patrzeć w przepaść. Chociaż z natury jesteśmy oszczędni, to nie chcieliśmy, aby oszczędzanie było naszą codzienną koniecznością. Zdecydowanie wolę wieść taki styl życia z wyboru.

Im bardziej przyzwyczajałem się do pomysłu zakończenia pracy etatowej, tym bardziej bolała mnie świadomość niepewności sytuacji. Nie chciałem rzucić pracy, wiedząc, że w ciągu pół roku nie będziemy mieli żadnych wolnych środków finansowych. Oczywiście mogliśmy sprzedać stare mieszkanie, ale nie chciałem ot tak po prostu wydać tych pieniędzy na życie. Poza tym nadal związani byliśmy z nim emocjonalnie, a do tego wynajmowaliśmy je, zarabiając ciut lepiej niż na lokacie.

Coraz jaśniej docierało też do mnie, że równoległe pracowanie na absorbującym etacie i blogowanie po godzinach odbywa się tak naprawdę kosztem snu, czasu spędzanego z rodziną i zdrowia. Wiedziałem, że nie dam rady długo ciągnąć obydwu tych rzeczy na takim poziomie zaangażowania, jakiego wymagały. Może udałoby się to, gdybym miał luźniejsze podejście do pracy, ale lubię wiedzieć, że we wszystkim, czym się zajmuję, daję z siebie sto procent. Czułem jednak, że długo tak nie pociągnę. Brak grubej poduszki finansowej wydawał się zamykać perspektywę zaryzykowania i postawienia na bloga. W końcu nie byłem kamikadze i musiałem zadbać o rodzinę.

KREDYT REFINANSUJĄCY, CZYLI POWRÓT GOTÓWKI

Potrzeba matką wynalazków. We wrześniu 2012 r. rozmawiałem z doradcą kredytowym o możliwościach finansowania nieruchomości na wynajem (planowałem wtedy szersze wejście w tę formę inwestowania). Usłyszałem, że kredyt hipoteczny można wziąć nie tylko przed zakupem mieszkania, ale także w okresie nawet dwóch lat po dokonaniu transakcji gotówkowej. Jest to kredyt refinansujący poniesione koszty zakupu, który nie różni się od normalnych kredytów hipotecznych. Nadal jest to najtańszy kredyt na rynku.

Na nowe mieszkanie wydaliśmy około miliona złotych. Nasza zdolność kredytowa szacowana była na 700–800 tys. zł. Uwzględniając nasze plany inwestycyjne oraz te związane z rzuceniem etatu, zaciągnęliśmy kredyt hipoteczny w euro. Na nasze konta wróciła w październiku kwota około 600 tys. zł.

Tu muszę dokonać pewnego zastrzeżenia: co do zasady kredyt hipoteczny będący zazwyczaj zobowiązaniem na kilkadziesiąt lat powinno się brać w tej walucie, w której się zarabia. Ja świadomie złamałem tę zasadę, ale w moim przypadku mogłem sobie na to pozwolić, bo pieniądze z kredytu nie poszły na zakup mieszkania, lecz leżały na kontach. Część środków przechowywałem w euro, co zabezpieczało mnie przed ryzykiem kursowym.

Po wzięciu kredytu odetchnąłem. Wiedziałem, że taka poduszka finansowa (choćby i pożyczona) pozwala realnie planować różne scenariusze i na pewno wystarczy nam pieniędzy na kilka lat – nawet przy braku przychodów. Oczywiście było to bardzo ryzykowne, bo właśnie przymierzałem się do rozpoczęcia inwestowania za pieniądze pożyczone od banku. Pocieszałem się,

PARAMETRY IDEALNEGO KREDYTU HIPOTECZNEGO

Przy tej okazji zachęcam do lektury książki ***Finansowy ninja*** → **fin.ninja**, której obszerny rozdział poświęciłem właśnie tematyce ponoszenia największego wydatku w życiu, czyli zakupowi mieszkania lub domu, a w szczególności kredytom hipotecznym i zasadom mądrego podejmowania się takiego zobowiązania.

Obliczając, na jak duży kredyt hipoteczny nas stać, warto kierować się trzema zasadami:

1. Wysokość raty kredytu nie powinna przekraczać 30% zarobków netto. Niektórzy doradcy finansowi będą proponowali ratę dochodzącą do 50% dochodu, ale w mojej opinii jest to zbyt ryzykowne. Pamiętaj, że oprócz kosztów kredytu będziesz mieć również na głowie koszt opłat eksploatacyjnych za mieszkanie. Jeśli zarabiasz 5000 zł netto, to maksymalna rata, na jaką możesz sobie bezpiecznie pozwolić, wynosi 1500 zł.

2. Kredyt hipoteczny najlepiej jest brać na okres maksymalnie 20 lat. W dłuższym okresie ponosi się po prostu zbyt duże koszty odsetek.

3. Minimalny poziom wkładu własnego to 20–30%. Absolutne minimum, aby uzyskać lepszą, obniżoną marżę od banku (czyli niższe oprocentowanie kredytu) i nie musieć płacić ubezpieczenia niskiego wkładu, to dwudziestoprocentowy wkład własny.

że jest to najtańszy kredyt inwestycyjny – oprocentowany wtedy na zaledwie 3,21% w skali roku. Naiwnie obstawiłem też wtedy zakład, że Polska wejdzie kiedyś do strefy euro, co – podobnie jak w innych krajach – wiązałoby się również ze wzrostem płac, a co za tym idzie – realna wartość naszego kredytu po prostu by spadła i to bez konieczności jego przewalutowania. Dziś – zaledwie sześć lat później – doskonale widać, że euro raczej nie zostanie wprowadzone w Polsce. Właśnie tyle warte są spekulacje dotyczące przyszłych wydarzeń, na które nie mamy osobiście realnego wpływu.

Mimo wszystko moja sytuacja zasadniczo się zmieniła. Miałem na kontach ponad pół miliona złotych, więc mogłem rozważać dowolny scenariusz rozwoju sytuacji.

MIESZKANIE NA WYNAJEM = KONTROWERSYJNY TEMAT

Nie lubię jednak, gdy pieniądze się nudzą. Wiedziałem, że duża kwota leżąca na kontach bankowych mogłaby lepiej pracować, a nie tylko zarabiać marne odsetki na lokatach. Korciło mnie także, aby praktycznie przetestować wiedzę wyniesioną z wakacyjnego szkolenia Piotra Hryniewicza. W listopadzie 2012 r. przyszedł czas na zakup pierwszego mieszkania z zamiarem jego wynajmu „na pokoje", tzn. zdobywając najemców wynajmujących nie całe mieszkanie, lecz pojedyncze pokoje. Według wszelkich prognoz taki sposób wynajmu powinien dawać wyższą stopę zwrotu z inwestycji.

Oczywiście zależało nam z Gabi na zakupie nieruchomości w okazyjnej cenie – znacznie poniżej średnich cen transakcyjnych. Jako początkujący inwestorzy wybraliśmy sobie jeden z najgorszych sposobów – zakup mieszkania od właściciela obciążonego długami, które były już w trakcie windykacji komorniczej. Z jednej strony to okazja, bo mieszkanie było wystawione na sprzedaż w atrakcyjnej cenie. Z drugiej strony istniało spore ryzyko współpracy z zadłużonym sprzedającym.

Weryfikowaliśmy z Gabi wszystko, co się dało, a ja spędzałem długie godziny na rozmowach telefonicznych z Piotrem Hryniewiczem, który stale podpowiadał kolejne kroki. Gdyby nie jego pomoc, to odstąpiłbym od realizacji tego zakupu. Dość powiedzieć, że w trakcie negocjacji liczba ujawnionych długów właściciela wzrosła z pięciu do siedmiu! Na szczęście komornik prowadzący egzekucję również był zainteresowany tym, aby mieszkanie jak najszybciej zostało sprzedane, a długi spłacone. 29 listopada 2012 r. za 352 000 zł staliśmy się właścicielami 4-pokojowego mieszkania o powierzchni 64 m^2 na warszawskim Ursynowie i sprawnie przystąpiliśmy do jego remontu. Chciałem, by było gotowe na zimowy sezon najmu wśród studentów, przypadający na przełom stycznia i lutego.

Szczegóły tej transakcji oraz moje plany związane z wynajmem na pokoje szczegółowo opisałem w artykule *Zakup mieszkania na wynajem – czy to się opłaca?* → **zcwp.pl/mieszkanie1**, który opublikowałem pod koniec grudnia 2012 r. Był to wpis najbardziej wtedy odległy od tematyki mojego bloga. Od prostych porad dotyczących oszczędzania i zarządzania domowymi finansami przeskoczyłem do inwestowania w nieruchomości i ujawniłem plany dotyczące projektu, który dopiero znajdował się w stadium realizacji. Szczerze mówiąc, nie przypuszczałem wtedy, że otwieram puszkę Pandory. Poruszenie tematu zarabiania na wynajmie w połączeniu z zarabianiem na „biednych studentach" doprowadziło do bardzo gorącej dyskusji, do której mentalnie absolutnie nie byłem przygotowany. Do tematu tej inwestycji, wpisu oraz samej dyskusji powrócę w kolejnym rozdziale.

ETAP 2 – PODSUMOWANIE I WNIOSKI

Powtórzę, że przez pierwsze pół roku prowadzenia bloga nie myślałem o pieniądzach i nie zastanawiałem się nad tym, jak będę na nim zarabiać. Koncentrowałem się przede wszystkim na tworzeniu przydatnych treści.

Udało mi się także osiągnąć wszystkie cele, które stawiałem sobie pół roku wcześniej:

- Przekonałem się, że pomimo pracy na etacie potrafię być systematyczny i publikować dwa wpisy tygodniowo.
- Spełniłem minimalne założenia dotyczące tworzenia angażujących treści, a pod moimi wpisami znajdowało się nawet po kilkadziesiąt komentarzy.
- Osiągnąłem cel liczbowy, jakim było przekroczenie liczby 10 000 unikalnych użytkowników w skali całego miesiąca.

Tym samym pozytywnie zakończyłem okres testowy mojego bloga. Przekonałem się, że warto robić to dalej. Chociaż nie wiedziałem jeszcze, na czym będę zarabiał, to intuicyjnie czułem, że wkładając sto procent swojego czasu w rozwój bloga, potrafię nie tylko wypełnić go ciekawymi artykułami, ale także wypracować model biznesowy, który pozwoli zarabiać nim na życie. Jedyną przeszkodą było to, że większość czasu spędzałem, pracując na etacie. Wiedziałem już, że nie da się ciągnąć równolegle w nieskończoność jakościowego blogowania i pełnoetatowej pracy. Musiałem dokonać wyboru.

STATYSTYKI BLOGA

9766 UU – październik 2012 r.

12 068 UU – listopad 2012 r.

12 147 UU – grudzień 2012 r.

Biorąc kredyt refinansujący, rozwiązałem problem braku zapasu pieniędzy na okres najbliższych kilku lat. Pozostała tylko do podjęcia wspólna decyzja Gabi i moja, czy rzeczywiście wierzymy w to, że przejście na swoje to dobry dla nas scenariusz. Tak czy siak – byłem nastawiony najbardziej optymistycznie od czasu wypadku. Nareszcie widziałem światełko w tunelu o nazwie „przyszłość".

To niesamowite, jak wiele udało mi się zrobić w pierwszych sześciu miesiącach prowadzenia bloga. Przypominam, że w międzyczasie kupiliśmy i w rekordowym czasie wyremontowaliśmy mieszkanie na wynajem.

Chociaż zarabianie na blogu wydawało się wtedy dosyć mglistym pomysłem, to w grudniu 2012 r. uzyskałem pierwsze przychody z tzw. afiliacji. Zamieściłem na blogu krótkie recenzje sześciu książek o tematyce finansowej, rejestrując się wcześniej w programie partnerskim wydawnictwa Złote Myśli. Jeśli ktoś kliknął w link prowadzący z bloga do sklepu internetowego tego wydawnictwa, a następnie dokonał tam zakupu książek, to – jako polecający – otrzymywałem pewien procent wartości każdego zamówienia. Właśnie na tym polega model afiliacyjny: sprzedawca w zamian za skuteczne przyprowadzenie klienta wypłaca prowizję od wartości zamówienia lub stałą kwotę za pozyskanie klienta.

W ciągu pół roku blogowania zarobiłem dokładnie 218,71 zł (brutto). Bardzo mało, ale i tak niesamowicie się cieszyłem. Abstrahując od liczb, dostrzegłem w blogowaniu potencjał i uwierzyłem w niego tak mocno, że gotowy byłem rzucić pracę na etacie.

W treści książki znajduje się dużo odesłań do zewnętrznych źródeł.
Ich pełną, zawsze aktualną listę znajdziesz pod adresem → **zcwp.pl/bonus**.

ROZDZIAŁ 5

Etap 3: Hejterzy i kryzys

OKRES:

od stycznia 2013 r. do końca marca 2013 r., czyli od szóstego do dziewiątego miesiąca blogowania.

PRZYCHODY NETTO:

2500 zł

KOSZTY NETTO:

5804 zł

WIEK BLOGA W MARCU:

9 miesięcy

LICZBA CZYTELNIKÓW:

19 999 UU w styczniu 2013 r.

20 119 UU w lutym 2013 r.

21 202 UU w marcu 2013 r.

Przełom roku 2012 i 2013 był bardzo optymistyczny. W okresie między świętami a Nowym Rokiem usiadłem do planowania kolejnych dwunastu miesięcy. Na swojej liście celów zapisałem tylko kilka najważniejszych punktów:

- Założenie własnej firmy i odejście z etatu.
- Uruchomienie podcastu.
- Wymyślenie i przetestowanie różnych sposobów zarabiania na blogu.

Mój plan wyglądał na kompletnie zwariowany. Z zewnątrz mógł być postrzegany jako akt desperacji osoby, która nie chciała już wykonywać swojego dotychczasowego zawodu.

Na szczęście moja żona doskonale rozumiała, co się ze mną działo. Widziała, z jak dużym zaangażowaniem prowadzę bloga. Widziała też, jak bardzo mam już dosyć pracy w branży IT. Nieustannie kibicowała wszystkiemu, co robiłem, i w grudniu, podczas jednej z rozmów o moim pomyśle na życie z blogowania, powiedziała:

> „Miśku, rozumiem, jak się czujesz. Myślę, że teraz jest najlepszy moment, kiedy możemy sobie pozwolić na wszelkie zmiany. Wierzę w ciebie i w to, że ci się uda i że poradzisz sobie w każdej sytuacji".

Mając świadomość, jak duże ryzyko chcę podjąć, dała mi jednocześnie zielone światło na rozstanie z dcs.pl. To był olbrzymi kredyt zaufania. Wiedziałem, że mówi szczerze, i sam fakt, że zdawała się wierzyć we mnie bardziej niż ja sam, mocno mnie wzmocnił. Poczułem, że jest to nasza wspólna decyzja, w której mam jej pełne wsparcie. Tak naprawdę to dopiero jej deklaracja akceptacji ewentualnych negatywnych skutków tej decyzji umożliwiła mi jej podjęcie. Miałem zbyt dużo wątpliwości co do odejścia z etatu, aby zrobić to wbrew woli Gabi. W zasadzie to jej należy w największym stopniu dziękować za to, że blog *Jak oszczędzać pieniądze* nadal istnieje.

Tym samym najważniejszym punktem w moim kalendarzu na styczeń stała się rozmowa z szefem i zakomunikowanie, że zamierzam rozstać się z firmą, którą pomagałem budować przez ostatnie 10 lat. Byłem już na to zdecydowany, ale najbliższe dni miały zasiać w mojej głowie ziarno wątpliwości...

PIERWSZY POWAŻNY KRYZYS

Niedawno Tim Ferriss powiedział w podcaście, że treści na swojego bloga stara się tworzyć w taki sposób, aby z każdego nowego wpisu prawdziwie zadowolonych było zaledwie 10% czytelników. Dlaczego tak mało? Bo dobrze wie, że nie jest w stanie dogodzić wszystkim. Rozpiętość zainteresowań ludzi jest olbrzymia i siłą rzeczy danym tematem interesuje się tylko pewna część odbiorców. Szkoda, że nie usłyszałem tego, gdy rozpoczynałem swoje blogowanie. Przez długi czas wierzyłem, że każdym nowym materiałem da się zadowolić większość czytelników. To nieprawda i wkrótce miałem się o tym boleśnie przekonać.

Zauważyłem, że zazwyczaj czytelnicy aktywizują się i zamieszczają komentarz do wpisu w jednej z dwóch sytuacji:

1. **Gdy artykuł bardzo mocno u nich rezonuje pozytywnie.** Wtedy uzupełniają go o swoje przemyślenia lub po prostu dziękują za dobry wpis.

2. Gdy bardzo nie zgadzają się z treścią artykułu bądź przedstawionym w nim stanowiskiem. Wtedy autor może się spotkać z merytoryczną lub też całkowicie niemerytoryczną krytyką. W tym drugim przypadku nietrudno o personalne docinki noszące znamiona tzw. hejtu – wylewania własnych frustracji na autora, który, zdaniem komentującego, dał dobry pretekst do takiego działania.

Oczywiście jest jeszcze grupa osób, które są po prostu regularnymi komentatorami i prowadzą dyskusje niemalże niezależnie od tematyki wpisu.

Tak jak pisałem wcześniej, pod koniec grudnia opublikowałem na blogu artykuł o wynajmie → **zcwp.pl/mieszkanie1**, który stał się iskrą zapalną do obszernej dyskusji na temat zasadności inwestowania w mieszkania na wynajem, moralnych aspektów związanych z „zarabianiem na niedoli innych" (tych, których nie stać na mieszkanie), moich umiejętności w tym zakresie, a także tego, jak złe perspektywy stoją przede mną jako inwestorem.

Na mój blog przybyło wielu dyskutantów z forum nieruchomościowego portalu Gazeta.pl, którzy raczej nie przebierali w słowach i starali się wykazać, jak bardzo jestem naiwny, głupi i niedoświadczony oraz jak dałem się omotać szkoleniowcom zarabiającym na edukowaniu w zakresie nieruchomości.

Wpis w krótkim czasie zebrał kilkaset komentarzy, które były dla mnie prawdziwą internetową szkołą przetrwania. Wśród przejawów troski, którą wykazywali się niektórzy komentatorzy, pojawiały się też głosy osób próbujących pokazać mi moje miejsce w szeregu. Miałem wrażenie, że z różnych stron wali się w moją głowę młotkami. Chociaż na ogół jestem dość odporny, to wtedy naprawdę byłem zagubiony. Internetowa anonimowość komentujących nie pozwalała mi tak naprawdę ocenić, którzy z nich mogą mieć rację i przedstawiać rzeczowe argumenty, a którzy są po prostu cynikami bez własnych doświadczeń i jednocześnie dla zasady – pod przykrywką pseudointeligentnej dyskusji – używają argumentów bez pokrycia, mając za cel przeforsowanie własnego zdania.

Mój filtr poznawczy był wtedy jeszcze zbyt ubogi, abym mógł dokonać rzeczowej selekcji informacji i komentarzy, które spływały w dużym tempie. W efekcie zacząłem przyjmować niektóre opinie, co osłabiało moją pewność siebie. Pierwszy raz doświadczyłem, jak bardzo można przejąć się opinią innych. Podam kilka przykładów takich komentarzy (pisownia oryginalna):

nie ma to jak wypociny IDIOTY – gratuluje autorowi GLUPOTY.

Jak zamierzasz skonstruować umowę z najemcami żeby mieć zapewniony ciąg najmu od października do sierpnia, z założeniem że jeśli jeden ze studentów wypowie umowę najmu to ma obowiązek/musi/powinien* znaleźć na swoje miejsce następce, tak by najem był kontynuowany? Jak zamierzasz egzekwować tego typu „obowiązek"?

Do słynnej sekty inwestorów: zorganizowanie opisanego w tym artykule obozu pracy jest niemożliwe. Najemcy nie interesuje kredyt właściciela, ponieważ istnieje spory rynek najmu, na którym średnio sobie radzą nawet właściciele mieszkań nie obciążeni kredytem. Dodatkowo wielu włascicieli (nawet wśród kredyciarzy) ma pewne kompetencje społeczne, podczas gdy język oraz chwyty psychologiczne wyuczone na szkoleniach nie są tych kompetencji ekwiwalentem, lecz zaprzeczeniem. Pragnienia konsumpcyjne są powszechne, natomiast emanująca z tego bloga chciwość jest czymś bardzo rzadkim. Jeśli nawet istnieje, to inni wstydzą się ją okazywać.
pozdrawiamy serdecznie,
sztab mentorów

oko od 4–5 lat sledzi rynek nieruchow dosc dokladnie, dobrze przewidzial trendy i nie lubi jak sie publicznie mowi nieprawde w tamacie rynkow RE, takie skrzywienie po tym co media robily przez ostatnie lata, a ten tekst to jest klamstwo i propaganda czystej wody, zalozenia sa nieprawdziwe, kluczowe info zostaly ukryte (kredyt na 35 lat na mieszkanie ktore juz

ma 35 lat!) a w istotnych kwestiach takich jak np ceny wynajmu autor zwyczajnie mowi nieprawde
a poniewaz probuje jeszcze naklaniac innych do tego zeby poszli jego sladem to ja pozwalam sobie zwrocic uwage na te aspekty ktore autor chce przemilczec
jak chce sobie naganiac na uslugi mentorskie to niech walnie na gorze tekstu: „tekst sponsorowany, informacje w nim zawarte nie musza byc zgodne z prawda ani stanem faktycznym" i wtedy spoko niech sobie nawet wypisze ze wynajmie 64m za 8k PLN
ale poki udaje obiektywnego inwestora, ktory z dobrej woli chce sie dzielic wiedza z internautami to niech sie liczy z tym ze ktos przyjdzie i mu ten tekst zweryfikuje z rzeczywistoscia, a rzeczywistosc jest taka ze to cala koncepcja kupy sie nie trzyma i od poklepywania sie po plecach nic wam sie w tym temacie nie zmieni

Starałem się prowadzić rzeczową dyskusję i bronić własnego punktu widzenia. Uczciwie mówiąc, było mi bardzo trudno pomijać milczeniem niemerytoryczną krytykę, ale wzniosłem się na wyżyny cierpliwości, aby jednak nie dać się podpuścić. Gdy puszczały mi nerwy, przepraszałem za swoje zachowanie, co było dobrze postrzegane w oczach komentatorów (przynajmniej taki plus).

Mimo wszystko komentarze solidnie dały mi w kość. Zarzuty o kłamstwo, prześwietlanie podawanych przeze mnie wcześniej na blogu danych finansowych, aby wykorzystać je przeciwko mnie w dyskusji, oskarżenia o naganianie na szkolenia, wyszydzanie osób, które pomagały mi doprowadzić transakcję do szczęśliwego finału – wszystko to mocno nadszarpnęło moim zaufaniem do ludzi.

Komentarze raptem kilku złośliwców doprowadziły do tego, że bardzo poważnie rozważałem zamknięcie bloga. Chodziłem roztrzęsiony i całkowicie odechciało mi się wtedy pisania. W ciągu zaledwie kilku dni straciłem serce do bloga. Poważnie pytałem sam siebie: „Po co ci to, Michał? Dajesz od siebie najlepsze, co masz, wkładasz w to całe serce, a otrzymujesz niezasłużone ciosy. Masz masę innych, pewniejszych możliwości zarabiania, gdzie nie będziesz narażony na strzały hejterów. Może rzucić to wszystko w cholerę?".

Naprawdę niewiele brakowało do „wyciągnięcia wtyczki". Dziś wiem, że byłoby to dużym błędem, ale wtedy nie było to takie oczywiste. Skalę wyzwań, z którymi się wtedy mentalnie mierzyłem, najlepiej pokazuje historia wpisów na blogu. Wcześniej zamieszczałem dwa wpisy tygodniowo. W styczniu 2013 r. przerwa między kolejnymi artykułami trwała ponad trzy tygodnie. Musiałem ochłonąć, zebrać siły i zmotywować się do przygotowania kolejnego wpisu, pod którym spodziewałem się kolejnego wiadra pomyj.

Jak zebrałem się w sobie, aby jednak kontynuować? Ciągle miałem w pamięci rozmowy z Gabi i jej wiarę w to, że w każdej sytuacji sobie poradzę. Przypomniałem też sobie o złamanych nogach i ukończonym maratonie. Skoro to wszystko się udało, to dlaczego miałbym nie wyjść obronną ręką z inwestycji mieszkaniowej i jednocześnie udowodnić wszystkim „ekspertom z komentarzy", jak bardzo się mylą co do mnie?

W chwilach zwątpienia kluczowa jest umiejętność powracania myślami do tych życiowych doświadczeń, które są dla nas źródłem siły. Warto przypomnieć sobie wszystkie sytuacje, w których potrafiliśmy przezwyciężyć trudności. Przypomnieć sobie momenty, w których hartował się nasz charakter. Te chwile, które mogą być źródłem wiary w to, że i teraz damy radę wszystko udźwignąć. Kolekcjonowanie takich wspomnień jest naprawdę bezcenne.

Przypomniałem sobie, jakie są korzenie bloga i powody, dla których zdecydowałem się go prowadzić. Wierzyłem, że dzięki niemu mogę mieć realny wpływ na poprawianie jakości życia innych osób. Paradoksalnie, obszerna dyskusja, która wywiązała się pod mieszkaniowym wpisem, była właśnie najlepszym dowodem, że to, co robię, ma znaczenie. Oberwałem po prostu odłamkiem bomby, którą sam wrzuciłem na bloga. Gdybym nie opublikował tego wpisu, to tej dyskusji by nie było. Zrozumiałem, że to ja sam wywołałem zamieszanie, publikując – być może za wcześnie, a być może w zbyt nieprzemyślany sposób – artykuł dotyczący tematyki znacznie bardziej złożonej niż oszczędzanie. Wywołałem dyskusję, o którą sam wielokrotnie prosiłem, kończąc moje wpisy. A że miejscami nie było miło? No cóż – właśnie przekonałem się, jaki jest koszt publicznej obecności w internecie. Prędzej czy później musiało to nastąpić.

„Co cię nie zabije, to cię wzmocni" – pomyślałem i uznałem, że muszę wrócić do blogowania. Zamknięcie bloga byłoby jak rzucenie ręcznikiem na ringu pod naporem nieuprzejmych cyników. A ja już miałem serdecznie dosyć słuchania opinii innych na temat tego, co powinienem lub czego nie powinienem robić. Miałem głowę na karku, dwie ręce, mocne oparcie w Gabi – niczego innego nie potrzebowałem. No, może poza uporządkowaniem kilku spraw.

Styczniową przerwę w blogowaniu poświęciłem na popchnięcie do przodu spraw związanych z wynajmem nowego mieszkania oraz poważną rozmowę z szefem o odejściu z etatu.

W chwilach zwątpienia kluczowa jest umiejętność powracania myślami do tych życiowych doświadczeń, które są dla nas źródłem siły.

SZEFIE, ODCHODZĘ!

Z Jackiem Diehlem – moim szefem i jednocześnie właścicielem firmy, w której pracowałem – mieliśmy bardzo otwartą relację. Uważnie śledził mojego bloga i był ciekawy, jak radzę sobie z nieprzyjemnymi komentarzami. Ja z kolei planowałem zakomunikować swoją decyzję i uzgodnić najlepszy sposób rozstania z firmą. Do naszej szczerej, otwartej i bardzo długiej rozmowy doszło w połowie stycznia.

Omawianie sytuacji i powodów mojej decyzji zajęło nam kilka godzin. Zgodnie z prawem pracy mogłem odejść z firmy po trzech miesiącach, ale uzgodniliśmy, że najlepiej będzie, jeśli pracować będę jeszcze przez pół roku – aby zdążyć przekazać wszystkie swoje obowiązki innym osobom. Można powiedzieć, że byłem osobą o strategicznym znaczeniu dla firmy – pracowałem z największymi klientami, podlegały mi najbardziej dochodowe usługi, prowadziłem wieloletnie projekty. Wdrożenie następców rzeczywiście mogło być czasochłonne.

Jacek poprosił mnie o dyskrecję. Zdecydowaliśmy, że moją decyzję aż do kwietnia utrzymamy w tajemnicy przed współpracownikami. Dopiero wtedy mieli się dowiedzieć, że z końcem lipca kończę pracę. Zrozumiałem, że w ten sposób otwiera mi furtkę do bezpiecznej zmiany decyzji. Gdybym się rozmyślił, to o planie odejścia wiedziałaby tylko garstka osób – on, ja i mój najbliższy współpracownik, Michał Daras, który ostatecznie został moim następcą. Zresztą w kolejnych miesiącach nie raz usłyszałem pytanie: „Może zmieniłeś zdanie?". W pewnym momencie stało się ono moim przekleństwem.

Z perspektywy czasu wiem, że przedłużanie „agonii" było pomyłką. W praktyce wszystkie sprawy, którymi się zajmowałem, zdążyłem przekazać w trzy miesiące. Praktycznie z końcem kwietnia mogłem już odejść bez szkody dla firmy. Chcąc być do końca fair, wystawiłem swoją psychikę na kolejny, bardzo poważny test. Im więcej czasu upływało od zakomunikowania mojej decyzji, tym większe miałem wątpliwości, czy była ona dobra. A nie mogłem jej zweryfikować w praktyce, bo cały czas byłem na etacie.

BATALII W KOMENTARZACH CIĄG DALSZY

Po rozmowie z szefem klamka zapadła. Musiałem kontynuować prowadzenie bloga. Zdecydowałem, że zagram „ekspertom z komentarzy" na nosie i po długiej przerwie opublikowałem kolejny artykuł dotyczący wynajmu, ale tym razem pokazujący drugą stronę medalu.

W obszernym wpisie zatytułowanym *Dlaczego mieszkanie na wynajem to inwestycja wysokiego ryzyka?* → **zcwp.pl/mieszkanie2** obiektywnie przedstawiłem minusy zarabiania na wynajmie nieruchomości oraz przygotowałem symulacje finansowe w trzech scenariuszach: optymistycznym, umiarkowanym i pesymistycznym. Dodałem do artykułu kalkulatory Excel, tak aby każdy mógł wprowadzić tam własne liczby i oszacować rentowność inwestycji w horyzoncie 35-letnim.

To było przeciwieństwo poprzedniego wpisu. Tym razem zamiast optymizmu prezentowałem sceptycyzm. Przedstawiłem także wszystkie możliwe warianty rozwoju sytuacji – od wystawienia mieszkania na wynajem aż do scenariusza, w którym po wyremontowaniu wystawiam je ponownie do sprzedaży na rynku wtórnym.

Ten wpis również wywołał żywiołową dyskusję. Część krytyków była zaskoczona i wietrzyła w moim wpisie jakiś podstęp. Inni odtrąbili swój sukces, bo odczytywali mój wpis jako przyznanie się do błędu i porażkę idei zarabiania na wynajmie na pokoje. Z wnikliwością śledziłem temperaturę całej dyskusji. Tym razem była dużo bardziej wyważona. Pojawiło się także sporo głosów uznania od osób, które potrafiły docenić moją umiejętność spojrzenia na ten sam temat z różnych perspektyw.

Michał,

Witam, to mój pierwszy komentarz na Twoim blogu. Nie będę pisał o merytoryce bo już wystarczająco to przedyskutowano, ja analizuję tego typu inwestycję w inny sposób (dawno temu pisałem o tym na swoim blogu), tak jak wielu tutaj jestem raczej pesymistą jeśli chodzi o zarabianie na nieruchomościach.

Piszę z innego powodu. Piszę tylko i wyłącznie aby wyrazić uznanie dla Twojego podejścia do tematu. Zachowanie obiektywizmu w warunkach kiedy tak mocno osobiście zaangażowałeś się w inwestycję, pokora i posłuchanie liczb a nie tego co krzyczy w środku (a zapewne krzyczało) to bardzo wartościowa cecha, dość rzadka na rynku (wierz mi, pracowałem z zawodowcami).
Rozważ zainteresowanie się giełdą. Tam potrzeba wiedzy, pracy i psychiki. Ten trzeci filar może dać Ci przewagę. Musiałbyś dopracować tylko dwa pierwsze. Jeśli oczywiście to Cię zainteresuje.

Temat się znakomicie rozwinął i muszę przyznać, że autor bloga mi zaimponował otwartością na argumenty. Zwykle się ją tylko deklaruje, a tutaj zobaczyliśmy to w praktyce. Gratuluję i podziwiam!

W ten oto sposób od dyskusji, która mogła być końcem bloga, przeszedłem do sytuacji, w której nawet najwięksi krytycy odnosili się do mojej pracy z szacunkiem. To było zarówno miłe, jak i bardzo pouczające doświadczenie.

Prawda jest też taka, że krytycy odnieśli połowiczne zwycięstwo – niektóre argumenty bardzo skutecznie podważyły moją pewność siebie, więc zacząłem dopuszczać do siebie inne opcje niż tylko długoterminowy wynajem. Omówiliśmy temat z Gabi i uzgodniliśmy, że gotowi jesteśmy zarówno realizować pierwotny plan – czyli wynajem – jak również sprzedać to mieszkanie z zyskiem, o ile tylko znajdzie się chętny. Można powiedzieć, że pod wpływem krytyki zmodyfikowaliśmy nasze podejście.

14 stycznia wystawiliśmy równocześnie ogłoszenia wynajmu pokoi i sprzedaży całego mieszkania. Szybko zaczęły się telefony od osób zainteresowanych zarówno zakupem, jak i wynajmem. Pierwszych potencjalnych nabywców gościliśmy już 19 stycznia. Wspólnie z Gabi wykonaliśmy szybki *home staging* mieszkania, wzbogacając je o elementy pokazujące, że mieszkanie „żyje": firanki, wazony, kwiaty, naczynia z ciasteczkami itp. Mieszkanie wyposażone już było w komplet mebli przeznaczonych dla

najemców. W każdym pokoju stały łóżka przykryte narzutami oraz szafy. Jeden z pokoi traktowany był przez nas jako demonstracyjny i miał już rozstawiony komplet białych mebli, które całkiem efektownie prezentowały się w tym wnętrzu.

Nie kryłem przed potencjalnymi kupującymi, że mieszkanie jest świeżo wyremontowane, ale wiecznie takie nie będzie. Powiedziałem, że planujemy najpóźniej od początku lutego je wynająć. Zachęcałem ich do szybkiego podjęcia decyzji. Okazało się, że uderzyłem w czuły punkt, bo ci państwo w przypadku innego mieszkania zbyt długo się zastanawiali i upatrzony lokal kupił ktoś inny. Przeprowadziliśmy szybkie negocjacje cenowe i już 28 stycznia podpisaliśmy umowę przedwstępną. W walentynki po szybkim załatwieniu przez kupujących formalności kredytowych podpisaliśmy notarialny akt sprzedaży.

Mieszkanie było naszą własnością tylko przez dwa i pół miesiąca. Kupiliśmy je za 352 000 zł, a sprzedaliśmy za 426 000 zł. Uwzględniając koszty notarialne przy zakupie (10 133 zł) oraz całkowity koszt remontu i innych opłat (21 844 zł), zarobiliśmy na tej transakcji aż 42 022 zł – więcej, niż w tym samym czasie „wyciągnąłem" z pracy na etacie.

Opis szczęśliwego finału tej inwestycji również trafił na bloga pod chwytliwym tytułem *Mieszkanie jako inwestycja krótkoterminowa, czyli jak można zarobić kilkadziesiąt tysięcy w 2,5 miesiąca* → **zcwp.pl/mieszkanie3**. Jest to bardzo szczegółowy wpis zawierający zdjęcia, dane liczbowe, wyliczenia, wzór ogłoszenia o sprzedaży mieszkania, opis procesu negocjacji oraz listę wniosków, do których doszedłem w trakcie inwestycji. Ten artykuł także wywołał żywiołową dyskusję (ponad 400 komentarzy), a cała trylogia jest dziś jednym z najchętniej czytanych cykli wpisów na blogu.

Jeśli rozważasz założenie bloga albo prowadzisz własną firmę, to zachęcam do szczegółowego prześledzenia dyskusji pod tymi trzema wpisami i przeczytania każdego komentarza. Po latach doszedłem do wniosku, że jest to dobre studium przypadku pokazujące, jak można prowadzić w internecie komunikację marki z klientami i wychodzić obronną ręką z sytuacji kryzysowych.

Doświadczenie, które wtedy zdobyłem, bardzo przydało mi się w późniejszych latach blogowania, a w szczególności utwierdziło mnie w przekonaniu, że warto komunikować się szczerze, kulturalnie, bez reagowania na zaczepki personalne i bez uciekania się do krytyki *ad personam*.

> **„Najpierw cię ignorują, potem się z ciebie śmieją, później z tobą walczą, a później wygrywasz."**
>
> Mahatma Gandhi

Wielu cynicznych komentujących miało rację, że moja inwestycja obarczona była wysokim ryzykiem. Rozbierając wypowiedzi na czynniki pierwsze i oddzielając nieprzyjemne słowa od argumentów merytorycznych, można było wynieść wiele informacji i wskazówek. Niestety, w internecie łatwo o eskalację niepotrzebnych emocji – dlatego tym bardziej będąc autorem bloga, warto dbać o pilnowanie porządku w wypowiedziach, cały czas pamiętając, że najlepszy przykład możemy dać my sami.

START PODCASTU

Był luty, a ja już miałem załatwiony najważniejszy punkt z mojej listy zadań na pierwsze półrocze, czyli nadałem bieg mojemu odejściu z etatu.

Kolejnym celem było uruchomienie własnego podcastu. Po co? Z kilku powodów:

- **Podobało mi się, w jaki sposób podcasty oddziaływały na mnie.** Dzięki nim poznawałem ich twórców. To nie był już anonimowy człowiek z internetu, ale konkretna osoba, którą można było lubić także za sposób, w jaki się wypowiada.
- **Podcasty pomagają przekazywać nie tylko suche informacje, ale również emocje.** Nie tylko chłonąłem od ich twórców wiedzę, ale czułem ich emocje, zakłopotanie, skupienie, entuzjazm i moc, z jakimi głosili to, co w danej chwili przekazywali.
- **Podcast pozwala „żyć dwa razy"**, czyli wypełniać czas spędzany na innych mechanicznych czynnościach: dojazdach do pracy, prowadzeniu auta, zakupach, treningach biegowych, sprzątaniu domu itp. To po prostu wartościowe uzupełnienie dnia.
- **Podcast angażuje uwagę słuchacza.** O ile tekst pisany można szybko (i nieuważnie) przelecieć wzrokiem, to podcastu wysłuchać można co najwyżej w dwa razy szybszym tempie, ale i tak uwaga słuchacza przez dłuższy czas skupiona jest na autorze podcastu.

Wszystko to niesamowicie pomaga budować relację z naszym audytorium. Bardzo charakterystyczne jest to, że na wszystkich konferencjach najczęściej podchodzą do mnie słuchacze mojego podcastu. Przyznają się, że czują, jakbym był ich bliskim znajomym, wiedzą, że jestem przystępny, słyszą, że uśmiecham się do mikrofonu, a przez to łatwiej im mnie zaczepić. Taka jest właśnie siła głosu. Tak silnej relacji nie da się zbudować wyłącznie artykułami na blogu.

Wzorem innych podcasterów planowałem także poruszać tematy, które znacznie wykraczały poza tematykę finansów osobistych. To dlatego mój podcast świadomie nazwałem ***Więcej niż oszczędzanie pieniędzy*** (WNOP) → **zcwp.pl/wnop**. Mało kto wie, ale do uruchomienia podcastu przymierzałem się już we wrześniu 2012 r. Jakość moich pierwszych nagrań była fatalna. Próby ich poprawiania w programie do obróbki dźwięku doskonale pokazały mi złożoność świata audio, w który właśnie próbowałem wejść. Z jednej strony słyszałem rady: „Weź telefon komórkowy, nagraj na nim swoje pierwsze odcinki i wypuść je w świat". Z drugiej jednak byłem perfekcjonistą, który wiedział, że słaba jakość dźwięku będzie uciążliwa dla słuchaczy. Po prostu nie mogłem im tego zrobić.

BĄDŹ ORYGINALNY!

Gdy dzisiaj spojrzysz na listę polskich podcastów np. w iTunes, to zobaczysz tam wiele tytułów rozpoczynających się od „*Więcej niż…*". Z jednej strony mnie to cieszy, bo pokazuje, że to, co robię, rzeczywiście jest inspirujące dla innych. Jednak nadal zadziwia mnie, że osoby próbujące budować własną markę osobistą w oparciu o podcast wykazują się tak małą własną kreatywnością. Zamiast budować mocną, autorską markę, to uciekają się do kopiowania innych – nie tylko w zakresie tytułu, ale również formatu podcastu (wystarczy posłuchać czołówek niektórych z nich i porównać z WNOP). Jest subtelna różnica między inspirowaniem się a plagiatem. Nie popełnij tego błędu, gdy będziesz planować uruchomienie własnego bloga lub podcastu! Nie bądź podróbką. Bądź oryginalny!

Chciałem aspirować do poziomu, który słyszałem w nagraniach najlepszych amerykańskich podcasterów. Jednym z nich był Cliff Ravenscraft, znany jako *The Podcast Answer Man* – człowiek, który o podcastach wiedział wszystko. Cliff co jakiś czas prowadził nabór do swojego 6-tygodniowego warsztatu internetowego *Podcasting A to Z*, w którym krok po kroku prowadził uczestników do publikacji ich własnego podcastu. Kurs kosztował aż 999 dolarów. Wynegocjowałem rabat, ale i tak była to wtedy dla mnie olbrzymia inwestycja. Potraktowałem ten wydatek jako dodatkową motywację do szybkiego uruchomienia WNOP. Wiedziałem, że poczucie zmarnowania pieniędzy byłoby dla mnie dotkliwe.

Ogromną wartością tego kursu był bezpośredni dostęp do Cliffa przez całe 6 tygodni. Odpowiadał dosłownie na każde moje pytanie, przesłuchiwał to, co przesyłałem, podpowiadał, jak zmienić ustawienia darmowej aplikacji do obróbki dźwięku Audacity (później przeszedłem na montaż w znacznie wygodniejszym Adobe Audition – zresztą mocno polecanym przez Cliffa) oraz pomógł w pokonaniu problemów technicznych przy publikacji podcastu. Było to zupełnie inne doświadczenie niż w przypadku w pełni zautomatyzowanych kursów internetowych, gdzie uczestnik może tylko obejrzeć nagrane wcześniej materiały szkoleniowe, ale rzadko kiedy ma swobodny dostęp do ich autora.

Jednocześnie widziałem też, jak dużym obciążeniem dla samego Cliffa jest obsługa zaledwie 20 uczestników takiego kursu. Dla niego było to praktycznie 6 tygodni wyjętych z życia. To jeden z powodów, dla których zdecydowałem, że nie chcę w przyszłości prowadzić tego typu warsztatów. Być może przy cenie 1000 dolarów od osoby są one bardzo rentowne (jedna 6-tygodniowa edycja generuje przychód na poziomie 20 000 dolarów), ale jednak staram się nie sprzedawać w ten sposób swojego czasu. To niewiele różni się od etatu, jedynie tym, że stawka jest po prostu wyższa. Postanowiłem, że będę dążył do modelu, w którym pracę wykonuje się raz, a pozwala ona zarabiać przez dłuższy czas – już bez konieczności tak intensywnego wysiłku. Model warsztatów Cliffa po prostu się nie skalował. Z tego też powodu, pomimo znaczącego podwyższenia ceny, w 2017 r. przeprowadził ich ostatnią edycję i zapowiedział, że całą swoją wiedzę przeleje do wideokursu online – zapewne bez jego stałej, osobistej asysty.

AUTOR NAZWY *WIĘCEJ NIŻ OSZCZĘDZANIE PIENIĘDZY*

Tak naprawdę autorem nazwy *Więcej niż oszczędzanie pieniędzy* jest Cliff Ravenscraft. To z nim konsultowałem różne pomysły i to on, wiedząc już, jaka jest tematyka mojego bloga, zasugerował nazwę *More than money saving*.

Celem było utrzymanie w nazwie sformułowania „oszczędzanie pieniędzy” jako potencjalnego hasła wyszukiwania. A jednocześnie tytuł podcastu jednoznacznie wskazywał, że słuchacz będzie miał do czynienia ze znacznie szerszą tematyką.

Kurs *Podcasting A to Z* to nie był mój jedyny wydatek. Oprócz niego wydałem także kilka tysięcy złotych na porządny sprzęt do nagrywania. Dzięki niemu miałem brzmieć bardziej profesjonalnie i to pomimo nagrywania w bardzo amatorskich i niewygłuszonych miejscach.

Bardzo sobie chwalę ówczesną inwestycję. Ten sam sprzęt służy mi niezawodnie od ponad 5 lat i z perspektywy czasu doceniam swoje wybory (poparte ekspertyzą Cliffa). Tak oto wygląda moje domowe studio:

- Mikrofon **Rode ProCaster** opakowany w „siateczkę" (np. Rode SM6) nieprzenoszącą uderzeń oraz z przodu wyposażony w tzw. skarpetę, która neutralizuje dmuchnięcia do mikrofonu i głoski zwarto-wybuchowe („p", „b" itd.). Zainstalowany jest na ramieniu radiowym **Rode PSA1 Studio Arm**.
- Na środku komputer i monitor, na którym mam zawsze notatki do podcastu, oraz program **Sound Byte Lite**, z którego odtwarzam wszystkie muzyczki, jingle i nagrania. Lecą one z komputera do miksera przez wyjście audio (po lewej stronie komputera). Możecie tam zobaczyć takie małe pudełeczko – to filtr, który wycina brzęczenie spowodowane przepięciami (komputer i monitor podłączone niezależnie do zasilania i połączone razem powodują, że pojawia się „bzyczenie", które ten filtr skutecznie usuwa).
- Dyktafon cyfrowy **Roland R-05**. Nagrywam na zewnętrznym rekorderze, gdyż nie do końca ufam w tym zakresie komputerom. Tam trafia zmiksowany dźwięk zapisywany na karcie SD. Potem przenoszę gotowe pliki do komputera, gdzie odbywa się finalny montaż.
- Mikser **Behringer Xenyx 1204USB** – to duże pudełko z pokrętłami, do którego podłączone są wszystkie źródła dźwięku. Tam odbywa się modulacja mojego głosu, aby brzmiał bardziej radiowo. Tam też wyrównywany jest poziom dźwięku, w przypadku nagrywania go z kilku mikrofonów.
- Aktualnie korzystam ze słuchawek studyjnych **Beyerdynamic DT-770 PRO**. Porządne słuchawki to podstawa przy montażu, ale warto przesłuchiwać materiał również na „pchełkach" gorszej jakości, bo to właśnie najczęściej przez takie słuchawki podcast trafia do uszu słuchaczy.

Listę wszystkich tych urządzeń wraz z cenami znajdziesz pod adresem → **zcwp.pl/audio**. Ja wydałem na nie łącznie około 3600 zł. Całkiem znacząca kwota dla kogoś, kto jeszcze nie wiedział, na ile wytrwały będzie w nagrywaniu podcastów. Uczciwie mówiąc, zakupy takiego sprzętu absolutnie nie są konieczne. Dzisiaj do nagrywania podcastów wystarcza dobry smartfon. Warto za to zadbać o odpowiednie warunki nagrywania (ciche pomieszczenie bez echa).

TO TY JESTEŚ TYM MICHAŁEM?

Pamiętasz, jak pisałem, że wsparcie przychodzi do nas czasami w tych momentach, w których najbardziej go potrzebujemy i jednocześnie z najmniej spodziewanej strony? Tak właśnie było z pierwszym odcinkiem mojego podcastu.

Bardzo nie lubiłem słuchać swojego głosu. Podobno jest to typowe. Już podczas nagrywania denerwowałem się, słysząc siebie w słuchawkach. Trudno było mi mówić w pustkę, do osób, których nie widziałem. Pomagało zamykanie oczu przy nagrywaniu i wyobrażanie sobie słuchaczy, ale wtedy nie widziałem notatek, a nie potrafiłem jeszcze mówić po prostu z głowy. W efekcie bardzo się frustrowałem. Zaczynałem pierwszy odcinek podcastu kilka razy, ale im więcej powtarzałem, tym bardziej sztucznie to dla mnie brzmiało i tym bardziej byłem niezadowolony. Nie pomagało słuchanie innych podcastów. Wydawało mi się, że ich autorzy są tak wyluzowani, a ja jestem tak daleko od nich, że przepaść wydawała się nie do pokonania.

Tworząc wpisy na bloga, można je wielokrotnie redagować i poprawiać, nawet po ich publikacji. W przypadku podcastu nie ma takiej możliwości. Źle nagrany materiał, przejęzyczenie, nieskładnie podane myśli – można zmienić, tylko ponownie nagrywając dany materiał. A ponowne nagrania po prostu wychodziły mi gorzej niż pierwsze podejście. Źródło frustracji i prawdziwa blokada przed udostępnieniem światu pierwszego odcinka.

I właśnie w takim momencie dostałem wiadomość od Cliffa, który, prowadząc ze mną wielokrotne rozmowy, w końcu „połączył kropki". Zapytał mnie: „A czy to nie ty przypadkiem jesteś tym Michałem ze zdjęcia?".

Kompletnie mnie zamurowało! Okazało się, że Pat Flynn przedstawiał moją maratońską historię na konferencji The Platform organizowanej przez Michaela Hyatta – innego z moich amerykańskich idoli. Obrazował nią, jak duży wpływ mogą mieć podcasterzy na życie innych osób, i to właśnie ja stałem się jego najlepszym przykładem. Poczułem niesamowity przypływ radości.

Gdy potwierdziłem, Cliff opowiedział mi o tym, jak bardzo moja historia poruszyła uczestników konferencji. Wspominał o kobietach ukradkiem wycierających łzy. Wow! Skoro moja historia inspiruje nawet za oceanem, to może wcale nie powinienem zamartwiać się szczegółami, tylko po prostu robić swoje najlepiej, jak potrafię w danej chwili.

Forma podcastu oczywiście jest niezwykle ważna, ale skupiłem się wtedy na wartościach, które miałem do przekazania. To oczywiste, że zaczynając, nie da się wskoczyć na poziom osób, które robią to od lat. Można zadbać o podstawy – jakość od strony technicznej oraz wartość merytoryczną.

Jednak samego sposobu wysławiania się nie da się zmienić natychmiast. Można go poprawiać stopniowo, w miarę kolejnych nagrań. Trening czyni mistrza, ale do tego wymagana jest praca nad sobą i po prostu włożenie godzin wysiłku w to, w czym chcemy być coraz lepsi. Tu też nie ma drogi na skróty.

Zaczynając cokolwiek, nie da się wskoczyć od razu na poziom osób, które robią to od lat. Trzeba po prostu włożyć godziny wysiłku w to, w czym chcemy być coraz lepsi.

Pomyślałem „raz kozie śmierć". Pierwszy odcinek podcastu *Więcej niż oszczędzanie pieniędzy* ukazał się 29 marca 2013 r. – tuż przed Wielkanocą. Mimo że nie lubiłem swojego głosu, wielokrotnie słuchałem każdego odcinka. Katowałem się swoimi wadami wymowy i niewłaściwą intonacją. Notowałem, co muszę poprawić, i przed kolejnymi nagraniami spoglądałem na tę listę. Stopniowo udawało mi się eliminować coraz więcej błędów. Zresztą wystarczy, że posłuchasz i porównasz to, jak mówię w pierwszych odcinkach i w tych powyżej numeru 100. Dzieli je przepaść!

Później miałem się też przekonać, ile prawdy jest w stwierdzeniu, że „krytycznym etapem w karierze podcastera jest pierwsze 7–10 odcinków". Okazuje się, że większość podcastów zaprzestaje aktywności właśnie na tym etapie. Po prostu wyczerpuje się początkowy entuzjazm i powoli zaczyna brakować tematów na kolejne odcinki. Jeśli dodatkowo za nagrywaniem nie idzie wzrost liczby pobrań nowych odcinków, to łatwo o zniechęcenie i porzucenie regularności. Sam to przeżyłem.

W lutym 2018 r. liczba pobrań wszystkich 115 odcinków podcastu nagrywanego przez 5 lat przekroczyła 3,5 miliona. To średnio 30 tys. na odcinek, ale nie zawsze było tak dobrze. Przez cały pierwszy rok działalności podcast pobrano zaledwie 122 710 razy. Swój kryzys miałem w okolicy 9. odcinka, gdy tendencja słuchalności podcastu była spadkowa.

Od września 2013 r. zdecydowałem się wrócić do nauk Cliffa i publikować nowy odcinek systematycznie co dwa tygodnie. Od tamtego czasu słuchalność stopniowo rosła.

Prawdziwy efekt kuli śniegowej rozpoczął się dopiero około 30. odcinka – po roku od decyzji o konieczności utrzymania systematyczności. Na efekty trzeba było poczekać. Tutaj powtórzył się dokładnie ten sam schemat co przy rozwoju bloga:

- Najpierw to ja musiałem zaufać sobie i uwierzyć, że potencjalne audytorium zainteresowane będzie wartościowymi treściami.
- Następnie przez długi czas musiałem wykonywać systematyczną pracę, nie widząc jeszcze żadnych konkretnych efektów.
- Dopiero po dłuższym okresie dało się zaobserwować widoczne rezultaty w postaci rosnącego zainteresowania słuchaczy przy jednoczesnym wzroście moich umiejętności i doświadczenia jako autora podcastu.

Bez początkowego zaufania z mojej strony nie byłoby efektów po wielu miesiącach i latach. Podobnie, gdybym nie otworzył się przed Patem i nie podziękował mu w wyjątkowy sposób, to w chwili słabości nie otrzymałbym e-maila od Cliffa ze zdjęciem wystąpienia Pata, w którym opowiadał moją historię na amerykańskiej konferencji.

Warto zasiewać takie ziarna dobra. Część z nich wyda świetny plon, który pomoże nam przetrwać trudniejsze okresy. Dobro powraca jak bumerang wtedy, gdy najbardziej tego potrzebuję. Niestety, nigdy nie wiadomo, które z działań przyniosą tak pożądane efekty. Dlatego trzeba w ten sposób działać cały czas, nie oczekując żadnego konkretnego zwrotu z takiej „inwestycji". To wymaga olbrzymiej wiary i zaufania, że los odda nam część tego, czym sami się dzielimy.

KULISY NAGRYWANIA PODCASTÓW

Jeśli chcesz wiedzieć więcej o kulisach nagrywania podcastu *Więcej niż oszczędzanie pieniędzy*, to zachęcam do przesłuchania dwóch odcinków:

- **WNOP 050:** ***Podcast „od kuchni" – sprzęt, narzędzia, koszty, proces produkcyjny, emocje oraz blaski i cienie pracy podcastera.*** W tym odcinku dzieliłem się własnymi doświadczeniami → **zcwp.pl/podcast1**.
- **WNOP 106:** ***Jak zacząć nagrywać własny podcast i unikać błędów początkujących.*** Tu swoim doświadczeniem podzielił się Marek Jankowski, autor podcastu *Mała Wielka Firma*, z którym systematycznie okupujemy szczyt listy najpopularniejszych polskich podcastów → **zcwp.pl/podcast2**.

OTWIERAM WŁASNĄ FIRMĘ

W marcu 2013 r. otworzyłem własną firmę – działalność gospodarczą, której podstawowym celem miało być komercjalizowanie działalności bloga. Poza tym spodziewałem się, że w podbramkowych sytuacjach finansowych będę za jej pośrednictwem świadczył także usługi informatyczne, np. w zakresie konsultacji dla firm IT w tych obszarach, które dobrze znałem. Na szczęście przez 5 lat istnienia mojej firmy nie było takiej konieczności.

Nowo otwierane DG miały możliwość płacenia obniżonych składek ZUS przez pierwsze pełne 2 lata działania. Zakładając firmę drugiego dnia miesiąca, wydłużało się ten okres do prawie 25 miesięcy (to nadal działa).

Właśnie taki czas wyznaczyłem sobie na wypracowanie trwałego i przewidywalnego modelu zarabiania takich pieniędzy, aby było nas stać nie tylko na pokrycie kosztów życia, ale także spłatę rat zaciągniętego kredytu oraz systematyczne odkładanie pieniędzy na emeryturę.

Wyznaczyłem sobie dwa długoterminowe, mierzalne cele finansowe:

1. **Dojście do poziomu 200 tys. zł przychodu rocznie.** Biorąc pod uwagę, że moja działalność oparta była na niskokosztowych usługach własnych, to w zasadzie zysk (czyli przychód pomniejszony o koszty) był niewiele mniejszy. Poziom przychodów był punktem odniesienia stosunkowo łatwym do mierzenia.

2. **Dojście do poziomu 200 tys. zł czystego rocznego dochodu.** To miał być kolejny etap, w którym właśnie tyle miał wynosić mój czysty zysk „na rękę", już po pokryciu wszystkich kosztów firmowych (włącznie z podatkami). Dopiero na tym etapie naprawdę odczułbym finansową korzyść z założenia własnej firmy.

Wybór kwoty 200 tys. zł rocznie był nieprzypadkowy. Tak naprawdę od dawna właśnie taką wysokość przychodów uznawałem za docelowy poziom umożliwiający spokojne życie naszej warszawskiej rodzinie składającej się z czterech osób. Dla jasności: nie mówię tu wyłącznie o kosztach życia, bo te trzymamy na niższym poziomie, ale o kwocie pozwalającej także systematycznie odkładać pieniądze na prywatną emeryturę.

200 000 zł przychodu gospodarstwa domowego rocznie to inaczej 16 666 zł miesięcznie przychodu brutto, czyli około 11 000 zł „na rękę".

Wiem, że to znacznie więcej niż zarobki minimalne czy średnie, niemniej jednak nigdy nie planowałem mało zarabiać. Jeśli jednak weźmie się pod uwagę, że mowa tu o przychodzie całego gospodarstwa domowego, to nie jest to wcale tak dużo w przypadku Warszawy (to inaczej ok. 5500 zł zarobku netto na dorosłą osobę).

Grałem w otwarte karty i ten poziom oczekiwań jawnie komunikowałem moim pracodawcom. Dzięki temu dokładnie wiedzieli, kiedy będę zadowolony z zarobków.

Tak jak pisałem już wcześniej, mniej zwracałem uwagę na wysokość miesięcznego wynagrodzenia, a bardziej liczyły się dla mnie sumaryczne przychody za cały rok. W efekcie – przy dobrych wynikach zatrudniających mnie firm – udawało mi się zazwyczaj wychodzić na swoje. Wyjątkiem były te lata, w których zmieniałem pracę i zdobywałem doświadczenie w nowym zawodzie. Byłem wtedy pogodzony z dużo niższymi zarobkami, ale jednocześnie traktowałem ten czas jak inwestycję. Nie inaczej było, gdy otwierałem później własną firmę. Spodziewałem się, że pierwsze dwa lata będą „chude".

Tu pozwolę sobie jeszcze na dygresję. Przeróżni specjaliści od motywacji i rozwoju kariery podkreślają często, że nasze zarobki powinny z roku na rok rosnąć. Ostrzegają także przed ustawieniem sobie zbyt nisko poziomu oczekiwań, bo mamy podobno tendencję do spoczywania na laurach i po osiągnięciu zakładanego wyniku finansowego po prostu odpuszczamy – chociaż moglibyśmy nadal „cisnąć" i zarabiać jeszcze więcej. Podobno ustawiając sobie poprzeczkę zbyt nisko, mamy tendencję do sabotowania własnego sukcesu. Cóż... powiem tylko, że ja nie obserwuję u siebie takiego efektu.

Wychodzę z założenia, że określenie z wyprzedzeniem minimalnego poziomu satysfakcjonujących zarobków jest ważne, bo pomaga po czasie zweryfikować, czy rzeczywiście poruszamy się zgodnie z wcześniejszymi założeniami (oczywiście taką kwotę należy sobie zanotować, aby później nie interpretować opacznie zastanej rzeczywistości). Osiągnięcie celu daje mi świadomość, że zarobiłem już w tym roku tyle, ile potrzebowałem i ile uznawałem za satysfakcjonujące. Jest to bardzo uwalniające doświadczenie. Skoro już mam tyle, ile chciałem, to całą resztę mogę potraktować jako bonus.

Od tego momentu już nic nie muszę, a po prostu wszystko mogę. Czy to mnie ogranicza? Pewnie w jakimś stopniu tak, bo być może dałbym radę zarobić znacznie więcej. Ja jednak nade wszystko cenię sobie spokój. Gdy wiem, że zarobiłem już wystarczająco dużo, aby zapewnić rodzinie bezpieczeństwo finansowe, to każda kolejna złotówka jest co prawda miłym dodatkiem od życia, ale niewiele zmienia w mojej sytuacji. A gdy to sobie uświadamiam, to stać mnie na wykonywanie tej pracy, którą po prostu chcę robić – bez względu na to, czy przekłada się ona na zarobki, czy nie. I jednocześnie jakoś wcale nie zauważyłem, by moje podejście w jakikolwiek sposób ograniczało mnie w zakresie kwot, które niejako przy okazji zarabiam. Paradoksalnie, to, że nie traktuję maksymalizacji zysków bardzo poważnie, ma raczej korzystny wpływ na stan mojego konta i w efekcie zarabiam dużo wyższe kwoty, chociaż nadal w zupełności zadowala mnie „tylko" 200 tys. zł rocznie.

Potraktuj, proszę, tę książkę jako manifest właśnie takiego podejścia do przedsiębiorczości. Wcale nie musi być tak, że wypruwasz sobie żyły, próbując stale zwiększać skalę swojego biznesu. Wcale nie musisz zatrudniać pracowników, o ile tylko akceptujesz to, że większości zadań po prostu nie uda ci się wykonać. Wcale nie musisz co roku wykazywać się rosnącymi przychodami i zyskami, o ile tylko zadowala cię dotychczasowy poziom zarobków.

Jest jak najbardziej OK, że chcesz mieć małą firmę, której podstawowym celem jest zapewnienie ci spokoju ducha. To właśnie takie poczucie bezpieczeństwa i odsunięcie zarabiania pieniędzy na dalszy plan pozwala mi realizować projekty, w których podstawowym kryterium decyzyjnym jest ich przydatność dla innych oraz szeroko rozumiana atrakcyjność ich realizacji dla mnie. Robię to, co chcę i co daje mi satysfakcję z dobrze wykonanej pracy, a pieniądze zarabiam niejako przy okazji.

Jest jak najbardziej OK, że chcesz mieć małą firmę, której podstawowym celem jest zapewnienie ci spokoju ducha.

Wiem, że to, co napisałem, może brzmieć dosyć abstrakcyjnie w sytuacji osoby, która zarabia 2000 zł miesięcznie i obiektywnie ma spory problem ze związaniem końca z końcem. To zupełnie inna sytuacja, w której priorytetem jest przede wszystkim zmiana pracy i zwiększenie swoich zarobków, przy jednoczesnym mądrym zarządzaniu budżetem domowym – właśnie po to, aby zapewnić sobie najpierw elementarne bezpieczeństwo finansowe. Takim czytelnikom polecam przede wszystkim lekturę książki ***Finansowy ninja*** – kompletnego przewodnika po finansach osobistych, który po prostu pomaga mieć więcej w portfelu → **fin.ninja**. Powtarzam w nim z uporem maniaka, że „podstawowym sposobem oszczędzania jest zwiększanie przychodów", bo z pustego to i Salomon nie naleje. Idealnie byłoby, gdyby promowany przeze mnie oszczędny styl życia był świadomym wyborem, a nie koniecznością.

Podsumowując: oczekiwałem od mojej firmy, że w perspektywie 25 miesięcy będzie generowała przychód co najmniej 200 tys. zł rocznie. Zdecydowałem także, że jeśli to się nie uda, to wrócę na etat. Z czegoś w końcu trzeba będzie spłacić kredyt, który zaciągnąłem niejako na rozbujanie własnego biznesu. Byłem jednak pełen nadziei.

DLACZEGO MOJA FIRMA NAZYWA SIĘ KAVEO?

Co bardziej wnikliwi czytelnicy zastanawiają się, dlaczego moja firma nazywa się **Kaveo Michał Szafrański**, a wydawnictwo to **Kaveo Publishing**. Niektórzy próbują szukać jakiegoś skrótu w wyrazie Kaveo. Prawda jest jednak banalna.

Około roku 2000, jeszcze pracując w wydawnictwie IDG Poland, bawiłem się internetowym generatorem nazw dla startupów. W USA był boom na nowe firmy o dziwnych nazwach. Powstała nawet specjalna strona internetowa, która przy każdym odświeżeniu generowała nową, unikalną i dziwnie brzmiącą nazwę.

Klikałem, klikałem i w końcu ukazał się wyraz *kaveo*. „Hmm… ni to kawa, ni ventures. Podoba mi się" – pomyślałem. Sprawdziłem dostępność domeny internetowej – była wolna. Zarejestrowałem i stwierdziłem, że jeśli kiedyś będę zakładał własną firmę, to tak właśnie ją nazwę.

Chciałem, aby nazwa była neutralna i niezwiązana z niczym, co w danej chwili bym robił. Z drugiej strony nie chciało mi się szukać lepszego pomysłu. Myślę, że to najlepiej pokazuje moje podejście do własnej firmy. Daleko ważniejszy jest dla mnie blog, jego właściwa nazwa i marki, które wokół niego buduję (*Finansowy ninja*, Pokonaj swoje długi, Budżet domowy w tydzień) niż nazwa firmy, która pełni jedynie rolę pomocniczą. Energię kieruję na aspekty merytoryczne, a nie otoczkę biznesową.

PIERWSZY WYSTĘP W TELEWIZJI

Pod koniec zimy zadzwonił telefon:

– Dzień dobry, dzwonię w imieniu telewizji Polsat i chciałabym zaprosić Pana na rozmowę do naszego biura.
– Yyy… ale o co konkretnie chodzi? – odpowiedziałem zamurowany.
– Chcielibyśmy porozmawiać o programie dotyczącym oszczędzania.

Nie trzeba mi było dwa razy powtarzać. Niezwłocznie umówiłem się na spotkanie, na którym usłyszałem, że Krzysztof Ibisz będzie prowadził nowy program *Studio Weekend* i autorzy wymyślili, że jego integralną częścią będą konkretne porady dotyczące oszczędzania. Zaproszono mnie do studia jako specjalistę, ale wcześniej poproszono o opracowanie scenariusza dla krótkiego filmu o oszczędzaniu wody, który miał poprzedzać rozmowę w studiu.

O ile bardzo chciałem móc zaistnieć w telewizji (okazja do kolejnego zwiększenia zasięgu), o tyle niespecjalnie uśmiechało mi się pisanie scenariusza, bo po prostu kompletnie się na tym nie znałem. To nie przeszkodziło mi jednak zapytać o wynagrodzenie. W końcu jeśli miałem wykonać konkretną pracę dla telewizji Polsat, to niby dlaczego miałbym to robić za darmo?

Po krótkich negocjacjach stanęliśmy na wynagrodzeniu w wysokości kilkuset złotych. Niedużo? Do dziś uważam jednak, że był to majstersztyk. Telewizje rzadko kiedy mają w zwyczaju płacić specjalistom za występy, poniekąd słusznie uznając, że wystarczającym wynagrodzeniem są „punkty lansu" za samo pojawienie się na antenie. Scenariusz nie był na szczęście niczym skomplikowanym (możesz zobaczyć go tutaj → **zcwp.pl/scenariusz**). Oczekiwano ode mnie po prostu przygotowania danych na temat oszczędzania wody i przedstawienia pomysłów na ich wizualizację. Dzięki temu, że to ja przygotowywałem materiały z informacjami, Polsat musiał na antenie podać adres mojego bloga jako źródła danych. Dodatkowo przygotowałem dla Krzysztofa Ibisza listę z sugestiami pytań (znajdziesz ją tutaj → **zcwp.pl/pytania**), bo nie chciałem zostać zaskoczony jakimiś trudnymi zagadnieniami. To był strzał w dziesiątkę.

2 marca 2013 r. miałem okazję po raz pierwszy znaleźć się jako bloger w studiu telewizyjnym. Ekscytujące doświadczenie. Przybiłem piątkę z Krzysztofem Ibiszem i kurtuazyjnie porozmawialiśmy chwilę poza anteną o oszczędzaniu. Profesjonalista telewizyjny w każdym calu. W przeciwieństwie do mnie. Podczas występu zżerała mnie trema i plątał się język, ale ponoć wypadłem dobrze.

Po kilku dniach przeanalizowałem w Google Analytics wykresy ruchu na blogu. Szczerze mówiąc, byłem zawiedziony tym, w jak małym stopniu wizyta w Polsacie przełożyła się na jego wzrost (spójrz na najwyżej położoną kropkę na poniższym rysunku i porównaj z dwoma sąsiednimi dniami). Różnica rzędu góra kilkudziesięciu dodatkowych odwiedzających.

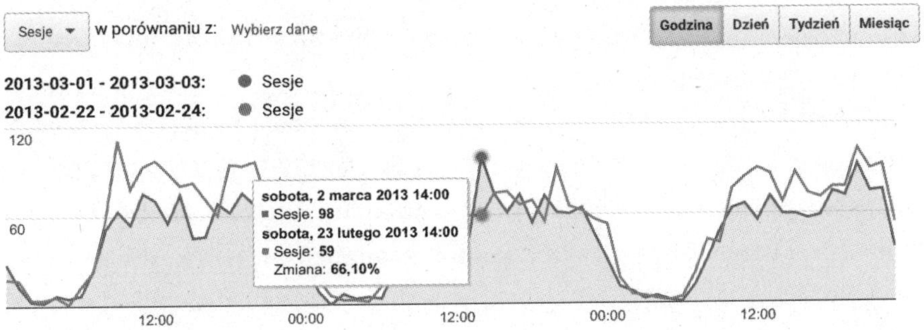

Ta obserwacja powtarzała się przy kolejnych wizytach w innych stacjach telewizyjnych. Zrozumiałem, że pojawianie się na antenie daje punkty lansu i prawdopodobnie zwiększa moją rozpoznawalność, ale jednocześnie bezpośrednio słabo przekłada się na pozyskiwanie kolejnych czytelników. W kilkuletniej praktyce występów w mediach najlepiej sprawdzały mi się wizyty radiowe oraz publikacje w czasopismach i mediach dostępnych w internecie. Nie wyciągaj jednak daleko idących wniosków. Być może tematyka bloga oraz prezencja mojej osoby po prostu nie pasują do telewizji.

Wizyta w Polsacie dała jednak coś zupełnie innego, znacznie cenniejszego. Pokazała mnie światu mediów, dzięki czemu pojawiłem się na radarze dziennikarzy. Od tego momentu zacząłem regularnie otrzymywać zaproszenia do wypowiedzi na tematy związane z finansami osobistymi. Media uczyniły ze mnie eksperta, mimo że sam stroniłem od tego określenia. To jest jak samospełniająca się przepowiednia – „skoro go zapraszają, to jest to ktoś znający się na tym temacie". Wizerunkowo jak najbardziej mi to pasowało.

ETAP 3 – PODSUMOWANIE I WNIOSKI

Pierwszy kwartał 2013 r. był zdecydowanie najtrudniejszym okresem w całej historii bloga *Jak oszczędzać pieniądze*. Chociaż patrząc z zewnątrz, może się wydawać, że świetnie radziłem sobie z komentarzami pod wpisami mieszkaniowymi, to tak naprawdę byłem bardzo bliski zamknięciu bloga. Tak właśnie działa internetowy hejt – zwłaszcza wtedy, gdy uderza w sposób całkowicie niespodziewany i w momencie, w którym sami mierzymy się z przeróżnymi wątpliwościami.

Mimo że negatywnych komentarzy było znacząco mniej od tych pozytywnych, to jednak w moim odbiorze dominowały te pierwsze. Psychika płatała mi figle. Dlatego ważne jest, aby w takich sytuacjach nie działać emocjonalnie. Pozwolić opaść wzburzeniu. Przeanalizować dane, zdystansować się, zauważyć, jak bardzo wyolbrzymiamy pewne zagadnienia. Z drugiej strony te wpisy uświadomiły mi potencjał mojego blogowania.

STATYSTYKI BLOGA

19 999 UU – styczeń 2013 r.

20 119 UU – luty 2013 r.

21 202 UU – marzec 2013 r.

Przekonałem się także, że niekoniecznie muszę pracować na etacie, aby zarabiać. W ciągu 2,5 miesiąca zarobiłem około 40 tys. złotych na kupnie, remoncie i sprzedaży mieszkania. Zdałem sobie sprawę, że gdybym powtarzał taką transakcję tylko 4–5 razy rocznie, to mógłbym zarabiać podobnie jak w pracy na etacie.

Z drugiej jednak strony doświadczyłem na własnej skórze, ile energii kosztuje „flipowanie", czyli takie szybkie obracanie nieruchomościami. Nie widziałem w tym dla siebie niczego fajnego. To takie zajęcie, które wykonywałbym tylko dla pieniędzy – a już wiem, że same pieniądze nie są dla mnie wystarczającą motywacją. Poza tym obrót mieszkaniami pozwala generować dochody tylko wtedy, gdy się to robi. To podobny model pracy jak etat czy prowadzenie tradycyjnych szkoleń – godziny pracy wymieniane są na pieniądze. Ja raczej szukałem ucieczki od takiego modelu.

Zainicjowałem odejście z etatu, otworzyłem firmę, zacząłem nagrywać podcast – wszystkie podstawowe cele zostały zrealizowane, więc trzeba było określić kolejne. Pod koniec marca zdecydowałem, że do czasu odejścia z etatu skoncentruję się na dalszym powiększaniu zasięgu bloga – zwłaszcza po tym, jak zainteresowały się mną media. Myślenie o zarabianiu odłożyłem na „po wakacjach". Niemniej jednak już w pierwszym miesiącu działalności wystawiłem fakturę na 2500 zł za konsultację IT, której wtedy udzieliłem. Oczywiście początkowe koszty prowadzenia firmy były znacznie wyższe – większą kwotę wydałem na nowy komputer.

W lutym 2013 r. po raz pierwszy poddałem mój blog zewnętrznej, publicznej ocenie, startując w konkursie Blog o oszczędzaniu 2012 zorganizowanym przez Mennicę Wrocławską. JOP był jednym z trzech finalistów – co jak na początek było dużym sukcesem.

Wyznaczyłem sobie także kolejny cel. Chciałem, aby do końca roku mój blog odwiedzało 100 000 unikalnych użytkowników miesięcznie, czyli chciałem zwiększyć liczbę odwiedzających aż pięciokrotnie! Kierowałem się zasadą usłyszaną w podcaście Pata Flynna: „Celuj w gwiazdy, to w najgorszym przypadku dolecisz przynajmniej na księżyc". Wierzyłem, że będę w stanie sięgnąć gwiazd, gdy przeznaczę już 100% mojego czasu na blog.

W treści książki znajduje się dużo odesłań do zewnętrznych źródeł.
Ich pełną, zawsze aktualną listę, znajdziesz pod adresem → **zcwp.pl/bonus.**

ROZDZIAŁ 6

Etap 4: Huśtawka emocji i pierwsze pieniądze

OKRES:

od kwietnia 2013 r. do końca czerwca 2013 r., czyli końcówka pierwszego roku blogowania.

PRZYCHODY NETTO:

2745 zł

KOSZTY NETTO:

11 698 zł

WIEK BLOGA W CZERWCU:

1 rok

LICZBA CZYTELNIKÓW:

22 352 UU w kwietniu 2013 r.

24 717 UU w maju 2013 r.

35 703 UU w czerwcu 2013 r.

Jeśli na koniec poprzedniego rozdziału sprawiałem wrażenie, że wszystko było u mnie OK, to cię rozczaruję. Tak naprawdę od lutego do końca lipca 2013 r. przechodziłem najtrudniejszy okres w karierze zawodowej. W mojej głowie zbierały się czarne myśli. Po raz pierwszy w życiu miałem koszmary senne, w których widziałem skutki planowanego, ale nieudanego porzucenia etatu. Śniło mi się, że włóczę się brudny po ulicach i wieczorami wracam pod most Poniatowskiego w Warszawie, gdzie w prowizorycznym domku z dykty mieszka cała nasza rodzina. Budziłem się w środku nocy z olbrzymim poczuciem wstydu, że ją zawiodłem, i jednocześnie ulgą, że to tylko sen. Niemniej jednak te koszmary powodowały, że chodziłem coraz bardziej spięty i zacząłem kwestionować własną decyzję o odejściu. Bywały dni, gdy wątpiłem w siebie. Przeplatały je te, gdy byłem pełen entuzjazmu. Totalna huśtawka emocji.

Starałem się na spokojnie podchodzić do analizy mojej sytuacji, ale to wcale nie pomagało. Pat Flynn w swoich podcastach przekonywał mnie jednak, że wcale nie jest tak źle, jak mi się wydaje. Że odpowiedź na pytanie: „What is your worst-case scenario?" (Jaki jest najgorszy scenariusz?), to wcale nie jest „skończę pod mostem". Ta sytuacja jest bardzo mało prawdopodobna. Przecież jako osoby w pełni sił, pracowite, na pewno znaleźlibyśmy z Gabi jakąś pracę – nawet na kasie w hipermarkecie. A to z kolei pomogłoby pokryć sporą część kosztów życia i ratę kredytu. Eksmisja z mieszkania raczej by nam nie groziła. Zresztą, zawsze mógłbym sprzedać jedno z mieszkań i wprowadzić się do mniejszego, co rozwiązywałoby problem zadłużenia. Powrót na etat byłby być może dużym ciosem dla mojego ego, ale obiektywnie nie byłoby to nic strasznego. Przecież właśnie tak przepracowałem większość dotychczasowego życia zawodowego i korona mi z głowy nie spadła. Ta wersja rzeczywistości była daleko lepsza od nocnych koszmarów o skończeniu gdzieś pod mostem. Każdy z nas mierzy się z własnymi wątpliwościami. Dotyczy to także ludzi sukcesu, których nigdy byśmy o to nie podejrzewali. Najczarniejsze scenariusze, które rysujemy w naszych głowach, są tak naprawdę mało prawdopodobne. Życie zazwyczaj układa się znacznie lepiej – zwłaszcza jeśli pomagamy mu naszą pracą.

Myślałem, że jedyne, z czym będę się musiał mierzyć, to moje własne czarne myśli. Jednak w kwietniu 2013 r., gdy informacja o moim odejściu stała się publiczna, nadszedł dla mnie prawdziwy czas próby. Pojawiły się pokusy zewnętrzne. Szybko zacząłem otrzymywać propozycje pracy w innych firmach IT. Przytrafiło się kilka perełek oraz jedna bardzo atrakcyjna oferta opiewająca na 400 tys. zł rocznego wynagrodzenia (ponad 30 tys. zł miesięcznie). Miałem naprawdę mieszane uczucia: od wkurzenia „dlaczego dopiero teraz?", poprzez dowartościowanie, że ktoś na tyle wycenił moje kompetencje, aż po wątpliwości: czy wybrać dostępną od ręki konkretną propozycję za świetne pieniądze, czy trwać w swoim postanowieniu, zaryzykować wszystko i zdecydować się na niepewną blogową przyszłość? Na szczęście intratna propozycja pracy miała jeden istotny feler – wiązała się z licznymi wyjazdami zagranicznymi i tygodniami nieobecności w domu. Tego ani Gabi, ani ja nie chcieliśmy zaakceptować.

Z przykrością muszę wspomnieć także o ostatnim powodzie, dla którego okres odchodzenia z etatu był dla mnie szczególnie trudny – ludziach, którzy głośno komentowali mój pomysł. Niektórzy w przejawie swojej troski mówili mi wprost, że „to chyba nie jest dobry pomysł". Inni życzyli powodzenia, ale w sposób wskazujący, że mocno wątpią w optymistyczny scenariusz. Na krótką metę byłoby to do zniesienia. Niestety, moje odchodzenie z firmy trwało dosyć długo. Powinienem był odczuwać entuzjazm związany z przejściem na swoje, a zamiast tego doświadczałem coraz większego zwątpienia i strachu. Byłem naprawdę zawiedziony tym, jak mało osób wierzy, że sobie poradzę. To było smutne i rozczarowujące.

Najczarniejsze scenariusze, które rysujemy w naszych głowach, są tak naprawdę mało prawdopodobne. Życie zazwyczaj układa się znacznie lepiej – zwłaszcza jeśli pomagamy mu naszą pracą.

MOJA PODCASTOWA AUTOTERAPIA

Bardzo miłą odskocznią od problemów było nagrywanie podcastu. W pierwszych odcinkach postawiłem na wywiady z osobami, które miały do opowiedzenia ciekawe historie. To był strzał w dziesiątkę. Zagłuszałem własne wątpliwości i jednocześnie sam czerpałem inspirację od moich gości.

Przełomowy był dla mnie 6. odcinek podcastu, w którym wystąpił sam Pat Flynn! Śledząc jego bloga, dowiedziałem się, że pracuje nad swoją pierwszą książką *Let Go* poświęconą zwolnieniu z pracy i początkom rozwoju bloga *Smart Passive Income* ➜ **zcwp.pl/letgo**. Napisałem kolejny e-mail, zapraszając go do podcastu. Ku mojemu zaskoczeniu przyjął zaproszenie!

To była dla mnie bardzo ważna rozmowa. Chwytało mnie za gardło, gdy opowiadał o tym, jak duży możemy mieć wpływ na życie innych osób.

„Kiedy przesłałeś mi zdjęcie siebie wbiegającego na metę maratonu w Warszawie, trzymającego w górze baner z podziękowaniami dla twojej żony, dzieci i... dla Pata Flynna. Dla mnie! Świadomość, że miałem taki wpływ na twoje życie, że zdecydowałeś się zrobić coś takiego. I zwariowane w tym wszystkim było to, że ja nie wiedziałem, że mam taki wpływ na twoje życie, do czasu, gdy się tym ze mną podzieliłeś. Więc wiesz, gdybyś nie pokazał mi tego, nigdy bym się o tym nie dowiedział. To uświadomiło mi, że nawet nie wiem, w jakim zakresie pomagam ludziom. Nie wiedziałem, dopóki mi tego nie powiedziałeś.

I może gdzieś być ktoś, kogo życie zmieniam właśnie teraz. Może gdzieś być ktoś, kto słucha tego i ty zmieniasz jego życie. Nie wiemy tego. Dlatego myślę, że to obowiązek każdego – jeśli macie coś wartego dzielenia się, jeśli macie coś, co potencjalnie mogłoby poprawić czyjeś życie – trzeba wyjść do ludzi i dzielić się tym" – mówił w podcaście Pat Flynn.

Niby wszystko to, co mówił Pat, było dla mnie oczywiste, ale przez kolejne lata sam przekonywałem się, że są chwile, kiedy naprawdę potrzebuję wsparcia dobrym słowem. W takich momentach pomagają mi e-maile od czytelników i słuchaczy, przypominające, jak ważne jest dla nich to, co robię.

Dwa tygodnie później, w 7. odcinku podcastu, ogłosiłem publicznie, że odchodzę z etatu, żeby skupić się na blogowaniu. Nie tylko nagrałem podcast, ale wysłałem również e-mail z informacją o tym fakcie do kilkunastu polskich blogerów, których poczynania wtedy śledziłem. Tak naprawdę była to moja pierwsza „kampania wizerunkowa". W efekcie kilku z blogerów napisało u siebie o wariacie, który zdecydował się rzucić dobrze płatny etat na rzecz blogowania. Właśnie w taki sposób poszerzałem powoli moje dotarcie, zdobywając kolejnych czytelników dla JOP.

Jak to możliwe, że inni, nieznający mnie jeszcze blogerzy opublikowali wpisy na mój temat? W zupełności wystarczający był napisany od serca e-mail informujący o mojej decyzji i zachęcający do posłuchania podcastu. Działania PR wcale nie muszą być bardzo skomplikowane. Każdy bloger regularnie piszący artykuły potrafi przygotować tego typu wiadomość. Najlepsze komunikaty to takie, które brzmią naturalnie i są prawdziwe.

„Jeśli masz coś wartego podzielenia się, co potencjalnie mogłoby poprawić czyjeś życie, to musisz wyjść do ludzi i dzielić się tym."

Pat Flynn

MISTRZOSTWO W POŻYCZONYCH TRAMPKACH

Jedną z pierwszych osób, które zaoferowały pomoc w promocji bloga, był Marek Konderski, ówczesny redaktor naczelny miesięcznika „PC Format" i jednocześnie mój dobry znajomy z liceum. To już drugi raz, gdy mogłem liczyć na Marka w kluczowym dla mnie momencie.

Czy pamiętasz, jak wspominałem w drugim rozdziale o tym, że tańczyłem kiedyś breakdance'a? Będąc jeszcze w liceum, wystartowałem w swoich pierwszych zawodach tego tańca – Otwartych Mistrzostwach Warszawy. W eliminacjach dałem z siebie wszystko – do tego stopnia, że rozwaliłem swoje jedyne sportowe buty. Przy jednej z ewolucji oderwała się cała podeszwa w PRL-owskich sofixach. Gdy usłyszałem, że przeszedłem eliminacje i dostałem się do finału, wpadłem w popłoch. Zadzwoniłem do Marka (z budki telefonicznej, bo wtedy jeszcze nie było telefonów komórkowych), który mieszkał w centrum Warszawy, i poprosiłem o pożyczenie trampek. W rozwalonych butach sklejonych naprędce taśmą popędziłem do niego do domu, licząc na to, że zdążę wrócić na finały.

Udało się! Dzięki trampkom pożyczonym od Marka wygrałem mistrzostwa i zdobyłem puchar Warszawy w breakdansie! Dobrze mieć przyjaciół, na których można liczyć.

To był przełomowy moment w moim życiu. Amerykanie nazywają takie wydarzenia mianem *defining moment* – coś, co nas określa, odciska trwałe piętno na charakterze i determinuje kolejne działania (albo staje się źródłem wewnętrznej siły na przyszłość). Jako osoba startująca pierwszy raz w tego typu zawodach nie liczyłem na wiele. Po prostu chciałem się dobrze pokazać i w końcu złapać kontakt z ludźmi o takiej samej „zajawce". Przyjechałem na zawody dosłownie jako nikt – bo nikt mnie tam nie znał – a wyjeżdżałem jako zwycięzca, który pokonał kilkudziesięciu zawodników z całej Polski. Pierwszy olbrzymi sukces!

Posmakowałem rywalizacji i euforii zwycięstwa. Poczułem, jak to jest, gdy pokonani rywale podchodzą i gratulują wygranej. Z każdą przybitą piątką rosło wtedy moje poczucie własnej wartości. Uświadomiłem sobie, że nie trzeba mieć dużo pieniędzy, profesjonalnych instruktorów i pięknych sal treningowych, żeby opanować ten taniec na poziomie wystarczającym do wygrania zawodów. Wystarczy systematyczna praca w domowych warunkach i włożenie w nią sporo serca. Przez długi brak konfrontacji z innymi tancerzami nie byłem świadomy, że jestem w tym naprawdę dobry. Dlatego warto od czasu do czasu zaryzykować i poddać się publicznej ocenie – chociażby po to, żeby przekonać się, że jest znacznie lepiej, niż się nam samym wydaje. Czasami nasze umiejętności i dyspozycja w danym dniu w zupełności wystarczają do odniesienia sukcesu.

Dla równowagi przyznam się, że kolejne zawody przegrałem – z kretesem i przez własną nieuwagę. Zarejestrowałem się w złej kategorii – ponownie wybrałem *breakdance* zamiast wydzielonego po raz pierwszy *electro*. Różnica jest taka, że w tym pierwszym większość ewolucji wykonuje się „w parterze", czyli np. kręcąc się na parkiecie, podczas gdy *electro* to charakterystyczny taniec na stojąco. Ja byłem znacznie lepszy w tym drugim. W efekcie, gdy wyszedłem na parkiet, zostałem po prostu zmieciony przez konkurentów. To nauczyło mnie, że nie można zbyt wcześnie osiadać na laurach. Dotarło do mnie, że przy pierwszym triumfie miałem więcej szczęścia niż rozumu. Jako uniwersalny tancerz mogłem odnieść sukces, ale w wyspecjalizowanych kategoriach wygrywali ci, którzy już wcześniej postawili na konkretną specjalność. To również była dla mnie solidna nauczka. Zrozumiałem, że warto wybrać swoją niszę i to w niej dążyć do doskonałości. Jeśli próbuje się robić wszystko, to trudno być najlepszym w czymś konkretnym.

PIERWSZA PUBLIKACJA W CZASOPIŚMIE

Ponad 20 lat później Marek znowu wyciągnął do mnie pomocną dłoń. Wiedział, że dobrze piszę i że mam doświadczenie dziennikarskie. Zapytał, czy chciałbym napisać artykuł o tym, jak założyć bloga, ile to kosztuje, co trzeba zrobić, jak dbać o bloga i jak można na tym zarobić. Krótko mówiąc, miała to być instrukcja tego, co przeszedłem, podana w łopatologiczny sposób dla czytelników magazynu „PC Format". Natychmiast się zgodziłem. Nie dość, że była to praca za wynagrodzenie, to jeszcze miałem otrzymać bezpłatnie cztery strony reklamy mojego bloga w największym w Polsce magazynie komputerowym. Był to też kolejny zastrzyk pozytywnych emocji w trudnym okresie, gdy szykowałem się do odejścia z etatu.

Przygotowanie obszernego artykułu zajęło mi około dwóch tygodni pracy po godzinach (przypominam, że równolegle prowadziłem też bloga). Przelałem tam esencję dotychczasowej wiedzy, pokazując od kulis warsztat blogowy. Publikacja ukazała się pod koniec czerwca 2013 r. w 7. numerze „PC Format".

Ten materiał w zasadzie do dzisiaj pozostaje aktualny, więc jeśli myślisz o rozpoczęciu blogowania, to koniecznie go przeczytaj → **zcwp.pl/pcformat**. Dla mnie był wtedy świetną reklamą. Przez kolejny rok otrzymywałem e-maile od osób informujących mnie, że to właśnie dzięki niemu trafiły na mojego bloga. A przy okazji za jego publikację zarobiłem 1200 zł – co było moim pierwszym 4-cyfrowym wynagrodzeniem jako początkującego blogera.

MOJE ZDJĘCIE TO FOTOMONTAŻ

Przy okazji uchylę kulis pracy w mediach. Na zdjęciu w „PC Format" możesz zobaczyć moją głowę… i tylko głowę. Została dodana w Photoshopie do gotowego zdjęcia z tzw. stocku. Jedyne, o co poprosiła mnie redakcja, to przesłanie zdjęcia mojej głowy w pozycji dającej się wkomponować do tego materiału.

Mówiąc szczerze, to ja nie założyłbym butów z różowymi sznurówkami. :) Tu zobaczysz prawdziwego „aktora" tej sesji → **zcwp.pl/statysta**.

PIERWSZA WSPÓŁPRACA KOMERCYJNA

Występ w Polsacie umiejscowił mnie nie tylko na radarze mediów, ale także firm zainteresowanych współpracą. W marcu po raz pierwszy umieściłem na blogu specjalną zakładkę, gdzie przedstawiłem moje założenia dotyczące współprac komercyjnych → **zcwp.pl/wspolpraca**. Do dzisiaj można zobaczyć także moją pierwszą i wszystkie kolejne wersje oferty dla firm oraz prześledzić, jak zmieniały się stawki za taką współpracę w zależności od liczby czytelników odwiedzających JOP → **zcwp.pl/oferta**.

Pierwsze poważne zapytanie otrzymałem w maju 2013 r. Zwróciła się do mnie Magdalena Grabala z agencji PR obsługującej wtedy program Payback. Oto fragment e-maila:

Od: Magdalena Grabala

Do: Michał Szafrański

Obserwuję, jak się Pański blog rozwija, i bardzo mi się to podoba. Pojawił się pewien pomysł, który myślę, że mógłby się dla Pana okazać interesujący. Chcemy zorganizować niebawem warsztaty dla dziennikarek z prasy kobiecej, a dokładniej poradnikowej, w ramach których Panie dowiedzą się, jak robić mądre zakupy i jak sprytnie oszczędzać pieniądze.

Szukamy blogera, który chciałby takie warsztaty dla Pań poprowadzić i dlatego pomyślałam o Panu. Czy taka współpraca jest dla Pana interesująca? Chętnie porozmawiam o tym bardziej osobiście np. przez telefon.

Odpowiedziałem, spotkaliśmy się i omówiliśmy zakres potencjalnej współpracy. Firmie zależało na tym, abym oprócz poprowadzenia 90-minutowej prezentacji przygotował także dwa wpisy na mojego bloga – zapowiadający i relacjonujący szkolenie. Dodatkowo zaproponowałem również sponsoring jednego odcinka podcastu, do którego chciałem zaprosić przedstawiciela Payback, aby odpowiedział na pytania dotyczące tego programu zadawane przez czytelników bloga. Wszystkie te elementy oferty ubrałem w prezentację, którą wysłałem przed kolejnym spotkaniem. Tutaj możesz zobaczyć, jak ona wyglądała → **zcwp.pl/payback1**. Nie była niczym wyszukanym, ale jasno precyzowała:

- Jakie działania proponuję.
- W jakich wariantach gotowy jestem je zrealizować.
- Ile kosztuje każdy z wariantów współpracy.
- Jakie są korzyści zarówno dla Payback, jak i czytelników.

Już wtedy wiedziałem, że cała sztuka przy tego typu współpracach polega na tym, aby zadowolona była każda z uczestniczących w nich stron. Kiedyś nazywałem to „trójkątem współpracy" składającym się z marki, blogera oraz czytelników. Dzisiaj mówię raczej o kwadracie i zasadzie 4xWIN, uwzględniając także czwartą ze stron – agencję marketingową pośredniczącą zazwyczaj w kontaktach pomiędzy blogerem i marką. Dobra współpraca komercyjna to taka, która daje korzyści wszystkim stronom:

- Marka może dotrzeć ze swoim komunikatem do odbiorców twórcy internetowego i/lub po prostu nieco ogrzać się w jego blasku.

- Czytelnicy, dzięki finansowaniu zapewnionemu przez markę, mogą uzyskać dostęp do atrakcyjnych treści opracowanych przez twórcę.
- Twórca może opracować treści bardziej wyrafinowane (a co za tym idzie, bardziej kosztowne) lub po prostu dzięki współpracom komercyjnym pozyskiwać środki na realizację innych, niedochodowych projektów.
- Agencja zyskuje prestiż sprawnego pośrednika, który potrafi umiejętnie połączyć konkretną firmę z konkretnym twórcą. Przy okazji świetnie na tym zarabia.

Umowy są ważne!

Nieodłącznym elementem inicjowania współprac są negocjacje cenowe oraz zawarcie umowy regulującej warunki kooperacji. Umowa to podstawa! Ja zawsze upieram się, aby ją podpisać i aby jasno precyzowała ona zobowiązania stron oraz konsekwencje ich ewentualnego niedotrzymania. Warto pamiętać, że umowy podpisuje się na najgorszy możliwy przypadek, tzn. muszą one przede wszystkim precyzować, jaki jest zakres praw stron, jakie mają one obowiązki i co się stanie, jeśli któraś ze stron z tych obowiązków się nie wywiąże. Dodatkowo taka umowa współpracy powinna jednoznacznie precyzować, do kogo należeć będą prawa autorskie do wytworzonych treści oraz w jakim zakresie będzie mogła je wykorzystywać marka (na jakich tzw. polach eksploatacji, w jakim kontekście i przez jaki okres).

Zawsze bardzo asertywnie podchodzę do dysponowania moimi prawami i materiałami. Co do zasady nigdy nie przekazuję praw autorskich, a jedynie udzielam licencji na wykorzystanie artykułu w określonym celu. Staram się także ograniczyć czasowo wszelkie zobowiązania (np. unikam bezterminowych zobowiązań do prezentacji na blogu stworzonych treści – i to mimo że tak naprawdę nie kasuję moich artykułów). A już najbardziej dbam o własny wizerunek i zastrzegam sobie zawsze prawo do akceptacji wszystkich materiałów, w których ewentualnie byłby on wykorzystywany. Twarz mam tylko jedną.

Notorycznym nadużyciem ze strony niektórych firm współpracujących z twórcami internetowymi jest formułowanie zbyt daleko idących oczekiwań w powyższych zakresach. Po prostu ich nie akceptuję. Nawet gdy słyszę argument, że „w naszej firmie obowiązują takie zasady", to ja uparcie odpowiadam, że „moja firma ma inne zasady". Kilka razy doprowadziło to do poważnych spięć na etapie negocjacji warunków umowy, ale jeszcze nigdy nie zmusiło mnie do rezygnacji z uzgadnianej współpracy.

Moja praktyka wskazuje, że jeśli po obu stronach jest wola współpracy, to zazwyczaj daje się wypracować satysfakcjonującą treść umowy – i to wbrew nadgorliwości prawników, którzy – z mojego doświadczenia – mają bardzo nieżyciowe podejście do umów. Nie raz miałem wrażenie, że bardziej troszczą się o uzasadnienie swojego istnienia niż o interes biznesowy reprezentowanych stron. Moja sugestia: pisz każdą umowę sam i jedynie dawaj ją do weryfikacji prawnikowi. Nigdy nie dawaj mu jej do napisania od zera, bo to znacząco zwiększa ryzyko skończenia z prawniczym „potworkiem" zamiast umowy opisującej w zrozumiały sposób istotę realizowanego biznesu.

Skąd wiedziałem, jak pisać umowy? Przez kilkanaście lat pracy w wydawnictwie i branży IT negocjowałem, pisałem, uzgadniałem i modyfikowałem setki umów. Zdarzały się wśród nich także obszerne umowy ramowe, których treść wypracowywana była miesiącami. To wtedy zdobywałem doświadczenie oraz uczyłem się rozmawiać z prawnikami. Umowy na współprace blogerskie to bułka z masłem w porównaniu z tamtymi tasiemcami.

Zachęcam w szczególności, aby dokładnie analizować zapisy dotyczące poufności przekazywanych informacji. Z praktyki wiem, że to obszar szczególnie uwielbiany przez prawników próbujących zabezpieczyć zatrudniające ich firmy przed wszelkimi możliwymi konsekwencjami. Najczęściej w tak daleko idący sposób, że praktycznie niemożliwe staje się wypełnienie wymogów zapisanych w umowach. Wiadomo, że papier jest cierpliwy i przyjmie wszystko, ale naprawdę unikaj sformułowań typu „wszystkie informacje przekazane przez firmę uznawane są za informacje poufne i bloger zobowiązany jest je chronić". Podpisanie się pod takim stwierdzeniem rodzi gigantyczne konsekwencje. Podam przykład, którym często się posługuję: jeśli podpisałeś taką klauzulę, a potem pracownik firmy poda ci adres spotkania, wsiądziesz do taksówki i podasz go taksówkarzowi, to… czytając literalnie umowę, właśnie złamałeś klauzulę poufności i firma mogłaby cię oskarżyć o ujawnienie poufnej informacji. Do tego właśnie prowadzi nadgorliwość prawników i brak dbałości o to, co się podpisuje.

Warto każdorazowo ograniczać zakres ochrony do tych informacji, które rzeczywiście powinny być chronione, a wymóg ich zabezpieczenia dodatkowo ograniczać w czasie. Przecież nie chcesz musieć do śmierci chronić np. e-maili otrzymanych od firmy, w których znajdują się informacje czasami zupełnie niepotrzebne do współpracy, a przesłane ci nawet wbrew twoim chęciom. Ale chronić będziesz musiał, bo się na to zgodziłeś!

JAK ODRÓŻNIĆ DOBRĄ I ZŁĄ UMOWĘ?

Wiele wskazówek dotyczących wyłapywania niekorzystnych zapisów w umowach współpracy omawiałem podczas warsztatu na konferencji towarzyszącej konkursowi Blog Roku 2014. Jego nagranie znajdziesz tutaj→ **zcwp.pl/zla-umowa**.

Życie nauczyło mnie również, że warto żądać opłaty z góry za współpracę. W polskich warunkach to raczej fanaberia niż utarta praktyka, ale zawsze można poprosić o zapłatę zaliczki bądź też zaproponować rabat w zamian za wcześniejszą płatność. Przykładowo: przy przedpłacie wynagrodzenie za współpracę będzie wynosić 5000 zł (załóżmy, że jest to nasza standardowa cena). Jeśli jednak współpraca ma być rozliczona „z dołu", po wykonaniu przez blogera wszystkich świadczeń, to cena może wzrosnąć np. do 8000–10 000 zł. Czasami taki „straszak" jest wystarczający, aby otrzymać przedpłatę lub przynajmniej zaliczkę na połowę ceny projektu.

Ostrzegam jednak, że przedpłaty nie są mile widziane i na ich żądanie mogą sobie pozwolić jedynie blogerzy o mocnej pozycji. Bezwzględnie żądając przedpłat, jak najbardziej należy się liczyć z ryzykiem utraty możliwości współpracy. Ja pierwsze swoje współprace realizowałem, wystawiając fakturę w dniu zrealizowania świadczenia z 14-dniowym lub maksymalnie 30-dniowym terminem płatności. Szybko jednak przeszedłem na model zapłaty „z góry", akceptując potencjalne zmniejszenie liczby firm zainteresowanych współpracą. Na szczęście dawałem im wiele merytorycznych powodów do zostania moim partnerem.

Niestety, cały czas zdarza mi się otrzymywać narzekania od blogerów oczekujących na opłacenie przez agencję marketingową faktury, której termin płatności minął kilka miesięcy wcześniej. To fatalna praktyka, na temat której po prostu się milczy. Dlaczego? Bo „ofiary" żyjące z takich współprac komercyjnych obawiają się, że głośne upominanie się o swoje skreśli je z list kandydatów do kolejnych projektów z dużymi markami. Poniekąd słusznie, o czym zresztą rozmawialiśmy z Edwinem Zasadą podczas panelu poświęconego współpracom na linii marka-bloger w trakcie konferencji Blog Forum Gdańsk 2017. Tutaj znajdziesz zapis tego wystąpienia → **zcwp.pl/bfg2017**.

Payback – spotykamy się pośrodku

Już wiesz, że przedstawiłem Payback dwa warianty współpracy wycenione odpowiednio na 4000 zł i 8000 zł. Ostatecznie w negocjacjach spotkaliśmy się pomiędzy: w ramach budżetu wynoszącego 5000 zł zgodziłem się przeprowadzić szkolenie, napisać artykuł na blogu oraz przeprowadzić rozmowę w podcaście z dyrektorem marketingu tej firmy. Zgodziłem się zejść z ceny m.in. dlatego, że Payback wziął na siebie koszt nakręcenia i montażu materiału wideo z przeprowadzonego szkolenia → **zcwp.pl/film** oraz umożliwił mi jego publikację na moim kanale YouTube oraz wykorzystanie w moich działaniach promocyjnych.

W tamtych czasach patronat nad pojedynczym wpisem na blogu wyceniałem na 2000 zł, więc można powiedzieć, że uzgodnione wynagrodzenie było bardzo satysfakcjonujące. Biorąc pod uwagę, że była to pierwsza tego typu współpraca komercyjna na moim blogu, to określiła ona poziom odniesienia dla kolejnych podobnych projektów. Po prostu nie wypadało ich robić taniej.

Czy pamiętasz, co pisałem o trampolinach i przeskakiwaniu z tych mniejszych na coraz większe? Dokładnie tak samo jest z blogowymi zarobkami. Wiedząc, że ktoś był w stanie zapłacić nam 5000 zł, to przede wszystkim my sami przekonujemy się do myśli, że po prostu tyle jest warty patronat nad naszymi wpisami. Negocjując kolejne kontrakty, odważniej proponujemy wyższe kwoty – bo już wiemy, że się da.

To jednocześnie przestroga przed zbyt wczesną monetyzacją bloga. Początkującym blogerom łatwo wmówić, że tak naprawdę ich praca jest niewiele warta i że powinni cieszyć się z barterów, czyli rozliczeń bezgotówkowych (opracowywania wpisów w zamian za produkty firmy), albo wynagrodzenia na poziomie 200 zł za artykuł.

Z jednej strony to prawda, że jesteś warty tyle, ile chcą ci zapłacić. Z drugiej jednak strony nie musisz się godzić na akceptowanie tak absurdalnie niskich wycen. Może lepiej po prostu rozwijać bloga merytorycznie i zasięgowo do czasu, aż będziesz mógł żądać wyższego wynagrodzenia – odzwierciedlającego twoje oczekiwania. Ja przyjąłem właśnie taką strategię i absolutnie jej nie żałuję. Chociaż zaczynałem tak jak każdy bloger – od zera, to za pierwszą blogową współpracę zapłacono mi 5000 zł + VAT. Tylko dlatego, że miałem przekonujące argumenty, że jestem warty tych pieniędzy.

Jak wyglądała moja umowa z Payback? Nie była skomplikowana. Napisałem ją sam i znajdziesz ją tutaj → **zcwp.pl/payback2**.

Po zakończonej sukcesem współpracy warto poprosić o referencje – list na papierze firmowym potwierdzający w krótkich zdaniach, na ile dobrze wywiązaliśmy się ze zobowiązań. Wymóg przygotowania referencji warto zawrzeć w umowie współpracy po stronie obowiązków marki, z którą współpracujemy. Referencje mogą przydać się później w uwiarygodnianiu się w oczach kolejnych potencjalnych partnerów. Oto mój list referencyjny od Payback → **zcwp.pl/referencje**:

°PAYBACK

payback.net

Warszawa, 24 lipca 2013

REFERENCJE

Z Michałem Szafrańskim, autorem bloga jakoszczedzacpieniadze.pl przygotowaliśmy w czerwcu 2013 roku projekt warsztatów dla dziennikarzy pt. „Mądre oszczędzanie, czyli jak kupować to samo, wydając mniej". Ich celem była edukacja finansowa dziennikarek z prasy poradnikowej oraz przedstawienie im korzyści wynikających z udziału w Programie PAYBACK.

Współpraca przebiegała modelowo. Elastyczność Michała, jego zrozumienie dla wymagań korporacji, a także jednoczesna dbałość o własny wizerunek, pozwoliły zachować wizerunkową równowagę projektu.

Wiedza blogera w zakresie oszczędzania i mądrego zarządzania budżetem domowym jest nie tylko dogłębna i rzeczowa, lecz także bardzo inspirująca – co potwierdziły obecne na warsztatach dziennikarki. Dzięki niemu zorganizowaliśmy ciekawe spotkanie, powstały wartościowe artykuły, materiał filmowy i podcast zamieszczone na stronach bloga. Czytelnicy jakoszczedzacpieniadze.pl chętnie rozmawiali na temat materiałów i dzielili się swoimi opiniami o Programie PAYBACK. Osobowość blogera, jego umiejętność pracy z ludźmi sprawiły, że dyskusje odbyły się na wysokim, merytorycznym poziomie.

Z przyjemnością polecam współpracę z Michałem Szafrańskim. Firma, która szuka merytorycznego partnera do zaistnienia w świecie blogosfery i social media, będzie zadowolona ze współpracy.

Z poważaniem,

Marcin Drzewiecki

Marcin Drzewiecki

Dyrektor Marketingu

ZMIANA WYGLĄDU BLOGA

1 kwietnia 2013 r. otrzymałem e-mail zatytułowany *dostałam Twój adres e-mail od Pata Flynna* napisany przez Ariadnę Wiczling:

Od: Ariadna Wiczling
Temat: dostałam Twój adres e-mail od Pata Flynna

Witaj Michale!

Mam nadzieję, że nie masz nic przeciwko zwracaniu się do Ciebie po imieniu. W Polsce jest to trochę niegrzeczne, bo się nie znamy, ale mamy wspólnego znajomego, który zresztą podał mi ten adres e-mail.
Około 10 dni temu poznałam Pata Flynna. Było to w Seattle w czasie kursu, który prowadził Derek Halpern dla *creativeLIVE*. Pat jest przyjacielem Dereka i występował tam jako gość specjalny. Opowiedział nam (i tysiącom internautów przed komputerami) Twoją historię. O złamanych nogach, o słuchaniu jego podcastu, o inspiracji, jaką Ci dał. Po zakończeniu kursu pokazał mi zdjęcie, które mu przesłałeś. Zrobiło na mnie ogromne wrażenie. Pat opowiedział nam o tym, jak trzymałeś transparent z podziękowaniami dla żony, dzieci i dla niego. Nie wspomniał natomiast o tym, że na pierwszym miejscu miałeś napisane „Dzięki Ci, Boże". Twoja historia wzruszyła mnie więc dwa razy. Raz, jak opowiadał ją Pat, i drugi raz, jak zobaczyłam zdjęcie. Pat nie wiedział, że dziękowanie Bogu to w Polsce nie taka popularna rzecz. Podziwiam Twój wyczyn i odwagę.
Pat to niesamowity człowiek, a poznałam go i jego twórczość dopiero przy tym spotkaniu. Od teraz będę go „śledzić". Próbowałam nauczyć Pata wymawiać Twoje imię i nazwisko ;) Dotąd mówił „mikel".

Serdecznie pozdrawiam
Ariadna Wiczling

Po raz kolejny byłem w szoku. Okazało się, że Pat znowu o mnie opowiadał – tym razem na warsztatach CreativeLive, które dzisiaj są synonimem świetnie realizowanych szkoleń dostępnych online dla każdego chętnego. Formuła tych szkoleń jest taka, że każdorazowo w studiu, w którym są nagrywane, znajduje się kilku, kilkunastu uczestników i równolegle znacznie więcej osób może w nich uczestniczyć online. Udział w transmisji na żywo jest całkowicie bezpłatny, a jeśli ktoś woli je obejrzeć w dogodnym dla siebie terminie, to może później kupić nagrania. Swoją drogą, to bardzo fajny model biznesowy.

Początkowo myślałem, że Ariadna żyje w Seattle w USA i po prostu dzięki temu uczestniczyła w warsztacie na miejscu. Okazało się jednak, że mieszka w Polsce i uczestnictwo w CreativeLive wygrała jako nagrodę w konkursie. Przelot musiała opłacić sobie sama, ale i tak zdecydowała się pojechać na warsztat prowadzony przez Dereka Halperna, na którym występował także Pat Flynn. Historia była tak niesamowita, że zaprosiłem Ariadnę do mojego podcastu → **zcwp.pl/002**. Tak oto jej pierwszy e-mail doprowadził do rozpoczęcia naszej znajomości. Śmiało mogę powiedzieć, że pewnie nie spotkalibyśmy się, gdyby nie skontaktował nas ze sobą Pat. Ten przykład doskonale pokazuje, że świat jest znacznie mniejszy, niż się nam wszystkim wydaje.

Ariadna miała zdolności graficzne i zaczynała się wtedy interesować tematem optymalizacji działania stron internetowych. Zaproponowała poprawienie wyglądu mojego bloga. Idealnie trafiła w potrzeby, bo wtedy już na poważnie zacząłem myśleć, jak zwiększyć czytelność artykułów i skuteczniej niż dotychczas zbierać zapisy na mój newsletter. Opracowywałem także koncepcję nowej, bardziej profesjonalnej identyfikacji wizualnej bloga, czyli tzw. brandingu. Wspólnie z Gabi przygotowaliśmy kilkadziesiąt różnych wariantów logotypu (przedstawione są obok), z których jeden miał zastąpić dotychczas stosowany napis „Jak oszczędzać pieniądze". Nadal chciałem pozostać przy opisowym tekście, ale jednocześnie nadać mu bardziej indywidualny charakter.

ak
OSZCZĘDZAĆ
PIENIĄDZE
AK
OSZCZĘDZAĆ
PIENIĄDZE
AK
OSZCZĘDZAĆ
IENIĄDZE
PAK
OSZCZĘDZAĆ
IENIĄDZE
AK
OSZCZĘDZAĆ
IENIĄDZE
AK
OSZCZĘDZAĆ
IENIĄDZE

OSZCZĘDZAĆ PIENIĄDZE
PL

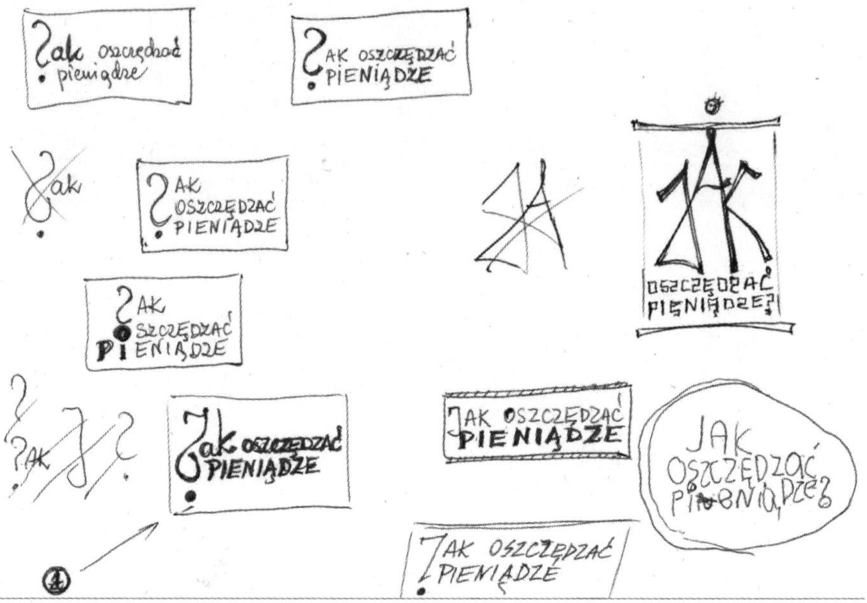
Jak oszczędzać pieniądze
JAK OSZCZĘDZAĆ PIENIĄDZE
JAK OSZCZĘDZAĆ PIENIĄDZE
JAK OSZCZĘDZAĆ PIENIĄDZE
JAK OSZCZĘDZAĆ PIENIĄDZE?
Jak oszczędzać PIENIĄDZE
JAK OSZCZĘDZAĆ PIENIĄDZE
JAK OSZCZĘDZAĆ PIENIĄDZE?
JAK OSZCZĘDZAĆ PIENIĄDZE
1

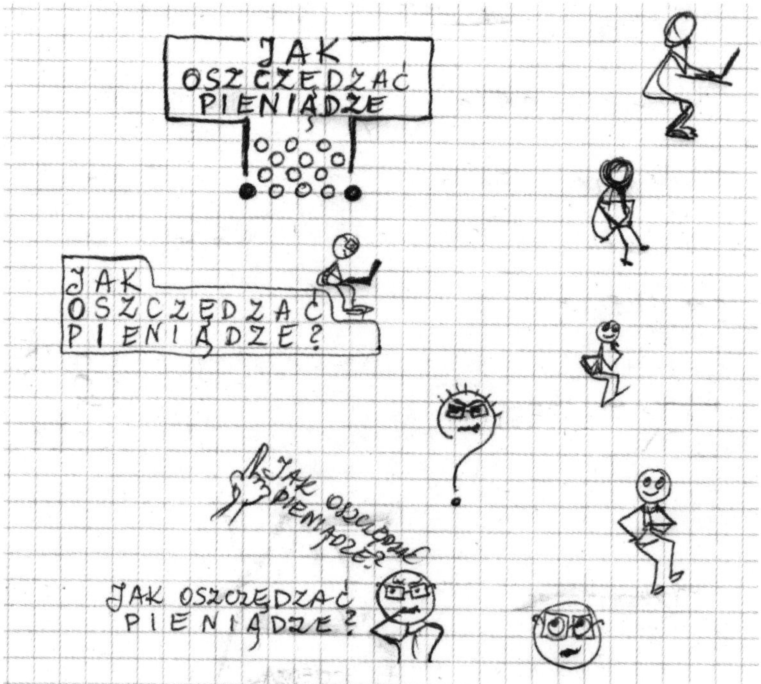
JAK OSZCZĘDZAĆ PIENIĄDZE
JAK OSZCZĘDZAĆ PIENIĄDZE?
JAK OSZCZĘDZAĆ PIENIĄDZE?
JAK OSZCZĘDZAĆ PIENIĄDZE?

Zamieszczam te przykłady, aby pokazać, że do opracowania koncepcji wcale nie potrzeba zaawansowanych narzędzi. Wystarczy kartka i długopis. Właśnie tak rodziła się większość moich projektów i przedsięwzięć – bez zbędnego komplikowania.

Zeskanowałem wszystkie nasze notatki i wysłałem z dodatkowymi uwagami do Ariadny. To właśnie ona opracowała na ich podstawie nowe logo bloga, do którego dodała także wizerunek mojej twarzy. Stał się on integralną częścią logo. Pokazuje, że *Jak oszczędzać pieniądze* to nie jest bezduszny serwis, lecz że stoi za nim konkretny człowiek, który ręczy za publikowane na nim treści.

JAK OSZCZĘDZAĆ PIENIĄDZE?
czyli jak ograniczyć wydatki i rozsądnie wydawać pieniądze

Uważam, że wiarygodność to najcenniejszy zasób, jaki posiadamy, a zaufanie najłatwiej zbudować, po prostu ręcząc własną osobą za wszystko, co robimy.

Ariadna uprościła kolorystykę bloga i zaproponowała nowy, bardziej czytelny font – Open Sans. Jego wielkość i interlinię dobrałem już samodzielnie metodą prób i błędów. Ariadna zasugerowała także modyfikacje funkcjonalne poprawiające ergonomię mojego bloga, np. pogrupowanie artykułów o danej tematyce i wyeksponowanie ich w formie opisowych grafik w prawej kolumnie bloga, np. „zakup mieszkania".

Najbardziej rewolucyjne zmiany zaszły w zakresie newslettera. Zamiast jednego formularza zapisu widocznego w prawej kolumnie bloga (na tzw. *sidebar*) dodałem poziomą ramkę z zapisem do newslettera pod logo bloga oraz dodatkowy formularz zapisu na końcu każdego wpisu. Czy była to dobra decyzja? Najlepiej przeanalizować to na danych za okres 2 lat:

- 29% osób zapisało się z paska u góry bloga,
- 57% osób zapisało się przez najbardziej opisowy formularz w prawej kolumnie (*sidebar*),
- 14% osób zapisało się z formularza na dole artykułów.

Widać, że zwiększenie liczby pól zapisu wcale nie było nieuzasadnione. Część osób zapisuje się w taki sposób, a część w inny – niemniej jednak trudno byłoby na podstawie takich danych zdecydować, że któreś z tych pól jest zbędne i należy je usunąć. Każde spełnia swoją rolę. Ale to nie dodanie nowych formularzy okazało się najważniejsze.

Przed wprowadzeniem zmian po prostu informowałem czytelników, że warto podać swój adres, aby otrzymywać informacje o nowych wpisach na blogu. Nie oszukujmy się – jest to dosyć słaba zachęta. Dlatego wraz ze zmianą wyglądu bloga przygotowałem **dodatkowy prezent dla wszystkich osób zapisujących się na newsletter** – zebrałem wszystkie opublikowane dotychczas na blogu kalkulatory Excel i napisałem, że dam je w zamian za zapis.

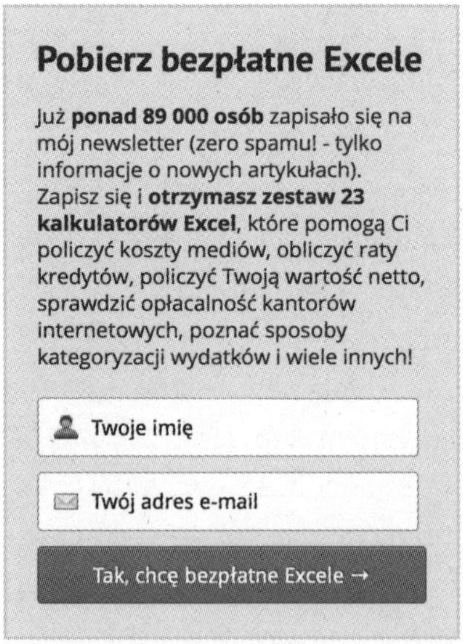

Taki bonus potrafi zdziałać cuda! To nic, że są to dokładnie te same arkusze, które dostępne były już wcześniej na blogu. Dla nowych czytelników było to po prostu bardzo wygodne, że powierzając mi swój adres e-mail, nie będą musieli przeszukiwać wszystkich artykułów i Excele znajdą po prostu w jednym miejscu. Ta jedna zmiana spowodowała niesamowity przyrost liczby subskrybentów, którego dynamika utrzymuje się do dzisiaj.

- Przez pierwsze 9 miesięcy na mój newsletter zapisały się zaledwie 1192 osoby, czyli średnio 132 osoby miesięcznie.
- Po wprowadzeniu zmiany tylko w czerwcu 2013 r. baza subskrybentów urosła do 1967 kontaktów, czyli aż o 775 osób!
- Na koniec lipca 2013 r. miałem już 2659 subskrybentów newslettera, czyli kolejne 692 osoby.

Zaledwie w dwa miesiące od wprowadzenia zmiany pięciokrotnie zwiększyłem liczbę osób zapisujących się co miesiąc na newsletter. Zrozumiałem, jak dużym błędem było niewprowadzenie bonusu za zapis znacznie wcześniej. Najlepiej efekt tej zmiany widać na wykresie przyrostu liczby kontaktów w bazie mojego newslettera. Zmiana kąta wykresu od czerwca 2013 r. jest olbrzymia!

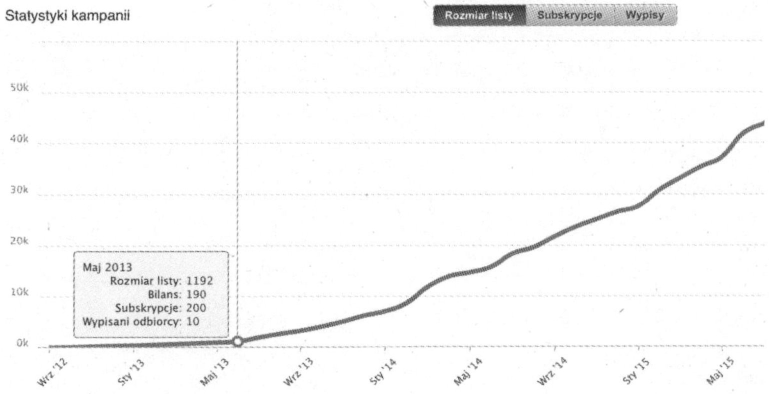

SUMO – SZYBSZE BUDOWANIE LISTY ADRESOWEJ

Kolejny sposób tak radykalnej poprawy skuteczności zapisów na newsletter miałem odkryć dopiero w 2016 r. Wtedy to zainstalowałem na blogu wtyczkę **SUMO** → **zcwp.pl/sumo** – prawdziwy kombajn w zakresie zwiększania zasięgu bloga.

Jedną z jej funkcji jest wyświetlanie pop-upów oferujących zapis na newsletter. Chociaż bywają one wkurzające, to z pewnym umiarem warto je stosować. Każda osoba, która nie odwiedza regularnie mojego bloga lub jest na nim pierwszy raz, zobaczy po 10 sekundach od wejścia takie okienko:

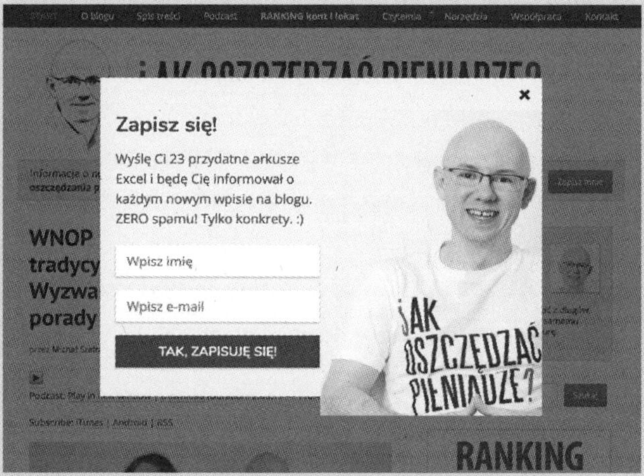

Jeśli je zamknie, to nie zobaczy go już więcej przez kolejnych 30 dni. Okazało się, że wiele osób zapisuje się na newsletter właśnie za pośrednictwem tego formularza. Obecnie dodaje on do mojego newslettera 1500–2000 nowych adresów miesięcznie, co stanowi 48% wszystkich zapisów na newsletter (pozostałe 52% zebrały tradycyjne formularze na blogu funkcjonujące dużo dłużej)! Dla jasności: to okienko co miesiąc wyświetlane jest ponad 120 tys. razy i jego tzw. współczynnik konwersji wynosi zaledwie 1,22% – tylko taki odsetek widzących okienko osób gotowych jest pozostawić mi swój adres e-mail.

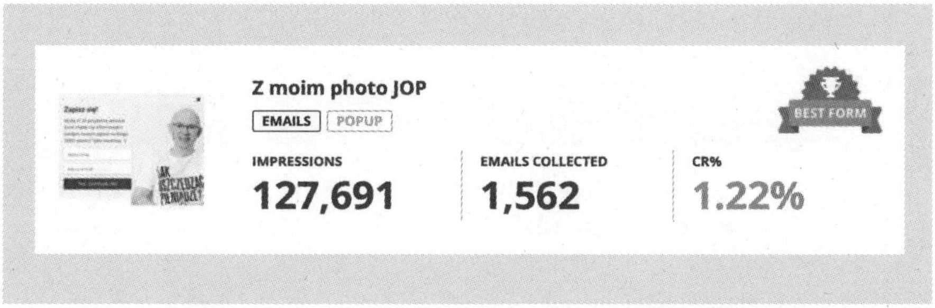

Wypracowany wtedy wygląd bloga przetrwał próbę czasu. Zaproponowane przez Ariadnę zmiany graficzne wprowadziłem samodzielnie – ucząc się z internetu, jak modyfikować kod HTML, skrypty oraz style CSS. Po prostu było mi żal wydawać pieniądze na specjalistów, którzy żądali sporych sum za proste w mojej opinii prace. Od strony technicznej nic się nie zmieniło – blog cały czas działa w oparciu o ten sam szablon graficzny. Wprowadzone wtedy zmiany w zakresie estetyki, kolorów i ergonomii, przetrwały w zasadzie niezmiennie kolejne 5 lat.

Oto wygląd bloga przed wprowadzeniem zmian:

A to jak wyglądał już po zmianach w maju 2013 r.:

WSPÓŁPRACA ZE ZBYSZKIEM Z APP FUNDS

28 czerwca 2013 r. dostałem e-mail, który był wstępem do pierwszego, dużego projektu edukacyjnego – **Elementarza Inwestora**. Napisał do mnie Zbyszek Papiński z bloga *App Funds* → **zcwp.pl/appfunds** – jednego z najpopularniejszych i jednocześnie najdłużej prowadzonych blogów poświęconych finansom osobistym i inwestowaniu.

Do Zbyszka mam olbrzymi szacunek. To jeden z nielicznych, niezłomnych blogerów, którzy od lat wykonują dobrą jakościowo pracę, stale trzymając wysoki poziom. Gdy usłyszał mój podcast o planach rzucenia pracy na etacie, przysłał e-mail (znajdziesz go na stronie obok).

To przykład takiego e-maila, na którego czekałem. Wcześniej tylko raz pisałem do Zbyszka, dziękując mu za podzielenie się linkiem do jednego z moich wpisów. Wiedząc jednak, że jest blogerem o dużo większym stażu i prawdopodobnie także większej liczbie czytelników, nie chciałem mu się narzucać. Wolałem poczekać, aż będę wystarczająco duży, byśmy mogli rozmawiać jak równorzędni partnerzy. Też zależało mi na nawiązaniu współpracy, ale nie chciałem sam mu jej proponować, aby nie miał wrażenia, że składając taką propozycję, próbuję skorzystać na jego popularności. Wychodzę bowiem z założenia, że trwałe współprace można budować wyłącznie na obustronnym zaufaniu. Głupio byłoby zniweczyć moje dobre zamiary przez podejrzenie, że być może próbuję wskoczyć na czyjeś plecy i skorzystać z darmowej przejażdżki.

Od: Zbyszek Papiński
Do: Michał Szafrański

Hej,

ciekawa sprawa. Przeczytałem dziś Twój wpis o przejściu na problogowanie i trochę mnie on zaintrygował. Akurat częściowo na własną prośbę (nie do końca) przestałem pracować dla o2, gdzie kierowałem serwisem biznesowym, i szukam czegoś nowego. Nawet wczoraj prowadziłem rozmowy na temat tworzenia pewnego serwisu giełdowego i wszystko jeszcze jest bardzo płynne. Jednak tak sobie myślę, że może jakoś moglibyśmy współpracować/połączyć siły, nie wiem. Widzę, że piszesz z zaangażowaniem i temat oszczędzania ogarniasz bardzo ładnie z dobrym odzewem. Natomiast tak sobie myślę, że skoro ja tyle lat zajmuję się teoretycznie i praktycznie inwestowaniem, to byłby jakiś efekt synergii. Sam dokładnie nie wiem jeszcze jaki, tylko się tak zastanawiam.
Tak rzucam luźny temat do zastanowienia się na przyszłość.

Pozdrawiam
Zbyszek Papiński
z bloga APP Funds

Na szczęście Zbyszek mnie wyprzedził. Kilka dni później spotkaliśmy się w jednej z warszawskich kawiarni i spędziliśmy kilka godzin na rozmowie. Z początku rozmawialiśmy zachowawczo, ale stopniowo się rozkręcaliśmy. Wtedy też powstał wstępny pomysł wspólnego cyklu artykułów o inwestowaniu oraz idea zorganizowania spotkania kilku blogerów finansowych, których obydwaj ceniliśmy. Przy okazji dowiedziałem się, że ruch na moim blogu wcale nie jest mniejszy od tego u Zbyszka. To dodatkowo mnie podbudowało i uspokoiło, a jednocześnie uświadomiło, że być może niepotrzebnie zwlekałem z kontaktem.

Wychodzę z założenia, że trwałe współprace można budować wyłącznie na obustronnym zaufaniu.

Chcę pokazać, że do zainicjowania fajnej współpracy z innymi osobami – nawet takimi, na których bardzo nam zależy – nie potrzeba wyrafinowanych zabiegów. Czasami wystarczy prosty, krótki, szczery e-mail z konkretną propozycją – wystarczająco atrakcyjną dla obu stron. Właśnie tak poznałem Zbyszka, z którym w kolejnych latach wymieniłem ponad 3500 e-maili.

Lecz jednocześnie muszę przestrzec przed chodzeniem na skróty. Teraz, gdy cieszę się już pewną rozpoznawalnością, często niestety widzę, że wiele osób próbuje zbyt wcześnie wykorzystać znajomość z kimś bardziej popularnym. Przykładowo: nie raz zdarzyło mi się już zwracać komuś uwagę, że zrobione przy okazji przypadkowego spotkania zdjęcie ze mną nie powinno być wykorzystywane jako reklama produktu tej osoby (a zdarzają się takie przypadki). Chętnie robię sobie zdjęcia z czytelnikami, bo wiem, że może to być dla nich cenna pamiątka osobistego spotkania, ale unikam pozowania z jakimiś produktami w kadrze oraz uściśniętymi dłońmi (co może symbolizować współpracę lub poparcie dla danej osoby). Nauczony na wcześniejszych błędach, zwracam uwagę na neutralność zdjęć.

Innym przykładem chodzenia na skróty są osoby, które po prostu próbują się wprosić do mojego podcastu – czasami w bardzo nieudolny sposób. Piszą po prostu, że „chciałyby wystąpić", nie podając żadnych przekonujących powodów, dlaczego to właśnie z nimi miałbym przeprowadzić wywiad. Czasami zdarza się, że w krótkim czasie otrzymuję kilka propozycji od słuchaczy dotyczących zaproszenia jakiejś konkretnej osoby. Synchronizacja tych „niezależnych" propozycji wygląda niekiedy komicznie.

Są też tacy chętni, którzy za możliwość wystąpienia proponują mi pieniądze. Nie przyjmuję takich ofert. Nauczyłem się stosować zasadę, że jeśli ktoś zgłasza się do mnie sam, to od razu trafia na moją „czarną listę" i nie może już liczyć na zaproszenie w przyszłości. Być może tracę w ten sposób potencjalnie ciekawych rozmówców, ale jak dotychczas ani razu nie żałowałem. Tak naprawdę wolę sam docierać do wartościowych rozmówców, którzy są jednocześnie na tyle skromni, że – podobnie jak ja – sami nie odważyliby się „wpychać" do kogokolwiek do programu. Szukam ludzi podobnych do mnie. Karierowiczom kulturalnie, ale zdecydowanie odmawiam.

ETAP 4 – PODSUMOWANIE I WNIOSKI

Zobacz, ile osób pomagało mi rozbujać bloga: Marek z liceum, Ariadna, która usłyszała o mnie od Pata Flynna w Seattle, bloger Zbyszek, który zaproponował współpracę.

W żadnym z tych przypadków nie zabiegałem o takie wsparcie. Było ono wynikiem dobrych intencji tych osób, płynących z tego, że ja również wcześniej dałem im się poznać jako sensowny człowiek. Czy to bezpośrednio –

jak to było w przypadku Marka – czy pośrednio przez mojego bloga, tak jak poznawał mnie Zbyszek, czy wręcz za pośrednictwem innych osób, np. z polecenia Pata Flynna, który poprzez maratońską historię opowiedział o mnie Ariadnie.

Często mówi się, że na zrobienie pierwszego wrażenia mamy tylko od trzech do sześciu sekund. Ta zasada obowiązuje jednak wyłącznie przy spotkaniach osobistych. Jeśli publikujemy w internecie, jeśli inni poznają nas przede wszystkim poprzez słowo pisane, podcast lub opowieści innych o naszej osobie, to tak naprawdę mamy wiele szans na to, aby dać się poznać, jeszcze zanim dojdzie do osobistego spotkania. Nawet będąc introwertykiem, który zawsze przegrywa „pierwsze wrażenie" podczas spotkań na żywo, można zwiększyć swoje szanse, pokazując prawdziwe atuty w internecie.

STATYSTYKI BLOGA

22 352 UU – kwiecień 2013 r.
24 717 UU – maj 2013 r.
35 703 UU – czerwiec 2013 r.

Drugi kwartał 2013 r. – mimo że bardzo męczący dla mnie pod względem psychicznym z powodu wątpliwości związanych z rzucaniem pracy – był także najbardziej burzliwym i ciekawym okresem rozwoju mojego bloga. To czas wielu „pierwszych razów":

- Pierwsi świetni goście w podcaście
- Pierwszy występ w TV
- Debiut jako bloger w czasopiśmie
- Pierwszy zrealizowany projekt komercyjny
- Pierwsze konkretne pieniądze zarobione na działalności blogowej
- Pierwszy klient prawdziwie zadowolony ze współpracy blogerskiej

Trzeba być naprawdę silną psychicznie jednostką, aby publicznie mówić w internecie o swoich wątpliwościach i jednocześnie mierzyć się z ludźmi, którzy chcą je potęgować.

Jednocześnie pierwszy raz przekonałem się także, jak dużo pracy wiąże się z zainicjowaniem, przeprowadzeniem i rozliczeniem takiej współpracy komercyjnej. Narzut administracyjny – przygotowanie oferty, negocjacje, poprawki, spotkania, uzgodnienia, dyskusje z prawnikami, raportowanie, pilnowanie rozliczenia – zajął mi zdecydowanie za dużo czasu. Już wtedy widziałem, że nie bardzo pasuje mi taki model zarabiania. Niemniej jednak cała ówczesna czołówka blogosfery forsowała właśnie taki model zarabiania na blogach i wydawało mi się, że nie ma innej drogi. Pomyślałem, że może za mało wiem i po prostu muszę „odbębnić" swoje, że początki zawsze są trudne i przy następnych współpracach będzie to szło coraz łatwiej. Czułem jednak, że nie po to wyrywałem się ze świata pracy z korporacjami w obszarze IT, żeby teraz realizować podobny model z blogiem. Chciałem czegoś innego – zarabiania na własnych produktach, tak jak to robili blogerzy z USA. Na razie cieszyłem się jednak ze skakania na tych moich pierwszych małych trampolinach. Wiedziałem, że na większe skoki przyjdzie czas dopiero wtedy, gdy skończę z etatem. Patrząc na wyniki firmy, to sytuacja nie wyglądała kolorowo. Kwartalne przychody wyniosły 2745 zł (Payback miałem fakturować dopiero w lipcu), a koszty aż 11 698 zł. A więc po raz pierwszy przekonywałem się także, jak to jest żyć, przejadając oszczędności.

Pod koniec czerwca udało mi się także po raz pierwszy wziąć udział w spotkaniu z innymi blogerami w ramach Orange Blog Talks zorganizowanego przez Tomasza Sulewskiego (wtedy z Orange). Tam poznałem osobiście Natalię Hatalską, Jakuba Górnickiego, Andrzeja Tucholskiego i Pawła Tkaczyka. Chłonąłem ich wypowiedzi jak gąbka.

Do innych blogerów nie miałem odwagi podejść. Byłem zaskoczony ich pewnością siebie i tym, w jaki sposób z pasją opowiadali o tym, co robią. Ja byłem raczej wycofany. W tym czasie znowu byłem kłębkiem nerwów. Po nagraniu siódmego odcinka podcastu → **zcwp.pl/007**, w którym publicznie ogłosiłem moje odejście z etatu, odezwały się zarówno osoby kibicujące mi w tej decyzji, jak i toksyczni ludzie piszący, że na pewno mi się nie uda. Chociaż nie chciałem ich słuchać, to jednak podsycali oni moje wątpliwości. Po raz kolejny uświadomiłem sobie, że trzeba być naprawdę silną psychicznie jednostką, aby publicznie mówić w internecie o swoich wątpliwościach i jednocześnie mierzyć się z ludźmi, którzy chcą je potęgować.

Pamiętam, że szczytem goryczy było dla mnie troskliwe pytanie szefa, które usłyszałem tuż przed zakończeniem pracy. Spojrzał mi z bliska w oczy i półszeptem spytał: „Michał, z czego ty będziesz żył?". Wkurzyłem się, bo sam nie znałem wtedy dobrej odpowiedzi. „Jakoś to ogarnę..." – odpowiedziałem. Miałem tylko wiarę, że dam radę, o ile tylko będę miał w końcu wystarczająco dużo czasu, by pracować w 100% na swoim.

W treści książki znajduje się dużo odesłań do zewnętrznych źródeł.
Ich pełną, zawsze aktualną listę, znajdziesz pod adresem → **zcwp.pl/bonus**.

ROZDZIAŁ 7

Etap 5: Nowe życie po etacie

OKRES:

od lipca 2013 r. do końca września 2013 r.

PRZYCHODY NETTO:

17 243 zł

KOSZTY NETTO:

11 077 zł

WIEK BLOGA WE WRZEŚNIU:

1 rok i 3 miesiące

LICZBA CZYTELNIKÓW:

34 652 UU w lipcu 2013 r.

36 773 UU w sierpniu 2013 r.

50 123 UU we wrześniu 2013 r.

Lipiec 2013 r. był moim ostatnim miesiącem w pracy na etacie. Wyjątkowo luźnym miesiącem. Wszystkie sprawy były już przekazane, nie podejmowałem się żadnych nowych projektów. Można powiedzieć, że pełniłem wyłącznie rolę usługową w stosunku do współpracowników.

Wykorzystałem ten czas na pożegnanie ze wszystkimi klientami, z którymi pracowałem od lat. Każde ze spotkań ponownie wlewało we mnie optymizm. Pracowałem głównie z przedstawicielami korporacji i widziałem, że wielu z nich kibicuje mojej odwadze – z pewnym niedowierzaniem, ale jednak kibicuje.

Od strony blogowego biznesu sprawy także nabierały dużego tempa. Od razu po udanej współpracy z Payback kontaktowały się ze mną inne firmy, które chciały zrobić coś podobnego. Krótko mówiąc, rozwiązał się worek z propozycjami artykułów sponsorowanych oraz szkoleń. Te pierwsze przybierały czasami kuriozalne kształty.

Najbardziej typową propozycją w tamtym czasie było: „Chcemy opublikować nasz wpis na twoim blogu – ile to kosztuje?". Zresztą do dzisiaj otrzymuję takie propozycje – na szczęście to mniejszość. Nigdy nie współpracowałem w ten sposób. Blog to moje autorskie miejsce i nie wyobrażam sobie przypadku, w którym mógłbym na nim opublikować podrzucony przez firmę gotowy materiał. Jedyną formą współpracy, jaką przewidywałem, był patronat marki nad wpisem, czyli przyklejenie logo firmy lub jej komunikatu do opracowanego przeze mnie samodzielnie artykułu. Na własne potrzeby sformułowałem dodatkową zasadę: **nie przyjmuję propozycji wpisów na tematy, których sam z siebie nie poruszyłbym na blogu, gdyby mi za to nie zapłacono**. To bardzo skuteczny filtr na pomysły potencjalnych partnerów. Po prostu nie zamierzałem przekształcać bloga w słup ogłoszeniowy. Oczywiście każdą propozycję filtrowałem także, korzystając z opisanej wcześniej zasady „4xWIN" – szukając w nich przede wszystkim korzyści dla czytelników.

W lipcu przyszło mi się jednak zmierzyć po raz pierwszy z propozycjami, które znacząco wykraczały poza taki prosty schemat współpracy blogowej.

PRZYKŁAD POZYTYWNY: MERITUM BANK

Moja relacja z nieistniejącym już Meritum Bankiem (został przejęty przez Alior Bank) to świetny przykład na to, jak w naturalny sposób można budować i rozwijać jednocześnie relacje biznesowe i prywatne.

Jednym z czytelników mojego bloga – prawie od samego początku jego istnienia – był Michał Kopera współprowadzący małą agencję public relations People PR. Okazało się, że śledzi mojego bloga nie bez powodu – jego firma pomagała tworzyć firmowy *Blog o oszczędzaniu* dla Meritum Banku. W lutym 2013 r. Michał poinformował mnie o premierze tego bloga.

Szczerze mówiąc, nie doceniłem tej inicjatywy. Spodziewałem się, że będzie on „drętwy", podobnie jak inne tworzone wtedy blogi firmowe. Poza tym uznałem, że trudno będzie zbudować wiarygodność bloga bankowego – zwłaszcza gdy będzie on poruszać tematy dotyczące finansów osobistych. Założyłem, że materiały tam publikowane będą płytkie lub wprost stanowić będą reklamę produktów banku. W miarę publikacji kolejnych wpisów okazało się jednak, że moje podejrzenia są bezpodstawne.

Blog szybko stał się ciekawym wielogłosem pracowników banku, którzy – dzięki swoim artykułom – przestali być anonimowi. Co więcej, wiele wpisów pisanych było z osobistej perspektywy osób, które miały całkiem sporą wiedzę o finansach, ale jednocześnie tematy przedstawiane były w przystępny sposób. Było to bardzo zbliżone do tego, co ja robiłem, i jednocześnie utrzymywało wysoce profesjonalny poziom. Widziałem w tym rękę dobrego PR-owca, który dbał nie tylko o spójność i jakość publikowanych materiałów, ale także o kreowanie pozytywnego wizerunku banku.

Michał budował ze mną relację stopniowo, odpowiadając na niektóre wysyłane przeze mnie newslettery. W kwietniu zapytał, czy nie chciałbym napisać wpisu gościnnego na blog banku. Zgodziłem się. Wiedziałem już, że takie występy gościnne mogą sprowadzić do mnie kolejnych czytelników. Niestety, tym razem się przeliczyłem. Blog Meritum Banku dopiero startował, a co za tym idzie, docierał do bardzo małej grupy odbiorców. W praktyce okazało się, że to ja sprowadziłem na niego rekordowy ruch, ogłaszając w mediach społecznościowych, że to właśnie na blogu banku można przeczytać mój najnowszy wpis zatytułowany *Codzienne decyzje oszczędnościowe*. Wtedy uświadomiłem sobie, że pisanie gościnnych wpisów na innych blogach jest dobrym pomysłem przede wszystkim wtedy, jeśli mają one dużo większy zasięg od naszego. W każdym innym przypadku oddajemy za bezcen dobre treści oraz jesteśmy źródłem ruchu dla debiutanta.

Dla jasności – nie żałuję tamtej decyzji. Bank przekonał się wtedy, jak duża jest siła mojego bloga. Dyskusja pod tym wpisem zebrała także rekordową liczbę komentarzy, co stało się z kolei przyczynkiem do rozwinięcia naszej współpracy.

Michał zaprosił mnie na niezobowiązujące spotkanie. Szybko złapaliśmy wspólny język. W lipcu 2013 r. zapytał, czy nie chciałbym poprowadzić szkolenia dla pracowników Meritum Banku zatytułowanego *Jak angażować czytelników w dyskusję na blogu?* Ponownie się zgodziłem – tym razem za odpowiednim wynagrodzeniem. Miało to być małe, zamknięte szkolenie dla kilkunastu osób w gdańskiej siedzibie banku. Oferta została zaakceptowana. Uzgodniliśmy bezpieczny wrześniowy termin – już po moim odejściu z etatu.

Dlaczego tak szczegółowo opisuję ten przypadek? Chcę, żebyś zobaczył, że w procesie budowania takiej biznesowej relacji nie ma niczego złożonego.

Wszystko zaczęło się od normalnych, niezobowiązujących kontaktów e-mailowych. W pewnym momencie uznaliśmy z Michałem, że warto się spotkać i po prostu porozmawiać – jeszcze bez konkretnego celu. Im bardziej się lubiliśmy, tym bardziej obaj dążyliśmy do zrobienia czegoś fajnego. Na zasadach partnerskich – tak żeby każda z zaangażowanych stron coś na tym wygrała. Dobrym znajomym po prostu chce się pomagać. Niczego nie robi się na siłę. Przy dobrej woli może się z tego zrodzić coś satysfakcjonującego wszystkich.

Pisanie gościnnych wpisów na innych blogach jest dobrym pomysłem przede wszystkim wtedy, jeśli mają one dużo większy zasięg od naszego.

Chcę podkreślić, że nie musiałem osobiście inicjować żadnych działań sprzedażowych. Tak naprawdę to mój blog szuka mi klientów i partnerów. Moim najlepszym narzędziem sprzedażowym są merytoryczne wpisy na blogu oraz kulturalne dyskusje prowadzone z czytelnikami. To najlepsza wizytówka i próbka moich możliwości. To one powodują, że przez lata ustawiała się do mnie kolejka firm zainteresowanych ogrzaniem się w blasku blogera. Zapewniam, że to, co napisałem, nie jest przejawem uderzenia wody sodowej do głowy. To chłodna ocena sytuacji bez silenia się na fałszywą skromność. Budując mocną i cieszącą się dużym zaufaniem markę osobistą, możesz liczyć na podobne zainteresowanie potencjalnych partnerów. Warto jednak pamiętać, że każda współpraca komercyjna niesie także ze sobą ryzyko, np. właśnie utraty wiarygodności w oczach odbiorców. To jak stąpanie po kruchym lodzie. Jeden fałszywy krok i można skończyć w lodowatej wodzie.

Dobrym znajomym po prostu chce się pomagać.

Co prawda coraz rzadziej słyszy się zarzut „sprzedałeś się", bo mam wrażenie, że więcej osób rozumie, że twórca internetowy także musi z czegoś żyć i współprace są jednym ze sposobów zarabiania. Niemniej jednak łatwo wzbudzić podejrzenia o stronniczość prezentowanych treści, gdy np. partnerem wpisu o kontach emerytalnych IKE/IKZE jest jeden z banków, który „właśnie wprowadził na rynek ten fenomenalny produkt". Niektórzy blogerzy zapominają, że tego typu współprace mają co najmniej dwie negatywne konsekwencje:

1. **Bez względu na merytoryczność samego wpisu, rzutują na ocenę całej działalność blogera** i mogą powodować, że czytelnik będzie „prześwietlał" także inne wpisy blogera, weryfikując ich niezależność.

2. Mogą zamykać szansę na szerszą współpracę z innymi firmami z tej samej branży. Blogerowi może zostać przyczepiona łatka „twarzy" danej firmy lub produktu – bez względu na to, czy rzeczywiście jego wizerunek był intensywnie eksploatowany przez taką współpracę.

meritumBank ICB blog o oszczędzaniu

Meritum Bank ICB S.A.
Departament Bankowości Internetowej
ul. Chłopska 53
80-350 Gdańsk

Gdańsk, 2013-09-27

List Referencyjny

Miałam przyjemność współpracować z twórcą bloga jakoszczedzacpieniadze.pl Panem Michałem Szafrańskim, przy organizacji szkolenia dla Zespołu Bloga o oszczędzaniu Meritum Banku. Wynik współpracy przekroczył nasze oczekiwania! Pan Michał Szafrański okazał się profesjonalistą, który aktywnie zabiegał o zrozumienie i zadowolenie klienta. Na szczególną uwagę zasługuje fakt, że w czasie szkolenia widać było bardzo duże doświadczenie praktyczne prowadzącego szkolenie, w zakresie:

- blogowania, komunikacji, budowania od podstaw,
- angażowania społeczności,
- promocji w Internecie z wykorzystaniem wszystkich dostępnych mediów.

Ponadto Pan Michał Szafrański jest świetnym mówcą, który potrafi umiejętnie wzbudzać i kontrolować emocje swoje oraz swoich odbiorców, co przełożyło się na bardzo produktywne szkolenie.

Z przyjemnością polecam Pana Michała Szafrańskiego jako dobrego Partnera do współpracy w zakresie wymiany wiedzy nt. prowadzenia bloga.

Anna Ratajczak-Piotrowska
Starszy Specjalista ds. marketingu internetowego

Wracając jednak do Meritum Banku: nasza współpraca nie była publiczna. Przygotowałem się i we wrześniu przeprowadziłem szkolenie, uzyskując kolejne świetne referencje. Czułem olbrzymią satysfakcję, widząc, że moje zalecenia przekazane kilkunastu autorom bloga bankowego rzeczywiście były stosowane w praktyce w kolejnych miesiącach. Od czasu do czasu podpowiadałem też Michałowi Koperze, co można byłoby tam poprawić, aby osiągać jeszcze lepsze efekty.

Nieco ponad rok później Meritum Bank został przejęty przez Aliora. Nie udało nam się zrobić niczego więcej, ale dobry kontakt z Michałem utrzymuję do dzisiaj.

PRZYKŁAD NEGATYWNY: PROPOZYCJA INNEGO DUŻEGO BANKU

O ile współpracę z Meritum Bankiem klasyfikuję jednoznacznie jako miłe doświadczenie, to jej całkowitym przeciwieństwem była propozycja z innego dużego banku, która dotarła do mnie w lipcu 2013 r. Nazwijmy go dla niepoznaki BigBankiem.

Podglądając konkurencję, BigBank także chciał rozkręcić swój serwis informacyjny z przydatnymi artykułami dla klientów. Zwrócił się zatem do mnie z propozycją zarówno pisania wpisów do swojego serwisu, jak również ich promowania za pośrednictwem mojego bloga i mediów społecznościowych. Miała to być współpraca długoterminowa – aż roczna – i w jej ramach miałem dostarczać jeden „średniodługi" artykuł tygodniowo. Spotkaliśmy się, omówiliśmy szczegóły i BigBank oczekiwał na moją ofertę cenową.

Szczerze mówiąc, kompletnie nie wiedziałem, jak podejść do takiej wyceny. To nie był już jednorazowy strzał, lecz 12-miesięczna, intensywna współpraca, która mogła znacząco ograniczyć możliwość przygotowywania materiałów na mojego bloga. Dodatkowo wiedziałem, że tak bliska kooperacja wpłynie również na mój wizerunek – będę postrzegany jako stały współpracownik banku. Miało to swoje plusy, ale i minusy. Jakoś musiałem to wszystko odzwierciedlić w wycenie projektu.

Zdecydowałem się zasięgnąć porady bardziej doświadczonej osoby. Napisałem do Natalii Hatalskiej, którą poznałem podczas czerwcowego spotkania blogerów Orange Blog Talks. Poza tym jednym spotkaniem nigdy się z nią nie kontaktowałem, więc byłem miło zaskoczony, gdy mi odpisała. Do dzisiaj mam u niej olbrzymi dług wdzięczności. Oto mój e-mail:

Od: Michał Szafrański

Data: 23 lipca 2013 17:05

Temat: Pytanie o współpracę

Hej, Natalia,

aż mi głupio, ale i tak napiszę. :) Może znajdziesz chwilę, żeby mi coś podszepnąć. Byłbym Ci bardzo wdzięczny i chętnie zrewanżuję się kawą/lunchykiem przy najbliższej okazji.

Właśnie wróciłem ze spotkania z BigBankiem. Uruchamiają nowy serwis z domeny „finansów osobistych", czyli temat bardzo mi bliski. Wyłuskali mojego bloga, spodobało im się to, co robię, i zaprosili mnie do współpracy komercyjnej. Nie usłyszeli jeszcze moich wymagań finansowych, ale wiedzą, że będzie to kosztowało. Współpraca nie opiera się stricte o mojego bloga. Wyglądałoby to następująco:

– Serwis ma mieć „żwawy" charakter – jeden artykuł dziennie, przy czym ja byłbym odpowiedzialny za jeden artykuł tygodniowo.
– Miałbym dostarczać autorskie artykuły – niezbyt długie – 500 – max 1000 słów.
– Pod każdym artykułem pełne wskazanie mnie jako autora i adresu mojego bloga.
– Ponadto miałbym swoimi kanałami wypuszczać informację o tym, że napisałem artykuł, który został opublikowany w serwisie BigBanku.

– Współpraca przez okres... 12 miesięcy.
– Nie chcą promować naszego partnerstwa, co jest mi akurat na rękę – nie chcę być trwale wiązany z jednym bankiem.

I teraz moja serdeczna prośba do Ciebie: co byś radziła? Jakie inne warunki brzegowe współpracy przyjąć? Na co uważać? Jakie Ty zagrożenia byś widziała swoim wprawnym okiem? Na ile Twoim zdaniem mogę wycenić taką współpracę?
Z jednej strony jest to jakaś szansa (i to całkiem konkretna), a z drugiej mam obawy związane z wiązaniem się na dłuższy czas. Z drugiej strony jest to działalność nieco pozablogowa.
Każda wskazówka z Twojej strony będzie dla mnie cenna. Jeśli nie znajdziesz czasu – zrozumiem. :) A może mogłabyś mi doradzić kontakt z kimś innym, kto mógłby mi pomóc „nie wylać dziecka z kąpielą".
Przepraszam za zawracanie głowy i z góry dziękuję.

Pozdrawiam,
Michał Szafrański
http://jakoszczedzacpieniadze.pl

Natalia odpowiedziała już następnego dnia:

Od: Natalia Hatalska
Data: 24 lipca 2013 11:55
Temat: Re: Pytanie o współpracę

Michał,

szczerze – nie widzę tu właściwie zagrożeń, to trochę jak pisanie felietonów do magazynu. Jeżeli chodzi o koszty, to możesz to albo wycenić ryczałtowo, albo za każdy napisany artykuł. Ja nie zamieszczam na blogu artykułów sponsorowanych, ale w przypadku pisania do czasopism mam ustalone stałe stawki za konkretną liczbę znaków. Niezależnie od tego, jak będziesz się rozliczał, powinieneś podpisać umowę ramową. Swoich czytelników powinieneś poinformować, że podjąłeś taką współpracę, skoro swoimi kanałami będziesz informował o kolejnych artykułach.

Niezależnie od tego, czy BigBank będzie promować partnerstwo, czy nie, uważam, że w trakcie tej współpracy nie powinieneś współpracować z innym bankiem – to nie fair wobec samego partnera reklamowego, ale także moim zdaniem podważa Twoją wiarygodność.

Możesz jeszcze porozmawiać z Maćkiem Budzichem i Iloną Patro, co oni na ten temat sądzą (w ramach *Galopującego Pancernika* doradzają blogerom, jak współpracować z firmami).

Pozdrawiam,
Natalia

Takiej odpowiedzi potrzebowałem: krótka, konkretna, z cennymi wskazówkami dla początkującego blogera. Być może dla Natalii był to chleb powszedni, ale dla mnie było to przede wszystkim potwierdzenie mojego toku rozumowania. Jednocześnie kolejny raz przekonałem się, że w takich kluczowych momentach warto wyciągać rękę po pomoc. Zaufałem Natalii wyłącznie na podstawie głębszego zapoznania się z jej profesjonalną twórczością w internecie oraz krótkiej osobistej rozmowy. Nie zawiodłem się. Czasami wydaje nam się, że znani blogerzy i inni twórcy internetowi to ktoś bardzo od nas odległy. Że skoro już są znani, to są dla nas nieosiągalni. To nie musi być prawda! Owszem, często są to osoby zabiegane i zapracowane, ale – podobnie jak każdy – wiele z nich cieszy się, gdy widzą, że są potrzebne, że ich wiedza może się komuś przydać. Przekonałem się o tym wielokrotnie i dzisiaj przekonują się o tym także czytelnicy mojego bloga, którzy bywają zaskoczeni, że to naprawdę ja odpowiadam na pisane przez nich e-maile.

Przez tydzień zastanawiałem się nad skonstruowaniem mojej oferty dla BigBanku. Ostatecznie zaproponowałem dwa warianty wyceny. W pierwszym zobowiązywałem się do napisania do serwisu bankowego 52 artykułów o objętości 500–700 słów i dostarczania ich z cotygodniową częstotliwością.

W tym przypadku wyceniłem współpracę na 7000 zł miesięcznie (czyli łącznie 84 000 zł rocznie). W drugim wariancie zaproponowałem dodatkowo promocję każdego z opublikowanych artykułów za pośrednictwem fanpage'a *Jak oszczędzać pieniądze* na Facebooku oraz mojego konta na Twitterze, wyceniając to łącznie na 11 000 zł miesięcznie (czyli 132 000 zł rocznie). W tamtych czasach wyceniałem patronat nad pojedynczym wpisem na moim blogu na 2000 zł. Niemniej jednak był to mój własny wpis opublikowany u mnie na blogu. W przypadku planowanej współpracy mówiliśmy tak naprawdę o sprzedaży moich artykułów do cudzego serwisu, bez prawa ich wykorzystania u mnie. To także znalazło odzwierciedlenie w wycenie. Zdawałem sobie sprawę, że oferta może wykraczać poza budżet, ale nie spodziewałem się tego, co miało się wydarzyć.

Jeszcze tego samego dnia otrzymałem odpowiedź, która była dla mnie jak policzek. BigBank napisał mi, że:

„Mamy wrażenie, że wkradł się drobny błąd i że przedstawiona kwota odnosi się do rocznej współpracy, którą na podstawie faktur będziemy rozliczać miesięcznie".

Przypominam, że chciałem od 7000 do 11 000 zł miesięcznie w zależności od zakresu współpracy. Bank oczekiwał, że za 7000–11 000 zł będę dla nich pracował przez cały rok! Za przygotowanie i promocję każdego artykułu chciał mi zapłacić średnio 212 zł. To było po prostu uwłaczające! Dość powiedzieć, że dzisiaj sam więcej płacę osobom, które tylko spisują treść moich podcastów, nie wykonując przy tym żadnej pracy kreatywnej.

Nastąpiło kompletne rozminięcie cenowe. Chociaż byłem wkurzony, to grzecznie odpisałem:

„Moja wycena nie zawiera błędu. Nie ukrywam, że cenię swoje usługi i absolutnie nie mam ambicji, by być najtańszym autorem. Oczywiście rozumiem, że mogą Państwo dysponować ograniczonym budżetem. W takim przypadku polecam współpracę z inną osobą".

To praktycznie zakończyło temat.

Rozmawiając z BigBankiem, poznałem to mniej przyjemne oblicze współprac komercyjnych: przewagę negocjacyjną dużych podmiotów oraz wysokie oczekiwania instytucji śpiących na pieniądzach. Wtedy przez chwilę wydawało mi się, że takie podejście jest reprezentatywne dla całego rynku dużych firm. Po latach zrozumiałem, że po prostu BigBank w tamtych czasach nie rozumiał jeszcze potencjału współpracy z tzw. influencerami, czyli kreatorami opinii. A nawet jeśli rozumiał, to nie dojrzał jeszcze do tego, aby im uczciwie płacić.

Dzisiaj cieszę się, że do tej współpracy nie doszło. Jednoznacznie by mnie zaszufladkowała i mocno wyeksploatowała mój stopniowo budowany wizerunek. Z drugiej strony bank stracił możliwość związania mnie długoterminowym kontraktem za relatywnie nieduże pieniądze. Taka okazja już się nie powtórzyła. Pół roku później wyceniałem się już na wyższe kwoty, unikając jednocześnie rozmów z bankami.

Wtedy obiecałem sobie, że nie będę bezpośrednio współpracował z żadnym bankiem, bo to zamyka wiele furtek na przyszłość i poważnie rzutuje na wiarygodność. Żartowałem, że gdyby kiedykolwiek miałoby dojść do takiej współpracy, to musiałaby ona być warta grube miliony złotych. Twarz mam bowiem tylko jedną, więc wynagrodzenie musiałoby wystarczyć na jej operację plastyczną i sfinansowanie reszty życia.

PRACĘ NA SWOIM ZACZYNAM OD WAKACJI

Pod koniec lipca pożegnałem się w końcu ze współpracownikami i oficjalnie zakończyłem pracę na etacie. Po pół roku huśtawki emocjonalnej potrzebowałem przede wszystkim spokoju i wyciszenia. Uświadomiłem sobie, że być może są to ostatnie porządne wakacje w moim życiu, jeśli nie znajdę sposobu na utrzymywanie nas z bloga. Dlatego zdecydowaliśmy się na całkowity detoks – wyjazd aż na 5 tygodni w samochodową podróż po Europie. To było kompletne oderwanie się od codzienności.

Ten czas był mi bardzo potrzebny. Mogłem się wyciszyć, oczyścić głowę i zebrać siły, spędzając świetny czas z rodziną. Słuchałem zaległych podcastów, czytałem książki, stopniowo zrywałem z mentalnością pracownika i przyzwyczajałem się do myśli, że jestem blogerem-przedsiębiorcą.

Uzgodniłem sam ze sobą, że do końca roku nie będę robił żadnych wielkich planów. Zależało mi wyłącznie na płynięciu z prądem, ponownym skupieniu się na tworzeniu treści na bloga oraz obserwowaniu swoich reakcji na nową rzeczywistość. Dziś myślę, że takie pozbycie się presji miało kluczowy wpływ na dalsze sukcesy. Nie celowałem w żaden wynik finansowy. Jedynym mierzalnym celem, który sobie postawiłem wcześniej, było przebicie poziomu 100 tys. UU na blogu miesięcznie. Niemniej jednak nie traktowałem tego jako cel bezwzględny. Przyzwyczajałem się mentalnie do myśli, że blogowanie to nie jest krótkodystansowy wyścig, lecz maraton, w którym kluczowe jest nie tempo, ale po prostu dotarcie do mety. Czy nastąpi to prędzej, czy później – miało wtórne znaczenie. Próbowałem sam siebie uczyć cierpliwości, także poprzez świadome oderwanie się na dłuższy czas od pracy.

Wakacje stuprocentowo zdały egzamin. Wróciłem pełen energii i nowego zapału. Po powrocie bardzo pozytywnie zaskoczyła mnie jedna obserwacja: mimo że w sierpniu 2013 r. opublikowałem tylko cztery wpisy (dwa z nich były przygotowane wcześniej), to ruch na blogu wcale nie spadł! Wcześniej wydawało mi się, że 5-tygodniowa nieobecność i luźny harmonogram publikacji negatywnie odbiją się na poczytności. Nic takiego się nie wydarzyło.

Wtedy po raz pierwszy uświadomiłem sobie, że tworzę miejsce w internecie, które zasadniczo nie wymaga ode mnie stałej obecności. Że strategia pisania wpisów ponadczasowych przynosi świetne rezultaty nawet wtedy, gdy nie publikuję nowych artykułów. Dzięki Google stale trafiają do mnie nowi czytelnicy, którzy codziennie zostawiają swój adres e-mail, aby otrzymywać newsletter. Stworzyłem samograj. Długoterminowo potrzebowałem tylko trzymać wysoki poziom, rozbujać ruch i nauczyć się go w mądry sposób monetyzować.

Blogowanie to nie jest krótkodystansowy wyścig, lecz maraton, w którym kluczowe jest nie tempo, ale po prostu dotarcie do mety.

PIERWSZE PRÓBY MONETYZACJI

Z jednej strony nie miałem konkretnych celów finansowych, ale z drugiej – chciałem jednak zacząć testować różne sposoby zarabiania na blogu. Obok współprac z firmami, tak bardzo lubianych przez tzw. mainstream blogosfery, istnieje wiele innych sposobów monetyzowania popularności i wiedzy blogera:

- Afiliacja
- Reklamy na blogu
- Wpisy sponsorowane
- Patronaty
- Książki
- Szkolenia stacjonarne
- Szkolenia online
- Konsultacje indywidualne

- Konsultacje grupowe
- Użyczenie wizerunku
- Produkcja własnych linii produktów
- Wsparcie marketingowe dla innych
- Sprzedaż warsztatu blogera:
  - Pisanie
  - Redagowanie i korekta
  - Publikowanie w WordPress
  - Wyszukiwanie fotografii
  - Marketing treści w mediach społecznościowych
  - Analiza statystyk i tworzenie raportów
  - Pozycjonowanie treści

Na przykładzie chociażby Pata Flynna widziałem, że nie trzeba łapać się wszystkiego, można wybrać sobie tylko kilka sposobów zarabiania i jednocześnie świetnie żyć z działalności okołoblogowych – bez konieczności pisania wpisów sponsorowanych. Nie wiedziałem jednak, co u mnie wypali i które formy monetyzacji pozwolą w przyszłości utrzymywać rodzinę.

Swoje eksperymenty rozpocząłem już na początku lipca i część z nich trwała aż do końca 2013 r. W ten sposób przekonywałem się, które formy zarabiania mi pasują i jednocześnie dają efekty uzasadniające ich stosowanie.

Reklamy Google AdSense

Zaczynałem skromnie. Najpierw umieściłem na blogu kilka tzw. stref reklamowych, w których mogły wyświetlać się **reklamy Google AdSense**. Jest to jeden z najprostszych sposobów zarabiania, niewymagający ze strony blogera żadnych działań sprzedażowych. Po umieszczeniu na blogu skryptu wyświetlającego reklamy (są do tego gotowe wtyczki WordPress), Google automatycznie dopasowuje wyświetlane reklamy zarówno do zawartości strony, jak i zainteresowań osób odwiedzających bloga. Ten mechanizm jest w pełni dynamiczny, co oznacza, że każdy czytelnik może widzieć zupełnie inne reklamy – zawsze wyświetlające się jednak w tych samych miejscach na blogu (wyznaczonych strefach reklamowych). Zarabiamy zarówno z tytułu liczby wyświetleń reklamy (model CPM – *cost per mille* – czyli opłata za każdy 1000 wyświetleń), jak i za kliknięcia, które sprowadziliśmy (model CPC – *cost per click* – czyli opłata za każde kliknięcie).

Jak duże mogą być te zarobki? To zależy od tego, jakie reklamy pokazywane były przy naszych wpisach. Wysokości stawek CPM i CPC płaconych przez reklamodawców uzależnione są od branży. W finansach i ubezpieczeniach są relatywnie wysokie, dzięki czemu nawet przy średnim ruchu można zarabiać w ten sposób całkiem zacne kwoty. Mój blog we wrześniu 2013 r. odwiedziło łącznie 50 123 UU, którzy wygenerowali 195 136 odsłon, czyli obejrzeli właśnie tyle stron na moim blogu. Nie na wszystkich z nich umieszczone były strefy reklamowe (np. nie było ich na „Spisie treści"). Strony z reklamami wyświetlone zostały 156 155 razy i odwiedzający zobaczyli na nich łącznie 342 312 reklam, przez cały miesiąc klikając w nie zaledwie 1263 razy (kliknięcia stanowiły mniej niż 0,4% wyświetleń). To i tak pozwoliło uzyskać miesięczny przychód z reklam w wysokości 1176 zł.

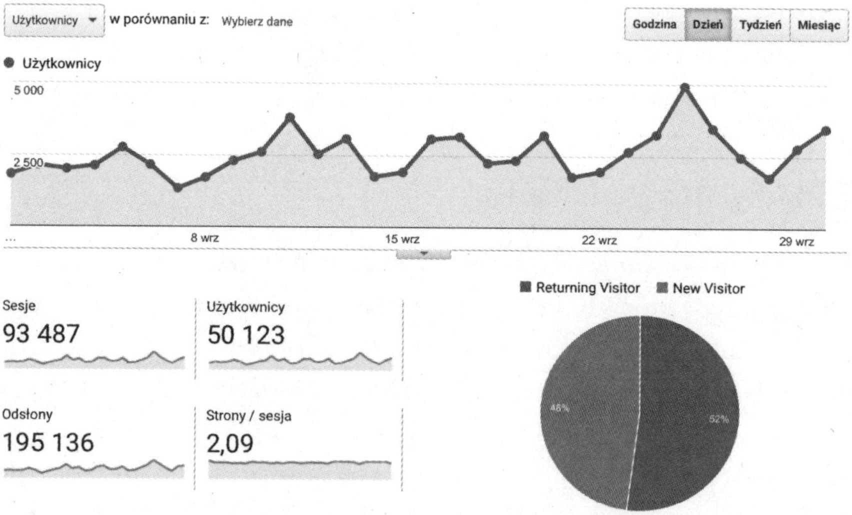

Statystyki ruchu z Google Analytics we wrześniu 2013 r.

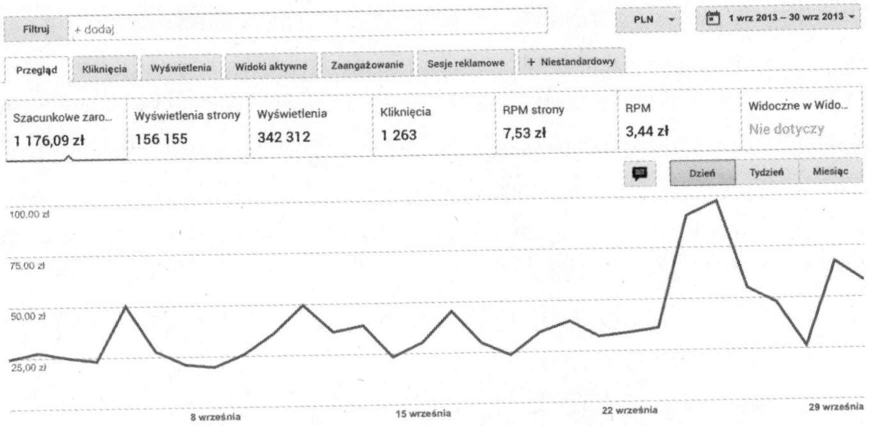

Zarobki z Google AdSense we wrześniu 2013 r.

Jak widać, wysokość dziennych zarobków jest skorelowana z wielkością ruchu na blogu. Im większy ruch, tym więcej emitowanych reklam i tym wyższe przychody.

Był jednak jeden bardzo duży problem z Google AdSense – jako autor bloga nie miałem praktycznie żadnej kontroli nad tym, jakie reklamy wyświetlają się moim czytelnikom. Algorytmy Google doprowadzały do takich absurdalnych sytuacji, w których przy artykule przestrzegającym przed zadłużaniem się wyświetlane były reklamy pożyczek, a przy wpisach mówiących o tym, jak unikać pułapek zastawianych przez banki, pojawiały się reklamy produktów bankowych, których sam bym nie polecił. Poza tym reklamy znacznie pogarszały czytelność bloga. Wiedziałem, że czytelnikom one przeszkadzają – tak samo, jak przeszkadzały mi podczas przeglądania innych stron.

Mimo że był to całkiem stabilny strumień przychodów, to po kilku miesiącach testów całkowicie zrezygnowałem z reklam Google. Doszedłem do wniosku, że muszę być sprytniejszy i zarabiać tylko na takie sposoby, które będą podobały się zarówno mnie, jak i czytelnikom. Wyznaję zasadę, że cel nie uświęca środków. Dużo bardziej niż samo zarabianie pieniędzy liczy się dla mnie styl, w jakim to robię. Lubię zarabianie, ale tylko wtedy, gdy czuję się z nim komfortowo. Gdy coś mi nie pasuje, to wolę „zostawić pieniądze na stole" i poszukać innych sposobów zarabiania, niebudzących moich zastrzeżeń i wątpliwości moralnych. Taki sposób działania wielokrotnie mi się sprawdził w życiu. Mam wrażenie, że dzięki takiemu podejściu mam dużą pewność tego, co robię. Jeśli jakiś projekt wzbudza moje wątpliwości, to po prostu go odpuszczam.

Wyznaję zasadę, że cel nie uświęca środków. Dużo bardziej niż samo zarabianie pieniędzy liczy się dla mnie styl, w jakim to robię.

Samodzielna sprzedaż reklam

Zamiast reklam Google AdSense zdecydowałem się na **samodzielną sprzedaż reklam**. Już od marca na moim blogu dostępny był cennik różnych form współpracy reklamowej. Co miesiąc, wraz z rosnącymi statystykami, aktualizowałem go, podwyższając ceny. Oto jak wyglądał we wrześniu 2013 r. po tym, gdy w sierpniu blog odwiedziło 36 773 UU:

Forma reklamowa	Opis	Cena
Pozycja 1: Duża reklama sidebar 300 x 250	Duża reklama w prawej kolumnie bloga tuż pod formularzem zapisu na newsletter Michała.	800 zł / m-c
Pozycja 2: Średnia reklama sidebar 300 x 125	Średniej wielkości reklama w prawej kolumnie bloga umieszczona bezpośrednio pod Pozycją 1.	500 zł / m-c
Pozycja 3: Małe boxy reklamowe 125 x 125	Mały box reklamowy umieszczony w prawej kolumnie bloga pomiędzy wtyczką społecznościową Facebooka, a listą najpopularniejszych artykułów. Blog przewiduje możliwość umieszczenia czterech takich boxów.	250 zł / m-c
Pozycja 4: Banner w środku artykułu 590 x 100 lub 300 x 300	Reklama umieszczona w środku każdego artykułu - zazwyczaj po 6-8 akapicie. Znakomicie widoczna forma reklamowa.	1000 zł / m-c
Pozycja 5: Baner na końcu artykułu 590 x 100	Reklama umieszczona na końcu każdego artykułu, przed sekcją komentarzy.	600 zł / m-c

Poza samymi banerami reklamowymi oferowałem także bardziej zaawansowane formy promocji:

Formy współpracy	Opis	Cena
Sponsoring blogu: Trzy wybrane formy reklamowe	Na czas trwania kampanii reklamowej Partner zostaje wyłącznym sponsorem blogu. W trakcie jego kampanii na blogu nie są prezentowane żadne inne reklamy. Sponsor może wybrać dowolne trzy formy reklamowe, które w trakcie okresu sponsoringu prezentować będą jego kreacje reklamowe.	3200 zł / m-c
Sponsoring pojedynczego artykułu	Michał napisze artykuł na uzgodniony temat. Forma o bardzo ograniczonej dostępności - temat musi bowiem pasować do tematyki bloga i być wartościowy dla Czytelników. Pakiet obejmuje również: rozesłanie informacji o artykule i jego sponsorze do subskrybentów newslettera, poinformowanie o publikacji artykułu w mediach społecznościowych (Facebook, Google+, LinkedIn) oraz RSS. Artykuł będzie zawierać wyraźne oznaczenie sponsora wraz z linkiem do wskazanego landing page na stronie WWW sponsora.	2000 zł / artykuł
Sponsoring odcinka podcastu	Michał przeznaczy 60-sekund czasu podcastu na informację o Twoim produkcie, firmie lub wydarzeniu. Treść uzgadniana. Forma zastrzeżona wyłącznie dla tych sponsorów, których Michał nie wstydzi się wymienić i o nich opowiedzieć.	500 zł / odcinek

We wrześniu zgłosiło się do mnie Biuro Informacji Kredytowej (BIK), które zainteresowane było sponsoringiem całego bloga. W ten sposób bezpośrednio pozyskałem pierwszego klienta na reklamę banerową, której wygląd musiał przed publikacją przejść moją akceptację. Zarobiłem na tym dwa razy więcej niż na emisji reklam Google AdSense, nad którymi nie miałem żadnej realnej kontroli. Przywilejem wykupionego przez BIK pakietu była wyłączność reklamowa oraz prawo eksponowania logo firmy także w nagłówku bloga. W taki oto sposób starałem się nadawać obecności partnerów charakter spójności i wyjątkowości.

Ta forma zarabiania dobrze sprawdzała się aż do pierwszej połowy 2014 r. Później uznałem, że lepiej na banerach promować własne treści i produkty, niż oddawać tę powierzchnię zewnętrznym firmom. Po prostu pokazując na banerach aktualne oferty afiliacyjne lub własne produkty, zarabiałem więcej niż przy sprzedaży banerów i pakietu „sponsoring bloga".

Afiliacja

Tłumaczyłem już wcześniej, na czym polega **afiliacja** w przypadku książek. W drugiej połowie 2013 r. po raz pierwszy odważniej wszedłem w afiliację bankową. Napisałem artykuł, w którym szczegółowo przedstawiłem jedno z kont ROR płacących premię za aktywne korzystanie z usług bankowych. Za skuteczne polecenie go osobom, które zakładały to konto po kliknięciu w link na moim blogu, otrzymywałem wynagrodzenie od firmy afiliacyjnej współpracującej z bankiem.

Ten model współpracy był dla mnie idealny. Wystarczyło się tylko raz zarejestrować w programach afiliacyjnych (robi się to całkowicie online), a potem mogłem samodzielnie wybierać spośród wszystkich dostępnych produktów finansowych tylko te, które chciałem omówić na blogu. Jednocześnie nie musiałem podpisywać z bankami żadnych umów – to we własnym zakresie realizują pośrednicy, czyli właśnie firmy obsługujące programy afiliacyjne.

Tu również byłem beneficjentem „drogiej" branży. Instytucje finansowe płacą od kilkudziesięciu do nawet kilkuset złotych za pozyskanie nowego klienta. Oczywiście stawki zależą w dużej mierze od rodzaju usługi. Najmniej się płaci za zwykłe konta i lokaty, a najwięcej za pozyskanie klienta na kartę kredytową oraz pożyczkę.

Ze względów etycznych nigdy nie zarabiałem na pożyczkach, chociaż czytelnicy niejednokrotnie prosili mnie o umieszczenie ich rankingu na blogu. Z kolei afiliację na kartach kredytowych rozpocząłem dopiero po opublikowaniu cyklu artykułów *Savoir-vivre kart bankowych* → **zcwp.pl/karty**, w którym szczegółowo wytłumaczyłem zagrożenia związane z ich stosowaniem.

Niestety, nie wszyscy mają takie hamulce moralne. Niektórzy promują np. formy inwestowania obarczone ryzykiem, pokazując je wśród bezpiecznych lokat bankowych.

Jeszcze inni przedstawiają produkty, ale bez ich rzetelnego omówienia – uwypuklają plusy, ukrywając jednocześnie minusy. To zły sposób działania. Jeśli zależy ci na zdobyciu zaufania, to zdecydowanie musisz się nauczyć rezygnować z krótkoterminowych korzyści na rzecz długofalowego, stopniowego budowania wiarygodności.

Zarabianie na afiliacji omówiłem szczegółowo w 15. i 89. odcinku podcastu → **zcwp.pl/015** i → **zcwp.pl/089**, a o etyce w działaniach afiliacyjnych rozmawiałem z Michałem Pałką z bloga livesmarter.pl w 65. odcinku podcastu → **zcwp.pl/065**.

Początkowo przychody z afiliacji nie były duże, ale sukcesywnie rosły, osiągając na koniec 2013 r. łączną kwotę 9370 zł netto.

Jeśli zależy ci na zdobyciu zaufania, to zdecydowanie musisz się nauczyć rezygnować z krótkoterminowych korzyści na rzecz długofalowego, stopniowego budowania wiarygodności.

Szkolenia i inne występy gościnne

Po szkoleniach dla Payback oraz Meritum Banku zaczęły się sypać kolejne propozycje. Wybierałem tylko te, które pozwalały mi połączyć tradycyjne występy szkoleniowe z aktywnością blogową.

Wystąpiłem na przykład na konferencji prasowej firmy windykacyjnej KRUK, tłumacząc dziennikarzom, jak prowadzić budżet domowy. Materiał z tego wystąpienia stał się również przyczynkiem do powstania jednego z najbardziej poczytnych wpisów na blogu zatytułowanego *Jak zaplanować prosty budżet domowy* → **zcwp.pl/pbd**. Tak oto łączyłem przekazywanie wiedzy z zarabianiem. Pieniądze od moich partnerów miały pokrywać koszty działania firmy i mojego życia, umożliwiając jednocześnie tworzenie bezpłatnych, wartościowych treści dla czytelników.

Otrzymywałem także relatywnie dużo zaproszeń do poprowadzenia zamkniętych wystąpień oraz wystąpienia w charakterze konferansjera na konferencjach finansowych i prasowych firm. Odrzucałem wtedy takie propozycje, uznając, że są one całkowicie poboczne w stosunku do mojej głównej działalności. Koncentrowałem swoją energię przede wszystkim na tworzeniu treści na bloga.

PIERWSZE SPOTKANIE Z CZYTELNIKIEM

Gdy napisałem w newsletterze, że wybieram się do Gdańska poprowadzić szkolenie dla Meritum Banku, to napisał do mnie Adi – jeden z czytelników bloga – proponując spotkanie. Znałem go z komentarzy oraz e-maili. Chętnie przystałem na propozycję, zwłaszcza że i tak nie miałem co ze sobą zrobić w Trójmieście. Pomyślałem, że to świetna okazja do zasięgnięcia języka. Chciałem usłyszeć, jak mógłbym jeszcze lepiej prowadzić bloga.

Adi kompletnie mnie zaskoczył. Przyjechał na spotkanie z zacnym prezentem, który wręczył mi ze słowami: „Należy ci się". Okazało się, że dzięki znalezionej na moim blogu informacji o promocji bankowej uzyskał podwyżkę w pracy. Poprosiłem o opowiedzenie, jak tego dokonał.

Bank płacił swoim klientom premię – zwracał 1% kwoty wynagrodzenia wpływającego co miesiąc na konto bankowe. Można było zarobić w ten sposób maksymalnie 50 zł miesięcznie. Adi się zdenerwował. Chciał uzyskać maksymalny zwrot, ale zarabiał „tylko" 4500 zł. Nie odpuścił. Przygotował zestaw argumentów przemawiających za podwyżką i umówił się na rozmowę z szefem. Gdy ten usłyszał o maksymalizacji korzyści z promocji bankowej, roześmiał się i doceniając determinację pracownika, przyznał mu dodatkowe 500 zł.

Tak oto słuchając mojego czytelnika, po raz pierwszy usłyszałem od kogoś na żywo, że to, co robię, jest dla niego ważne i ma realny wpływ na jego życie. Autentycznie się wzruszyłem. Co innego mieć świadomość tego, że mój blog pomaga, a co innego usłyszeć to w rozmowie w cztery oczy.

To spotkanie z Adim było kolejnym przełomowym momentem w historii bloga. Wracając pociągiem do Warszawy, od nowa próbowałem sobie odpowiedzieć na pytanie: „Jaką pozytywną zmianę wprowadzam w życiu moich czytelników?". Rozmowa z Adim mocno ugruntowała moje poczucie misji.

Swoją drogą to charakterystyczne, jak bardzo wpływamy na siebie nawzajem – nawet w trakcie zwykłych rozmów. Wiem, że Adi był bardzo zadowolony z możliwości spędzenia ze mną czasu. Ale jestem też przekonany, że do dzisiaj nie wie, jak bardzo wartościowe było dla mnie nasze spotkanie. Zrozumiałem, że to zawsze działa w dwie strony. Chociaż czasami przed spotkaniem mam wrażenie, że jestem tam tylko po to, by coś od siebie dawać, to później okazuje się, że ja także wiele otrzymałem – sprzężenia zwrotnego, słów wsparcia i materiału do przemyśleń.

ETAP 5 – PODSUMOWANIE I WNIOSKI

Koniec etatu, wakacje i udany start we własnej firmie. Pod koniec września czułem, że złapałem wiatr w żagle. Chociaż pożegnałem się z pracodawcą zaledwie dwa miesiące wcześniej, to wydawało mi się, jakby minął już rok. Zawdzięczałem to ferworowi pracy, w którą się rzuciłem po powrocie.

Z drugiej strony musiałem nauczyć się mądrze gospodarować swoim czasem. Nagle przybyło mi dodatkowe 10 godzin dziennie, nie musiałem już jeździć do pracy, ale jednocześnie musiałem sam dbać o to, aby zachować odpowiedni reżim. Praca w domu i na swoim tylko z pozoru wydaje się fajna. Tak naprawdę przyszło mi wtedy pracować dla najbardziej surowego szefa, czyli siebie samego.

Po wakacjach ruch na blogu po prostu wystrzelił. Moje wątpliwości kotłujące się w głowie okazały się bezpodstawne. To, że odpuściłem pisanie w trakcie urlopu, wcale nie spowodowało zniknięcia czytelników.

Z każdym szkoleniem i każdymi pozyskiwanymi referencjami było mi coraz łatwiej zdobywać kolejnych klientów. Wystarczyło jedynie pochwalić się sukcesami na blogu.

STATYSTYKI BLOGA

34 652 UU – lipiec 2013 r.

36 773 UU – sierpień 2013 r.

50 123 UU – wrzesień 2013 r.

Praktycznie wszystkie propozycje biznesowe, które do mnie trafiały, pochodziły od osób będących prywatnie czytelnikami bloga. Widziałem, że energia wkładana w jego tworzenie i trzymanie wysokiego poziomu merytorycznego nareszcie zaczyna przynosić owoce. Dodatkowo moja decyzja o życiu z blogowania potwierdziła, że traktuję serio to, co robię, że nie jest to już tylko dodatkowym zajęciem. To znacznie ułatwiło kontakty biznesowe.

Najlepsze pieniądze zarabiałem wtedy na szkoleniach. Nie chciałem się jednak na nich koncentrować. Podobnie jak pojedyncze współprace blogowe, także i szkolenia słabo się skalowały. Nawet jeśli występ trwał tylko godzinę, to często oznaczało stratę całego dnia – ze względu na konieczność dojazdów, jak również przygotowania do wystąpienia. Żeby zarabiać na nich wystarczająco dużo, musiałbym przeprowadzać ich wiele, a zostanie szkoleniowcem nie było moim celem. Wiedziałem, że muszę wyznaczyć sobie ramy działania i kryteria doboru takich wystąpień publicznych.

W sierpniu wprowadziłem bardzo ważną modyfikację moich dotychczasowych raportów kosztów – dodałem do nich również zarobki. Mogłem je ujawnić, bo nie pracowałem już na etacie, i jednocześnie chciałem to zrobić, aby czytelnicy jednoznacznie widzieli, w jaki sposób zarabiam na blogu i mogli śledzić moją drogę od zera do konkretnych wyników.

ROZDZIAŁ 8

Etap 6: Ekspert

OKRES:

od października 2013 r. do końca grudnia 2013 r.

PRZYCHODY NETTO:

32 609 zł

KOSZTY NETTO:

16 532 zł

WIEK BLOGA W GRUDNIU:

półtora roku

LICZBA CZYTELNIKÓW:

73 802 UU w październiku 2013 r.

77 224 UU w listopadzie 2013 r.

63 967 UU w grudniu 2013 r.

W październiku 2013 r. po raz pierwszy nazwano mnie „ekspertem w dziedzinie finansów osobistych". Dla jasności – sam się za takiego nie uważałem. W przeciwieństwie do prawdziwych ekspertów, nie miałem nawet finansowego wykształcenia! Byłem samoukiem, który po prostu zdecydował się dzielić z innymi dotychczas zdobytą wiedzą oraz doświadczeniami. Na szczęście nikt poważny mi tego nie wytykał.

Najpierw zaproszono mnie do *Pytania na Śniadanie* w TVP2 jako „eksperta od kieszonkowego", a dwa tygodnie później wystąpiłem jako „ekspert od kosztów jedzenia". Szczerze mówiąc, nie podoba mi się formuła i sposób prowadzenia „śniadaniówek". Pomimo ograniczonego czasu takiego programu, dziennikarze nigdy nie przesłali mi wcześniej listy zagadnień do rozmowy. Osoby organizujące występy gości są najczęściej bardzo tajemnicze i tylko lakonicznie wspominają, czego będzie dotyczyć program. Gdybym wcześniej znał chociażby pytanie otwierające, to mógłbym przygotować zwięzłą odpowiedź mieszczącą wartościowe informacje w krótkim czasie antenowym.

Niestety można odnieść wrażenie, że stacjom telewizyjnym bardziej zależy na zaskakiwaniu rozmówców dziwnymi pytaniami niż prawdziwie wartościowych rozmowach. To nie służy nikomu. Jeden z moich znajomych dobrze oddał ducha takich wystąpień, mówiąc: „Czułem się tam trochę jak Katniss na Igrzyskach Śmierci – reakcje intuicyjne i zero czasu, żeby pomyśleć nad odpowiedzią".

Nauczyłem się już, że tego typu występy raczej nie są dobrym sposobem przekazywania wiedzy. Można się tam pojawić po to, aby przypomnieć telewidzom własną twarz. Blogerzy jednak czasami przeceniają znaczenie takich wystąpień w mediach (ja też przeceniałem). Tak naprawdę, w moim przypadku w żaden sposób nie przekładają się one na zwiększenie oglądalności bloga. To mnie nie dziwi, bo telewizje rzadko kiedy decydują się podać, skąd tak naprawdę przychodzi gość. Wolą podpisać mnie „autor bloga o oszczędzaniu" niż podać jego nazwę czy adres.

Jako często zapraszany gość nauczyłem się także pytać, czy w danym programie występować będę sam, czy w towarzystwie innych osób. Najgorsze, co może się przytrafić, to przypadkowy rozmówca, który siedzi z tobą na kanapie i dominuje w rozmowie. Staram się zachowywać podstawowe zasady kultury. Nie odzywam się, gdy nie zostanę zapytany. Nie przekrzykuję się też z innymi i im nie przerywam.

Niestety podczas jednego z występów w TV miałem pecha. Program o kosztach jedzenia zdominował pan, który konstatował, że oszczędzanie to głupota i kompletnie wyśmiał to, co próbowałem przekazać. Żałowałem wtedy, że przyjąłem zaproszenie.

Po tym występie napisałem artykuł *Ile przepłacasz na jedzeniu* → **zcwp.pl/jedzenie**, który tylko w dniu jego publikacji widziało ponad 10 000 osób. W tamtym czasie był to absolutny rekord. Do dzisiaj przeczytano go ponad 115 000 razy. W odróżnieniu od jednorazowego występu w telewizji stale dociera on do nowych czytelników i wciąż pokazuje, jak bardzo dajemy się „skubać" na najtańszych produktach żywnościowych.

Nauczony doświadczeniem wypracowałem następującą strategię i zasady występów w mediach:

1. **W telewizji i radiu występuję wyłącznie w programach na żywo.** Nie udzielam wypowiedzi do nagrań, które mogą być później dowolnie montowane. Niestety, dziennikarze podczas montowania tzw. setek, czyli stusekundowych kompilacji, mają tendencję do okrajania wypowiedzi w sposób wypaczający ich sens.

2. Zawsze żądam autoryzacji wywiadów prasowych. Jako przepytywana osoba masz prawo żądać przedstawienia do autoryzacji finalnego materiału (a dokładniej – swoich wypowiedzi). Ja zawsze, jeszcze przed powiedzeniem czegokolwiek dziennikarzowi, upewniam się, że przyśle mi cały materiał – nawet wtedy, gdy moje wypowiedzi są tylko składową większego artykułu. Jeśli się na to nie zgadza – zazwyczaj odmawiam. Nie chcę, by ktoś wykorzystywał moją osobę i mój autorytet do uwiarygodnienia materiałów, z którymi mógłbym się nie zgadzać.

3. Regularnie stosuję „okresy absencji medialnej". Wizyty w mediach zawsze są absorbujące i bywają wyczerpujące emocjonalnie. Nie lubię również „wyskakiwać z lodówki" i zdecydowanie nie chcę być „na każde zawołanie". Dlatego dozuję swoją obecność w mediach, coraz częściej planując kilkumiesięczne okresy absencji, w których po prostu skupiam się na swojej pracy.

4. Jestem do dyspozycji mediów, gdy chcę coś nowego zakomunikować. Świadome ograniczanie mojej dostępności powoduje, że dziennikarze pytają mnie z wyprzedzeniem, kiedy będę miał dla nich czas. Nauczyłem się już, że warto pomagać im to zaplanować. Znacznie chętniej przyjmuję propozycje wtedy, gdy mam coś ciekawego do zakomunikowania, np. w okresie premierowym nowej książki.

Zanim wypracowałem te zasady, to zdążyłem popełnić błędy i stracić nieco czasu i nerwów. Dziś raczej minimalizuję liczbę występów w cudzych mediach. Uczciwie mówiąc, wolę tworzyć i promować własne.

Zainteresowanie mediów moją osobą znacznie przybrało na sile, gdy w moich raportach zarobków i kosztów zaczęły pojawiać się bardzo konkretne kwoty.

W listopadzie 2013 r. opublikowałem wpis → **zcwp.pl/raport** z zarobkami miesięcznymi sięgającymi 19 235 zł oraz komentarzem „nie uważam tej kwoty za szczyt marzeń. Ja dopiero raczkuję...". Temat znowu został podchwycony przez media. Od tego czasu zyskałem miano „pierwszego blogera ujawniającego zarobki". Nie byłem wcale pierwszy, ale ta etykietka do mnie przylgnęła. Tydzień później znowu siedziałem na kanapie w TVP2, próbując wytłumaczyć, jak można zarabiać na blogach. Wszelkie tego typu występy kończyły się spłycaniem tematu. Miałem wrażenie, że blogerów traktuje się jak obiboków, którzy zarabiają zbyt łatwo i zbyt dużo w porównaniu z innymi grupami zawodowymi. Uznałem, że będę odrzucał kolejne propozycje rozmowy o zarobkach i robię tak do dzisiaj.

BLOG FORUM GDAŃSK 2013

W listopadzie nadszedł czas na kolejne spotkanie z innymi blogerami – największe, w jakim dotychczas miałem wziąć udział – konferencję **Blog Forum Gdańsk 2013 (BFG)**. Co roku wzbudza ona olbrzymie emocje, gdyż przyjmuje tylko około 200 blogerów i wielu chętnych po prostu się nie dostaje.

Wypełniłem formularz zgłoszeniowy i niecierpliwie czekałem na decyzję organizatorów. Okazało się, że nie tylko zostałem zaproszony, ale dodatkowo byłem nominowany do nagrody *Społecznie odpowiedzialnego blogera*. To było niesamowite wyróżnienie. Jechałem do Gdańska tak naprawdę niepewny, kogo tam spotkam. Zastanawiałem się, czy poznam wartościowych ludzi, czy może zasmucę się tym, jacy naprawdę są blogerzy. Z jednej strony czułem się takim „młodym szczawiem" wśród blogerów, a z drugiej – świadomy już byłem swojej siły, poukładania merytorycznego i horyzontu działań.

Trochę się bałem, że zderzenie z blogosferą zasieje we mnie wątpliwości, czy dobrze robię to, co robię. Czy raczej będę skazany na bycie outsiderem blogosfery – kimś innym od wszystkich, czy może wręcz przeciwnie, wsiąknę między tych ludzi. Myślę, że nie ja jeden miałem takie dylematy. Mało znam osób, które chętnie wchodzą w nowe dla siebie środowisko i czują się z tym jak ryba w wodzie. Ja bardziej czułem się introwertykiem „na odwyku".

Na szczęście w autokarze spotkałem Jakuba Górnickiego z bloga *Podrozniccy.pl*, co od razu dodało mi otuchy. Kuba to świetny rozmówca i jednocześnie blogowy innowator, od którego można się dużo nauczyć. Już wtedy miał ze sobą walizkę z dronem, którym kręcił potem lotnicze ujęcia Stoczni Gdańskiej. Tak właśnie zaczynał się jego nowatorski wtedy projekt *Polska z drona* → **zcwp.pl/dron**, który doskonale pokazuje, jak wiele energii i czasu poświęcają najlepsi twórcy na stworzenie interesujących materiałów.

Już jedno z pierwszych wystąpień na BFG 2013 miało ustawić mój blogowy kompas na kolejne lata. Na scenę wyszła Agnieszka „Zorka" Kaluga, która prowadziła blog *Zorkownia* o życiu i umieraniu → **zcwp.pl/zorkownia**. Blog był dla niej wentylem bezpieczeństwa pomagającym zachować równowagę przy codziennym obcowaniu ze śmiercią. Zorka była bowiem wolontariuszką w hospicjum w Poznaniu.

Gdy oglądałem jej wystąpienie o skutkach ubocznych blogowej działalności, zacząłem płakać. Nie mogłem przestać i nie wiedziałem, gdzie się schować. Agnieszka mówiła o tym, że jej blog stał się bezpieczną przepustką dla jej znajomych do zamkniętego świata hospicjum, że pomagając sobie – pomaga też innym i że dodatkowo wygrywając konkurs Blog Roku 2012, zaspokoiła też swoje ego. Z kolei nagroda otworzyła jej kolejne drzwi – jeden z senatorów zwrócił się do niej z propozycją konsultacji projektu ustawy o wolontariacie. Ta szeregowa wolontariuszka dzięki swojemu blogowaniu miała szansę realnie wpłynąć na poprawę sytuacji w skali całego kraju. Zorka była i jest dla mnie pozytywnym przykładem łączenia skromności i siły, osobistych celów z powszechną przydatnością. To idealny przykład pokazujący, że jako jednostka możemy mieć realny wpływ nawet na cały świat. Kreować zmianę, która wykracza poza naszych najbliższych.

Po raz kolejny dotarło do mnie, jak duża jest moc blogów i jak łatwo jest nam, blogerom, być blisko osób, które nas potrzebują. Przypomniałem sobie, jak bardzo duży wpływ miał na mnie Pat Flynn. Uświadomiłem też sobie, jak terapeutyczny wpływ miał na mnie mój własny blog. I w końcu wzruszyłem się, bo już na samym początku konferencji przekonałem się, że są tam ludzie, których zawsze szukałem. Ludzie, którym zależy na tym, co robią, którzy mają wolę zmieniać świat na lepsze (krok po kroczku), nie boją się korzystać ze swoich zdolności i mają odwagę brać odpowiedzialność na swoje barki. Odpowiedzialność za to, co mówią, ale także odpowiedzialność za to, że skoro posiadają jakieś zdolności, to powinni je wykorzystywać dla dobra innych. Tak właśnie robiła Agnieszka i to w najtrudniejszym obszarze – towarzysząc osobom, które szykowały się na śmierć.

To było dla mnie piękne świadectwo najjaśniejszego oblicza blogosfery – bardzo odległe od wyobrażenia, że blogerzy to dupki pragnące wyłącznie sławy i pieniędzy. Agnieszka stała się moim nowym, pozytywnym i cichym punktem odniesienia. Do dziś można obejrzeć jej wystąpienie i gorąco do tego zachęcam → **zcwp.pl/zorka**.

„Blogowanie to spora odpowiedzialność. Muszę być prawdziwa, autentyczna, nie mogę kłamać, nie mogę upiększać. Wystarczy być sobą i być pewnym tego, co ma się do przekazania."

Agnieszka Kaluga, *Zorkownia*

Na BFG doświadczyłem tego, co czują czytelnicy mojego bloga przypadkowo spotykający mnie na mieście. Bałem się zagadać do znanych blogerów. W przeciwieństwie do mnie sprawiali oni wrażenie niesamowicie wyluzowanych i obytych towarzysko. Ja byłem nowy i wycofany. Na szczęście okazało się, że moje występy telewizyjne zostały dostrzeżone – zwłaszcza ten ostatni, dotyczący zarabiania na blogu. Nie musiałem sam inicjować kontaktów – to inni podchodzili do mnie, aby pogratulować i zapytać o szczegóły. Było mi to bardzo na rękę.

Wracając z Gdańska do Warszawy, czułem się silny i pozytywnie zbudowany. Już w autokarze zacząłem od nowa definiować misję bloga. Po raz kolejny uświadomiłem sobie, że jako bloger nie istnieję bez moich czytelników. We wpisie podsumowującym BFG 2013 napisałem:

> „Uświadamiam sobie, że w zasadzie nie można powiedzieć, że to tylko ja jestem tutaj blogerem. Owszem jestem autorem i «narzędziem publikacji wpisów», ale jeśli dobrze się zastanowimy, to blog jako całość jest efektem naszej wspólnej pracy. Materiały są dobre, bo wy tego wymagacie. Stanowicie *Najwyższą Izbę Kontroli*. Jeśli obniżę poziom, to nie wątpię, że dacie mi o tym znać. A z drugiej strony to właśnie wy dostarczacie mi nowe tematy do artykułów. Ja już dawno niczego sam nie wymyśliłem. To wy jesteście nieustającą inspiracją. Że już nie wspomnę o dyskusjach w komentarzach. Wszyscy jesteśmy blogerami".

Wtedy dotarło do mnie, że to, co robię, wiąże się z coraz większą odpowiedzialnością.

CZYTELNICY – BOHATERZY

Na szczęście sukcesywnie przekonywałem się, że moja działalność przynosi konkretne efekty w życiu czytelników bloga *Jak oszczędzać pieniądze*. Już nie tylko musiałem żyć wiarą, że dobro powraca, ale zaczynałem mieć na to konkretne dowody.

W październiku otrzymałem mail od Pawła Krzosa, do którego załączone było to zdjęcie:

Gdy je zobaczyłem, to po prostu mnie zatkało. Przez chwilę myślałem nawet, że to fotomontaż. Zdjęcie było jednak oryginalne i dowiedziałem się o nim więcej, czytając bardzo długi list Pawła:

Od: Paweł Krzos

Do: Michał Szafrański

Drogi Michale!

Piszę z wielu względów, ale najważniejsze, co mam do przekazania, to podziękowania za to, że wywarłeś ogromny pozytywny wpływ na moje życie. :) Pewnie treść tego listu będzie długa i wypełniona konkretami (podobnie jak Twoje artykuły na blogu), jednak niezmiernie chciałbym się podzielić moją historią i mam nadzieję, że dalsze czytanie sprawi Ci dużo radości...

Znowu płakałem ze wzruszenia (a uwierz mi, nie jestem specjalnie płaczliwy). Moja maratońska historia zatoczyła koło. Rok temu to ja wbiegałem na metę maratonu z podziękowaniami dla Pata Flynna. W 2013 r. zrobił to Paweł Krzos, ale on dzierżył baner z moim imieniem i nazwiskiem! Pełną treść listu Pawła znajdziesz w artykule *Opowieść o prawdziwej sile blogów* → **zcwp.pl/pawel**.

Gdyby Paweł do mnie nie napisał, to nigdy nie dowiedziałbym się o tym, jak pozytywny wpływ miałem na jego życie. Po raz kolejny dotarło do mnie, że takich Pawłów może być wielu, ale nie każdy musi chcieć do mnie napisać. Tak naprawdę o wielu pozytywnych skutkach mojej działalności nigdy nie będzie dane mi usłyszeć. Tym bardziej cieszę się, gdy widzę podziękowania, w które ktoś zdecydował się włożyć tak dużo wysiłku. To jednoznacznie pokazuje mi, że moja praca miała dla tej osoby konkretne znaczenie.

Przesłałem to zdjęcie do Pata Flynna. Podejrzewałem, że ucieszy się z tego, że mam takich naśladowców. Odpisał mi:

Od: Pat Flynn

Do: Michał Szafrański

No to teraz już wiesz, jak ja się czułem rok temu. Jeszcze raz ci dziękuję, Michał – napisałeś do mnie w momencie, w którym wątpiłem w sens tego, co robię. Przywróciłeś mi wiarę.

Było mi bardzo miło, chociaż uczciwie mówiąc, potraktowałem wtedy słowa Pata tylko jako kurtuazję. Po latach miałem się przekonać, że miały one swoje drugie dno.

Takich pozytywnych e-maili i przykładów było znacznie więcej. Niektóre w wyjątkowy sposób napełniały mnie dumą i poczuciem spełnienia. W listopadzie miałem przyjemność uczestniczyć w konferencji prasowej firmy KRUK, podczas której ogłaszano zwycięzców konkursu Dobry Plan. W dużym uproszczeniu chodziło o to, że firma windykacyjna szukała pozytywnych przykładów osób, którym udaje się systematycznie i skutecznie wychodzić z długów. W ramach szerzenia dobrych praktyk w tym zakresie planowała wydać publikację ze zwycięskimi historiami. Ich poszukiwaniu służył konkurs zatytułowany Dobry Plan. Okazało się, że jego laureatami zostali głównie czytelnicy mojego bloga – zdobywając nagrody finansowe za pierwsze i trzecie miejsce oraz jedno z czterech wyróżnień.

Szymon, zwycięzca tego konkursu, który zdobył 2500 zł, napisał mi taki e-mail:

Od: Szymon

Temat: Michale – dziękuję!

Drogi Michale,

właśnie otrzymałem informację, że wygrałem konkurs *Dobry Plan*. To w pełni Twoja zasługa. Wygrana to jednak drobny prezent w stosunku do tego, który dostałem od Ciebie – zrozumiesz mnie, jak przeczytasz:

[...] W przeciągu dekady dwukrotnie sięgnęliśmy dna, uzyskując maksymalne zadłużenie na wszystkich kartach i linii kredytowej. Naszą jedyną poduszką finansową byli rodzice, którzy dwukrotnie udzielili nam pożyczki (jak się później okazało – bezzwrotnej, a raczej bez możliwości zwrotu). Niestety niekontrolowany i niedomykający się budżet gwarantował nam kolejne pełne zadłużenie.

Od rodziców dostaliśmy przysłowiową rybę. Pojawiły się dzieci, a wraz z nimi potężny impuls do wprowadzania zmian. W końcu dojrzałem do tego, aby

zdobyć wędkę i zamiast prosić o rybę – nauczyć się łowić. Zacząłem szukać rozwiązania. Internet, a w szczególności jeden blog finansowy rozpoczął moją edukację finansową – jakoszczedzacpieniadze.pl. [...]
Tekst możesz wykorzystać i opublikować, jeżeli organizatorzy konkursu wyrażają na to zgodę. Jeżeli mógłbym coś dla Ciebie zrobić – proszę, napisz. Jestem Twoim dłużnikiem.

W dalszej części Szymon szczegółowo opisał, jak zaczął korzystać z polecanej przeze mnie aplikacji Microsoft Money (darmowej!) oraz jak wspólnie z żoną dokonywali oszczędności i optymalizacji, które pomogły im spłacić długi.

To był kolejny z mocnych przykładów, że to, co robię, ma sens – nawet jeśli w codziennej gonitwie czasami łatwo mi o tym zapomnieć. Byłem dumny z dokonań moich czytelników i cieszyłem się, że dokładam swoją cegiełkę do ich sukcesów. Tego poczucia bycia potrzebnym innym nie da się kupić za żadne pieniądze. Trzeba na nie zapracować. Tak właśnie praktycznie przekonywałem się, że istnieje coś znacznie cenniejszego niż bieżące zarobki. Powoli stawałem się także fanem moich czytelników i jednocześnie bohaterów, których mogłem pokazywać jako wzór dla innych.

Poczucia bycia potrzebnym innym nie da się kupić za żadne pieniądze. Trzeba na nie zapracować.

START PROJEKTU ELEMENTARZ INWESTORA

Po naszym wakacyjnym spotkaniu coraz częściej rozmawiałem ze Zbyszkiem z bloga *App Funds* → **zcwp.pl/appfunds**. Dosyć szybko zaczął w nas dojrzewać pomysł stworzenia czegoś, czego w blogosferze finansowej jeszcze nie było – obszernego cyklu edukacyjnego dotyczącego inwestowania, którego kolejne artykuły miały być publikowane na dwóch blogach. Obaj wierzyliśmy, że takie połączenie sił da większe korzyści i zasięg niż indywidualne mierzenie się z tematem. Dodatkowo chcieliśmy pokazać, że długoterminowa współpraca pomiędzy blogerami jest możliwa i że korzystnie wpływa na zwiększenie jakości oraz wiarygodności publikowanych materiałów.

Dosyć ambitnie założyliśmy, że **Elementarz Inwestora** – bo tak finalnie został nazwany ten projekt – będzie rocznym cyklem edukacyjnym, którego kolejne wpisy publikowane będą co tydzień, naprzemiennie na dwóch blogach – dwa miesięcznie u Zbyszka i dwa u mnie. Chcieliśmy omówić po kolei wszystkie popularne formy inwestowania w taki sposób, aby trafić zarówno do kompletnych nowicjuszy w zakresie inwestowania, jak i osób, które sprawnie poruszają się już po rynkach kapitałowych. Założyliśmy, że pierwszy etap projektu, czyli „edukacja u podstaw", będzie trwać 12 miesięcy, a w przypadku zainteresowania będziemy w 2015 r. kontynuować projekt w nieco bardziej zaawansowanej formule.

Zbyszek był zawodowcem w dziedzinie inwestowania, a ja wcieliłem się w rolę amatora. Równolegle do edukacji inwestycyjnej chcieliśmy zaproponować także praktyczne ćwiczenie dla naszych czytelników, polegające na obserwacji i analizie dwóch portfeli inwestycyjnych:

- Bezpiecznego – prowadzonego przeze mnie,
- Agresywnego – prowadzonego przez znacznie bardziej doświadczonego Zbyszka.

Poprzez bieżące pokazywanie dwóch zróżnicowanych strategii inwestycyjnych chcieliśmy na bieżąco pokazywać efekty i wyniki naszych portfeli, tłumaczyć różnice w naszych decyzjach inwestycyjnych, a także przedstawiać nasz tok rozumowania.

Wiedzieliśmy, że realizacja takiego projektu to wielka odpowiedzialność, ale również olbrzymi wysiłek. Od początku zdecydowaliśmy, że chcemy pozyskać do niego sponsorów – firmy zainteresowane odpłatnym patronatem nad Elementarzem Inwestora. Wiedziałem już jednak, że negocjacje, ustalenia, zawieranie umów i rozliczenia z wieloma oddzielnymi partnerami będą bardzo czasochłonne. Dlatego zdecydowaliśmy, że najlepiej byłoby sprzedać cały projekt jednemu partnerowi. Taki był plan A. Do doprecyzowania pozostawała cena takiego patronatu. To była kluczowa kwestia i wielka niewiadoma, z którą mierzą się wszyscy blogerzy rozpoczynający współprace komercyjne lub przymierzający się do proponowania firmom finansowania własnych projektów. Jak bowiem wycenić swój czas i pracę? Jeśli rzucisz za wysoką kwotę i nie będziesz potrafił jej uzasadnić, to wywołasz śmiech bądź zniesmaczenie drugiej strony. Jeśli wycenisz się zbyt tanio, to będziesz tego żałować i w miarę upływu czasu będziesz coraz bardziej rozgoryczony taką współpracą (lub od razu poczujesz się frajerem).

Łatwiej jest, gdy wysoką wycenę projektu można uzasadnić realnie ponoszonymi kosztami, np. wynajęcia ekipy do kręcenia materiałów wideo, montażu, zapłaty innym podwykonawcom. Gorzej, gdy, tak jak w naszym przypadku, jedynym kosztem jest czas blogerów wkładany w przygotowanie materiałów i nie ponosi się żadnych innych, udokumentowanych, twardych wydatków. Wtedy tym łatwiej wyśmiać to, na jak wiele się cenimy.

Pomocne są wcześniej prowadzone współprace i wypracowany wraz z nimi cennik naszych usług. Jeśli za patronat nad jednym wpisem na blogu pobieramy np. 5000 zł, to łatwiej zażądać 100 000 zł za cykl 25 wpisów (średnio 4000 zł za wpis, a więc przy hurtowym zamówieniu taniej niż za pojedynczy wpis). Istnieje jednak cała lista dodatkowych elementów, które warto uwzględnić w takiej wycenie:

1. Wspomniany już wcześniej **koszt eksploatacji naszej marki** przez jednego, długofalowego partnera.

2. **Spodziewany wzrost naszej popularności** wraz z upływem czasu, czyli dzisiaj być może wyceniamy 50 000 UU, ale za kilka miesięcy ten cykl może śledzić już 150 000 UU, co daje partnerowi znacznie większą ekspozycję.

3. **Renomę partnera**, bo może się okazać, że za współpracę z niektórymi markami warto zażądać mniej, gdyż taka współpraca będzie nas dobrze pozycjonowała na kolejne lata. Może też być odwrotnie i za współpracę z niektórymi markami powinniśmy wymagać więcej.

4. To, **na ile naprawdę zależy nam na obecności partnera**, albo inaczej mówiąc, na ile silna jest nasza pozycja negocjacyjna. Mówi się, że w negocjacjach najwięcej wygrywa ten, komu mniej zależy. Jeżeli jako bloger mamy wiele alternatywnych źródeł przychodu i do tego nasz projekt jest na tyle świetny, że możemy przebierać w ofertach partnerów, to siłą rzeczy będziemy mogli zażądać więcej.

Tu także sprawdza się moja zasada trampolin. Jeśli umiemy już skakać na tych największych, to możemy walczyć o najwyższe stawki. Jeśli jednak dopiero zaczynamy przygodę z komercjalizacją działań blogowych, to ważniejsze będzie perfekcyjne opanowanie skakania na małej trampolinie, po to, aby w przyszłości móc przeskoczyć na większą. Dopiero później można używać w rozmowach argumentów: „Zobaczcie, rok temu miałem partnera za ćwierć miliona złotych. Tamta oferta już się nie powtórzy. Teraz jestem większy, więc poziom wyjściowy dla rocznej współpracy to co najmniej pół miliona złotych". W takiej sytuacji, gdy przemawiają już za nami medale zdobyte w skokach na średnich trampolinach, nikt nie będzie nam wmawiał, że powinniśmy nadal ćwiczyć na tych małych. Udowodniliśmy już, co jesteśmy warci, i mamy pełne prawo grać o najwyższe stawki.

Ze Zbyszkiem byliśmy jednak na początku naszej drogi komercjalizacji blogów. Ja już miałem pewne doświadczenia, a Zbyszek dopiero uczył się „skakać". Zdecydowaliśmy, że to ja przygotuję ofertę i będę prowadził negocjacje z dużymi firmami.

Co do wyceny – nie komplikowaliśmy. Zdecydowaliśmy, że w tym projekcie będziemy angażować się w równym stopniu i po połowie dzielić się przychodami. Pełne partnerstwo – bez patrzenia na to, kto generuje jak duży ruch na swoim blogu.

Prawdę mówiąc, wycenę wyznaczyliśmy całkowicie „na oko". Obaj uznaliśmy, że po 10 000 zł miesięcznie przychodu na głowę będzie dobrą zapłatą za nasze zaangażowanie i pozwoli nie tylko pokryć koszty życia, ale także spokojnie skupić się na rozwijaniu innych aktywności blogowych. W moim przypadku taki przychód pokrywał około połowę mojego celu rocznego, jakim było generowanie przychodów na poziomie 200 000 zł rocznie. Spodziewałem się, że Elementarz Inwestora jako dosyć angażujący projekt także pochłaniać będzie około 40–50% mojego czasu. Wycena wydawała się więc być prawidłowa – przynajmniej z takiego punktu widzenia, który przyjąłem.

10 000 zł dla mnie + 10 000 zł dla Zbyszka pomnożone przez 12 miesięcy dawało kwotę 240 000 zł za całoroczną współpracę. Tyle chcieliśmy otrzymać, więc dodałem jeszcze do tej kwoty margines na ewentualne negocjacje wynoszący 40 000 zł. Wycena patronatu nad całym projektem zamknęła się więc w kwocie 280 000 zł, z realnym oczekiwaniem niższej finalnej kwoty.

Czy to dużo? Wtedy ta kwota wydawała mi się olbrzymia. Niestety nie znałem żadnych blogerów, którzy kiedykolwiek realizowaliby projekt o takiej skali i którzy mogliby mi pomóc w weryfikacji, czy w ogóle można znaleźć partnera za takie pieniądze. Mieliśmy co do tego obawy. Był listopad 2013 roku. Od razu wymyśliliśmy ze Zbyszkiem plan B: „Jeśli nie uda nam się do połowy lutego 2014 r. znaleźć jednego partnera gotowego zapłacić tę kwotę, to podzielimy projekt na kwartalne i miesięczne części i spróbujemy sprzedawać je indywidualnie za niższe kwoty".

Wspólnie ze Zbyszkiem ogłosiliśmy naszą akcję w podcaście opublikowanym w listopadzie → **zcwp.pl/014** i otwarcie zaprosiliśmy potencjalnych sponsorów do rozmów. Odezwało się do mnie kilka firm. Z każdą z nich się spotykaliśmy i opowiadaliśmy o zakresie projektu. Każdej przedstawialiśmy także kompleksową, blisko 30-stronicową ofertę cenową. Do dzisiaj można się z nią zapoznać tutaj → **zcwp.pl/ei1**. Zgodnie z wcześniejszymi przewidywaniami żadna firma nie była jednak gotowa wyłożyć na ten projekt ćwierć miliona złotych. Nie poddawałem się. Konsekwentnie próbowałem najpierw sprzedać projekt jako całość. Proponowano nam o połowę mniejszą kwotę za współpracę całoroczną – ok. 140 000 zł, ale nie chciałem się na to zgodzić.

W grudniu 2013 r. odezwałem się m.in. do Tomasza Sulewskiego z Orange, który słynął z otwartej głowy i nieszablonowych akcji realizowanych we współpracy z blogerami. Elementarz Inwestora był daleki od ówczesnych priorytetów Orange, ale poprosiłem Tomka o spotkanie na kawie i wypunktowanie minusów mojej oferty. Usłyszałem dwie bardzo cenne wskazówki:

1. **Ofertę na tak kosztowny projekt wysłałem zbyt późno.** Tak naprawdę w dużych firmach proces budżetowania, czyli planowania wydatków na kolejny rok, rozpoczyna się wiele miesięcy wcześniej i w zasadzie pod koniec roku nie ma szansy na wepchnięcie tam kolejnych dużych wydatków. Powinienem myśleć o tym z wyprzedzeniem.

2. **Cena za taką współpracę NIE BYŁA absurdalna.** Gdyby moja oferta spełniała założenia punktu 1. i dodatkowo spuściłbym 10–20% z ceny, to Tomek byłby skłonny wejść w taki projekt, pracując w firmie z branży bliższej finansom. To było to, co chciałem usłyszeć.

Tu warto podkreślić, że w tamtych czasach nie znałem się bliżej z Tomaszem. Tak naprawdę widziałem go dwa razy na oczy – raz na Orange Blog Talks, gdzie nawet się z nim nie przywitałem, i drugi raz na Blog Forum Gdańsk, gdzie pierwszy raz porozmawialiśmy. Poza tym kilka razy napisaliśmy do siebie na facebookowym Messengerze. Mój grudniowy e-mail z ofertą był pierwszym, jaki do niego wysłałem. Mimo że tak naprawdę się bliżej nie znaliśmy, Tomasz mi pomógł, dzieląc się swoją wiedzą. Pierwszy krok musiałem jednak wykonać ja. Gdybym do niego nie napisał, to nie uzyskałbym tak cennych dla mnie informacji.

Naprawdę nie warto komplikować sobie życia. Jeśli chcesz się czegoś od kogoś dowiedzieć, to warto spróbować nawiązać kontakt z tą osobą. Jeśli się nie uda, to będziesz w tej samej sytuacji, w której teraz jesteś. Nic nie tracisz. Możesz tylko wygrać.

Ostatecznie z Tomaszem nigdy nie współpracowaliśmy komercyjnie, ale mam niesamowitą przyjemność znać go osobiście. To jeden z największych ekspertów w zakresie tzw. influencer marketingu, czyli współprac marek ze wpływowymi twórcami internetowymi. Swoim doświadczeniem w tym obszarze podzielił się także w podcaście *Jak wyglądają realia współpracy dużych firm z blogerami* – zachęcam do jego przesłuchania → **zcwp.pl/039**.

Wspólnie ze Zbyszkiem zdecydowaliśmy, że łatwiej będzie nam przekonywać potencjalnych partnerów, gdy pokażemy w praktyce, jak wygląda Elementarz Inwestora. Dlatego zdecydowaliśmy się wystartować z akcją już w grudniu, pomimo braku jej finansowania. To była nasza inwestycja z mocną wiarą, że w końcu uda nam się znaleźć zainteresowane marki.

ETAP 6 – PODSUMOWANIE I WNIOSKI

W grudniu nadszedł czas podsumowań. Rok 2013 zamykałem jako początkujący przedsiębiorca i jednocześnie pełnoetatowy bloger. Patrząc na wyniki, sytuacja nie wyglądała optymistycznie. Nie udało mi się osiągnąć zakładanego celu 100 000 UU miesięcznie – a wręcz w grudniu 2013 r. ruch po raz pierwszy znacząco spadł (blog odwiedziło wtedy „zaledwie" 64 000 UU).

Wyniki finansowe na koniec 2013 r. także nie urywały głowy:

- Przychody = 55 096 zł
- Koszty = 45 110 zł
- Dochód = 9986 zł

Uwzględniając kosztowne rozstanie z etatem, pod względem finansowym był to najgorszy rok od wielu lat. Ja jednak cieszyłem się z tego wyniku. Tak naprawdę nie spodziewałem się, że moja firma będzie na plusie już w pierwszym roku działania. Jednocześnie do końca 2013 roku miałem już za sobą praktyczne testy różnych form zarabiania na mojej działalności:

- Szkolenia dla firm (tradycyjne – poza siecią),
- Jednorazowe współprace komercyjne na blogu i w podcaście,
- Afiliację,
- Reklamy Google AdSense,
- Samodzielnie sprzedawane reklamy,

- A nawet płatne konsultacje – raz wyświadczyłem taką usługę dla firmy potrzebującej doradztwa w zakresie komunikacji przez media społecznościowe.

Wiedziałem już, że nie chcę koncentrować się na szkoleniach, konsultacjach oraz jednorazowych współpracach. Te sposoby monetyzacji bloga były bardzo czasochłonne i zbliżone do działalności etatowej – można było na nich zarabiać, tylko wkładając bieżącą pracę. Przeciwieństwem było zamieszczanie reklam na blogu. Tu pracy było co prawda niewiele, ale nie widziałem w tym wartości dla moich czytelników (nikt nie lubi reklam) i zarobki także nie były duże. Ciekawym sposobem zarabiania była afiliacja – mogłem komunikować czytelnikom tylko te produkty i usługi, które mi się podobały, i przy okazji na tym zarabiać. Wiązałem z tym modelem duże nadzieje, chociaż nie miałem jeszcze pomysłu, jak zarabiać w ten sposób większe pieniądze.

STATYSTYKI BLOGA

73 802 UU – październik 2013 r.

77 224 UU – listopad 2013 r.

63 967 UU – grudzień 2013 r.

Jedyne, co mnie martwiło, to fakt, że nadal nie udało się znaleźć całorocznego partnera do Elementarza Inwestora. Pocieszałem się jednak, że tak naprawdę współprace komercyjne nie są moim celem. W 2014 r. chciałem skupić się na wypuszczeniu kilku własnych produktów i to właśnie w nich upatrywałem źródła przyszłych zarobków.

To między innymi dlatego nie obawiałem się stale podnosić cen różnych form współpracy – czasami szybciej, niż wynikało to ze wzrostu ruchu na blogu. Można powiedzieć, że testowałem, gdzie jest granica bólu zgłaszających się do mnie firm. W marcu 2013 r. zaczynałem od poziomu 1800 zł za pojawienie się logo firmy przy napisanym przeze mnie artykule. Dwa lata później w tym samym miejscu cennika widniała kwota 16 000 zł za pojedynczy wpis. To była cena zaporowa, która dobrze spełniła swoją rolę. Tak naprawdę wtedy już nie realizowałem jednorazowych współprac komercyjnych. Do dzisiaj możesz zobaczyć pełną historię zmian cennika współprac z blogiem *Jak oszczędzać pieniądze* → **zcwp.pl/oferta**.

W końcu odnalazłem mój głos i pewność siebie. Odnalazłem moje „Dlaczego?", czyli głęboką motywację, dlaczego robię to, co robię. Wiedziałem już, że poprzez bloga chcę pomagać innym w ogarnięciu finansowym. Wiedziałem, że mam do tego talent i chciałem go po prostu mądrze wykorzystać.

Przez cały rok 2013 dotarłem z moimi treściami do około 430 000 osób. Uświadomiłem sobie, że gdyby zebrać je w jednym miejscu, to potrzeba byłoby aż siedmiu takich stadionów jak PGE Narodowy w Warszawie. To już nie były przelewki. Mój głos miał znaczenie.

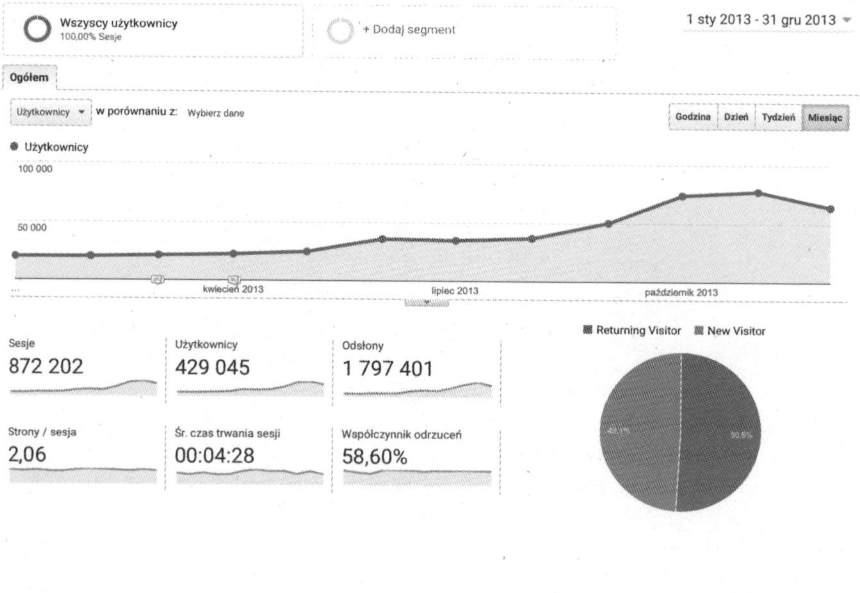

ROZDZIAŁ 9

Etap 7: Popularny bloger

OKRES:

od stycznia 2014 r. do końca marca 2014 r.

PRZYCHODY NETTO:

33 561 zł

KOSZTY NETTO:

31 933 zł

WIEK BLOGA W MARCU:

1 rok i 9 miesięcy

LICZBA CZYTELNIKÓW:

100 809 UU w styczniu 2014 r.

123 931 UU w lutym 2014 r.

120 661 UU w marcu 2014 r.

Przełom roku zawsze sprzyja u mnie przemyśleniom, planowaniu i podejmowaniu ważnych strategicznie decyzji. Nie inaczej było na początku 2014 r.

W prasie dużo się wtedy mówiło o tzw. *paywallach*, czyli wprowadzaniu odpłatnego dostępu do treści publikowanych w serwisach internetowych gazet. Pamiętam, że rozmawiałem wtedy z Maciejem Samcikiem – autorem świetnego bloga ekonomicznego *Subiektywnie o finansach* → **zcwp.pl/samcik**, który był wtedy zwolennikiem tego pomysłu i uważał, że jest on także przyszłością dla blogów. Ja z kolei byłem i jestem przeciwnikiem takich opłat. Uważam, że dostęp do treści powinien być darmowy, a to ja – jako jego twórca – jestem odpowiedzialny za wymyślenie modelu zarabiania wokół bloga.

Jestem wdzięczny Maciejowi, że ten temat wypłynął w naszych rozmowach. Dzięki temu musiałem się nad tym głębiej zastanowić i w efekcie wypracowałem dwa strategiczne założenia mojego blogowego biznesu na kolejne lata:

1. **Blog jest darmowym kanałem komunikacji** służącym m.in. do budowy zasięgu i mądrego promowania moich innych, komercyjnych działalności.

2. **Blog pomaga mi budować i ugruntowywać autorytet** w dziedzinie, którą się zajmuję.

Takie podejście korespondowało z moimi działaniami. Przeprowadzając współprace komercyjne, doszedłem do prostego wniosku, że marki są zainteresowane patronatami nad moimi treściami przede wszystkim dlatego, że są one chętnie czytane przez naprawdę duże grono czytelników. Jeśli zamknąłbym te treści i udostępniał wyłącznie za opłatą, to czytelnictwo bloga znacznie by spadło. W ten sposób ograniczyłbym sobie również możliwość realizacji planów związanych ze wprowadzaniem i sprzedażą własnych produktów. Zamykając dostęp do bloga, zamknąłbym sobie równocześnie możliwość szerokiego informowania o dostępności moich produktów, a co za tym idzie – zmniejszyłbym liczbę ich potencjalnych nabywców.

Tak naprawdę udostępnianie bezpłatnych treści wysokiej jakości jest dzisiaj dla mnie najlepszym sposobem marketingu i pozyskiwania klientów. Sukces mojej książki *Finansowy ninja* nie byłby tak spektakularny, gdybym wcześniej nie zbudował zaufania czytelników. Dałem im się poznać jako autor tworzący wysoce merytoryczne treści. Wielu z nich podjęło decyzję o zakupie książki nie tylko w nadziei na otrzymanie konkretnej wiedzy, ale także jako podziękowanie za lata darmowego udostępniania efektów pracy. Tak właśnie działa „ekonomia wdzięczności" szczegółowo opisana w książce Gary'ego Vaynerchuka → **zcwp.pl/gary**.

MOCNY PLAN NA ROK 2014

Dotychczas skupiałem się przede wszystkim na tworzeniu treści i promocji mojego bloga służącej zwiększaniu zasięgu. 2014 miał być rokiem pracy nad własnymi produktami.

Co roku siadam do wytyczania sobie planów. O tym, jak to robię, mówiłem szczegółowo w dwóch odcinkach podcastów: WNOP 17 → **zcwp.pl/017** oraz 90 → **zcwp.pl/090**.

W dużym uproszczeniu na takie planowanie celów składają się u mnie trzy etapy:

1. **Rozliczenie z przeszłością.** W ramach niego najpierw **analizuję to, co się wydarzyło** w ciągu ostatnich 12 miesięcy. Tu przede wszystkim pomaga mi spojrzenie w notatki, które mam z poprzedniego roku, zerknięcie, co tak naprawdę planowałem, i zweryfikowanie oraz skonfrontowanie tego z rzeczywistymi osiągnięciami. Następnie przychodzi pora na **pogodzenie z tym, co się stało**, czyli zaakceptowanie rezultatów, jakiekolwiek by one nie były. Zarówno tych, które są spektakularnym sukcesem – większym, niż się spodziewałem – jak również porażek, które przytrafiły mi się na tej drodze.

2. **Ułożenie szczegółowego planu na najbliższy rok i ogólnego na kolejny. Tu najpierw wypisuję sobie wszystkie pomysły** – po prostu na kartkach, starając się uwzględnić wszystkie ważne dla mnie obszary życia (praca, dom, relacje z najbliższymi, zdrowie, relaks). Potem je **konkretyzuję, zamieniając na bardzo precyzyjne cele, którym nadaję priorytet**. Próbuję sobie też odpowiedzieć na pytanie, dlaczego realizacja konkretnego celu jest dla mnie ważna? Jakie są powody oraz moje motywacje do tego, żeby wytrwać w postanowieniu realizacji tych celów? Czyli, krótko mówiąc, próbuję sam siebie przekonać, co mogę robić, żeby w długofalowej perspektywie nadal mi się chciało. I dopiero później, po rzetelnym przeanalizowaniu swoich motywacji, **przekładam pomysły na konkretne cele osadzone w kalendarzu**. Wtedy – po takim zderzeniu pomysłów z codzienną rzeczywistością – widzę, czy nie biorę na siebie zbyt wiele.

3. **Całościowa weryfikacja planu pod kątem tego, jak odpowiada on na strategiczne założenia na temat mojej osoby w długofalowej perspektywie.** Mam ogólnie zdefiniowane cele na 5–10 lat, m.in. gdzie chciałbym być i jak chciałbym być zapamiętany. Przygotowany wstępnie plan roczny weryfikuję na tym etapie pod kątem tego, czy rzeczywiście pomoże mi on zmierzać w założonym kierunku. Zdarza się, że na tym etapie rezygnuję z niektórych projektów, które wydają się fajne krótkoterminowo, ale są zbyt odległe od założonej, głównej osi mojej działalności.

Jeśli chcesz bliżej poznać praktyczną stronę tego procesu planowania, to zachęcam do posłuchania 113. odcinka podcastu, w którym podsumowywałem mój rok 2017 → **zcwp.pl/113** oraz 114., gdzie omawiałem plany na rok 2018 i kolejne lata → **zcwp.pl/114**.

Wracając jednak do roku 2014 – moje plany przedstawiały się wtedy następująco:

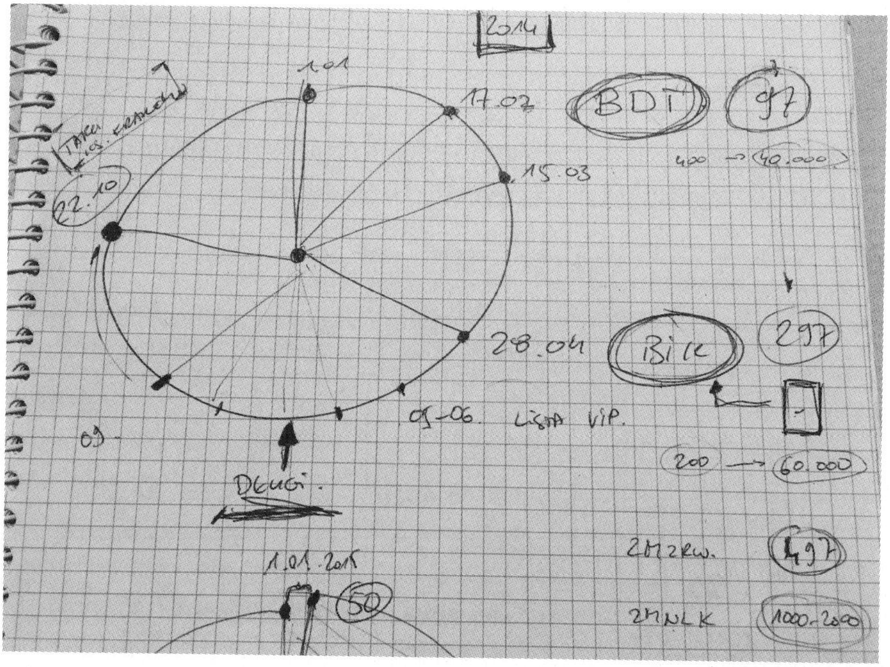

Jak widzisz, wykorzystuję do planowania po prostu kartki. Chociaż jestem gadżeciarzem i mam masę aplikacji wspomagających moją pracę, to nic nie sprawdza mi się lepiej niż ręczne notowanie na papierze. Podczas prób przelania myśli na papier następuje u mnie proces konkretyzowania i filtrowania informacji.

Czasami coś krąży mi po głowie i nie potrafię tego nazwać. Dopiero próba zapisania tego w formie notatki powoduje, że zaczynam rozumieć i porządkować własne myśli. Jednocześnie wyrzucenie pomysłów z głowy rzeczywiście pozwala mi oczyścić umysł i przestać się martwić, że zaraz mi coś umknie. Skoro już jest na papierze, to mogę do tego łatwo wrócić – nawet po latach. I systematycznie to robię.

Na rysunku na wykresie kołowym widać daty premier kolejnych produktów (np. kurs BDT), a po prawej planowane ceny tych produktów (np. 97 zł) oraz założenia co do wielkości planowanej sprzedaży (400 sprzedanych sztuk przekładających się na ok. 40 000 zł przychodu).

Jak widzisz, do planowania wszystkich projektów stosuję naprawdę proste rozwiązania. Im prościej, tym lepiej. Unikam w ten sposób ewentualnego paraliżu decyzyjnego wynikającego np. z wykorzystywania zbyt złożonych narzędzi.

Przeanalizujmy teraz te plany, patrząc na wykres w bardziej przejrzystej, uporządkowanej formie.

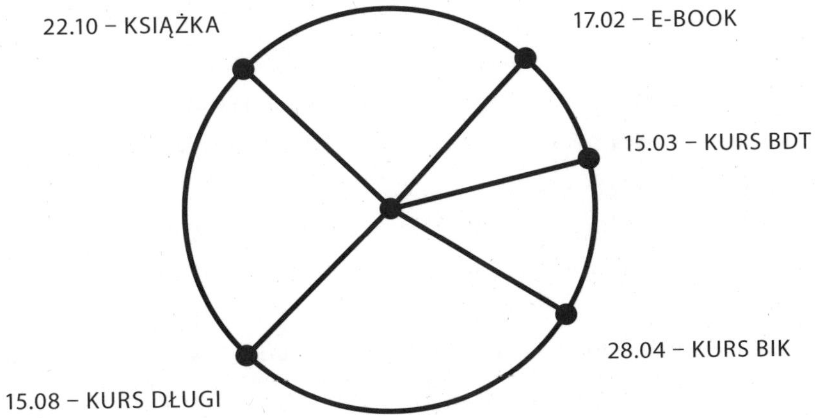

Koło symbolizuje cały rok. Ćwiartka koła to kwartał. Kreski i punkty na kole to próba odzwierciedlenia kluczowych dat, w których zamierzałem udostępniać kolejne produkty lub kończyć projekty. Gdy na wykresie jest zbyt gęsto, to oznaka, że przesadzam z optymizmem.

Finalny plan na rok 2014 wyglądał następująco:

- **17 lutego = Darmowy e-book na moje urodziny.** Jako prezent dla czytelników planowałem udostępnić e-book z transkryptami pierwszych dwudziestu odcinków podcastu *Więcej niż oszczędzanie pieniędzy.* Ostatecznie liczył on aż 320 stron!

- **15 marca = Premiera kursu online Budżet domowy w tydzień (BDT).** To miał być mój pierwszy produkt komercyjny. Wideokurs online wzbogacony o materiały dodatkowe prowadzące jego uczestników za rękę do stworzenia swojego pierwszego budżetu domowego. Kurs miał być przeznaczony dla tych osób, którym nie wystarczały artykuły z cyklu *Zaplanuj budżet domowy* → **zcwp.pl/budzet** – dostępne bezpłatnie na moim blogu.

- **28 kwietnia = Premiera kursu BIK.** Na swoim blogu opublikowałem już serię wpisów dotyczących oceny punktowej Biura Informacji Kredytowej (BIK). O tym, jak ważny jest scoring BIK, wie każdy, kto brał kiedykolwiek kredyt hipoteczny lub konsumpcyjny. To ocena naszej wiarygodności jako kredytobiorców i jednocześnie jeden z elementów szacowania ryzyka udzielenia nam kredytu, wpływający na parametry tego kredytu oraz szansę jego otrzymania. Kurs miał wyjaśniać zasady działania scoringu BIK oraz pomagać w jego poprawieniu. To także miał być kurs płatny.

- **15 sierpnia = Premiera kursu Pokonaj swoje długi.** Przez ostatni rok pomagałem indywidualnie osobom zadłużonym. Podobnie jak szkolenia tradycyjne, taka pomoc po prostu się nie skalowała. Do tego mierzenie się z historiami dłużników wyniszczało mnie psychicznie. Chciałem przelać swoją całą wiedzę z tego zakresu w kurs online, poprzez który mógłbym dotrzeć do o wiele większej liczby potrzebujących. Z założenia miał to być kurs zupełnie bezpłatny – nie wyobrażałem sobie bowiem zarabiania na osobach w trudnej sytuacji życiowej.

- **22 października = Premiera mojej książki o finansach osobistych.** Data wybrana była nieprzypadkowo. W tym czasie odbywały się Targi Książki w Krakowie i to właśnie na nich chciałem zorganizować premierę. To właśnie pod koniec 2014 r. miał się ukazać *Finansowy ninja*, który tak naprawdę debiutował blisko dwa lata później.

- **Cykl Elementarz Inwestora**. Wpisy miały powstawać przez cały rok równolegle z innymi projektami.

Kolejność tych projektów była nieprzypadkowa. Przyświecały mi tutaj następujące założenia:

- **Chciałem zacząć od tych projektów, które były najprostsze i które mógłbym dostarczyć najszybciej.** To dlatego na pierwszy ogień poszły: e-book złożony z treści, które już miałem (transkrypty dwudziestu podcastów) oraz mający zaledwie kilka wideolekcji kurs BDT opracowywany na podstawie już dostępnych materiałów.

- **Chciałem uniknąć posądzenia o to, że „teraz to już tylko komercja".** Wiedziałem, że czytelnicy przyzwyczajeni do otrzymywania bezpłatnych treści, widząc wyłącznie produkty odpłatne, mogą uznać, że zależy mi wyłącznie na pieniądzach. To nie była prawda. Dlatego zaplanowałem przeplatanie się projektów płatnych i darmowych. Moje bezpłatne produkty (e-book oraz pięciotygodniowy kurs Pokonaj swoje długi) miały mieć równie wysoką jakość, co te płatne.

- **Chciałem szybko przetestować możliwości komercjalizacji z wykorzystaniem łatwego do przygotowania produktu.** To dlatego zdecydowałem się na premierę prostego kursu BDT, który był moim „królikiem doświadczalnym". To on miał mi pomóc zbudować platformę technologiczną dla kursów online oraz przetestować scenariusze ich sprzedaży.

- **Chciałem zacząć od tanich produktów i stopniowo wprowadzać do oferty coraz droższe.** Założyłem, że kurs BDT kosztować będzie początkowo ok. 100 zł. Kolejny produkt, czyli kurs BIK, miał być obszerniejszy, a jego cenę planowałem na 300 zł. Już wtedy zakładałem, że po premierze książki wypuszczę w 2015 r. dwa kolejne, bardziej specjalistyczne szkolenia, wycenione odpowiednio na 500 zł i 2000 zł.

Podglądając amerykańskich blogerów-przedsiębiorców, zdecydowałem się na model sprzedaży ograniczonej czasowo. Zakładałem, że w pierwszej edycji sprzedam około 400 kursów BDT, co dawałoby przychód ok. 40 000 zł, i około 200 kursów BIK, co przy ich wyższej cenie dawałoby ok. 60 000 zł. Już tylko te kwoty, w połączeniu z planowanymi przychodami z patronatu nad cyklem Elementarz Inwestora, sumowały się do oczekiwanych 200 000 zł rocznie. Niczego więcej nie potrzebowałem do szczęścia. Wiedziałem też, że raz przygotowane kursy będę mógł także sprzedawać w kolejnych latach, co pozwalało optymistycznie patrzeć w przyszłość.

Jak widać plan miałem bardzo ambitny, ale wtedy oceniałem, że jest on jak najbardziej do zrealizowania. Przecież już nie pracowałem na etacie, więc miałem całe dni na pracę nad projektami blogowymi, prawda?

Dziś już wiem, że podstawowy błąd, który wtedy popełniłem, to nadmierny optymizm. Podświadomie zakładałem, że jestem cyborgiem zdolnym pracować non stop, bez przerw na regenerację pomiędzy kolejnymi projektami.

Nie potrafię tak funkcjonować długofalowo, a poza tym w życie wkradają się niezaplanowane wydarzenia. W efekcie realizacja projektów zaplanowanych na 2014 rok zajęła mi aż trzy lata!

FALA NIESPODZIEWANEJ POPULARNOŚCI

Mój misternie opracowany plan rozsypał się już w lutym. Rok wcześniej to negatywne emocje związane z hejtem wyłączyły mnie z blogowania na kilka tygodni. Teraz miałem się przekonać, że pozytywne emocje także potrafią solidnie wybić z rytmu.

W połowie lutego w „Gazecie Wyborczej" ukazał się najlepszy z wywiadów dotyczących zarabiania na blogowaniu, jakiego dotychczas udzieliłem. Zatytułowany był *To, że zarabiam, jest efektem ubocznym mojego blogowania*. Był to jednocześnie mój manifest, który kontynuuję w tej książce. Zacytuję poniżej kilka fragmentów, a cały wywiad znajdziesz tutaj → **zcwp.pl/wywiad**.

„Jeżeli do bloga podchodzi się zbyt ambicjonalnie, będąc ukierunkowanym na branie, a nie dawanie, to trudno oczekiwać, że czytelnicy nas polubią i będą wracać – mówi bloger, który w grudniu zarobił 17 tys. zł.

Postawiłeś wszystkie oszczędności na marzenie?

– Jestem typem, który najlepsze wyniki osiąga w sytuacjach zmuszających do działania. Wrzuć mnie do basenu z rekinami, to pobiję rekord w pływaniu. Lubię wyzwania, one mnie nakręcają. Poza tym nie jestem uzależniony od posiadania pieniędzy, wciąż traktuje je jako środek, a nie cel sam w sobie.

Kwoty, które wymieniasz, są gigantyczne. Jak to się stało, że tyle zarabiasz?

– Zarobki są efektem ubocznym mojego blogowania. Paradoksalnie, ja nie myślę o tym, ile zarobię i czy zarobię. Zależy mi na pisaniu przydatnych artykułów oraz nagrywaniu podcastów, które mają szansę realnie poprawić finanse moich czytelników i słuchaczy. I to daje konkretne efekty, np. ludzie zakładają polecane przeze mnie konta bankowe i zarabiają kilkaset złotych premii od banku. A przy okazji dają zarobić mi prowizję za to, że przygotowałem szczegółowy opis promocji banku, którą uznałem za ciekawą.

Ja głęboko wierzę, że dobro powraca. Jeśli ktoś robi coś dla mnie, to ja chcę mu się odwdzięczyć. I widzę, że w drugą stronę to także działa.

Każdy może zarabiać na blogu?

– Tak, ale na pewno nie każdy może się z bloga utrzymać. Tutaj nie ma drogi na skróty, nie da się pisać bloga raz na jakiś czas i liczyć na to, że reklamodawcy będą walili drzwiami i oknami.

W przypadku blogów eksperckich liczą się wytrwałość, skrupulatność, przygotowanie merytoryczne i pasja. Jeżeli bloger nie interesuje się tym, o czym pisze, nie ma na ten temat wiedzy, to ciężko będzie kogokolwiek zainteresować naszą pisaniną. Tak samo ważne jest to, czy odpowiada się na komentarze czytelników, bo ci nie czytają blogów dlatego, że na poruszane przez nie tematy nie piszą gazety. Siłą blogerów jest kontakt z czytającymi, interakcja, czytelnicy doceniają, kiedy autor, którego zaczynają uważać za autorytet w danej dziedzinie, prowadzi z nimi dialog.

I to wszystko?

– Trzeba mieć jeszcze masę cierpliwości. Zanim blogerzy, których zarobki są obecnie tak chętnie komentowane, zarobili pierwszą złotówkę, prowadzili swoje strony nawet przez wiele lat. Robili to regularnie, nie rezygnowali, kiedy kilka miesięcy pod rząd nie widzieli postępów. Jeżeli do bloga podchodzi się zbyt ambicjonalnie, z podejściem ukierunkowanym na branie, a nie dawanie, to trudno oczekiwać, że czytelnicy nas polubią i będą wracać.

Jeżeli dla kogoś najważniejszą motywacją do blogowania są pieniądze, to nie wróżę mu sukcesu. Co zrobi, gdy pomimo wysiłków tych pieniędzy nie będzie? Z finansowego punktu widzenia zrobiłem głupotę, rzucając branżę IT, ale dzieląc się swoją wiedzą, pomagając innym, widząc efekty finansowe moich czytelników, wiem, że czynię dobro. To mnie napędza."

Jeżeli dla kogoś najważniejszą motywacją do blogowania są pieniądze, to nie wróżę mu sukcesu. Co zrobi, gdy pomimo wysiłków tych pieniędzy nie będzie?

Mówiąc te słowa w 2014 roku, nie miałem jeszcze tak konkretnych dowodów na to, że strategia zaufania innym i dzielenia się wiedzą za darmo rzeczywiście daje tak fenomenalne rezultaty. Z zebraniem tych doświadczeń w książkę musiałem poczekać jeszcze kilka lat.

Po tym wywiadzie znowu zrobiło się wokół mnie gorąco. Był on żywo komentowany. Niektórzy mi kibicowali i podpisywali się pod moimi słowami. Inni zarzucali dwulicowość i robienie sobie wyłącznie dobrego PR-u. Smuciły mnie takie opinie i nie rozumiałem, dlaczego ludzie tak chętnie dopatrują się drugiego i trzeciego dna w moich wypowiedziach. Nauczony jednak doświadczeniami z początku 2013 r. wiedziałem, że najlepsze, co mogę zrobić, to po prostu nie czytać komentarzy na portalach. Zdystansować się i skupić na swojej pracy.

KONKURS BLOG ROKU 2013

Nie dane było mi jednak uciec od mediów i popularności. W styczniu 2014 r. zgłosiłem *Jak oszczędzać pieniądze* do konkursu Blog Roku 2013. Wtedy był to najważniejszy konkurs blogowy w Polsce. W jego 9. edycji wzięło udział blisko 3000 blogów.

Wystartowałem w kategorii *Profesjonalne i firmowe*, bo to w niej widziałem najlepsze miejsce dla JOP, który był już wtedy moją podstawową pracą. Minusem tej decyzji było to, że konkurowałem ze świetnie wyglądającymi blogami dużych firm, m.in. *Blogiem o oszczędzaniu* Meritum Banku. Sytuacja zaczęła wyglądać poważnie, gdy w gronie trzech finalistów w naszej kategorii JOP znalazł się właśnie z blogiem bankowym. Szczerze mówiąc, nie wiedziałem, czego się spodziewać. Jednocześnie byłem dumny, że konkuruję właśnie z firmowymi blogerami Meritum Banku, którym pół roku wcześniej pomagałem poprawić warsztat. Pocieszałem się, że nawet jeśli przegram z nimi, to i tak będę miał swój udział w sukcesie zwycięzcy.

Moje obawy okazały się nieuzasadnione. Nie dość, że wygrałem kategorię *Profesjonalne i firmowe*, to mój blog zdobył także wyróżnienie główne w całym konkursie (zajął de facto drugie miejsce). Otrzymałem także nagrodę specjalną – *Najbardziej inspirujący blog 2013 r.* przyznawaną przez dziennikarzy magazynu „Brief". Wydała mi się najbardziej zaskakująca. Zaintrygowało mnie, że nawet patrząc na mój blog z innej perspektywy niż tylko finanse osobiste, można uznać go za wyjątkowy.

W rywalizacji o tytuł Bloga Roku 2013 wyprzedził mnie Konrad Kruczkowski – autor bloga *Halo Ziemia* → **zcwp.pl/haloziemia**. Gratulując, powiedziałem szczerze Konradowi, że cieszę się, że zwyciężyły uniwersalne wartości przedstawiane na jego blogu, a nie tak przyziemna tematyka jak pieniądze. Było mi także bardzo miło gratulować drugiego miejsca w kategorii *Profesjonalne i firmowe* Annie Ratajczak-Piotrowskiej z Meritum Banku. Czułem, że ich wysoka pozycja to także mój osobisty sukces jako nauczyciela. Nie mogłem wymarzyć sobie lepszej referencji dla moich blogowych szkoleń dla firm (co ciekawe, do dzisiaj nie przeprowadziłem żadnego kolejnego).

Konkurs Blog Roku niesamowicie zwiększył moje wewnętrzne poczucie pewności tego, co robię. Pierwszy raz mój blog został oceniony na tle całej blogosfery i pierwszy raz znalazłem się tak wysoko. Radio, telewizja, portale – wszyscy chcieli ze mną porozmawiać. Czułem się jak surfer łapiący nareszcie długo wyczekiwaną falę. Zdecydowałem się na nią wskoczyć, mimo że tak naprawdę nie miałem na to czasu. Niemniej jednak wiedziałem, że triumf w takim konkursie to coś, co może się już nie powtórzyć, i chciałem maksymalnie wykorzystać zainteresowanie mediów moim blogiem. Poszerzyć w ten sposób dotarcie. To się udało, ale jednocześnie przez chroniczny brak czasu cierpiały moje projekty komercyjne.

PIVOT PROJEKTU ELEMENTARZ INWESTORA

Pozytywnym aspektem triumfu w konkursie Blog Roku było większe zainteresowanie marek współpracą z *Jak oszczędzać pieniądze*. Niestety dla mnie przekładało się to przede wszystkim na propozycje jednorazowych współprac, z których wtedy już powoli się wycofywałem.

Przypominam, że nadal mierzyłem się z poszukiwaniem jednego, całorocznego partnera dla cyklu Elementarz Inwestora. W lutym wiedziałem już, że szanse na to są nikłe. Początek marca także nie przyniósł zmian. Chociaż opublikowaliśmy już blisko 20 obszernych wpisów, pokazując potencjał całej akcji, to nadal nikt nie był gotowy wyłożyć pełnej żądanej przez nas kwoty. Zacząłem się poważnie obawiać, czy nie zawiodę oczekiwań Zbyszka. Wziąłem na siebie rolę kapitana w zakresie sprzedaży projektu i niestety nie mogłem pochwalić się żadnymi rezultatami. Do tego projekt był mocno niedoszacowany czasowo. Wiedzieliśmy już, że przygotowywanie artykułów zabiera nam znacznie więcej czasu, niż się spodziewaliśmy. Projekt, który z założenia miał być dochodowy, nie generował przychodów i kosztował nas coraz więcej. Nadszedł czas na plan B.

Podzieliłem więc Elementarz Inwestora na części, proponując zakup patronatów miesięcznych, dwumiesięcznych i kwartalnych → **zcwp.pl/ei2**.

Wyceniłem je odpowiednio na 38 000 zł, 68 000 zł i 90 000 zł. Nieprzypadkowo średnia cena miesięczna spadała wraz z wydłużeniem okresu współpracy. Zależało mi na pozyskiwaniu partnerów na jak najdłuższe okresy.

Ponownie napisałem do wszystkich firm, z którymi dotychczas rozmawialiśmy, i przedstawiłem nowe warunki. Na szczęście nie musiałem rozpoczynać nowych poszukiwań. Dwie firmy zaczęły się zastanawiać, a jedna natychmiast zdecydowała się na patronat jednomiesięczny. Był to startup w branży inwestycyjnej – serwis Squaber, któremu mogliśmy de facto pomóc w debiucie rynkowym.

Z naszej perspektywy nie był to jednak optymalny partner. Jako debiutant serwis ten nie miał jeszcze praktycznie żadnego wizerunku. Miało to zarówno dobre, jak i złe strony. Pierwszy komercyjny partner uwiarygodniał naszą akcję, ale jednocześnie fakt, że była to firma bliżej nieznana na rynku, osłabiał siłę tego uwiarygodnienia. Do tego nie chcieliśmy, aby wizerunek Zbyszka i mój był nadmiernie eksploatowany – zgodziliśmy się tylko na „przyklejenie" logo Squabera do naszych wpisów. Z drugiej strony fakt, że firma była nieznana, był nam na rękę – mogliśmy przekonać większych partnerów o ustalonej pozycji rynkowej, że gdy oni wejdą w akcję, to mogą przyćmić swoim blaskiem i zakresem współpracy takiego mniejszego partnera. Mimo że weszliby w Elementarz Inwestora jako drudzy, to i tak byliby pierwszym dużym partnerem. Oczywiście w takim przypadku wchodziła w rachubę wyłącznie współpraca dłuższa niż jednomiesięczna.

Dlaczego tak szczegółowo opisuję nasz proces decyzyjny? Bo chcę przede wszystkim pokazać, że planowanie takiej długofalowej współpracy, w której uczestniczyć ma kilku partnerów, jest jak partia szachów. Łatwo przez jeden zły ruch otwierający przegrać całą partię. Z drugiej strony strategiczne pierwsze posunięcie może znacząco zwiększyć liczbę dostępnych opcji w zależności od tego, jak gra będzie się rozwijać. Przy takich decyzjach znaczenie ma nie to, czy mamy pieniądze na stole za jeden miesiąc współpracy, ale właśnie to, czy decyzja o ich wzięciu nie skomplikuje nam sprzedaży kolejnych miesięcy. O to najbardziej martwiliśmy się ze Zbyszkiem.

Na szczęście, na razie zmiana strategii sprzedaży przyniosła pożądany efekt. Mieliśmy pierwszego partnera na kwiecień i już w marcu – po podpisaniu umowy – wykorzystaliśmy ten argument w rozmowie z innymi firmami. Z prawdziwą satysfakcją wysyłałem e-mail z informacją: „No to już nie będziecie pierwsi. Informuję, że mamy już pierwszego partnera na kwiecień. Nadal możemy rozmawiać o kolejnych miesiącach, ale uprzedzam, że prowadzimy już rozmowy z kilkoma podmiotami". Przeszedłem do ofensywy.

PIERWSZY KURS, CZYLI STRACH MA WIELKIE OCZY

Niestety, na pozostałych frontach nie szło tak dobrze. Prace nad kursem **Budżet domowy w tydzień** (BDT) znacznie się przeciągały. Chociaż pierwotnie kurs miał się ukazać w połowie marca, to tak naprawdę podświadomie opóźniałem rozpoczęcie prac.

Przyznam, że bałem się bardziej niż wtedy, gdy jako mały smyk sprzedawałem kwiaty pod halą targową. Znowu w mojej głowie piętrzyły się czarne myśli i podejrzenia, że czytelnicy mogą mnie znienawidzić za próby sprzedaży im czegokolwiek. Do tego obawiałem się, że sprzedaż może być istotnie niższa od założeń (przypominam, że liczyłem na ok. 400 sztuk). A gdyby tak właśnie się stało, to postawiłoby to pod dużym znakiem zapytania całą moją planowaną strategię zarabiania na własnych produktach. To z kolei mogłoby oznaczać w dłuższej perspektywie konieczność powrotu na etat.

Z jednej strony chciałem jak najszybciej przekonać się, jak będzie wyglądała rzeczywistość, a z drugiej – moje działania paraliżował strach. To dlatego tak łatwo było mi uciec od pracy nad kursem do korzystania z fali zainteresowania ze strony mediów po wygranym Blogu Roku. Taka sytuacja nie mogła jednak trwać wiecznie. W końcu musiałem zmierzyć się z moimi obawami.

Znowu pomogło mi słuchanie podcastów Pata Flynna. W którymś z odcinków mówił o własnych obawach i strachu podczas realizacji nowych projektów. Tłumaczył, że najczęściej odczuwa go wtedy, gdy robi rzeczy ważne, coś, co ma dla niego znaczenie i co wydaje się go w danej chwili przerastać. Ale jednocześnie jest to coś, co pomaga mu się rozwijać i stale przekraczać granicę własnych możliwości. Strach przed porażką jest oznaką, że robimy coś, co jest dla nas ważne.

Strach przed porażką jest oznaką, że robimy coś, co jest dla nas ważne.

Stopniowo nauczyłem się przyjmować specyficzny punkt widzenia, który pomaga mi się uporać z własnymi wątpliwościami i czarnowidztwem. Do każdego takiego trudnego projektu staram się podchodzić bardziej jak do praktycznego eksperymentu. Tłumaczę sobie, że nawet jeśli ewentualnie się nie uda, to poświęcony czas i wszystkie poniesione koszty potraktuję jako czesne za naukę w uniwersytecie życia. W przyszłości ta praktyczna wiedza może mi się przydać przy innym projekcie albo pomóc w uniknięciu wchodzenia na kolejne pole minowe. Tym zabiegiem zdejmuję sam z siebie sporą część presji psychicznej. Skoro to tylko taka forma eksperymentu, to lepiej potraktować to jako zabawę i rywalizację ze samym sobą. Co?! Ja nie dam rady nagrać tygodniowego kursu? Albo napisać tej książki w jeden miesiąc? Przecież wystarczy, jeśli każdego dnia będę pisał 25 000 znaków. Po dwudziestu dniach roboczych będę miał 500 000 znaków, co wystarczy na ponad 300-stronicową książkę. Proste. Wystarczy tylko systematycznie pracować każdego dnia i nie dać się zastraszać własnym myślom, że książka to coś tak bardzo nieosiągalnego.

Przy kursie BDT musiałem nie tylko przygotować jego treść, ale także podjąć szereg decyzji technologicznych dotyczących sposobu działania platformy szkoleniowej, opracować strategię cenową oraz zaplanować działania marketingowe i sprzedażowe. Zaczęło być dla mnie jasne, że sam sobie nie poradzę.

PIERWSI WSPÓŁPRACOWNICY

Jako bloger przez długi czas wszystko wykonywałem samodzielnie. Oprócz pisania przygotowywałem również grafiki i rysunki, publikowałem wpisy, promowałem je w mediach społecznościowych, przygotowywałem newslettery i moderowałem dyskusje na blogu. Nie czułem, że którąś z tych czynności powinienem delegować innym osobom. Wszystkie one związane są z szeroko rozumianym tworzeniem treści, co uważam za sedno tego, co robię. Dlatego uznaję, że te prace powinienem wykonywać osobiście, bo to w nich zawarta jest esencja mojego indywidualnego podejścia do blogowania. Nawet w zakresie doboru gotowych zdjęć i kadrowania ilustracji staram się wnieść w ten proces odrobinę siebie, chociaż daleko mi do utalentowanych grafików.

Jako podcaster szybko zauważyłem jednak, jak wiele jest w procesie publikacji podcastu powtarzalnych czynności, które nie tworzą mojej przewagi konkurencyjnej, a jedynie zabierają mi czas, np. montaż i obróbka dźwięku, tworzenie transkryptu poprzez spisywanie podcastu ze słuchu, przygotowywanie notatek z listą zagadnień w danym odcinku oraz wgrywanie plików dźwiękowych na platformę hostingową. Wszystkie te czynności mogły być wykonywane przez kogoś innego bez szkody dla jakości finalnego produktu.

Nie chciałem nikogo zatrudniać na etat. Nie wierzyłem, że mam dla takiej osoby wystarczająco dużo zadań. Jeśli miałaby mnie naprawdę odciążyć w wielu obszarach, to musiałaby być moim klonem – z jednej strony o lepszych umiejętnościach niż ja, a z drugiej na tyle posłusznym, by realizować moją wizję rozwoju bloga. Zamiast szukać jednego takiego pracownika, zdecydowałem się na powierzenie części pracy specjalistom od obsługi poszczególnych zadań. Zamiast płacić stałe wynagrodzenie etatowcowi, którego być może nie potrafiłbym odpowiednio „dociążyć" pracą, wolałem rozliczać się zadaniowo – płacąc specjalistom za konkretny rezultat, a nie czas poświęcony na jego osiągnięcie.

Zacząłem skromnie – od znalezienia osoby do spisywania treści podcastów. Dzięki temu, że wcześniej przez kilka odcinków robiłem to sam, stworzyłem odpowiedni szablon transkryptu oraz wypracowałem zasady zapisu. Spisałem je wszystkie w krótką procedurę, którą udostępniam kolejnym osobom podejmującym się tworzenia transkryptów *Więcej niż oszczędzanie pieniędzy*. Takich osób i firm przewinęło się już kilka. Początkowo byli to czytelnicy bloga, którzy sami zgłaszali się do mnie z propozycją wykonywania drobnych prac. Później zacząłem po prostu pytać znajomych (także na Facebooku), prosząc o polecenie firm, które wykonują takie usługi. To proces, który nigdy się nie kończy. Każdy kontrahent w miarę upływu czasu może stawać się coraz lepszy, a co za tym idzie, jego stawki mogą iść w górę. Ujawniając dane firm, z którymi współpracowałem, nie raz doprowadziłem do tego, że przybywało im wielu klientów i w efekcie sam potem trafiałem do kolejki osób oczekujących na wykonanie usługi. Zdarza się też, że ktoś nie radzi sobie ze skalowaniem swojego biznesu i w efekcie tonie w bieżącej obsłudze klientów, zawalając terminy. Życie nauczyło mnie już, że w biznesie warto wymagać jakości, rozsądnie za nią płacić, ale jednocześnie stale dbać o interes własnej firmy. Jeśli ktoś systematycznie zawala i pomimo upomnień nie widać poprawy, to po prostu trzeba poszukać lepszego kontrahenta.

Jak w praktyce wygląda proces nawiązywania takiej współpracy? Często jest to dużo łatwiejsze, niż może się wydawać. Oto e-mail, który otrzymałem od Marcina Hinza, który już od czterech lat montuje dla mnie wszystkie odcinki podcastów oraz większość materiałów wideo:

Od: Marcin Hinz

Data: 26 października 2013 r.

Temat: Skład/edycja materiałów video

Witaj,

zamieniliśmy ostatnio kilka zdań na Twitterze. Napisałeś, że nie masz nikogo na stałe ds. składania materiałów video na twoje potrzeby.

Chętnie bym się tego podjął. Czy mógłbyś przybliżyć słowami, co zamierzasz tworzyć, i jak ma wyglądać tego typu praca?

Jeśli łatwiej ci będzie to opowiedzieć słowami, to zapraszam do kontaktu telefonicznego. :)

Pozdrawiam,

Marcin Hinz

Tyle. Nic więcej. W 2013 r. tylko sporadycznie montowałem materiały wideo (przewodniki po aplikacji Microsoft Money), więc nie miałem dużej potrzeby ani środków na to, aby komukolwiek za to płacić. Na szczęście Marcin gotowy był także zająć się obróbką plików audio.

Pierwsze 21 odcinków podcastu WNOP montowałem samodzielnie. Stopniowo docierało do mnie, że obróbka plików audio to godziny spędzane na bezproduktywnej dla mnie czynności. Gdy usiadłem do prac nad kursem Budżet domowy w tydzień, to uświadomiłem sobie, że po prostu marnuję swój czas, który powinienem raczej przeznaczać na tworzenie nowych treści. To wtedy nawiązałem stałą współpracę z Marcinem. Udokumentowałem cały proces tworzenia podcastu, wyeksportowałem wszystkie filtry i makra wykorzystywane w aplikacji Adobe Audition (do obróbki dźwięku) i przekazałem je Marcinowi wraz z dokładną instrukcją obsługi. Praktycznie natychmiast uwolniłem kilkanaście godzin miesięcznie, jednocześnie dając systematyczną pracę Marcinowi. Do dziś rozliczamy się według stałej stawki za montaż każdej godziny podcastu.

Wynajmowanie specjalistów do wykonywania rutynowych i czasochłonnych czynności stało się możliwe dzięki komercjalizacji moich działań. Gdybym nie zarabiał, to trudno byłoby uzasadnić płacenie innym za odciążanie mnie z niektórych zadań. Z drugiej strony, skoro zaczynałem już zarabiać, to swój czas powinienem przeznaczać przede wszystkim na te czynności, które przyczyniają się do utrzymania lub zwiększenia zarobków. W takiej sytuacji łatwo policzyć, ile warta jest każda godzina pracy. Wystarczy podzielić roczne przychody przez liczbę godzin roboczych w całym roku. To w przybliżeniu 1920 godzin, czyli 160 godzin miesięcznie przez 12 miesięcy. Przykładowo: jeśli moja jednoosobowa, usługowa firma generuje przychód 200 000 zł rocznie, to średnio wychodzi 104 zł na każdą przepracowaną godzinę. Zrobię więc świetny interes, płacąc np. 25 zł za godzinę mojej pracy innej osobie (nawet jeśli jej miałoby to zająć tylko 30 minut).

Im więcej zarabiamy, tym bardziej uzasadnione jest płacenie za pracę innych. Gdy nie zarabiamy – po prostu nie stać nas na finansowanie czyjejś pracy. Dlatego warto zarabiać.

Marcin i ja oddaleni jesteśmy od siebie o ponad 400 km. Współpracujemy ze sobą wyłącznie zdalnie i praktycznie się nie widujemy. Taki model pracy wymusza zastosowanie narzędzi ułatwiających wzajemną komunikację, przydzielanie zadań do wykonania i nadzorowanie postępu prac.

Procedurę pracy nad podcastem odwzorowałem w aplikacji **Nozbe** → **zcwp.pl/nozbe**, od razu określając, kto odpowiada za które zadania. To moja podstawowa aplikacja do zarządzania wszystkimi zadaniami i to dzięki niej pozostaję tak zorganizowany. Szykując się do nagrania nowego odcinka, każdorazowo tworzę nowy projekt, korzystając ze wcześniej przygotowanego szablonu w Nozbe. Na rysunku poniżej widać część z listy zadań w takim projekcie.

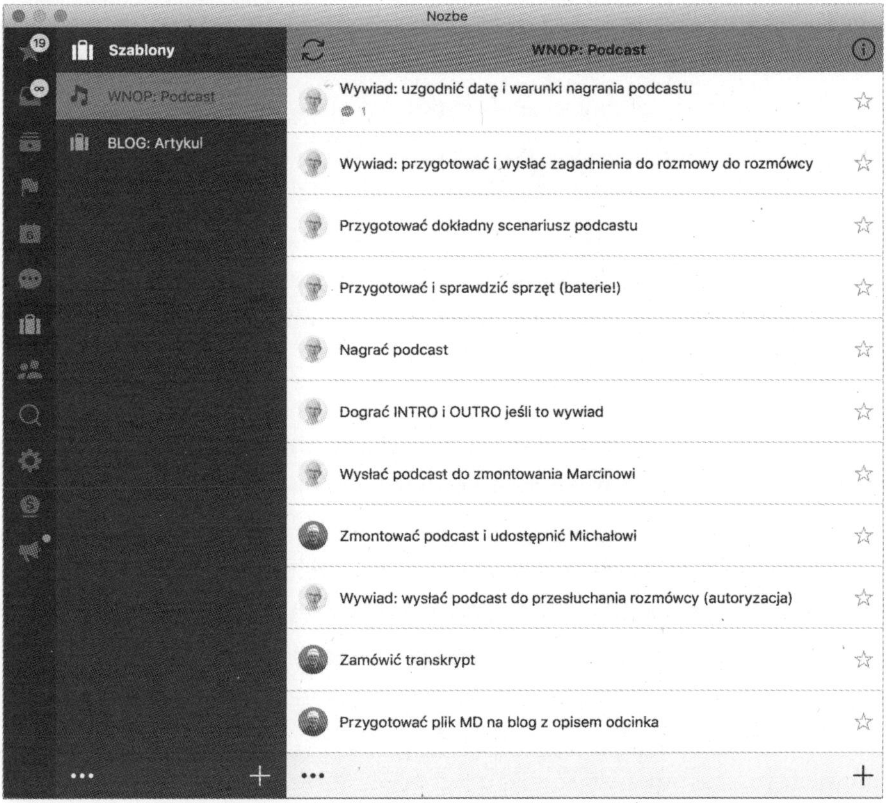

Posiadanie takiej procedury gwarantuje, że nikt o niczym nie zapomni. Marcin i ja na bieżąco odhaczamy to, co zostało już wykonane, i przydzielamy sobie nawzajem zadania wymagające kontynuacji przez drugą osobę. Gdy pojawiają się jakieś wątpliwości, omawiamy je poprzez komunikator **Slack → zcwp.pl/slack**. Pliki audio i wideo wymieniamy poprzez wspólny folder **Dropbox → zcwp.pl/dropbox**. Te narzędzia wystarczają nam do skutecznej pracy grupowej.

PIERWSZE SPOTKANIA Z CZYTELNIKAMI

Od czasu spotkania z Adim w Gdańsku chodziło mi po głowie regularne wychodzenie poza internet i organizowanie spotkań z czytelnikami. Nie chciałem jednak wylać dziecka z kąpielą.

Z jednej strony chciałem, aby w takich spotkaniach mogli wziąć udział wszyscy zainteresowani, co w praktyce oznaczało, że powinny to być spotkania duże, np. na kilkaset osób. Z drugiej jednak strony doskonale wiedziałem, że przy takiej liczbie osób trudno byłoby mi poświęcić czas każdemu uczestnikowi. Siłą rzeczy takie spotkanie byłoby raczej moim monologiem połączonym z sesją pytań i odpowiedzi oraz ewentualnym krótkim przybiciem piątek z uczestnikami.

Zupełnie nie o to mi chodziło. Chciałem przede wszystkim umożliwić czytelnikom niemalże indywidualny kontakt ze mną. Nie tylko odpowiadać na pytania, ale także porozmawiać w otoczeniu dającym szansę na otwartą rozmowę.

Sporą inspiracją były dla mnie spotkania **Och My Blog** organizowane przez Ilonę Patro i Macieja Budzicha. Były to kameralne warsztaty dla blogerów – dla maksimum kilkunastu uczestników. Brałem udział w dwóch takich spotkaniach (raz jako uczestnik, a raz jako współprowadzący) i bardzo podobała mi się ich otwarta formuła i swobodna, merytoryczna rozmowa pomiędzy uczestnikami. Każdy mógł porozmawiać z każdym, wymieniając się doświadczeniami. Właśnie takiego warsztatowego ducha chciałem widzieć na moim spotkaniach. To dlatego formuła pierwszych spotkań **#JOPlive** przewidywała udział maksymalnie 20 osób.

Pierwsze takie spotkanie odbyło się w Krakowie w marcu 2013 r. Wiedziałem, że zainteresowanie może być duże, więc wcześniej zorganizowałem zapisy oraz selekcję uczestników. Pomimo krótkiego terminu otrzymałem zgłoszenia od ok. 80 osób. Z bólem serca wybrałem 20 szczęśliwców, którzy w najlepszy sposób uzasadnili chęć udziału.

Samo spotkanie było absolutnie fenomenalne. Z pomocą jednego z uczestników zarezerwowałem duży stół w jednej z krakowskich restauracji. Spędziliśmy tam blisko cztery godziny, rozmawiając o życiu, wyzwaniach, rozpracowując tematy związane z finansami osobistymi oraz dyskutując na temat kierunków rozwoju mojego bloga. Pojechałem tam służyć swoją wiedzą i czasem, a wyjeżdżałem bogatszy o szereg sugestii i obserwacji.

Na początku takiego spotkania jest nieco drętwo, bo uczestnicy się nie znają. Dlatego rozpoczynam je zawsze w ten sam sposób: osobę po mojej lewej stronie proszę o przedstawienie się i opowiedzenie kilku zdań o tym, co robi – analogicznie jak w moim podcaście. Potem robią to kolejne osoby… i zazwyczaj już po dojściu do połowy zaczynają się pojawiać tematy do rozmowy. Każda kolejna osoba trochę bardziej się otwiera, języki się rozplątują, ktoś inny skomentuje to, co powiedziała osoba, która dopiero co się przedstawiła. Stopniowo wszyscy zaczynają się czuć jak w gronie dobrych znajomych. Czasem formują się dyskusyjne podgrupy. Czas płynie coraz szybciej.

Aktualnie dla każdego takiego spotkania zakładam grupę na Facebooku, do której dodaję jego wszystkich uczestników. Dzięki temu te nawiązane na miejscu znajomości nadal są utrzymywane. Uczestnicy komunikują się już często bezpośrednio, bez mojego zaangażowania. Ja jestem tylko katalizatorem, który pomaga łączyć się bratnim duszom o podobnych zainteresowaniach. To naprawdę fajne uczucie wiedzieć, że przyczyniam się do powstawania czegoś z niczego – niejako na peryferiach mojej blogowej działalności.

ETAP 7 – PODSUMOWANIE I WNIOSKI

Po półtora roku prowadzenia bloga nadszedł czas na prawdziwy wybuch mojej popularności. Bardziej od faktu bycia znanym blogerem cieszyło mnie to, że udaje się popularyzować tematykę oszczędzania i mądrego zarządzania pieniędzmi. Odczarowywać temat finansów i opowiadać o nich w prosty sposób – zrozumiały dla każdego, pokazując jednocześnie rolę emocji oraz zaznaczając mój subiektywny punkt widzenia.

Ta mieszanka bardzo pozytywnie przekładała się na blogowe rezultaty. Co prawda, do końca 2013 roku nie udało mi się osiągnąć planowanych 100 000 UU na blogu, ale ten wynik „pękł" już w styczniu. Później – w związku z sukcesami w konkursie Blog Roku – było już tylko lepiej.

STATYSTYKI BLOGA

100 809 UU – styczeń 2014 r.

123 931 UU – luty 2014 r.

120 661 UU – marzec 2014 r.

Media jeszcze bardziej interesowały się Szafrańskim. W efekcie zamiast skupić się na rozwijaniu zaplanowanych komercyjnych produktów, wskoczyłem na „falę popularności". Pod koniec marca wiedziałem już, że to wcale nie jest tak dobre, jak mogłoby się wydawać. Doskonale odzwierciedlał to niski stan mojego firmowego konta.

Wszystkie sposoby zarabiania, których się imałem, przynosiły na razie raczej niewielkie pieniądze. Moja afiliacja w Polsce nie była tak spektakularna jak wyniki Pata Flynna w USA. Szukanie jednego, dużego partnera dla cyklu Elementarz Inwestora także zakończyło się niepowodzeniem. W efekcie zamiast jednego, dużego dealu wróciłem do krótkich, jednorazowych współprac i to w ramach projektu, który miał się ciągnąć jeszcze do końca roku. Czasami miałem wrażenie, że ciągnę za wiele sznurków, które po kolei wyślizgują mi się z rąk.

Komunikacja z czytelnikami bloga także stawała się coraz trudniejsza. To skutek uboczny rosnącej popularności. W tamtym czasie otrzymywałem już po 200–300 e-maili dziennie i nie dawałem rady odpowiadać wszystkim indywidualnie. Czułem się rozdarty, wiedząc, że nadawcy liczą na moje odpowiedzi, i jednocześnie widząc, że taka pomoc w modelu komunikacji 1:1 kompletnie się nie skaluje. Odpowiadanie na e-maile zdecydowanie nie było najlepszym sposobem gospodarowania czasem. Z drugiej strony nie potrafiłem tak po prostu skasować e-maili bez odpowiedzi. To oraz opóźnienie prac nad kursem Budżet domowy w tydzień powodowało, że czułem się coraz bardziej przytłoczony. W moją działalność powoli wkradał się chaos. Bardziej płynąłem z prądem, niż wiosłowałem w założonym kierunku. Przez chwilę nawet mi się to podobało, ale brak poczucia kontroli nad sytuacją stopniowo wypełniał mnie niepokojem.

W treści książki znajduje się dużo odesłań do zewnętrznych źródeł.
Ich pełną, zawsze aktualną listę, znajdziesz pod adresem → **zcwp.pl/bonus**.

ROZDZIAŁ 10

Etap 8: Konferencje i finansowy przełom

OKRES:

od kwietnia 2014 r. do końca czerwca 2014 r., czyli zakończenie drugiego roku działalności bloga.

PRZYCHODY NETTO:

154 547 zł

KOSZTY NETTO:

75 655 zł

WIEK BLOGA W CZERWCU:

2 lata

LICZBA CZYTELNIKÓW:

111 117 UU w kwietniu 2014 r.

124 665 UU w maju 2014 r.

176 596 UU w czerwcu 2014 r.

Ostatni kwartał drugiego roku blogowania (i jednocześnie pierwszego roku pracy „na swoim") miał zmienić dosłownie wszystko.

3 kwietnia, od razu po ogłoszeniu pierwszego partnera w akcji Elementarz Inwestora pochwaliłem się tym faktem firmie TMS Brokers, z którą wcześniej rozmawiałem o ewentualnej rocznej współpracy. Przypomniałem także, że cykl został podzielony na mniejsze i tańsze fragmenty. Jeszcze tego samego dnia otrzymałem odpowiedź:

- -

Od: Remigiusz Siemiątkowski

Temat: RE: Elementarz Inwestora – nowa propozycja

- -

Witam,

spotkajmy się. :) Myślimy o współpracy 2–3 miesięcznej (Forex i instrumenty pochodne) – raczej od maja niż od czerwca.
Chcielibyśmy porozmawiać o tym, co nowego u nas, naszych planach i może Waszym udziale w tym, co zamierzamy zrobić, ponegocjować.
Kiedy macie, Panowie, czas?

Z poważaniem,

Remigiusz Siemiątkowski

Dwa razy nie trzeba było mi powtarzać. Podczas spotkania okazało się, że jest nam bardzo po drodze. Wspólnie ze Zbyszkiem byliśmy gotowi zmierzyć się w ramach Elementarza Inwestora z kontrowersyjną tematyką forex – rynku walutowego, na którym większość spekulantów traci pieniądze. Z kolei TMS Brokers planował organizację dużej konferencji dla inwestorów na Stadionie Narodowym w Warszawie i liczył na nasze wsparcie medialne.

ELEMENTARZ INWESTORA – PIERWSZY DUŻY PARTNER

Początkowo miałem wiele obaw, gdyż nie chciałem być kojarzony z ewentualnymi agresywnymi działaniami sprzedażowymi i naganianiem do zakładania rachunków inwestycyjnych na foreksie. Na szczęście Remigiusz Siemiątkowski i Tomasz Kapica z TMS Brokers doskonale rozumieli, że niezależność to podstawowe prawo blogerów finansowych i nie zamierzali robić niczego, co mogłoby wpłynąć w negatywny sposób na nasz wizerunek. Konferencja Inwestuj Inteligentnie miała być stricte merytoryczna, bez żadnych działań sprzedażowych. Wystąpić mieli na niej zawodowi inwestorzy z Polski, którzy systematycznie zarabiali na rynkach finansowych. Całości miał dopełniać panel prowadzony przeze mnie i Zbyszka z bloga *App Funds*.

Od początku rozmawialiśmy nie tylko o naszym udziale w konferencji, ale także wykorzystaniu naszego wizerunku przy jej promocji. TMS Brokers planował sporą kampanię reklamową konferencji na dużych portalach. Zgodziliśmy się być jej twarzami – w końcu to również pomagało nam zaistnieć szerzej w świadomości obecnych i przyszłych czytelników. Właśnie takich działań na dużą skalę oczekiwaliśmy od dużego partnera. Wynagrodzenie finansowe było tylko fragmentem tej układanki.

Negocjacje warunków współpracy oraz prace nad umową trwały przez cały miesiąc. Wynagrodzenie wyniosło dokładnie tyle, na ile wyceniłem

3-miesięczną współpracę, czyli 72 000 zł plus dodatkowo doliczyliśmy 18 000 zł za udział i wsparcie promocyjne konferencji Inwestuj Inteligentnie. Wynagrodzenie płatne było z góry – natychmiast po podpisaniu umowy. Podkreślam ten fakt, bo często słyszę opinie, że współprace z płatnością z góry nie są możliwe, a to nieprawda! Jeśli oferujemy usługi wysokiej jakości, a do tego mamy prawie monopolistyczną pozycję na rynku (bo tylko my tworzymy w danym momencie poczytny cykl o inwestowaniu), to możemy dyktować warunki. Oczywiście, o ile gotowi jesteśmy zaakceptować ryzyko fiaska negocjacji.

Dodatkowo TMS Brokers pokrywał koszty sesji fotograficznej Zbyszka i mojej niezbędnej do przygotowania materiałów reklamowych i informacyjnych promujących konferencję i zobowiązał się także pokryć koszty samej kampanii wizerunkowej, na której nam zależało.

W kontrakcie zagwarantowaliśmy sobie także pełne prawa do treści powstałych w ramach współpracy, niezależności w zakresie ich tworzenia (TMS Brokers nie mógł w nie ingerować) oraz weryfikacji i akceptacji wszystkich materiałów przygotowywanych przez TMS i zawierających nasz wizerunek bądź nawiązujących do naszych blogów. Pod tym względem byłem bardzo restrykcyjny i nasz partner zgodził się na wszystkie wymagania. Ciekawostką jest też fakt, że firma zgodziła się na ujawnienie wysokości zapłaconego nam wynagrodzenia – ten mój wymóg wynikał z faktu regularnego publikowania na blogu raportów kosztów i przychodów.

UMOWA WSPÓŁPRACY Z TMS BROKERS

Mam zasadę, że sam przygotowuję treść umów z firmami, z którymi nawiązuję współpracę, a dopiero później – zwłaszcza przy szczególnie złożonych umowach – daję je do weryfikacji prawnikowi.

Zachęcam do zapoznania się z ostateczną wersją umowy z TMS Brokers → **zcwp.pl/tms1** oraz filmem relacjonującym jej podpisanie → **zcwp.pl/tms2**.

Ja również poszedłem na pewne ustępstwa. TMS wiedział, że rozważamy kontynuowanie Elementarza Inwestora w kolejnym roku. Zgodziłem się, aby zastrzegł sobie prawo pierwokupu udziału w kolejnej edycji tego cyklu w 2015 r.

Współpraca z nowym partnerem przebiegła wzorowo. Chociaż na początku niektórzy czytelnicy obawiali się, że będziemy bezkrytycznie zachęcać do spekulowania na rynku forex, to po kilku miesiącach oceny były jednoznacznie pozytywne. Niczego nie ukrywaliśmy, jasno i klarownie pisaliśmy, że większość inwestorów zeruje swoje rachunki inwestycyjne, przestrzegaliśmy przed lekkomyślnością, ale jednocześnie pokazywaliśmy także, kiedy i jak korzystać z tak złożonych form inwestowania jak instrumenty pochodne i forex, np. do zabezpieczenia się przed wzrostem kursu franka szwajcarskiego. Do dzisiaj jestem dumny z pracy, którą wtedy wykonaliśmy, chociaż potencjalnie projekt był bardzo niebezpieczny wizerunkowo.

W czerwcowej konferencji Inwestuj Inteligentnie na Stadionie Narodowym udział wzięło ok. 400 osób. Jeszcze więcej ludzi obejrzało nagrania wystąpień na kanale TMS Brokers na YouTubie. Niestety dzisiaj już ich tam nie ma. To nauczyło mnie, że warto archiwizować wszelkie materiały lub uzyskiwać zgodę na ich publikację we własnych kanałach.

Jeszcze w kwietniu rozpoczęliśmy rozmowy z kolejnym partnerem, który już pod koniec maja potwierdził, że obejmie patronat nad projektem przez trzy miesiące po wakacjach. Wyglądało na to, że uda nam się zdobyć partnerów na cały Elementarz Inwestora.

KONFERENCJA ALIVE W BERLINIE

W lutym 2014 r. dostałem newsletter od Toma Ewera z bloga *Leaving Work Behind* (LWB) informujący o tym, że planuje się on wybrać na konferencję **ALIVE in Berlin** organizowaną pod koniec maja. Spojrzałem na listę prelegentów i po prostu opadła mi szczęka. Głównym gościem miał być

Chris Guillebeau – autor książki *Niskobudżetowy startup*, która tak bardzo pomogła mi w podjęciu decyzji o otworzeniu własnej firmy. Poza nim także autorka bestsellerów Pam Slim i Michael Gebben – megapozytywny Amerykanin kręcący materiały wideo dla wielu znanych osób, m.in. Richarda Bransona, Tony'ego Robbinsa, Tima Ferrissa oraz także Pata Flynna. Wiedząc, że będzie tam również Tom Ewer i że całość wydarzy się w pobliskim Berlinie – zdecydowałem się zarejestrować.

Organizatorką konferencji była Jana Schuberth, Niemka prowadząca koczowniczy tryb życia i zmieniająca co jakiś czas kraj zamieszkania (opowiadała o tym w 48. odcinku WNOP → **zcwp.pl/048**). Chciała przenieść do Europy ducha ogromnej amerykańskiej konferencji World Domination Summit (WDS) organizowanej tam przez Chrisa Guillebeau. To takie coroczne święto kreatywnych osób (blogerów, artystów, przedsiębiorców internetowych), które zastanawiają się, jak żyć pełniej i pracować, realizując własne pasje.

Uczciwie mówiąc, w Polsce trudno było mi znaleźć bratnie dusze, od których mógłbym się uczyć. Wierzyłem, że ALIVE może być inspirującym wydarzeniem, i jednocześnie chciałem dać sobie szansę poznania bliżej osób takich jak Chris. Chciałem zobaczyć, czy moje wyobrażenie o nich przetrwa zderzenie z rzeczywistością.

Organizatorom zależało na jak największym networkingu (poznawaniu się uczestników) jeszcze przed konferencją. Od razu po rejestracji trafiłem do specjalnej grupy na Facebooku, gdzie każdy uczestnik mógł się przedstawić, opowiedzieć, czego oczekuje od konferencji, a także pochwalić swoimi sukcesami. Bardzo fajnie to zadziałało, na konferencji miałem wrażenie, że znam już kilkunastu jej uczestników.

Mniej więcej pod koniec lutego, po konkursie Blog Roku, pochwaliłem się na tej grupie zdobytymi przez siebie nagrodami. W komentarzach posypały się zarówno gratulacje, jak i pytania dotyczące blogowania i tego, jak można osiągnąć taki sukces. Szczegółowo na nie odpowiadałem. Kilka dni i e-maili później otrzymałem takie oto pytania od Jany – organizatorki ALIVE:

Od: Jana Schuberth

Data: 3 marca 2014, godz. 14:50

Temat: WOW! Gratulacje!

Michał, to fantastyczne! Świetna robota!!

Przyszły mi do głowy dwa pomysły:

1) Czy chciałbyś poprowadzić warsztat dla uczestników ALIVE? O tworzeniu bloga odnoszącego sukcesy albo zarabianiu na blogowaniu?

2) Nagrajmy również podcast z Twoją historią, którą moglibyśmy podzielić się z uczestnikami konferencji, taka historia uczestnika. To ekscytujące!

Rezerwujemy na to trochę czasu w kalendarzu?

Jana

Kolejny raz oniemiałem. Tak, wiem, że dużo jest takich momentów w tej książce, ale mam nadzieję, że dostrzegasz już, jak wiele rzeczy w mojej internetowej karierze wydarzyło się przez szczęśliwy zbieg okoliczności. Albo inaczej mówiąc – przez coś małego i wydawałoby się nieznaczącego:

- Gdybym nie czytał bloga *Leaving Work Behind* Toma Ewera, to nie dowiedziałbym się o konferencji ALIVE.
- Gdybym nie zarejestrował się wcześnie, to nie miałbym dostępu do grupy na Facebooku, gdzie odbywały się dyskusje uczestników.
- Gdybym nie pochwalił się sukcesem w konkursie Blog Roku, to nie wzbudziłbym zainteresowania „jak on to zrobił?".
- Gdybym nie angażował się w dyskusję, odpowiadając na pytania innych, to być może nie otrzymałbym propozycji poprowadzenia warsztatu na ALIVE.
- Gdybym się wystraszył i nie podjął wyzwania wykładu przed anglojęzyczną publicznością, to nie mógłbym się cieszyć z występu u boku Chrisa Guillebeau.

Z podjęciem decyzji nie wahałem się ani chwili. Pod koniec maja miałem poprowadzić 2-godzinny warsztat zatytułowany *How To Build A Successful Blog, Impact Others And Make A Profit* (Jak zbudować popularny blog, wpływać na życie innych i przy okazji zarabiać).

Udział w konferencji ALIVE był dla mnie absolutnie przełomowym doświadczeniem, o czym tak naprawdę miałem się przekonać dopiero w kolejnych miesiącach i latach. Spotkałem tam wiele osób, z którymi do dzisiaj utrzymuję kontakt. Udało mi się nawet namówić do udziału dwie osoby z Polski – blogera Andrzeja Tucholskiego → **zcwp.pl/andrzej** oraz podróżnika Krzysztofa Szymańskiego, który występował w kilku odcinkach mojego podcastu → **zcwp.pl/krzysztof**.

Greg Hartle i jego walka ze śmiercią

Już pierwsza prezentacja na ALIVE była przejmującym doświadczeniem. Prowadził ją Greg Hartle – amerykański przedsiębiorca, który wcześnie w życiu osiągnął sukces finansowy. Już w wieku 25 lat był „ustawiony". Jego historię opisywałem w mojej książce ***Finansowy ninja***, ale warto także tutaj ją powtórzyć.

Greg pewnego poranka obudził się w kałuży krwi. Szybka diagnoza lekarska wykazała, że ma rzadki problem z nerkami. Po kilku dniach w szpitalu i licznych testach dowiedział się, że ma tylko dwie opcje: albo znajdzie się dla niego dawca nerki, albo umrze w ciągu sześciu miesięcy. Dotychczasowe życie całkowicie mu się zawaliło. Kolejne miesiące spędził na przeróżnych kuracjach, które miały na celu wydłużenie życia.

Szczęśliwie jego matka okazała się idealnym dawcą i zgodziła się oddać Gregowi jedną ze swoich nerek. Przeszczep się powiódł i po miesiącach niepewności Greg wrócił do normalnego życia. Świetnie się czuł. Odbudował większość tego, co udało mu się stracić przez miesiące problemów zdrowotnych. Znowu był w swoim żywiole. Idylla nie trwała jednak długo.

Okazało się, że nerki Grega nie pracują idealnie i toksyny stopniowo zatruwają jego organizm. Do związanego z tym cierpienia fizycznego doszło jeszcze cierpienie psychiczne. Greg wie, że jako biorca nerki ma w zasadzie zerowe szanse na kolejny przeszczep. Pozostaje mu czekanie na śmierć. I nadzieja na to, że lekarze znajdą jednak metodę na farmakologiczne przedłużenie jego życia.

W maju 2014 r., gdy poznałem Grega, po raz pierwszy spotkałem człowieka, który pokazał mi swój **zegar życia**. Lekarze szacowali, że zostało mu dziewięć miesięcy. Miał umrzeć w lutym 2015 r. Jedyne, co mógł zrobić, to postarać się jak najlepiej przeżyć ten czas – zgodnie z własnym systemem wartości, oczekiwaniami i marzeniami.

Od naszego spotkania minęły prawie cztery lata i szczęśliwie Greg nadal żyje. Jego stan zdrowia pozostawia wiele do życzenia, ale i tak jest dla niego wielkim darem. To spotkanie i wysłuchanie historii Grega było w moim życiu jednym ze świateł ostrzegawczych. Kolejny raz uświadomiłem sobie, jak naiwny jestem, sądząc, że mam do dyspozycji nieograniczony czas, i nie zdając sobie sprawy, jak szybko dobra passa może się odwrócić.

Jak dojść do tego, co jest dla nas najważniejsze?

Greg oprócz opowiedzenia swojej historii przedstawił także receptę na to, jak stwierdzić, co jest dla nas najważniejsze. W jego ustach brzmiała ona bardzo prawdziwie. Jest to prosty i jednocześnie niesamowicie skuteczny sposób na określenie własnych priorytetów.

1. **Zarezerwuj sobie 30–60 minut, kiedy nikt nie będzie ci przeszkadzał.**

2. **Przygotuj kilka czystych kartek i długopis.** Wyłącz telefon. Włącz ulubioną muzykę lub pracuj w ciszy – wybierz to, co lubisz.

3. **Na pierwszej kartce napisz wszystkie rzeczy, które chciałbyś zrobić w życiu.** W całym życiu. Konkretne cele, ale również marzenia, które od lat chodzą ci po głowie, a na które nigdy nie masz czasu. Być może część już wyparłeś, bo znajomi i najbliżsi przekonali cię o tym, że są bezwartościowe.

Zastanów się też, jak chciałbyś być zapamiętany. Jak chciałbyś być przedstawiony na swoim pogrzebie przez najbliższych. Czy mówiliby o tobie jak o kimś godnym naśladowania, czy żałowaliby, że nie było cię wtedy, gdy byłeś im najbardziej potrzebny? Czy ktoś mógłby powiedzieć, że zmieniałeś świat w lepsze miejsce dla siebie i innych? A może zależy ci na czymś innym?

Nie ma tu dobrych odpowiedzi. Masz prawo być sobą. W końcu to ćwiczenie wykonujesz dla siebie. Wypisz wszystko, co ci w duszy gra. Może skończysz z listą na kilka stron, a może na kartce znajdzie się tylko parę linijek.

4. Weź drugą kartkę. Teraz zadanie się komplikuje. Patrząc na pierwszą kartkę, przepisz tylko te cele i marzenia, które chciałbyś spełnić w ciągu najbliższych 10 lat.

Staraj się podejść do tego realistycznie. Co osiągniesz w ciągu 10 lat od dzisiaj? Ten etap wymaga już głębszego namysłu i jest pytaniem o twoje motywacje. Przy każdym punkcie z pierwszej kartki musisz zadać sobie pytanie: „Dlaczego jest to dla mnie ważne?".

Musisz dokonać pewnej selekcji. Nie jest to łatwy proces, dlatego załóż, że nie wszystkie plany uda się zrealizować. Z różnych powodów. Na szczęście, jak kiedyś usłyszałem, mamy skłonność do przeceniania naszych możliwości w zakresie tego, co uda nam się zrealizować w ciągu jednego roku, ale nie doceniamy tego, czego możemy dokonać w ciągu dekady.

5. Weź trzecią kartkę. Teraz zadanie zacznie się naprawdę komplikować. Załóż, że zostały ci tylko dwa lata życia. Jak zmieniłaby się lista twoich priorytetów, gdybyś wiedział, że na ich wykonanie masz tylko 24 miesiące? Przepisz na trzecią kartkę tylko te cele i marzenia, które chcesz spełnić w ciągu najbliższych dwóch lat.

Mam nadzieję, że na tym etapie zaczynasz już dostrzegać, jak ważne jest właściwe ukierunkowanie swoich działań. Nagle czas na spełnienie marzeń bardzo się kurczy. Być może właśnie zaczynasz dostrzegać, jak bezsensownie dotychczas marnowałeś czas w swoim życiu, oddalając się od realizacji celów, które wskazujesz jako rzekomo najważniejsze.

6. Weź czwartą kartkę i przepisz te cele i marzenia, które zrealizowałbyś, gdyby zostało ci zaledwie 12 miesięcy życia. Wiem, że perspektywa dwóch lat wydaje się mało realna i doskonale potrafimy usprawiedliwić przed sobą, że co prawda w ciągu tego roku nie zrealizowaliśmy jeszcze żadnych planów, ale zabierzemy się za to w kolejnym roku. Dlatego nie warto kończyć na piątym punkcie. Skróć perspektywę do 12 miesięcy.

Jak myślisz? Ile z tych celów uda ci się osiągnąć, biorąc pod uwagę, że masz aktualnie inne zajęcia i zobowiązania? Może nadmiernie wierząc w swoją szczęśliwą gwiazdę, odkładasz na później takie podstawowe sprawy jak zabezpieczenie rodziny czy po prostu wprowadzenie bliskiej osoby we wszystkie detale dotyczące waszych finansów osobistych?

Spójrz na swoją kartkę. Co na niej zostało? To jest twoja lista priorytetów na najbliższy rok. Rzeczy, które powinieneś robić i do których powinieneś dążyć. Chciałbym ci powiedzieć: „Wstań i zrób to!", ale wiem, że powstrzymuje nas wiele rzeczy. Nie wszystkie marzenia i plany da się od razu zrealizować. Każde z nich ma swoją cenę. Niektóre emocjonalną, inne po prostu wymagają odpowiedniego finansowania.

Dwanaście miesięcy to niewiele. Ile punktów z listy wcielisz w życie w ciągu najbliższego roku? Jakie kroki uczynisz, by przybliżyć się do ich realizacji? Nawet jeśli żadnego, to i tak dobrze jest mieć świadomość celów, do których dążysz. Każdego dnia spoglądać na nie i zadawać sobie pytania: „Czy to, co dzisiaj zrobiłem, przybliża mnie do ich spełnienia? Jak mogę zaplanować jutrzejszy dzień, by posuwać się do przodu?".

Zastanów się, w jaki sposób obecne działania przybliżają cię do realizacji marzeń i celów. Marzenia tym się różnią od celów, że są niesprecyzowane i nieumocowane w czasie. Stają się celami, gdy zamienisz je w plany: określisz kroki wymagane do ich realizacji i przynajmniej z grubsza sprecyzujesz, kiedy zajmiesz się ich wykonaniem.

Gdy pozna się swoje priorytety, to nawet tak niewyobrażalne przedsięwzięcia jak napisanie tej książki w miesiąc stają się wykonalne. Skuteczność

Mamy skłonność do przeceniania naszych możliwości w zakresie tego, co uda nam się zrealizować w ciągu jednego roku, ale nie doceniamy tego, czego możemy dokonać w ciągu dekady.

naszych działań zależy w największym stopniu od nas samych. Od naszej determinacji, systematyczności i pracowitości. To my jesteśmy architektami swojego życia i nikt nas w tym nie zastąpi. Warto działać zgodnie z wytyczonym planem, aby nie rozpraszać energii. W końcu nie wiadomo, ile czasu pozostało nam na spełnienie marzeń. Szkoda byłoby go zmarnować na błądzenie we mgle lub bezcelowe gonienie własnego ogona.

Inspirująca rozmowa z Chrisem

W jednej z przerw podszedłem porozmawiać z Chrisem Guillebeau. Czułem się nieswojo i niezręcznie („Kim ja jestem, żeby zawracać głowę tak poczytnemu autorowi bestsellerów tłumaczonych na wiele języków?").

Chris okazał się być nieco introwertycznym, ale przemiłym rozmówcą. Rozwiązał mi się przy nim język. Opowiedziałem o moim blogu, o próbach trzymania wysokiej jakości, o wyzwaniach związanych z zarabianiem na blogu, o tym, że nie podoba mi się popularny w mainstreamie blogosfery model prostych współprac z markami, ale jednocześnie mam duże wątpliwości, czy inne scenariusze rozwoju pozwolą systematycznie zarabiać na życie. Pytałem także o to, czy lepiej konsekwentnie trzymać się ustalonej wcześniej strategii tworzenia wpisów ponadczasowych, czy może jednak złamać tę zasadę i od czasu do czasu odnosić się do bieżących zdarzeń. Podpytał o to i owo i w końcu powiedział: „Nie słuchaj innych. Rób swoje. Sam najlepiej wiesz, co jest zgodne z tobą i dla ciebie najlepsze. Po prostu rób swoje. Jeśli czujesz, że nadszedł czas na zmiany, to je wprowadź i zobacz, co się stanie".

Powiedział mi rzeczy oczywiste. Niemniej jednak fakt, że usłyszałem to bezpośrednio od niego, dodał mi energii i pomógł mocniej uwierzyć, że jestem na dobrej drodze i powinienem słuchać przede wszystkim siebie.

Przekonałem się także, że moi idole, których uważam za wielkie autorytety, są przede wszystkim zwykłymi ludźmi. Rozmawiając z Chrisem, widziałem, w jak wielu rzeczach i doświadczeniach jesteśmy do siebie podobni. Pomimo dużego dorobku był po prostu zwyczajnym facetem. Niewyróżniającym się, zasłuchanym, gotowym do pomocy. Dystans, który na początku odczuwałem, był przede wszystkim wytworem mojej wyobraźni. Barierą, którą sam sobie wymyśliłem. Zrozumiałem wtedy, że moi czytelnicy i słuchacze mogą czuć to samo w stosunku do mnie. Postanowiłem, że będę systematycznie burzył tę barierę.

Uścisk dla Pata

Jednym z moich najfajniejszych konferencyjnych kompanów okazał się być Tom Ewer z bloga LWB. Już pierwszego dnia bardzo dziękowałem mu, że zdecydował się prowadzić blog o porzucaniu pracy etatowej i utrzymywaniu się z działalności freelancerskiej (pracy zadaniowej wykonywanej zdalnie dla różnych firm i osób).

Tom uczestniczył w moim warsztacie, podczas którego opowiadałem także swoją maratońską historię i mówiłem, że Pat Flynn przedstawia ją na konferencjach w Stanach Zjednoczonych. Był jedną z osób, które zrobiły mi wtedy zdjęcie i opublikowały na Twitterze, oznaczając przy okazji Pata. Podawałem to jako przykład, że czynione przez nas dobro powraca w momentach, w których najmniej się tego spodziewamy.

Po warsztacie Tom podszedł do mnie i powiedział, że będzie się widział z Patem w lipcu na konferencji World Domination Summit w USA. Wpadłem na szalony pomysł. Powiedziałem mu, że znamy się z Patem tylko wirtualnie i jeszcze nigdy nie mieliśmy okazji spotkać się osobiście. Zapytałem, czy zgodziłby się przekazać mu ode mnie braterski uścisk. Tom się zgodził. Moment ten uwieczniliśmy na zdjęciu, wysyłając je oczywiście Patowi.

Gdy w lipcu byłem już na wakacjach, pewnego poranka zobaczyłem specjalną wiadomość od Toma – dwa miesiące później mój „niedźwiadek" został przekazany Patowi.

Może ci się to wydawać głupie, ale wierzę, że właśnie takie drobne gesty czynią nas ludźmi i pomagają pokazywać innym, że doceniamy to, co dla nas robią – nawet jeśli oddaleni jesteśmy o tysiące kilometrów i nie spotykamy się osobiście. To zdjęcie wywołało szeroki uśmiech na mojej twarzy. Nawet jeśli skutkiem tego typu zachowań ma być tylko uśmiech kilku osób, to uważam, że warto być takim wariatem – ku pokrzepieniu serc innych i swojego.

Tom i inni uczestnicy mojego warsztatu na ALIVE uświadomili mi coś jeszcze, co wcześniej nie było dla mnie oczywiste. Przekonali mnie, że jako bloger z Polski nie powinienem mieć żadnych kompleksów. Że to, co robię i co udaje mi się osiągać, wyróżnia się również poza Polską, mój bagaż doświadczeń jest uniwersalny. Blogując o finansach osobistych, zdobyłem zestaw nowych umiejętności w zakresie tworzenia angażujących treści oraz ich promowania.

Okazało się, że moja wiedza o tym, jak to robić, jest przydatna dla innych. Nie mówię tego, by się przechwalać. Chcę ci po prostu uświadomić, że często to my sami dyskredytujemy i torpedujemy nasze osiągnięcia, uważając, że nie robimy niczego specjalnego. Gdy jednak słyszę z bliska od amerykańskich i brytyjskich blogerów, że to, co robię, jest *awesome*, to daje to podstawy, by w siebie wierzyć.

Często to my sami dyskredytujemy i torpedujemy nasze osiągnięcia, uważając, że nie robimy niczego specjalnego. To nieprawda!

Na koniec konferencji ALIVE Jana zaprosiła na scenę wszystkich prelegentów. Gdy mówiła: „Bardzo wam dziękuję. To wzruszające i wspaniałe, że każdy z was zgodził się tutaj wystąpić za darmo i pomógł zorganizować ALIVE" – poczułem ściskanie w gardle. Byłem przekonany, że tylko ja nie dostałem wynagrodzenia i po cichu zastanawiałem się, czy kiedyś przyjdzie taki dzień, że organizatorzy konferencji gotowi będą mi płacić. Wydawało mi się, że muszę najpierw zapracować na reputację dobrego prelegenta. Tymczasem okazało się, że wszystkim występującym na ALIVE w równym stopniu zależało na jej organizacji. Każdy dał coś od siebie, wierząc, że znajdzie w tym wartość dla innych i dla siebie. Ja w to wierzyłem i się nie zawiodłem.

REKORDOWA AFILIACJA

Wracając pociągiem z Berlina, zachęcony przez Chrisa do eksperymentowania, usiadłem do pisania artykułu, który łamał moje dotychczasowe standardy. Kilka kolejnych dni zajęło mi prześwietlanie regulaminu promocji, z której sam zamierzałem skorzystać, weryfikacja szczegółów z bankiem oraz przetestowanie i udokumentowanie procedury zakładania konta. Zamiast ponadczasowego wpisu napisałem artykuł o krótkotrwałej promocji konta oszczędnościowego, w której bank wypłacał dodatkową premię pieniężną znacząco zwiększającą efektywną stopę zwrotu. Wpis był ważny przez niecały miesiąc – tylko do końca czerwca 2014.

Na liczbach pokazałem w nim, jak zamienić 1000 zł włożone na *Lokatę Bezkarną* w banku BGŻOptima w 1088,10 zł i to zaledwie w cztery miesiące. Dawało to efektywną stopę zwrotu 35,24% w skali roku i to bez żadnego ryzyka. Całość przedstawiłem w postaci bardzo szczegółowej instrukcji, dokładnie przedstawiając wszystkie plusy i minusy. W artykule zamieściłem także tzw. linki afiliacyjne, o czym jednoznacznie poinformowałem czytelników. Za każdą osobę zakładającą lokatę w banku z mojego polecenia (po przejściu przez link na blogu) miałem otrzymać 60 zł wynagrodzenia od firmy afiliacyjnej.

Artykuł opublikowałem 4 czerwca, dosłownie tuż po powrocie z ALIVE → **zcwp.pl/lokata**. Nie wiedziałem, czego się spodziewać, ale potraktowałem to jak eksperyment. „Co ma być, to będzie!" – pomyślałem. Efekt przekroczył moje najśmielsze oczekiwania.

Tylko w ciągu 8 dni czytelnicy mojego bloga złożyli wnioski o otwarcie 1153 lokat, co oznaczało potencjalny zarobek na poziomie około 69 000 zł! Nie kryłem się z tymi rezultatami. W duchu transparentności opublikowałem szczegółowy wpis zatytułowany *Jak zarobiłem 69 000 zł w 8 dni czerwca, czyli czy w blogowaniu są pieniądze?* → **zcwp.pl/69k**. Tak naprawdę było to pierwsze studium przypadku w Polsce dokładnie pokazujące, jak olbrzymi potencjał sprzedażowy drzemie w poczytnych, specjalistycznych blogach, których autorzy cieszą się wysokim zaufaniem. Już wtedy pisałem:

Generalnie staram się wierzyć w to, że im więcej daję, tym więcej do mnie wraca. Niesamowite jest widzieć, jak ta wiara się materializuje i odzwierciedla w prawdziwych liczbach.

Przyznałem się tam także, że niewiele brakowało, by artykuł o lokatach w ogóle nie powstał, bo wcześniej koncentrowałem się na tworzeniu wpisów ponadczasowych. Podkreślałem też, że sukces nie był zaplanowany. Wyszedł niejako przy okazji pokazywania bardzo dobrej oferty banku.

Jednocześnie uczciwie napisałem, że cała zarobiona kwota przyszła bardzo łatwo. W zasadzie poza napisaniem artykułu nic nie musiałem robić. Szczytem perwersji z mojej strony było ujawnienie, że tylko podczas oglądania środowego seansu w kinie zarobiłem 2640 zł. W niecałe dwie godziny czytelnicy założyli 44 lokaty, a ja miałem otrzymać 60 zł za każdą z nich.

Po raz pierwszy mocno wtedy poczułem pasywność dochodów z afiliacji. Pracę nad artykułem wykonałem tylko raz, a zarobki osiągałem przez cały miesiąc – nawet wtedy, gdy spałem, jadłem lub bawiłem się. Wcześniej nie wierzyłem, że można w ten sposób zarabiać w Polsce duże pieniądze, ale zmiana strategii pod wpływem rozmowy z Chrisem pokazała mi, że także tutaj sprawdza się scenariusz zarabiania stosowany w USA przez Pata Flynna.

Ostatecznie zarobiłem w ten sposób znacznie wyższą kwotę. Na koniec czerwca licznik wskazywał 4346 złożonych wniosków o założenie lokaty, co powinno dać 260 760 zł. Niestety bank zaakceptował „tylko" 3456 złożonych wniosków, co sumarycznie dało wynagrodzenie w wysokości 207 360 zł.

To był absolutnie fenomenalny wynik, do tego przypadający dokładnie na koniec pierwszego roku utrzymywania się z bloga. Jednocześnie był to niesamowicie optymistyczny prognostyk na przyszłość. Przekonałem się, że afiliacja w branży finansowej rzeczywiście może być dobrym źródłem przychodów.

Należy jednak powiedzieć wprost: żeby osiągać takie wyniki afiliacyjne, trzeba mieć bardzo popularny i wiarygodny blog. Jeśli artykuł jest rzetelnie napisany, oferta rzeczywiście warta pokazania, a czytelnicy wierzą w uczciwość autora i ufają mu, to istnieje szansa na dobry wynik. Absolutnie nic nie jest jednak gwarantowane. W przypadku *Lokaty Bezkarnej* zarabiali wszyscy – osoba zakładająca lokatę, bloger, pośrednik (czyli firma afiliacyjna) oraz bank. Pieniądze czasami naprawdę są na wyciągnięcie ręki, tylko trzeba chcieć po nie sięgać.

Mój przykład pokazuje jednocześnie gigantyczny potencjał blogów i to, jak dużą wiarygodność mogą wypracować sobie blogerzy. Chcę jednak podkreślić, że wymaga to ciężkiej i systematycznej pracy. Takich efektów nie da się osiągnąć z miesiąca na miesiąc, a większość blogerów nie osiąga ich także z roku na rok. Byłem i nadal jestem niesamowicie wdzięczny Bogu i czytelnikom za to, że tak hojnie mnie wynagradzali. Ten świetny wynik interpretowałem jako przesłania „więcej wiary!" i „rób swoje!".

KURS BUDŻET DOMOWY W TYDZIEŃ

Mijał czas, a ja łapałem kolejne opóźnienia. Z projektów zaplanowanych na pierwszą połowę roku udało mi się jak na razie przygotować tylko darmowy e-book *Więcej niż oszczędzanie pieniędzy – Tom I* → **zcwp.pl/ebook1**. Dopiero w maju na poważnie usiadłem do opracowania materiałów do kursu Budżet domowy w tydzień (BDT).

To było coś zupełnie innego od pisania artykułów na blog. Musiałem nie tylko stworzyć samą treść kursu, ale także przygotować całą platformę do jego sprzedaży, fakturowania i udostępniania klientom. Na deser zostawiłem sobie opracowanie strategii cenowej i promocyjnej. Czułem, jakbym wracał do najlepszych lat pracy w branży IT.

Platforma technologiczna

Wiedziałem, że najwięcej czasu zajmie opracowanie i przetestowanie platformy technologicznej, która miała integrować wiele elementów. Brałem pod uwagę różne rozwiązania – w tym polskie usługi sklepów internetowych – ale większość z nich nie była przygotowana do sprzedaży produktów elektronicznych, a w szczególności kursów wideo podzielonych na oddzielne lekcje. Za granicą istniały już fajne rozwiązania tego typu, ale ich minusem był brak integracji z polskimi usługami do przyjmowania płatności oraz wystawiania faktur klientom.

Zależało mi na tym, aby platforma kursowa pracowała w oparciu o **WordPress (WP)** – silnik napędzający mojego bloga. Znalazłem darmową wtyczkę **Easy Digital Downloads (EDD)**, która umożliwiała budowanie sklepów z wykorzystaniem WP. Poważnym argumentem przemawiającym za jej zastosowaniem było znalezienie programisty w Polsce – Michała Jaworskiego, który pisał już rozszerzenia dla EDD i zapewniał, że jest w stanie od zera napisać wszystkie brakujące komponenty. To właśnie na moje zamówienie stworzył integracje z systemem płatności **PayLane**, usługą **Fakturownia** (dzisiaj korzystam już z **wFirma**) oraz systemem mailingowym **GetResponse** (a następnie **ActiveCampaign**). Linki do wszystkich opisywanych narzędzi do budowy własnej platformy kursowej oraz listę aktualnie stosowanych przeze mnie rozwiązań znajdziesz pod adresem → **zcwp.pl/kurs**.

W zakresie wyglądu graficznego mojego kursu skorzystałem z gotowego szablonu stron szkoleniowych zaszytych w rozwiązaniu **OptimizePress** – także pracującym na WordPress. Programista połączył tę hybrydę w gotowe rozwiązanie, którego schemat widoczny jest na poniższym rysunku.

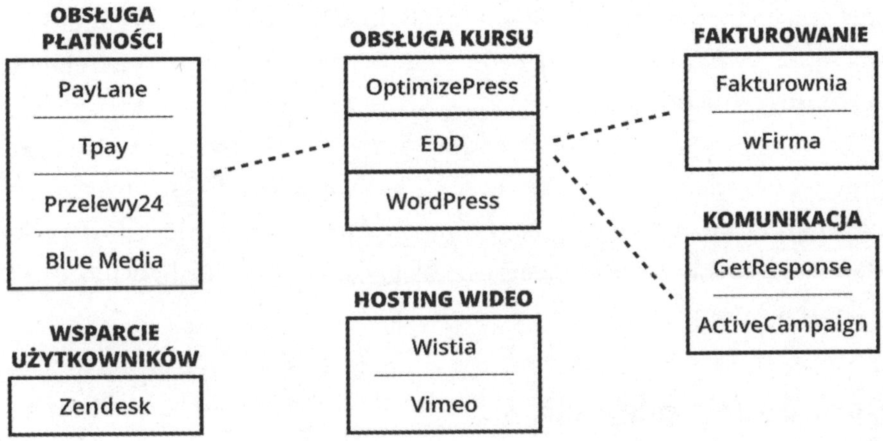

Zamiast od zera tworzyć własne oprogramowanie, skorzystałem z niezależnie rozwijanych gotowych usług. Dzięki temu nie musiałem sam tworzyć rozwiązania do pobierania płatności, wystawiania faktur oraz przydzielania dostępu do kursu. Całość pracowała w pełni automatycznie, a dzięki modułowej budowie mogłem w miarę upływu czasu i zmiany potrzeb wymieniać poszczególne komponenty. Przykładowo: w zakresie obsługi płatności w ciągu kilku kolejnych lat korzystałem z usług polskich firm PayLane, transferuj.pl (obecnie tpay.com), Przelewy24 oraz Blue Media.

Oprócz platformy kursowej korzystałem także z zewnętrznego hostingu filmów. Nie chciałem, aby znajdowały się one na publicznie dostępnym YouTubie, więc wykupiłem dostęp do usługi **Wistia**. Po roku, gdy korzystanie z tej platformy stało się zbyt kosztowne, przeniosłem wszystkie komercyjne materiały wideo do alternatywnej usługi **Vimeo**.

Ostatnim rozwiązaniem zewnętrznym był **Zendesk** – system obsługi zapytań i zgłoszeń problemów przesyłanych przez klientów e-mailem. Działa on jako tzw. system ticketowy i oprócz prowadzenia komunikacji pozwala także zarządzać ich statusem, wiedzieć, ile zgłoszeń nie zostało jeszcze obsłużonych, śledzić średni czas rozwiązywania problemów itp. Zależało mi na tym, aby żadne ze zgłoszeń od klientów nie ginęło i wiedziałem, że takie rozwiązanie ułatwia utrzymanie porządku i dokumentowanie historii komunikacji w sposób dostępny dla wszystkich moich współpracowników – bez względu na to, który z nich aktualnie zajmuje się obsługą klientów.

Łączne koszty platformy technologicznej, zewnętrznych usług oraz prac programistycznych zamknęły się w kwocie ok. 4500 zł brutto. To niedużo, biorąc pod uwagę, że wypracowałem rozwiązanie, które miało stanowić podstawę także dla moich kolejnych kursów. Nie były to jednak wszystkie koszty.

Opracowanie materiałów

Wzorem amerykańskich blogerów chciałem przygotować kurs maksymalnie przypominający szkolenie na żywo. To dlatego jego głównym elementem miały być lekcje wideo – najbardziej zbliżone do pracy z nauczycielem. Za taką strategią przemawiały jeszcze dwa argumenty:

1. **Kurs miał być przeznaczony dla tych osób, którym nie wystarczały artykuły z cyklu *Zaplanuj budżet domowy*.** Miałem nadzieję, że przyswojenie treści wideo będzie po prostu łatwiejsze od czytania wpisów. Wierzyłem też, że taki „żywy nauczyciel" skuteczniej będzie w stanie prowadzić uczestników kursu za rękę.

2. **Dobrze zrealizowane materiały wideo pomagają postrzegać kurs jako materiał o wyższej jakości.** Dzięki materiałom wideo potencjalni nabywcy widzą trud włożony w przygotowanie szkolenia i rozumieją, że cena takiego kursu będzie wyższa niż np. samych materiałów tekstowych – nawet jeśli prowadzący szkolenie tylko czyta te materiały na filmach.

Z czasem przekonałem się także, że dobre merytorycznie materiały wideo pomagają budować moją markę osobistą. Pokazując się na wideo, pracowałem na zwiększenie swojej wiarygodności. Uświadomiłem to sobie dopiero później, otrzymując życzliwe komentarze od osób kończących moje kursy.

Cały materiał ze szkolenia BDT podzieliłem na sześć lekcji. Każda z nich miała składać się z filmu, pliku audio MP3 do słuchania na telefonie lub w samochodzie, transkryptu lekcji w formie tekstowej, dodatkowych materiałów w formie arkuszy kalkulacyjnych oraz plików PDF, a także linków odsyłających do dodatkowych zewnętrznych źródeł (np. niektórych wpisów na blogu). Pod każdą lekcją znajdować się miała także sekcja komentarzy umożliwiająca prowadzenie dyskusji pomiędzy uczestnikami szkolenia.

Najbardziej bałem się nagrań wideo. Pierwsze próby przed kamerą nie wypadły zadowalająco. Bardzo się tremowałem, patrząc w bezduszny obiektyw, a mówione w próżnię słowa na nagraniu brzmiały bardzo sztucznie. Powtórki wcale nie wypadały lepiej – cały czas byłem nienaturalny. Gdy próbowałem mówić, nie patrząc w notatki, to co chwila zapominałem o istotnych drobiazgach. Uświadomiłem sobie, że przy takiej liczbie powtórzeń i cięć montaż finalnych materiałów wideo będzie koszmarem. Musiałem kompletnie zmienić podejście.

budżet domowy W TYDZIEŃ

Zacznij tutaj | Panel | Kurs | Bonusy | Kontakt | Wyloguj się

Dzień 1: Motywacja finansowa

Materiał kursu   57 komentarzy

Lekcja wideo | Podsumowanie | Materiały do pobrania | Zadania do wykonania

Lekcja wideo (13 minut 42 sekundy)

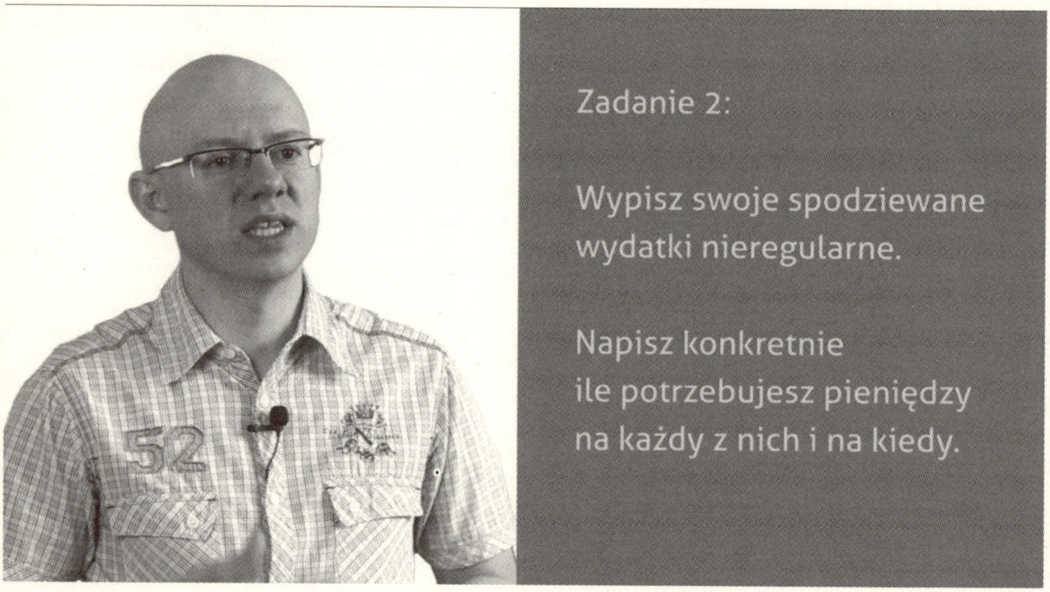

Podsumowanie

W pierwszym dniu kursu popracujemy nad Twoją motywacją. Zastanowimy się co dotychczas powstrzymywało Cię przed tworzeniem budżetu. Podpowiem Ci, jak pokonać wymówki i jak radzić sobie z chwilowymi trudnościami.

Zmuszę Cię także do zastanowienia się dlaczego chcesz zapanować nad swoimi finansami i dlaczego uważam, że jest to ważne. Porozmawiamy sobie również o wydatkach nieregularnych i o dużych celach finansowych.

Tak wygląda jedna lekcja w kursie Budżet domowy w tydzień – rozpoczyna ją wideo

Materiały do pobrania

Transkrypt lekcji wideo
Spisana treść lekcji wideo w formie pliku PDF.

Zapis audio lekcji wideo
Ścieżka dźwiękowa lekcji wideo w formacie MP3.

Zeszyt ćwiczeń do lekcji 1
Zeszyt ćwiczeń, który pomoże Ci określić Twoje motywacje oraz skonkretyzować cele finansowe.

Artykuł 'Jeszcze oszczędny czy już sknera? Jak ich odróżnić?'
Tekst artykułu "Jeszcze oszczędny czy już sknera? Jak ich odróżnić?" w formie pliku PDF.

Podcast '10 wskazówek, jak skutecznie planować cele'
Zapis podcastu "10 wskazówek jak skutecznie planować cele, opracować konkretny plan działania i uniknąć słomianego zapału".

Transkrypt podcastu '10 wskazówek, jak skutecznie planować cele'
Transkrypt podcastu "10 wskazówek jak skutecznie planować cele, opracować konkretny plan działania i uniknąć słomianego zapału".

Zadania do wykonania

1. **Wydrukuj zeszyt ćwiczeń do pierwszej lekcji**
   Pobierz plik PDF z sekcji "Materiały do pobrania" i wydrukuj go.

2. **Odpowiedz na pytania zawarte w zeszycie ćwiczeń**
   Zastanów się i odpowiedz na pytania: Co stałoby się możliwe, gdybyście mieli zaoszczędzone pieniądze? Jaki byłby najgorszy koszmar, jaki może się wydarzyć, jeśli nie będziesz mieć pieniędzy i nie zadbasz o poprawienie swojej sytuacji finansowej?

3. **Wypisz swoje krótkoterminowe cele finansowe**
   Na kolejnej stronie zeszytu ćwiczeń zapiszcie swoje cele finansowe w najbliższym czasie. Mogą to być również planowane wydatki nieregularne. Bądźcie precyzyjni. Oprócz samego celu, np. zakup samochodu, zakup ubezpieczenia, wyjazd na wakacje - napiszcie konkretnie, jaką kwotę chcecie przeznaczyć na ten cel, a także wpiszcie datę kiedy chcecie ten cel osiągnąć.

4. **Powieś kartkę z motywacjami finansowymi w widocznym miejscu**
   Umieść kartkę z zapisanymi motywacjami finansowymi (tymi pozytywnymi i tymi negatywnymi) w miejscu, w którym będziesz ją codziennie widzieć: na lodówce lub przy komputerze. Tak, żeby była dla Ciebie skuteczną motywacją.

Pod filmem z lekcją znajdują się materiały dodatkowe oraz „praca domowa" dla uczestnika kursu

Wiedziałem, że i tak będę musiał dokonać transkrypcji moich materiałów wideo. Zdecydowałem się więc odwrócić kolejność. Najpierw napisałem treść wszystkich lekcji, a następnie czytałem je na głos – tak jakbym miał je wygłosić. Nie improwizowałem. Czytałem słowo w słowo. Jeśli gdzieś coś mi nie pasowało, to zmieniałem treść w taki sposób, aby brzmiała naturalnie. Wiele zdań wielokrotnie złożonych zamieniło się na prostsze. Całość zaczęła przypominać naturalną mowę.

Nie sposób było to wszystko zapamiętać, ale zamierzałem po prostu przeczytać treść z tzw. promptera, czyli urządzenia wyświetlającego przesuwający się tekst. Takie urządzenia są dosyć drogie, więc znalazłem na YouTubie przewodnik, jak zrobić prosty prompter samodzielnie. Wystarczyły dwie ramki do zdjęć, które dodatkowo połączyłem zawiasami. Do wyświetlania napisów użyłem iPada z aplikacją **Elite Prompter**, która potrafi wyświetlać je w lustrzanym odbiciu. Po zaciemnieniu brzegów i tyłu prostego promptera ciemną koszulką przesuwające się napisy odbijały się od szyby ustawionej przed obiektywem pod kątem 45 stopni. Jednocześnie obiektyw aparatu nie widzi napisów, lecz tylko osobę stojącą na wprost takiego promptera. Mogłem czytać, patrząc prosto w obiektyw.

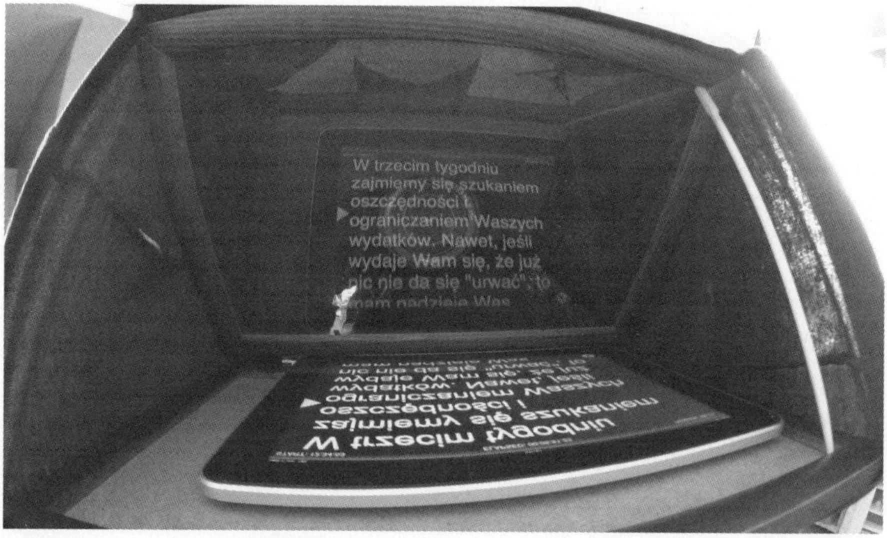

Przez kilka godzin ćwiczyłem udawanie, że mówię naturalnie, i analizowałem swoje zachowanie na filmie. Zauważyłem, że jeśli stoję nieruchomo, to wyraźnie widać ruch moich gałek ocznych w prawo i lewo podczas czytania tekstu. Poza tym wyglądałem trochę jak robot. Rozwiązanie było banalne – wystarczyło nauczyć się lekko poruszać głową, np. nieco ją przekrzywiając lub przesuwając w lewo i prawo, pokazując bardziej profile. To dobrze maskowało wodzenie wzrokiem po tekście. Warto także zadbać o opuszczenie brody w dół i czytanie trochę „spode łba". W końcu byłem gotowy do nagrań.

Tu do akcji wkroczył Marcin Hinz, który dotychczas montował moje podcasty. Przyjechał do mnie ze sprzętem fotograficznym w sobotę 7 czerwca 2014 r. Pokój syna zamieniliśmy w tymczasowe studio. Statywy, zielone tło kupione na Allegro, dwie lampy studyjne, prompter, krawatowy mikrofon podłączony do podcastowego rekordera oraz dwa aparaty cyfrowe – to całe wyposażenie niezbędne do nagrania kursu. Dzięki czytaniu gotowych materiałów z promptera zaledwie w jeden dzień nagraliśmy cały materiał dwa razy. To tak na wszelki wypadek, żeby było z czego montować, gdyby okazało się, że w którymś miejscu wykonuję jakieś dziwne grymasy. O te było nietrudno, bo tego dnia byłem przeziębiony i z gorączką. Dziękowałem sam sobie, że przezornie przygotowałem wcześniej cały materiał.

Marcin ukończył montaż materiałów wideo dosłownie w kilka dni. W międzyczasie podpowiadałem mu jeszcze, gdzie osadzić napisy z wypunktowaniem najważniejszych informacji. Przykładowy film możesz znaleźć na stronie kursu BDT → **zcwp.pl/bdt**.

Do pełni szczęścia brakowało mi jeszcze spójnej kreacji wizualnej całego kursu. Tu także skorzystałem z pomocy kolejnego współpracownika wyłonionego spośród czytelników bloga. Krzysztof Bobrowicz przygotował logo kursu BDT, piktogramy do lekcji, grafiki oraz banery reklamowe, które używałem potem do promocji kursu na blogu.

Za pracę Marcina i Krzysztofa zapłaciłem łącznie 2200 zł. Wszystkie pozostałe prace – wgrywanie plików na platformę kursową i ustawienie opisów poszczególnych lekcji – wykonałem samodzielnie.

Automatyzacja komunikacji

Ostatnim elementem było przygotowanie treści wszystkich e-maili wysyłanych do klientów po zakupie kursu. Było ich całkiem sporo: potwierdzenie złożenia zamówienia, wysyłka faktur po opłaceniu kursu, instrukcje dotyczące zmiany hasła w przypadku jego zapomnienia itd. System przygotowany był w taki sposób, aby zautomatyzować jak najwięcej operacji. Wiedziałem, że docelowo kurs mogą zakupić nawet tysiące osób, więc tym bardziej nie chciałem niczego obsługiwać ręcznie.

Natychmiast po rejestracji adres nabywcy trafiał na tzw. autoresponder, czyli zapisywany był na otrzymywanie e-maili według określonego z góry harmonogramu. Chodziło o to, aby uczestnik kursu czuł się dobrze zaopiekowany i jednocześnie nie zapominał o systematycznym udziale w kursie. Od razu po zapisie otrzymywał przywitanie i zapowiedź, że codziennie o 19:00 otrzymywać będzie przypomnienie o kolejnej lekcji. Dodatkowo w tydzień po zakończeniu kursu pytałem go e-mailowo, czy pamięta o spisywaniu wydatków. Dokładnie miesiąc po przygotowaniu pierwszego

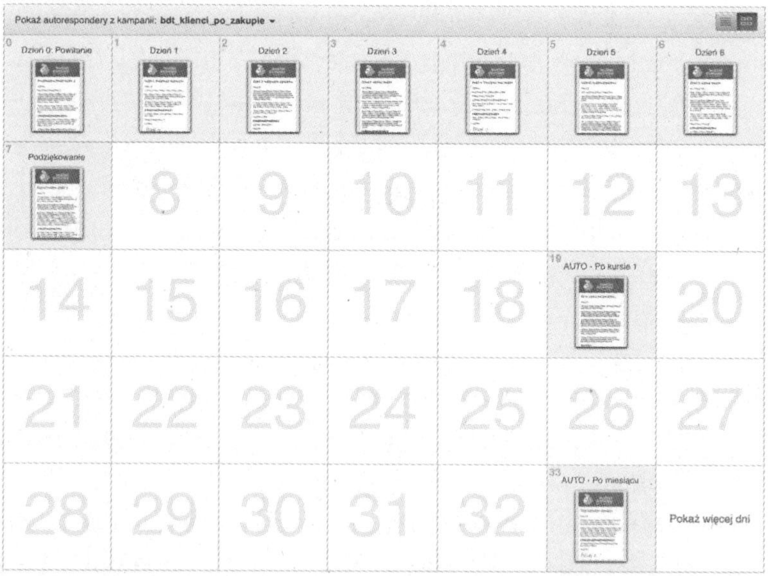

Harmonogram autorespondera kursu BDT w usłudze GetResponse

budżetu podpowiadałem też, aby przeanalizował cały miesiąc wydatków i usiadł do planowania budżetu domowego na kolejny miesiąc.

Do opracowania harmonogramu i automatycznego wysyłania gotowych wiadomości wykorzystałem usługę mailingową GetResponse → **zcwp.pl/gr**. Dzisiaj w tym samym celu wykorzystuję ActiveCampaign → **zcwp.pl/ac**.

Badanie rynku i strategia sprzedażowa

Kurs Budżet domowy w tydzień miał być moim pierwszym komercyjnym produktem. W trakcie pracy miałem szereg obaw, że czytelnicy nie będą nim zainteresowani, że uznają go za drogi i niepotrzebny, że widząc próbę zarabiania na nich – po prostu się ode mnie odwrócą. Nie chciałem się zadręczać i spekulować. Przeprowadziłem więc własne badanie rynku.

Zapytałem, kto spośród czytelników byłby gotowy zaangażować się w pełnienie roli mojego doradcy – takiego, który nie tylko będzie komentować, ale gotowy będzie wziąć na siebie również pewne obowiązki, np. w zakresie testowania tworzonych przeze mnie produktów. Swój akces do programu *JOP VIP* zgłosiło około 160 osób. Następnie przygotowałem i rozesłałem do nich obszerną ankietę Google Docs dotyczącą wyzwań związanych z tworzeniem budżetu domowego. Wypełniło ją aż 71 osób.

W ankiecie pytałem o różne rzeczy – o problemy z budżetem domowym, co ich powstrzymuje przed tworzeniem budżetu, ale zapytałem również, ile ich zdaniem powinien kosztować tygodniowy kurs wideo uczący planowania i prowadzenia budżetu. Rozpiętość odpowiedzi była niesamowita – od 10 do nawet 399 zł. Utwierdziłem się w przekonaniu, że wymyślona przeze mnie wcześniej cena 97 złotych dobrze trafia w ten przedział.

Równolegle – korzystając z narzędzia **Brand24** → **zcwp.pl/brand24** – sprawdzałem, co mówi się w internecie na temat problemów z budżetem domowym. Śledziłem dyskusje i tworzyłem listę zagadnień do rozwinięcia w ramach kursu. Widziałem wyraźnie, że jest zapotrzebowanie na wytłumaczenie tego tematu. Nie wiedziałem tylko, ile osób zdecyduje się zapłacić za tę wiedzę.

Zdecydowałem, że na początku zaoferuję jedną wersję produktu w jednej cenie. Nie chciałem przygotowywać różnych mutacji i wariantów. Zależało mi na razie wyłącznie na przetestowaniu, ile osób gotowych jest wyciągnąć z portfela 97 złotych, żeby zapłacić za mój produkt. Intuicyjnie uważałem to za dobrą cenę jak na pierwszą edycję sprzedaży.

Początkowo planowałem sprzedawać kurs tylko przez 3 dni, a następnie zamknąć sprzedaż, aby z pierwszymi klientami uzupełnić ewentualne braki kursu. Spodziewałem się, że mogą przytrafić się jakieś problemy i otwarcie informowałem o tym na stronie sprzedażowej BDT. Uprzedzałem również, że po okresie testowym planuję podnieść cenę. Tak się stało i w kolejnej edycji sprzedaży – we wrześniu – kurs kosztował już 197 zł.

Strategia promocji

Ostatnim i jednocześnie najważniejszym elementem całej układanki było zorganizowanie promocji i premiery kursu. Nie ukrywam, że tu miałem najwięcej pracy, bo nie wystarczy zrobić dobry produkt. Trzeba go jeszcze umieć ładnie opakować i skutecznie poinformować świat o jego istnieniu, przekonać, że warto go kupić i że daje on konkretne efekty.

Premierę kursu zaplanowałem na poniedziałek 23 czerwca. Datę upubliczniłem dużo wcześniej. Tak naprawdę promocję kursu zacząłem już na początku roku, bo już wtedy zapowiedziałem, że nad nim pracuję. Pierwotnie chciałem, żeby kurs ukazał się pod koniec marca, ale Blog Roku, konferencja ALIVE i wszystkie inne wydarzenia wydłużyły mój harmonogram.

W kwietniu ogłosiłem na blogu konkurs z nagrodami zawierający pytania dotyczące sensowności prowadzenia budżetu domowego. Z ponad 300 komentarzy sporo dowiedziałem się o potrzebach, problemach i obiekcjach czytelników. Już w kwietniu pokazałem czytelnikom logo kursu Budżet domowy w tydzień, opowiedziałem o nim więcej i zaprosiłem do zapisywania się na specjalny newsletter z informacjami o jego premierze. Stał się on później moim podstawowym narzędziem sprzedażowym. Do czerwca zasubskrybowało go około 700 osób.

Nie wystarczy zrobić dobry produkt. Trzeba go jeszcze umieć ładnie opakować i skutecznie poinformować świat o jego istnieniu.

Przed premierą, 18 czerwca, udostępniłem 29. odcinek podcastu, który miał tytuł *Dlaczego nie tworzymy budżetu domowego?* → **zcwp.pl/029**. Podpowiedziałem w nim, jak czytelnicy mogą sobie poradzić ze swoimi obiekcjami, i zapowiedziałem, że premiera kursu nastąpi 23 czerwca.

Równolegle intensywnie prowadziłem newsletterową kampanię informacyjną skierowaną do osób zainteresowanych kursem. Zacząłem ją około dwóch tygodni przed premierą. Zależało mi na tym, żeby już w momencie rozpoczęcia sprzedaży wszyscy zainteresowani po prostu kupili kurs. Korzystając z Microsoft Excel, stworzyłem szczegółowy harmonogram tej komunikacji:

1. Najpierw oznajmiłem, że za dwa tygodnie ruszam ze sprzedażą kursu.
2. Na tydzień przed premierą napisałem, co wchodzi w skład kursu BDT, oraz załączyłem zdjęcia przedstawiające kulisy jego produkcji.
3. W kolejnym e-mailu – na 5 dni przed premierą – zmierzyłem się z potencjalnymi obiekcjami kupujących, przesyłając im link do merytorycznego podcastu tłumaczącego, jak sobie z nimi poradzić. Zachęciłem także do zadawania pytań na temat kursu.

4. Dwa dni później wysłałem odpowiedzi na najczęstsze pytania dotyczące kursu oraz zapewniłem, że jego zakup nie wiąże się z żadnym ryzykiem – dawałem gwarancję zwrotu pieniędzy w ciągu 30 dni.
5. W wieczór przed premierą poinformowałem szczegółowo, kiedy dokładnie rozpocznie się sprzedaż.
6. W dniu premiery o 8:00 rano wysłałem krótki e-mail: „Do dzieła! Sprzedaż już się rozpoczęła!".

Planowałem wysłać jeszcze dwa e-maile i ostatecznie zamknąć sprzedaż po trzech dniach. Niestety, ze względu na problemy techniczne już pierwszego dnia musiałem całkowicie wstrzymać sprzedaż. Tak rozpoczęły się dwa najbardziej nerwowe dni w krótkiej, komercyjnej historii mojego bloga.

Opis działania	Godzina	9	10	11	12	13	14	15	16	17	18	19	20	21	22	23	24	25	26	27
Mailing BDT: zostały 2 tygodnie do premiery. Opis kto nie musi oszczędzać	12:00			■																
Mailing BDT: co wchodzi w skład kursu BDT + obrazki z nagrania	12:00								■											
Podcast o BDT "Dlaczego nie tworzymy budżetu domowego"											■									
Mailing JOP: Jest nowy odcinek podcastu! Zachęta do zapisu na newsletter BDT	08:45										■									
Mailing BDT: info o podcaście i prośba o pytania dotyczące kursu (do FAQ)											■									
Mailing BDT: FAQ, czyli z czego składa się kurs + gwarancja satysfakcji. Dla kogo? Czym nie jest? Jaka cena? Dlaczego tak tanio? Dlaczego tak krótko tak tanio?	20:30												■							
Mailing BDT: Coraz bliżej premiery! Ostatnie informacje - ujawnienie ceny i powiedzenie, że taka cena będzie tylko między poniedziałkiem a środą	18:00														■					
Rozpoczęcie sprzedaży	08:00															■				
Mailing do BDT: Dzięki (za czekanie)! To już!	08:05															■				
Publikacja artykułu na blogu: premiera BDT - kurs tak tani, bo to mój pierwszy produkt, mogą być problemy techniczne, wartość jest dużo, dużo wyższa, cena regularna to 197 zł, ale na razie chcę przez dwa dni tylko sprzedać Czytelnikom bloga (nigdzie tego kursu poza blogiem nie reklamuję) i zamykam sprzedaż. Będzie potem za 197 zł lub więcej, ale nie wiem kiedy. Chcę poprawić wszystkie błędy itp. Jest gwarancja satysfakcji!	09:00															■				
Mailing do JOP: jest nowy artykuł i kurs BDT	09:30															■				
Mailing do BDT: wyniki sprzedaży do tej godziny. Przypomnienie, że sprzedaż tylko do jutra.	18:00																			
Mailing do BDT: zamykam sprzedaż za 4 godziny. Ostatnia szansa na 97 zł. Zamykam sprzedaż i kolejna cena będzie już ceną 197 zł, ale nie wiem, kiedy znowu otworzę. Poczekam, aż nabywcy pomogą mi dotuningować ten kurs.	16:00																			

Kalendarz komunikacji kursu Budżet domowy w tydzień w czerwcu 2014 r.

Problemy i komunikacja kryzysowa

Pomiędzy poniedziałkiem i środą spałem tylko pięć godzin. Przypomniały mi się najgorętsze momenty mojej historii w branży IT, gdy czasami zdarzało mi się zarywać noce, pracując nad rozwiązywaniem pilnych problemów.

Opiszę szczegółowo, co się stało, bo popełnionym błędom można było zapobiec, gdybym tylko przeprowadził dokładne testy całego procesu zakupowego. W połączeniu z nieporozumieniami komunikacyjnymi pomiędzy programistą, firmą obsługującą płatności i mną, wystąpił problem, którego skuteczne wytropienie i rozwiązanie zajęło aż dwa dni.

Dla firmy obsługującej płatności byłem wtedy nowym klientem. Nie znaliśmy się i nie było wiadomo, jak dużej sprzedaży można się po mnie spodziewać. Gdy pierwsi klienci zaczęli kupować kurs, to wszystko wydawało się działać poprawnie. Jednak od pewnego momentu próby zapłacenia kartami były odrzucane, o czym informowali mnie kolejni rozczarowani chętni. Okazało się, że osiągnąłem tzw. dzienny limit transakcji, który na początku współpracy z nowymi firmami ustawiany był na 2000 zł na każdy kanał płatności. Stosowałem trzy takie kanały: do obsługi przelewów, kart z zabezpieczeniem 3-D Secure i oddzielny dla kart niestosujących tego zabezpieczenia. Ogromnie mnie zaskoczyło, że pośrednik obsługujący płatności może automatycznie odrzucać próby zapłaty. Na szczęście miałem bezpośredni kontakt do szefa tej firmy. Szybko zniesiono limity.

To nie był jednak jedyny problem. Niektórzy klienci opłacali swoje zamówienie, ale nie otrzymywali dostępu do kursu. Okazało się, że moja platforma kursowa nie otrzymywała potwierdzeń o płatnościach dokonanych kartami. W trakcie diagnozy okazało się, że był to ewidentny błąd w implementacji tego rozwiązania po mojej stronie. Tu najbardziej plułem sobie w brodę. W trakcie testów sprawdziłem płatności zwykłymi przelewami i szybkimi przelewami bankowymi. Nie przetestowałem jednak płatności kartami. Założyłem, że będą działać prawidłowo, i to był wyłącznie mój błąd. W przypadku rozwiązań informatycznych nigdy nie należy niczego zakładać z góry. Wszystko trzeba dokładnie przetestować.

Okazało się także, że nie wszystkie płatności przelewami są natychmiastowe. Zdarzało się, że klient płacił przelewem, a dostęp do kursu aktywowany był dopiero następnego dnia rano albo nawet później – gdy do platformy kursowej docierało potwierdzenie skutecznej płatności.

W dniu premiery mojego pierwszego produktu musiałem podjąć decyzję, czy wstrzymuję sprzedaż, czy próbuję sprzedawać dalej, wiedząc o problemach dotykających klientów. Zdecydowałem, że nie będę pogłębiał problemu. Do czasu rozwiązania problemów – czyli aż na dwa dni – całkowicie zamknąłem sprzedaż. Moja frustracja sięgała zenitu. Czułem się fatalnie ze świadomością, że zawodzę moich pierwszych klientów – tych, którzy w największym stopniu mi zaufali i gotowi byli kupić mój kurs.

Nie chowałem głowy w piasek. Przyznałem się do problemów, a po rozwiązaniu wydłużyłem sprzedaż o ponad tydzień. W kolejnym tygodniu zapisałem kilka wniosków, które przeglądam przed każdą kolejną premierą:

1. Testować, testować i jeszcze raz testować. Wszystkie tzw. *use case'y*, czyli scenariusze użycia danego produktu, muszą być dokładnie przetestowane przed premierą. Nie rozpoczynam sprzedaży, jeśli zauważam jakieś błędy lub nieprawidłowości.

2. Kluczowe osoby muszą być dostępne od ręki. Przed każdą premierą zbieram numery telefonów komórkowych wszystkich współpracowników i kontrahentów i uprzedzam, że muszą być dostępni. Staram się też rozpoznać ścieżki eskalacji ewentualnych problemów – zanim jeszcze wystąpią.

3. Nie brnąć w problemy! Staram się sprawnie podejmować decyzje minimalizujące skalę występowania problemu, dbając głównie o dobro klienta.

4. Na bieżąco, uczciwie i jasno informować klientów o ewentualnych problemach. Z wielu sytuacji udaje mi się wychodzić obronną ręką, o ile tylko wcześniej uprzedzam, że robię coś pierwszy raz i dlatego można się spodziewać problemów. Jeśli występują, to staram się uczciwie i sprawnie komunikować z klientami – w taki sposób, jakiego sam oczekiwałbym jako klient problematycznej firmy. Jeśli klient czuje, że został potraktowany z należnym szacunkiem, to jest skłonny wiele wybaczyć. Wierzę, że taka otwartość i uczciwość jest najlepszym rozwiązaniem w sytuacjach kryzysowych.

Jeśli klient czuje, że został potraktowany z należnym szacunkiem, to jest skłonny wiele wybaczyć.

Wyniki sprzedaży

Dla przypomnienia: sprzedaż kursu rozpoczęła się 23 czerwca i zakończyła 2 lipca 2014 r. Trwała równo tydzień – z uwzględnieniem dwudniowej przerwy ze względu na problemy z obsługą płatności. Ostateczne wyniki sprzedaży prezentowały się następująco:

- 294 osoby zakupiły kurs w cenie 97 zł brutto.
- 6 osób skorzystało z 30-dniowej *Gwarancji satysfakcji* i otrzymało zwrot wniesionej opłaty za kurs. To tylko 2% zwrotów.
- Suma przychodów netto (bez VAT) wyniosła 23 185 zł.
- Suma kosztów przygotowania kursu wyniosła netto 8619 zł.
- Mój zysk przed opodatkowaniem wyniósł 14 566 zł.

KOSZTY

Podkategoria	Kwiecień	Komentarz
Platforma sprzedażowa i kursowa		
Domena	32,52 zł	
WordPress	- zł	
EDD	- zł	
EDD Content Restriction Plugin	88,42 zł	29 USD
OptimizePress	295,73 zł	97 USD
Custom development	2 480,00 zł	Integracja z PayU, GetResponse itd.
SUMA: Platforma	2 896,67 zł	
Wyposażenie		
Aparat cyfrowy	- zł	
Prompter	- zł	
Oświetlenie i wyposażenie studio	627,64 zł	
Aplikacja Elite Prompter	37,31 zł	
SUMA: Wyposażenie	664,95 zł	
Opracowanie kursu		
Opracowanie logo i elementów graficznych	1 400,00 zł	
Nagranie i montaż wideo	800,00 zł	
SUMA: Opracowanie kursu	2 200,00 zł	
Narzędzie zewnętrzne		
Zenbox.pl	- zł	
GetResponse.pl	- zł	
Fakturownia.pl	254,39 zł	Abonament Fakturownia Standard na rok + dopłata do Standard PLUS
Wistia.com	733,20 zł	240 USD - Abonament na rok + dopłata za pasmo. Mój błąd.
Wistia.com - dopłata	496,44 zł	162,50 USD - kilkaset GB
Zendesk.com	73,32 zł	24 USD
LeadPages	- zł	
SUMA: Narzędzia zewnętrzne	1 557,35 zł	
Koszt sprzedaży		
Prowizja PayLane za obsługę płatności	827,09 zł	
Zwroty w ramach gwarancji satysfakcji	473,16 zł	6 osób zwróciło kurs
SUMA: Koszt sprzedaży	1 300,25 zł	

SUMA: Koszty **8 619,21 zł**

PRZYCHODY

Podkategoria	Kwiecień	Maj
Sprzedaż kursu		
Sprzedaż kursu	23 184,84 zł	294 osoby kupiły kurs
SUMA: Sprzedaż kursu	23 184,84 zł	

Sprzedaż	**23 184,84 zł**
Koszty	**8 619,21 zł**
Wynik sprzedaży	**14 565,63 zł**

Raport kosztów przygotowania kursu BDT i przychodów z pierwszej edycji sprzedaży

W zestawieniu z moimi wynikami z afiliacji trudno uznać wynik finansowy pierwszej tury sprzedaży kursu BDT za spektakularny. Perspektywa zmienia się jednak, gdy weźmiemy pod uwagę, że po upływie kolejnych blisko czterech lat Budżet domowy w tydzień nadal jest sprzedawany – bez żadnych istotnych zmian. W tym okresie kupiło go około 3000 osób, generując przychód przekraczający 500 000 zł. Właśnie to jest prawdziwą potęgą ponadczasowych kursów online, których proces sprzedaży i obsługi jest całkowicie zautomatyzowany. Największą pracę wykonuje się raz, a jej owoce zbiera przez długi okres, przy minimalnym zaangażowaniu czasowym.

Tworząc i sprzedając zautomatyzowane kursy online, największą pracę wykonujemy tylko na początku, a jej owoce zbieramy przez długi czas.

Wnioski

Oprócz nauki płynącej z popełnionych błędów pierwsza edycja sprzedaży kursu BDT przyniosła także inne ciekawe wnioski.

Po pierwsze, zrozumiałem, że trzydniowe okno sprzedaży jest zbyt wąskie, aby liczyć na wysoką sprzedaż opartą na prowadzonej komunikacji.

Po prostu w tak krótkim okresie trudno jest intensywnie komunikować się z potencjalnymi klientami. Potrzebują oni czasu na zastanowienie nad zasadnością zakupu. Nikt nie lubi ponaglania codziennymi e-mailami i choćby z tego powodu warto wydłużyć okres sprzedaży. Dzisiaj wydaje mi się, że pięć dni to absolutne minimum. Optymalny z perspektywy sprzedaży wydaje się okres sięgający nawet 10 dni. Wtedy szansę na zakup zyskują także te osoby, które przez kilka dni mogą być na wyjeździe z ograniczonym dostępem do skrzynki pocztowej lub po prostu lubią dojrzeć do decyzji o zakupie.

Kluczowe znaczenie ma także wcześniejsza budowa relacji z potencjalnymi klientami. U mnie taką rolę pełni regularnie aktualizowany blog, ale w przypadku kursu BDT zdecydowanie za późno rozpocząłem rozsyłanie newslettera do potencjalnych klientów. Dzisiaj uważam, że warto przypominać o sobie już na 3–4 tygodnie przed premierą, stopniowo zwiększając częstotliwość komunikacji w jej okolicy.

Warto pisać newsletter w taki sposób, aby był on wartościowy również dla tych osób, które nie dokonają u nas zakupu. Tylko wtedy mamy szansę stopniowo zaskarbiać sobie wdzięczność za dostarczane treści, która kiedyś może przyczynić się do przekształcenia biernego subskrybenta w płacącego klienta. Nigdy nie należy traktować tej formy komunikacji jako czegoś, co ma dać wyłącznie natychmiastowy efekt. Nikt z nas nie lubi namolnych sprzedawców, którzy chcą nam od razu wcisnąć swój towar.

Z drugiej jednak strony – nie należy bać się sprzedaży. Skoro ktoś zapisany jest na newsletter informujący o danym produkcie, to należy przypominać mu, że właśnie trwa lub kończy się okres jego sprzedaży. Gdy wiem, że oferuję naprawdę dobry kurs, to zależy mi na tym, aby skorzystało z niego jak najwięcej osób. Nie ma nic złego w przypomnieniu, że „został tylko jeden dzień na zakup" i „na kupno kursu masz ostatnie cztery godziny". Prawda jest taka, że większość osób zwleka z decyzją do ostatniego możliwego momentu. Jeśli im o tym nie przypomnimy – nie kupią, a potem mogą żałować, że przegapili termin końcowy.

Doskonale widać to, analizując wykresy dziennej sprzedaży kursów lub innych produktów, których sprzedaż jest ograniczona w czasie. Mają one charakterystyczny kształt wanny. Największa sprzedaż jest pierwszego i ostatniego dnia (czasami ostatniego nawet większa niż pierwszego). Środkowe dni raczej są do siebie podobne i zdecydowanie niższe niż początek i zakończenie. Tak było w przypadku krótkotrwałych, 5- i 10-dniowych sprzedaży kursu BDT i to samo potwierdziło się nawet w przypadku dwumiesięcznej przedsprzedaży mojej książki *Finansowy ninja* – poniżej znajdziesz wykres przedstawiający to zjawisko.

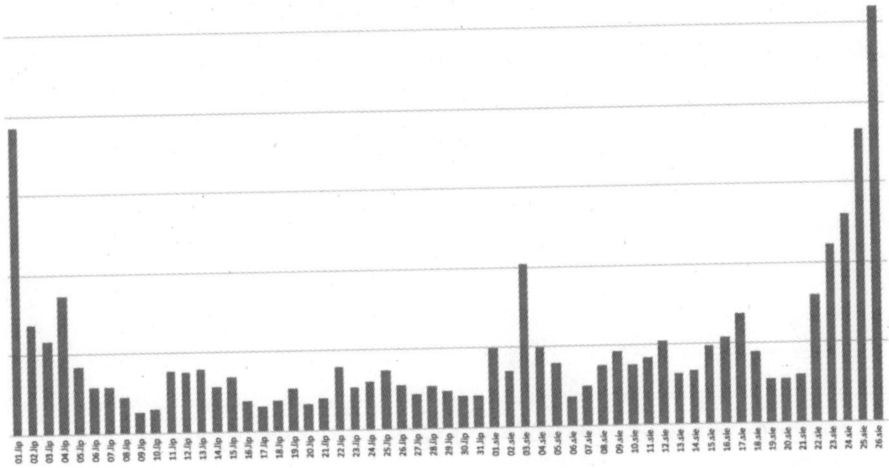

Krótko mówiąc: jeśli nie chcesz zmarnować szansy na zwiększenie wyników sprzedażowych, to warto cisnąć do końca. W końcu jeśli oferujesz dobry produkt, pod którym podpisujesz się obydwiema rękami, to dlaczego miałbyś odpuszczać wtedy, gdy najwięcej osób gotowych jest na jego zakup? Intuicja podpowiada „no już nie chcę tak spamować". Prawda jest jednak taka, że zawsze po przypomnieniu „to już ostatni dzwonek" otrzymywałem co najmniej kilkanaście podziękowań za to, że przypomniałem o kończącej się sprzedaży. Było ich zawsze więcej niż głosów niezadowolenia.

Z drugiej strony, bez względu na to, ile przypomnień wysyłałem, to i tak zdarzały się spóźnialskie osoby, które już po zamknięciu sprzedaży prosiły, żebym pozwolił im jeszcze kupić kurs. W przypadku pierwszej sprzedaży Budżetu domowego w tydzień w ciągu 24 godzin otrzymałem 12 takich próśb. Gdybym na nie przystał, to mógłbym podwyższyć wynik o dodatkowe 4%. Wytłumaczenia są przeróżne, np. „spóźniłem się", „zapomniałem", „wyjechałem gdzieś tam i dopiero wróciłem", „siedziałem przy komputerze, ale gdzieś mi to umknęło, bo dziecko mnie zaabsorbowało" itp. Dwie osoby zaproponowały mi nawet, że kupią kurs w wyższej cenie, bylebym tylko sprzedał im go tu i teraz.

Wyszedłem jednak z założenia, że należy być słownym. Nie po to określam zasady sprzedaży, żeby je samemu łamać. Jeżeli oczekuję od kogoś konsekwencji, to przede wszystkim powinienem oczekiwać jej od siebie. Uczciwość i trzymanie się wyznaczonych reguł to podstawa.

Konsekwentnie odmawiałem wszystkim spóźnialskim, jednocześnie zachęcając ich do zapisania się na newsletter BDT, w którym informowałem o kolejnych okazjach do zakupu kursu.

Jeżeli oczekuję od kogoś konsekwencji, to przede wszystkim powinienem oczekiwać jej od siebie. Uczciwość i trzymanie się wyznaczonych reguł to podstawa.

Zachęcam również do weryfikowania stopnia zadowolenia uczestników kursów. W przypadku BDT kursanci wypełniają anonimową ankietę, w której oceniają przydatność materiału szkoleniowego. Mimo że prezentowane tam treści w dużej mierze pokrywają się z artykułami dostępnymi bezpłatnie na blogu, to średnia ocena uczestników Budżetu domowego w tydzień wynosi aż 9,7 w skali od 0 do 10. To świetny przykład na to, że jako wykładowca niekoniecznie muszę „wymyślać koło na nowo". Kursanci nie płacą tylko za nową wiedzę, ale za jej organizację i przeprowadzenie przez proces dający konkretny, pożądany przez nich efekt – w tym przypadku zaplanowany własnoręcznie budżet domowy. Zobaczenie tych ocen pozwoliło mi odetchnąć z ulgą i cieszyć się poczuciem dobrze wykonanej roboty.

ETAP 8 – PODSUMOWANIE I WNIOSKI

Kwartał zamykający drugi rok prowadzenia bloga i jednocześnie pierwszy pełny rok życia z blogowania był absolutnie FE-NO-ME-NAL-NY!

Oprócz opisanych tutaj wydarzeń występowałem także na konferencji BIK, byłem prelegentem na konferencji Stowarzyszenia Mieszkanicznik w Łodzi oraz wystąpiłem na spotkaniu Aula Polska organizowanym przez Artura Kurasińskiego. To był istny maraton.

Dzięki ujawnieniu wyniku moich działań afiliacyjnych znowu trafiłem na czołówki portali. Już nie tylko pisano o tym, że „ten bloger ciekawie pisze", ale także „ciekawie pisze i *świetnie zarabia*". Tym razem jednak – nauczony tym, jak bardzo angażujące mogą być kontakty z mediami – w ogóle nie komentowałem swoich zarobków. Na wszystkie pytania dziennikarzy odpowiadałem: „Wszystko, co chciałem na ten temat powiedzieć, znajdziecie we wpisie na moim blogu". Lansowano mnie na specjalistę od afiliacji, a ja wcale nim nie byłem.

Oczywiście dla mnie ten wynik stanowił niesamowicie optymistyczną prognozę na przyszłość. Przekonałem się, że afiliacja w branży finansowej rzeczywiście może być dobrym źródłem przychodów. Nie chciałem jednak polegać wyłącznie na niej. Nie wiedziałem, czy ten zarobek nie ma przypadkiem jednorazowego charakteru – ot, takie szczęście początkującego. Konkretne liczby ujawniałem z duszą na ramieniu. Z jednej strony nie chciałem niczego ukrywać i chciałem nadal otwarcie dzielić się z czytelnikami moimi wynikami, a z drugiej – obawiałem się, że moje rezultaty będą kłuły niektórych w oczy i przyczynią się do eskalacji negatywnych emocji. Nie wiedziałem, czego się spodziewać, ale miałem wewnętrzną potrzebę szczerości w stosunku do czytelników, którym zawdzięczałem tak dobre rezultaty.

Na szczęście obawy szybko się rozwiały. W kolejnym półroczu pokazałem jeszcze kilka dokładnie sprawdzonych przeze mnie ofert bankowych, każdorazowo zarabiając na afiliacji konkretne pieniądze. Przekonałem się, że nie ma tu przypadkowości, a moje wyniki są po prostu pochodną rzetelnego recenzowania produktów finansowych. To utwierdzało mnie w przekonaniu, że warto robić swoje, trzymając możliwie wysoki poziom.

STATYSTYKI BLOGA

111 117 UU – kwiecień 2014 r.

124 665 UU – maj 2014 r.

176 596 UU – czerwiec 2014 r.

W tym jednym kwartale miałem możliwość porównania w krótkim okresie kilku alternatywnych sposób monetyzowania działalności blogowej:

- Afiliacji
- Sprzedaży własnego kursu Budżet domowy w tydzień
- Współpracy komercyjnej z różnymi partnerami w ramach cyklu Elementarz Inwestora
- Występowania jako prelegent na konferencjach

To wtedy zacząłem dostrzegać pewne prawidłowości i uświadamiać sobie, czym jest koszt alternatywny. Dostrzegłem, jak nieproporcjonalnie wiele energii wymaga zarabianie na współpracach komercyjnych (których dodatkowo nie lubiłem), w porównaniu z uzyskiwaniem przychodów z afiliacji lub sprzedaży własnych produktów. Rozumiałem jednocześnie, że afiliacja finansowa to coś, co wymaga stałego zaangażowania i systematycznych „jednorazowych strzałów" – np. poprzez śledzenie oferty banków i cykliczne opisywanie najciekawszych propozycji. Z kolei przygotowywanie własnych kursów to w zasadzie praca jednorazowa, która nie daje tak spektakularnych rezultatów w krótkim czasie, ale pozwala zarabiać niemalże pasywnie – bez wkładania dodatkowej pracy – w kolejnych miesiącach i latach.

Afiliacja i własne produkty stanowiły pozytywny kontrast dla konferencji i współprac komercyjnych. Bardzo lubiłem konferencje i występy publiczne, ale w polskich warunkach trudno traktować je jako sposób na życie. Występowałem zazwyczaj za darmo, każdorazowo poświęcając czas na przygotowanie nowych prezentacji. To przykład pracy, którą bardzo cenię, ale służy ona przede wszystkim autopromocji (poprzez dzielenie się wiedzą wartościową dla innych) oraz uzyskiwaniu sprzężenia zwrotnego (w postaci rozmów z uczestnikami moich wystąpień). Jednocześnie konferencje mają ograniczony zasięg, więc coraz wyraźniej docierało do mnie, że występy nie są najefektywniejszym sposobem szerzenia świadomości finansowej.

Z kolei współprace komercyjne uważałem za zbyt absorbujące. Potwierdził to długi okres poszukiwania partnerów do cyklu Elementarz Inwestora. Obiecałem sobie, że gdy tylko będę w stanie zarabiać wystarczająco dużo na afiliacji i własnych produktach, to całkowicie zrezygnuję ze współprac komercyjnych. Przychody z własnych produktów miały docelowo nie tylko finansować nasze życie, ale również być źródłem finansowania dla ciekawych projektów związanych z tworzeniem treści – bez żadnych ograniczeń co do ich zakresu merytorycznego czy ram wymuszanych przez realizowane współprace. Właśnie tak zaczynałem sobie wyobrażać przyszłość mojego bloga i po raz pierwszy widziałem ją w naprawdę różowych barwach.

ROZDZIAŁ 11

Etap 9: Efekt domina

OKRES:

od lipca 2014 r. do końca grudnia 2014 r.

PRZYCHODY NETTO:

313 287 zł

KOSZTY NETTO:

204 280 zł

WIEK BLOGA W GRUDNIU:

dwa i pół roku

LICZBA CZYTELNIKÓW:

151 317 UU w lipcu 2014 r.

155 105 UU w sierpniu 2014 r.

180 801 UU we wrześniu 2014 r.

191 148 UU w październiku 2014 r.

210 659 UU w listopadzie 2014 r.

234 356 UU w grudniu 2014 r.

Medialny szum związany z moimi zarobkami na afiliacji trwał przez cały lipiec 2014 r. To właśnie wtedy zaczęła kiełkować myśl, aby w przyszłej kampanii promocyjnej książki *Finansowy ninja* wykorzystać motyw zarobkowy. Już wtedy planowałem samodzielne wydanie książki (w modelu *self-publishing*) i miałem nadzieję, że publiczne pokazanie zarobków, np. na poziomie 100 000 zł, zostanie uznane za wynik warty przedstawienia w mediach – zwłaszcza że autorzy współpracujący z tradycyjnymi wydawcami zarabiali znacznie mniej. Ten pomysł na promocję książki dojrzewał we mnie przez kolejne dwa lata.

Wspominam o tym teraz, aby pokazać, w jaki sposób ewoluowały moje projekty. Zazwyczaj czas ich „wylęgania" był bardzo długi, a strategie promocyjne budowałem niejako przy okazji, obserwując otoczenie i czerpiąc z sukcesywnie zdobywanych doświadczeń. Zresztą w tym rozdziale najlepiej zobaczysz, w jaki sposób staram się wyciągać naukę z popełnionych wcześniej błędów.

PÓŁROCZNE NEGOCJACJE Z MASTERCARDEM

Czy pamiętasz, jak wspominałem o rozmowie z Tomaszem Sulewskim z Orange, który powiedział mi, że zdecydowanie za późno zacząłem szukać całorocznych partnerów dla Elementarza Inwestora?

W 2014 roku już nie popełniłem tego błędu. Rozmowy z partnerem na 2015 rok – Mastercardem – rozpocząłem znacznie wcześniej. Historia nawiązania tej współpracy jest tak zakręcona, że trudno uwierzyć, że w ogóle doszła ona do skutku. Doskonale pokazuje ona, jak kolosalne znaczenie ma w moim życiu przypadek i jednocześnie gotowość do korzystania z nadarzających się okazji.

Jeśli oglądałeś poruszającą prezentację Agnieszki Kalugi z Blog Forum Gdańsk 2013, o której pisałem w rozdziale ósmym, to być może pamiętasz, że wspominała ona o chłopaku, który jeździł codziennie 80 km za Warszawę do swojego dziadka Franciszka, a po jego śmierci zajmował się pielęgnowaniem jego ogrodu. Tym chłopakiem był Krystian Cieślak – pracownik jednej z agencji PR.

Po powrocie z BFG odszukałem go na Facebooku i napisałem do niego krótką wiadomość:

„Hej Krystian,

tak sobie pomyślałem, że się odezwę. Nie było nam dane spotkać się na BFG, ale trochę ciepłych słów o Tobie słyszałem od Agnieszki Kalugi. To Ty chyba jesteś tym podróżnikiem pielęgnującym sad Dziadka, prawda? Miło mi Cię będzie kiedyś tam poznać. :) Miłej soboty".

Kilka miesięcy później to on do mnie napisał, gratulując nagród zdobytych w konkursie Blog Roku. A po kolejnym miesiącu nadarzyła się nam pierwsza okazja do współpracy.

Krystian był zaangażowany w promocję wyborów do Parlamentu Europejskiego. Zaprosił mnie do kampanii zachęcającej do oddania głosu w tych wyborach. Chętnie przystałem na propozycję. Od mojej osiemnastki nie opuściłem ani jednych wyborów i bardzo serio podchodzę do korzystania z wolności i demokratycznych praw, o które walczył m.in. mój dziadek.

Miesiąc później to ja odezwałem się do Krystiana. Planując udział w konferencji ALIVE, wpadłem na pomysł, że mógłbym przy tej okazji zdobyć sponsora na wyjazd: operatora telekomunikacyjnego, producenta samochodów lub sieć hotelarską – firmę, której markę mógłbym pokazać przy okazji wyjazdu do Berlina jako tę, która wspiera rozwój merytoryczny blogera. Idea, którą sprzedałem Krystianowi, brzmiała następująco:

> Reasumując: jest okazja do tego, żeby sponsor / partner podpiął się pod naprawdę niezłe wydarzenie, gdzie laureat Blog Roku 2013 wystąpi z inspirującą prezentacją na ogólnoeuropejskiej konferencji, w którą zaangażowani są wpływowi ludzie amerykańskiej blogosfery, poczytni autorzy itp. To się szybko nie powtórzy.

Ze względu na krótki czas pozostający do wyjazdu (niecałe dwa miesiące) chciałem, aby Krystian – korzystając ze swojej sieci kontaktów – pomógł mi w zamian za prowizję znaleźć odpowiedniego partnera. Idealnie byłoby na przykład pojechać do Berlina autem o dobrych osiągach kojarzącym się z byciem ALIVE (pełnym życia).

Niestety, tego projektu nie udało się spiąć w tak krótkim czasie. Do Berlina pojechałem pociągiem. Niemniej jednak Krystian był bardzo zadowolony z naszej dotychczasowej współpracy przy kampanii dla PE, co dobrze rokowało na przyszłość.

- -

Od: Krystian Cieślak
Do: Michał Szafrański
Data: 22 maja 2014
Temat: Re: #dumnizwyboru

- -

Hej Michał,

dziękuję za:

1. Świetnie poprowadzony projekt. :)

2. Doskonałą komunikację – jest to Twój megaatut, który wyróżnia Cię na tle innych blogerów. ;)

Pozdrawiam

Krystian

W czerwcu Krystian zaproponował spotkanie z Mastercardem. Znał tam Annę Marciniak odpowiedzialną za PR i uznał, że warto, żebyśmy ze sobą porozmawiali. Na spotkaniu przypomnieliśmy sobie z Anią, że już się znamy – 15 lat wcześniej mieliśmy okazję współpracować, gdy ja pracowałem jeszcze jako dziennikarz IT, a ona zajmowała się obsługą m.in. firmy Microsoft w agencji public relations. Od razu złapaliśmy wspólny język.

Ania zastanawiała się, czy mogę pomóc Mastercardowi w zakresie promocji płatności zbliżeniowych, a ja zastanawiałem się, czy zamiast takiej jednorazowej współpracy nie zaproponować czegoś znacznie większego i dłuższego. Przemawiało już za mną doświadczenie z pierwszych miesięcy Elementarza Inwestora. Mogłem także pochwalić się konkretnymi rezultatami – spotkaliśmy się w trakcie kampanii reklamowej konferencji Inwestuj Inteligentnie, podczas której moja twarz regularnie wyskakiwała z banerów na polskich portalach.

W kolejnych miesiącach spotkaliśmy się kilkakrotnie, omawiając możliwy zakres współpracy, oczekiwania Mastercard oraz moje pomysły. 22 września 2014 r. wysłaliśmy z Krystianem obszerny e-mail zawierający kompletną propozycję działań na cały rok 2015 – podzieloną na trzy etapy. W grudniu doprecyzowaliśmy ofertę cenową, która ostatecznie została zaakceptowana na początku stycznia 2015 r. Współpracę mieliśmy rozpocząć od lutego 2015 i realizować ją przez kolejne 12 miesięcy – do końca stycznia 2016 r.

Budżet współpracy z Mastercardem wyniósł kilkaset tysięcy złotych. W tamtym czasie była to pierwsza tak długa współpraca marki z blogerem, wyróżniająca się także pod względem zakresu prowadzonych wspólnie działań. Szczegółowe omówienie tego projektu znajdziesz w kolejnym rozdziale. Teraz zaś pokażę, jak przypadkowa sekwencja zdarzeń doprowadziła do tak owocnej współpracy:

- Zaciekawiony opowieścią Agnieszki Kalugi zaraz po konferencji BFG napisałem do Krystiana parę miłych słów, bo wydał mi się wartościową osobą.
- W trakcie naszej pierwszej współpracy dałem się poznać jako przedsiębiorczy bloger starający się dawać ekstra wartość – nie tylko markom, ale także pośredniczącym agencjom marketingowym.
- Zaufałem Krystianowi w zakresie znalezienia partnera na wyjazd na ALIVE, ale jednocześnie nie obraziłem się, gdy to się nie udało. Nie wszystko się udaje.
- Poszedłem z Krystianem na spotkanie z Anną z Mastercard, na którym przypomnieliśmy sobie, że już się kiedyś poznaliśmy.
- Cała nasza trójka była nastawiona na wymyślenie, co wspólnie możemy zrobić, dzięki czemu udało nam się wypracować scenariusz współpracy, która później okazała się dużym sukcesem.
- Dzięki wcześniejszemu doświadczeniu i sprzedaniu kwartału projektu Elementarz Inwestora za ok. 100 000 zł oraz uzyskanej od TMS Brokers zgodzie na ujawnienie tej kwoty mogłem śmiało żądać kilkuset tysięcy złotych wynagrodzenia od Mastercard, mając w ręku dowody i argumenty przemawiające za tym, dlaczego jest to dobra i rozsądna wycena.
- Jakość treści na moim blogu, liczne komentarze pod wpisami, nagrody w konkursie Blog Roku 2013, zarobki w afiliacji (pokazujące skalę zaangażowania zgromadzonej wokół mnie społeczności) oraz referencje od dotychczasowych partnerów pozwalały Mastercardowi sądzić, że jestem stabilnym i przewidywalnym blogerem, który nie będzie stanowił potencjalnego zagrożenia dla wizerunku tej firmy – a wręcz przeciwnie, może się przyczynić do jego wzmocnienia.

Zastanów się – czy doszłoby do tej współpracy, gdyby nie wcześniejsza praca, systematyczność i przejście kilku etapów mojego rozwoju, także w zakresie współprac? Czy byłbym w stanie udźwignąć ciężar negocjacji z dużą korporacją i utrzymać wycenę projektu, gdybym nie miał twardych argumentów w ręku i mocnego przekonania, że zasługuję na taką kwotę? Miałem już za sobą okres treningów na małych trampolinach i nie bałem się wskoczyć na tę największą. Dopiero skacząc na niej, zauważyłem, że mogę się odbić jeszcze wyżej. Wraz ze wzrostem doświadczenia rosła skala realizowanych projektów, a przy okazji również zarobki.

ELEMENTARZ INWESTORA – WŁASNY PRODUKT FINANSOWY

Opis kolejnych faz projektu Elementarz Inwestora ciągnie się już od ósmego rozdziału. Tak właśnie wygląda realizacja tasiemcowych projektów. Przypominam, że w kwietniu ogłosiliśmy ze Zbyszkiem pierwszego partnera naszej akcji – serwis Squaber – a w okresie maj–lipiec intensywnie współpracowaliśmy z TMS Brokers. Pozyskanie kolejnego partnera zawdzięczam jednak czemuś więcej niż tylko swoim umiejętnościom.

Gdy pod koniec 2013 r. szukałem patronów dla Elementarza Inwestora, moją uwagę przyciągnął film Krzysztofa Gonciarza → **zcwp.pl/bossa1**, w którym w humorystyczny sposób prezentował on ofertę Domu Maklerskiego Banku Ochrony Środowiska. W ten sposób dowiedziałem się, że DM BOŚ przeznacza część budżetów marketingowych na internet. Uznałem, że stać ich na więcej niż zabawne filmiki. Nie wiedziałem jednak, kto podejmuje tam decyzje dotyczące takich współprac.

Gdy czegoś nie wiem, to staram się pytać znajomych. Jeszcze w 2013 r. uczestnicząc w kameralnym warsztacie blogerskim Och My Blog, poznałem Macieja Budzicha i Ilonę Patro – przedsiębiorczą dziewczynę, która funkcjonowała na styku dużych firm oraz blogosfery. Poprosiłem ją o pomoc w namierzeniu organizatorów współpracy Gonciarza z DM BOŚ. Okazało się, że trafiłem idealnie. To właśnie Ilona była zaangażowana w ten projekt.

Miałem niesamowite szczęście. Niewiele wcześniej pomogłem Ilonie zorganizować specjalną edycję warsztatu Och My Blog Expert, gdzie opowiadałem o przedsiębiorczości blogerów. Zdążyła mnie już trochę poznać i gotowa była mi pomóc. W styczniu spotkaliśmy się, aby omówić moją ofertę patronatu nad Elementarzem Inwestora. Początkowo chciałem, aby zaangażowała się w sprzedaż tego projektu za prowizję (zwyczajowo takie wynagrodzenie dla pośrednika wynosi 15–30% wartości projektu). Powiedziała mi jednak, że ofertę przygotowałem tak dobrze, że ona nie widzi, jak mogłaby mi realnie pomóc. Po prostu wskazała mi Tomasza Poradę z DM BOŚ jako najlepszą osobę do bezpośredniego kontaktu.

Ilona to była kolejna dobra dusza na mojej drodze. Miałem niesamowite szczęście otrzymywać pomoc od bardzo wielu osób właśnie wtedy, gdy rzeczywiście jej potrzebowałem.

W lutym 2014 r. zadzwoniłem do Tomasza Porady, a następnie wysłałem ofertę na Elementarz Inwestora, przedstawiając wariant roczny i półroczny. DM BOŚ nie był zainteresowany wejściem w projekt na tak długi okres. Sytuacja zmieniła się jednak, gdy podzieliłem akcję na mniejsze kawałki i ogłosiłem zdobycie pierwszego partnera. Już 9 kwietnia DM BOŚ potwierdził wstępne zainteresowanie patronatem nad resztą cyklu – zaczynając od września. Wszystkie elementy tych puzzli zaczynały do siebie idealnie pasować. Partnerstwem w okresie maj–lipiec zainteresowany był TMS Brokers, a DM BOŚ planował udział w akcji od września do listopada. Od maja zaczęliśmy precyzować warunki współpracy i już w lipcu podpisaliśmy umowę określającą zasady trzymiesięcznego patronatu.

Doświadczyłem miłego uczucia kontroli nad sytuacją. Działałem z wyprzedzeniem i już na dwa miesiące przed rozpoczęciem współpracy miałem podpisany kontrakt. Wszyscy znaliśmy dokładny harmonogram i mogliśmy pracować w spokojnym tempie, realizując wcześniej dopracowany scenariusz.

Blogerski rachunek maklerski

Chociaż z każdym klientem zdobywałem coraz więcej doświadczenia, to zakres współpracy z DM BOŚ był dużym wyzwaniem. Przede wszystkim z powodu skali wcześniejszej kooperacji z TMS Brokers. Po prostu trudno było zaplanować coś większego od konferencji na Stadionie Narodowym i szerokiej kampanii reklamowej w internecie. Wpadliśmy jednak na pomysł, który mógł przyćmić wszystko, co dotychczas zrealizowaliśmy.

Jedną z największych bolączek osób rozpoczynających swoją przygodę z inwestowaniem od małych kwot jest wysokość prowizji pobieranych przez biura maklerskie. Przy zakupie i sprzedaży akcji zapłacić trzeba „tylko" np. 0,38% wartości transakcji. Jednak biura maklerskie mają wyznaczony poziom minimalnej prowizji wynoszącej np. 4 zł, co powoduje, że dokonując drobnych zakupów, np. za 200 zł, i tak poniesiemy minimalny koszt 4 zł, co już na starcie oznacza, że tracimy 2% zainwestowanego kapitału. Biorąc pod uwagę, że taką samą prowizję zapłacimy przy sprzedaży, może się okazać, że większość naszych zysków inwestycyjnych (o ile w ogóle będą) pożerają prowizje. Zarabia biuro maklerskie i giełda, a nie my.

Wspólnie ze Zbyszkiem wymyśliliśmy, że fajnie byłoby stworzyć takie konto maklerskie, które pozwala początkującym inwestorom obracać akcjami bez martwienia się o wysokość prowizji.

W Elementarzu Inwestora publicznie prowadziliśmy portfele inwestycyjne, do których dokładaliśmy co miesiąc po 200 zł. Przeliczyliśmy, ile wyniosłyby przez rok prowizje przy małej liczbie transakcji zakupu i sprzedaży, i wyszła nam kwota ok. 100 zł. Konkretyzował nam się pomysł na nowy produkt finansowy.

Ostatecznie udało nam się przekonać DM BOŚ SA do stworzenia **Blogerskiego rachunku maklerskiego** – pierwszego konta inwestycyjnego idealnie dopasowanego do specyfiki początkujących inwestorów obracających małymi kwotami. W okresie pierwszych 15 miesięcy od otworzenia rachunku DM BOŚ zwracał łącznie do 100 zł prowizji poniesionych przy zakupie i sprzedaży papierów wartościowych. Zwrot prowizji dotyczył większości rachunków inwestycyjnych: podstawowego rachunku akcyjnego, IKE, IKZE oraz rachunku kontraktów terminowych, przez co nie ograniczaliśmy w żaden sposób możliwości inwestowania, dbając jednocześnie o możliwość dokonywania optymalizacji podatkowej. Aby ułatwić rozpoczęcie inwestowania, DM BOŚ zrezygnował także w przypadku tego rachunku z wymogu wpłaty kwoty minimalnej, która wcześniej wynosiła 1000 zł.

Inspirację do stworzenia tego produktu czerpałem z promocji bankowych, w których banki gotowe były płacić w afiliacji kilkadziesiąt złotych za samo przyprowadzenie klienta na konto ROR lub lokatę. Skoro bank jest w stanie zapłacić tyle pośrednikowi za pomoc w pozyskaniu klienta, to dlaczego tego samego nie miałby zrobić DM BOŚ? Przecież i tak płaci wynagrodzenie sprzedawcom w oddziałach.

Zaproponowaliśmy ze Zbyszkiem, że chętnie zrezygnujemy z wynagrodzenia afiliacyjnego, o ile tylko BOSSA przerzuci te oszczędności na klientów pozyskanych poprzez nasze blogi. Właśnie w taki sposób udało nam się stworzyć pierwszy, całkowicie bezprowizyjny rachunek maklerski dla czytelników śledzących cykl Elementarz Inwestora. Jednocześnie Blogerski rachunek maklerski był pierwszym produktem finansowym w Polsce stworzonym we współpracy z blogerami. Szczegóły na temat tego konta znajdziesz tutaj → **zcwp.pl/bossa2**.

Czy ten pomysł chwycił? Czytelnicy naszych blogów założyli ponad tysiąc takich rachunków, co było znakomitym wynikiem, biorąc pod uwagę, że w styczniu 2015 r. łączna liczba wszystkich aktywnych (używanych) rachunków maklerskich w Polsce wynosiła zaledwie 170 605, przy całkowitej liczbie 820 710 założonych kont maklerskich dostępnych przez internet – według danych Giełdy Papierów Wartościowych (GPW). DM BOŚ był bardzo zadowolony z naszej współpracy.

Wyniki projektu Elementarz Inwestora

Elementarz Inwestora zdecydowanie nie był łatwym projektem. Pokazał mi jednak, że warto stawiać na swoim i że nawet z trudnej sytuacji można wychodzić obronną ręką, o ile tylko mamy głowę na karku i możemy liczyć na pomoc innych osób. Po raz kolejny przekonałem się, że reguła wzajemności naprawdę działa.

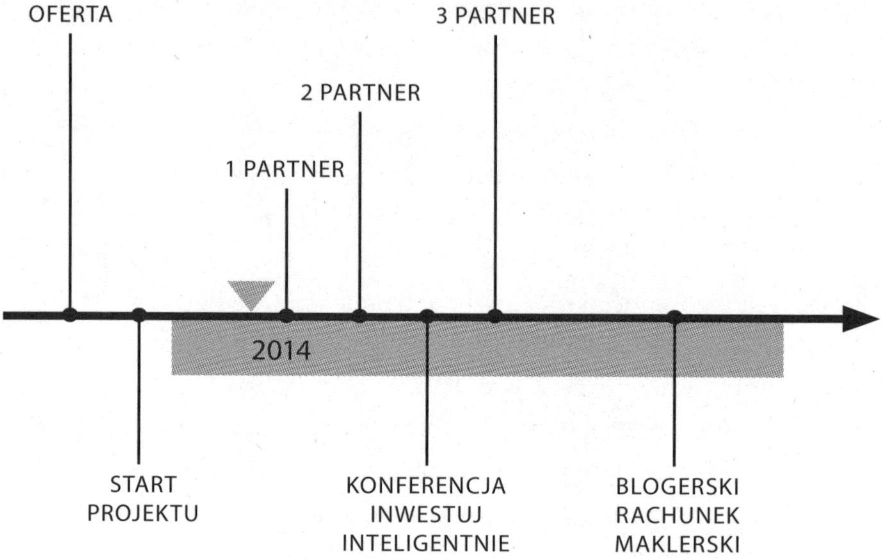

Ostatecznie udało nam się sprzedać patronaty dla zaledwie siedmiu z 14 miesięcy trwania cyklu Elementarz Inwestora (cały projekt trwał od listopada 2013 do grudnia 2014). Wspólnie ze Zbyszkiem uznaliśmy jednak, że trzech partnerów w zupełności nam wystarczy. Chociaż mieliśmy szansę, aby „upchnąć" jeszcze dodatkowe firmy w sierpniu i grudniu, to odpuściliśmy. Bardziej liczył się dla nas aspekt wizerunkowy całego projektu oraz zadowolenie dwóch największych partnerów.

Pomimo początkowych problemów w pozyskaniu sponsorów i tak zarobiliśmy z grubsza tyle, ile oczekiwaliśmy. Przypominam, że celem było 240 000 zł przychodu rocznie. Ostatecznie stanęło na 227 278 zł do podziału na dwóch. Na tę kwotę złożyły się następujące składniki:

- 20 500 zł = wynagrodzenie od serwisu Squaber za patronat w kwietniu,
- 90 000 zł = wynagrodzenie od TMS Brokers za patronat w okresie maj–lipiec, przy czym 72 000 zł stanowiło wynagrodzenie podstawowe za trzy miesiące współpracy, a 18 000 zł wynagrodzenie za udział w konferencji Inwestuj Inteligentnie,

- 90 000 zł = wynagrodzenie od DM BOŚ SA za patronat w okresie wrzesień–listopad oraz pomoc we wprowadzeniu na rynek Blogerskiego rachunku maklerskiego,
- 26 778 zł = kwota zarobiona na całorocznej afiliacji najtańszego rachunku maklerskiego w Biurze Maklerskim Deutsche Bank.

Rok 2014 kończyliśmy ze znacznie wyższym ruchem na obu naszych blogach, ponad 3200 osobami prenumerującymi newsletter Elementarza Inwestora i ponad 2000 osób dyskutujących na grupie inwestycyjnej na Facebooku. Podcasty o tematyce inwestycyjnej zostały wysłuchane ponad 60 tys. razy i kilkanaście tysięcy osób ściągnęło także dwa e-booki dotyczące inwestowania opracowane przez nas dla TMS Brokers i DM BOŚ. Akcja kończyła się pełnym sukcesem i to dla wszystkich zaangażowanych stron – nas oraz partnerów.

Wspólnie ze Zbyszkiem pokazaliśmy także, że 1+1 może dawać wynik większy niż 2. Nasza blogerska współpraca zaowocowała tym, co nie byłoby możliwe w pojedynkę. Doceniałem w szczególności nasze wzajemne wspieranie się w trudnych momentach oraz wspólne wypracowywanie nowych rozwiązań, np. koncepcji rachunku maklerskiego bez prowizji. To efekt rozmów i dyskusji oraz konstruktywnego poszukiwania nowych wartości – przede wszystkim dla czytelników.

Ale to także efekt tego, że Elementarz Inwestora był naszym autorskim, blogowym projektem zasadniczo różniącym się od tradycyjnych współprac komercyjnych z markami. W tych ostatnich twórca rzadko kiedy może kształtować zakres współpracy, musi się raczej dostosować do scenariusza opracowanego wcześniej przez agencję lub klienta i jego rola jest ograniczona. W Elementarzu to my rozdawaliśmy karty, dbając o spójność całego projektu. Bardzo dobrze się w tym odnajdowałem. Sam poszukiwałem takich partnerów, którzy idealnie pasowali do naszego planu prowadzenia projektu. W efekcie to raczej partnerzy musieli się dostosować do naszego scenariusza – a nie na odwrót. W drugim półroczu to my decydowaliśmy, z kim chcemy współpracować.

DROGA DO WŁASNYCH PROJEKTÓW

Kończąc pracę nad Elementarzem Inwestora, wypisałem sobie kilka zasad, którymi dzieliłem się później z innymi blogerami planującymi przejście od modelu obsługi współprac komercyjnych przynoszonych przez marki do realizacji własnych blogowych projektów, do których poszukują mecenasów i patronów:

1. **Nikt nie wymyśli za mnie tego, co chcę robić.** We własnych projektach to ja odpowiadam za ich pełny zakres. Nie tylko muszę wymyślić, co chcę zrobić, ale także znaleźć odpowiednie argumenty dla potencjalnych partnerów, że warto wesprzeć mój projekt.

2. **Tylko samodzielnie wymyślone i opracowane projekty mają szansę być w pełni dopasowane do moich preferencji.** Biorąc udział w gotowej kampanii, muszę dostosować się do narzuconych reguł. Jeśli to ja tworzę kompleksowy projekt, to klient chętnie mnie posłucha i jest szansa, że dostosuje się do narzuconego scenariusza. To ja sam decyduję, czy i w jakim zakresie chcę być elastyczny.

3. **Jeśli chcę grać na własnych zasadach, to muszę je opracować.** Na co się zgodzę? Czego nie zaakceptuję? Jakich partnerów chcę dopuścić do projektu, a od kogo absolutnie nie przyjmę pieniędzy? Jakie cele chcę osiągnąć? Ile chcę wydać? Jakiego wynagrodzenia oczekuję? Muszę zrozumiale wyznaczyć ramy współpracy i odważnie sprzedawać projekt o konkretnej formule.

4. **Patrz oczami partnera!** Co zyska na współpracy? Dlaczego miałby wesprzeć projekt? Warto myśleć zarówno o korzyściach firmy, jak i osób, z którymi przyjdzie współpracować.

5. **Wychodź poza schemat.** Większość współprac komercyjnych to sztampowe projekty jak z kserokopiarki. Nie muszę się jednak ograniczać do tworzenia treści na blogu. Konferencje, spotkania ze społecznością,

e-booki, wsparcie innych inicjatyw czy nawet tworzenie nowych produktów – to wszystko wychodzenie poza schemat i tworzenie własnej, indywidualnej przewagi konkurencyjnej.

6. **Ucz się!** Weryfikuj fakty, korzystaj z pomocy mądrzejszych od siebie, wyciągaj wnioski i dostosowuj się do sytuacji. Jeśli zauważysz błędy – wyeliminuj je i zmieniaj sposób działania.

WYSTĘP I NAGRODA NA BLOG FORUM GDAŃSK 2014

W czwartym kwartale ponownie pojechałem na najważniejszą konferencję blogerów – Blog Forum Gdańsk 2014. Rok wcześniej byłem tam jako jeden z wielu początkujących twórców, który zastanawiał się, czy w polskiej blogosferze znajdzie bratnie dusze.

Teraz przyjeżdżałem do Gdańska jako jeden z najlepiej zarabiających blogerów, aby na zaproszenie organizatorów opowiedzieć o tym, jak prowadzić dochodowy blog, budując jednocześnie wiarygodność i dbając o to, aby nie zawieść zaufania czytelników.

Mówiłem o tym, co szeroko opisałem już w tej książce. Pokazywałem kulisy funkcjonowania mojego bloga – z jednej strony opartego na wiarygodności, a z drugiej będącego biznesem utrzymującym moją rodzinę. Podkreślałem, jak kolosalne według mnie znaczenie ma utrzymywanie wysokiej jakości tworzonych treści, a także jakość zmiany, którą jako blogerzy pomagamy wprowadzać w życie naszych czytelników. Tłumaczyłem także, że moich blogowych sukcesów nie można oceniać przez pryzmat dwóch lat blogowania. Że tak naprawdę pracowałem na nie całe życie, zdobywając doświadczenia, które bardzo pomogły mi przekuć blog w biznes przy jednoczesnym trzymaniu się pewnych zasad. Nagranie z tego wystąpienia znajdziesz tutaj → **zcwp.pl/bfg2014**.

Równocześnie starałem się pokazać, że wcale nie jestem osobą, której wszystko się udaje. Podobnie jak inni ponoszę porażki każdego dnia. Po prostu się z nimi nie afiszuję. Zaciskam zęby i pracuję dalej. Jeśli podejmuje się wiele prób i z każdej wyciąga się naukę i wnioski, to czysto statystycznie coś w końcu musi się udać – nawet jeśli nie udaje się realizować pierwotnie zakładanych planów.

Tak właśnie wyglądała moja rzeczywistość w 2014 roku. Przypomnij sobie mój ambitny plan opisany w rozdziale dziewiątym:

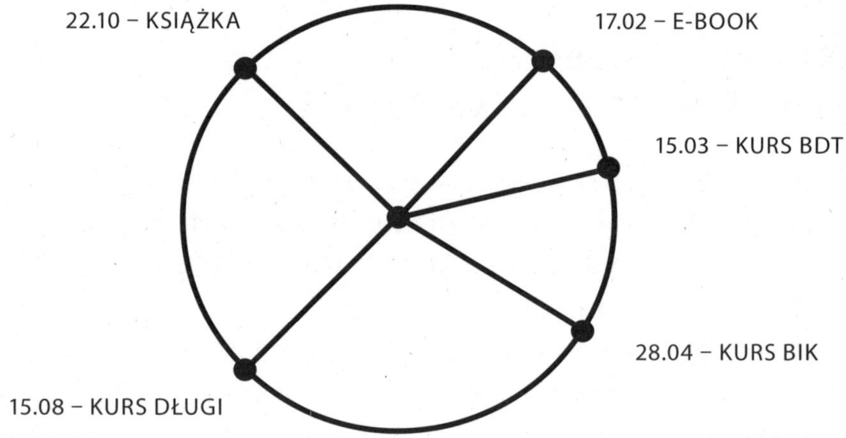

Plan 2014

Prawda była jednak taka, że pod koniec października miałem zrealizowane tylko dwa z planowanych projektów: udostępniłem darmowy e-book oraz z kwartalnym opóźnieniem wprowadziłem płatny kurs Budżet domowy w tydzień. Żaden inny zaplanowany produkt nie ujrzał wtedy światła dziennego.

Patrząc na stopień realizacji moich planów, można było stwierdzić, że jestem nieudacznikiem. Zrobiłem tylko 20% tego, co planowałem. Ja jednak widziałem to inaczej. Konfrontując rzeczywistość z ambitnymi planami, uczyłem się akceptować swoje ograniczenia. Godziłem się z realiami i zamiast rozpaczać, próbowałem się adaptować do sytuacji.

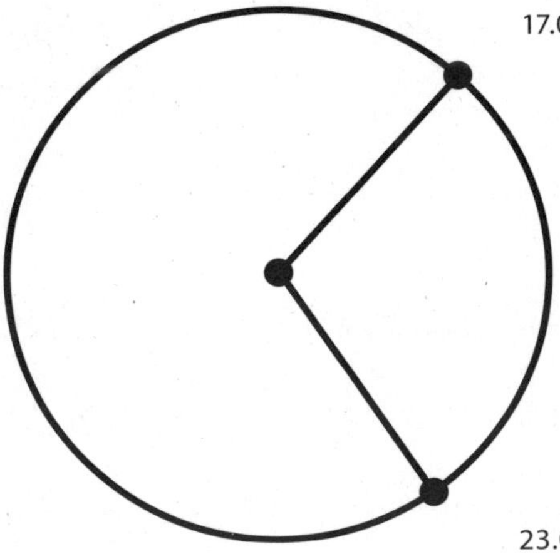

Rzeczywistość

Na własnym przykładzie pokazywałem uczestnikom BFG, że zazwyczaj nie mamy kontroli nad zewnętrznymi czynnikami. Możemy mieć własne plany, ale czasami okoliczności zewnętrzne narzucają nam inny rytm, niż byśmy sobie tego życzyli. Doskonale wiedzą o tym np. surferzy, którzy spędzają długie godziny lub dni na brzegu, oczekując, aż na morzu pojawią się odpowiednie fale. Bez względu na to, jak dobrze przygotowani są fizycznie i sprzętowo, wszystko może pójść na marne niezależnie od nich. Po prostu mogą nie mieć szczęścia do pogody. Dlatego tak ważna jest umiejętność elastycznego odnajdywania się w nowej sytuacji. Można poczekać, wypełniając sobie czas innymi czynnościami, albo po prostu zmienić okoliczności – np. wybierając taką miejscówkę, gdzie zazwyczaj są odpowiednie fale.

Jednak zawsze warto być przygotowanym, bo czasami życie podrzuca nam tak wielką falę – wielką okazję – która wielokrotnie przekracza nasze oczekiwania. Z jednej strony warto planować, aby wiedzieć, w którym kierunku chcemy się poruszać, gdy wszystko idzie po naszej myśli. Z drugiej jednak strony trzeba umieć reagować na zmieniające się okoliczności i wykorzystywać je na swoją korzyść. Działać zgodnie z planem, ale dopuszczać odstępstwa. Być otwartym na pozytywne skutki uboczne.

Podczas mojego występu przekonywałem uczestników, że wiele najlepszych rzeczy w moim życiu zaczynało się tak naprawdę od zupełnego przypadku:

Warto działać zgodnie z planem, ale jednocześnie dopuszczać odstępstwa – być otwartym na pozytywne skutki uboczne.

- Gdyby Marek nie pożyczył mi trampek, to pewnie zrezygnowałbym z występu w finałach mistrzostw breakdance'a, tracąc szansę na wygraną.
- Gdybym kiedyś miał co robić w Sylwestra, to nie pojechałbym na spotkanie Taizé do Budapesztu i nie poznałbym Gabi – mojej żony.
- Gdybym nie odstąpił od planu pisania wyłącznie wpisów ponadczasowych, to nie zarobiłbym na afiliacji kilkuset tysięcy złotych w 2014 roku i być może nie zostałbym zaproszony do występu na Blog Forum Gdańsk.

Wiele rzeczy w moim życiu wydarzyło się dlatego, że kierowałem się intuicją i głosem serca, a nie wyłącznie rozumową kalkulacją. Jednocześnie byłem gotowy korzystać z nadarzających się okazji i tak właśnie działałem w 2014 roku. Mimo że nie udało mi się zrealizować większości zaplanowanych projektów, to i tak nie miałem czego żałować. Lista rzeczywistych dokonań była bardzo zadowalająca.

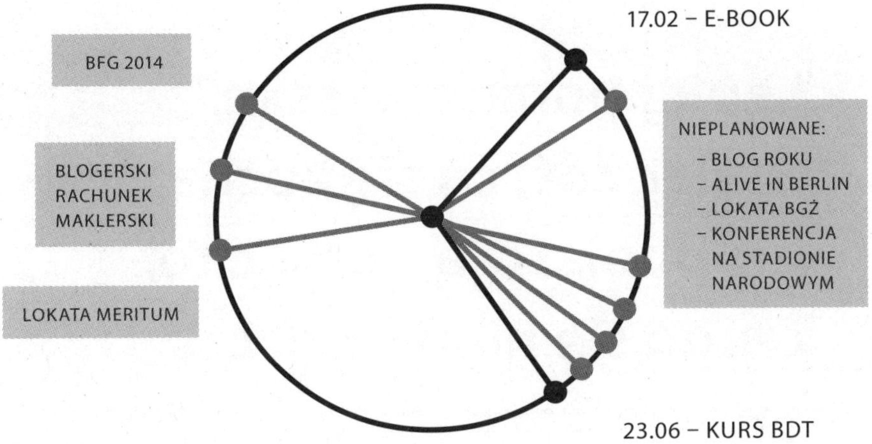

Rok skutków ubocznych

Przekonywałem się, że prowadzenie bloga to nie jest krótkodystansowy wyścig. Że to bardziej sport długodystansowy, w którym nie liczy się szybkość, lecz styl pokonywania trasy. To za niego czytelnicy wystawiają nam ocenę. W wypracowaniu indywidualnego stylu pomaga słuchanie wewnętrznego kompasu. Prawdziwa, poprzedzona refleksją odpowiedź na pytanie: „Dlaczego robię to, co robię". To nieprawda, że do osiągania świetnych wyników potrzebujemy olbrzymich zasięgów. Równie dobrze można zbudować dobrze prosperujący biznes na blogu, jeśli ma się tylko 1000 zaangażowanych czytelników – o ile tylko potrafimy zdefiniować i zaadresować ich problemy lepiej niż oni sami. Jednak nawet jeśli miałoby to nie wystarczyć do osiągnięcia osobistego sukcesu, to w pełni identyfikuję się ze stwierdzeniem, że lepiej ponieść klęskę, robiąc coś, co się kocha, niż ponieść ją, robiąc to, czego się nienawidzi.

Pięknym zwieńczeniem mojego 2014 roku była nagroda **Blog Forum Award – Społecznie odpowiedzialny bloger** przyznana mi na koniec konferencji BFG. To było kolejne ważne dla mnie potwierdzenie, że to, co robię, pozytywnie się wyróżnia. Tym bardziej chciałem robić to dalej.

Lepiej ponieść klęskę, robiąc coś, co się kocha, niż ponieść ją, robiąc to, czego się nienawidzi.

ETAP 9 – PODSUMOWANIE I WNIOSKI

Rok 2014 pozwolił zweryfikować, na ile dobrze czuję się w roli, w którą wcieliłem się półtora roku wcześniej, decydując się prowadzić własną firmę w całości opartą na blogu. Dał również solidne podwaliny do realizacji tych planów, których nie udało mi się sfinalizować w 2014 roku, i nowych, które wyznaczyłem sobie na rok 2015 i 2016.

Kończył się już wyczerpujący Elementarz Inwestora. Miałem już dogadaną roczną współpracę z Mastercardem. Poziom zarobków pomógł podjąć decyzję o całkowitym wyeliminowaniu jednorazowych współprac komercyjnych, które tak bardzo mnie obciążały. Pod koniec 2014 r. podjąłem więc decyzję, że nie przyjmuję już żadnych propozycji zewnętrznych i skupiam się na realizacji tylko własnych projektów, do których będę poszukiwał pasujących partnerów. Wyniki od strony finansowej prezentowały się idealnie:

- Przychód w całym 2014 r. wyniósł 501 396 zł
- Koszty zamknęły się w kwocie 311 868 zł
- Dochód przed opodatkowaniem wyniósł 189 528 zł

Pieniądze pieniędzmi, ale najbardziej zadowolony byłem z tego, że udało mi się stworzyć w internecie miejsce, w którym urzeczywistniała się moja wiara w normalność. Miejsce, które jest oazą spokoju dla czytelników i bezpieczną przystanią w internecie. Słuszność tej drogi potwierdzał także spory wzrost ruchu na moim blogu. Rok wcześniej blog *Jak oszczędzać pieniądze* odwiedziło 63 967 UU, a w grudniu 2014 r. było to już 234 356 UU! Już nie musiałem wyłącznie w to wierzyć, lecz miałem namacalne dowody, że:

- Dobre treści przyciągają dobre jakościowo dyskusje.
- Moja wiarygodność wzbudza zaufanie.
- Pomoc innym powoduje wdzięczność, a ta materializuje się i powraca w różnych formach, ładując moje akumulatory.

Rok 2014 był dla mnie także kolejną lekcją pokory. Zrozumiałem, że jestem przesadnym optymistą co do swoich planów i że muszę bardziej racjonalnie mierzyć siły na zamiary. Przekonałem się także, że nawet pozytywne emocje potrafią destrukcyjnie wpłynąć na pracę i kompletnie wybić z rytmu na dłuższy okres. A przy tym wszystkim, paradoksalnie, uzyskałem poczucie kontroli i sprawczości – także dlatego, że dostrzegając małe wygrane w różnych obszarach, łatwiej było mi przechodzić do porządku dziennego nad porażkami.

Byłem coraz bardziej pewny siebie i tego, że to, co robię, ma sens. Mniej oglądałem się na innych, a w większym stopniu ufałem sobie. Oczywiście bardzo pomogło w tym rosnące poczucie bezpieczeństwa finansowego, gdy przestałem przejadać oszczędności i zacząłem je odbudowywać.

Wzrost mojego zasięgu oraz wdzięczność za efekty, które osiągałem, powodowały także sukcesywny wzrost poczucia odpowiedzialności za to, co robię, jak to robię i coraz częściej także poczucia odpowiedzialności za efekty, które wywołuję. Na koniec 2014 r. czułem już, że rozpoznawalność bloga oraz mojej osoby osiągnęły poziom, który wręcz zobowiązywał do wykorzystywania ich w dobrych celach, do maksymalizacji pozytywnych efektów. Początkowym przejawem takich działań były głównie występy dla blogosfery w zakresie szerzenia „dobrych praktyk". Pod koniec roku zacząłem więcej pisać o mądrej dobroczynności i szukałem pomysłu na systematyczne wspieranie prospołecznych inicjatyw organizacji pozarządowych.

W 2014 r. zarobiłem na tyle dużo, że przestałem martwić się o pieniądze. Wiedziałem już, że daję radę generować dodatni wynik. Wystarczyło tylko skupić się na dalszej pracy. Jednocześnie wzrost zarobków uświadomił mi, że moim najważniejszym zasobem jest czas. To miało kolosalny wpływ na strategię, którą sformułowałem na rok 2015:

1. Skoncentrowałem się przede wszystkim na dostarczaniu realnej wartości czytelnikom.
2. Priorytetem stało się skalowanie mojej działalności, czyli eliminowanie tych działań, które zabierały mi czas, i koncentracja na wdrażaniu rozwiązań pomagających skutecznie docierać do tysięcy osób, którym mogła się przydać moja wiedza.

Bardziej szczegółowe omówienie moich wniosków po roku 2014 znajdziesz w tym wpisie → **zcwp.pl/rok2014**.

W treści książki znajduje się dużo odesłań do zewnętrznych źródeł.
Ich pełną, zawsze aktualną listę, znajdziesz pod adresem → **zcwp.pl/bonus**.

ROZDZIAŁ 12

Etap 10: Era dużych projektów

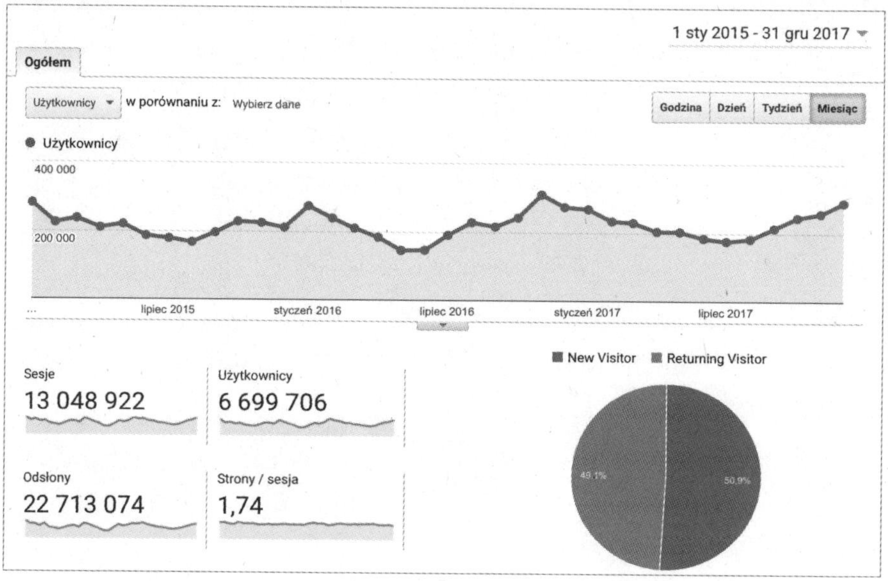

OKRES:

od stycznia 2015 r. do końca 2017 r. Łącznie 3 lata.

PRZYCHODY NETTO:

6 937 613 zł

KOSZTY NETTO:

1 820 243 zł

WIEK BLOGA W GRUDNIU:

5 i pół roku

LICZBA CZYTELNIKÓW:

patrz wykres

Ten rozdział opisuje najdłuższy okres w historii bloga – trzy lata od początku 2015 r. do końca 2017 r. To era własnych, dużych projektów – takich, które realizowane były według mojego scenariusza.

Bardzo przydała się tutaj nauka i doświadczenia wyniesione z Elementarza Inwestora. Wiedziałem już, że im dłuższy projekt, tym trudniej wytrwać w jego realizacji – zwłaszcza wtedy, gdy pojawiają się przeciwności, zmęczenie i zniechęcenie. To dlatego staram się podchodzić do takich długoterminowych zobowiązań ostrożnie i rozważnie.

Na mój proces planowania długookresowych projektów składa się sześć czynników decyzyjnych, które każdorazowo pomagają mi weryfikować zasadność zaangażowania w nowy projekt i to jeszcze zanim rozpocznę prace. Przedstawiam je poniżej razem z omówieniem przykładowego projektu, którego realizację kiedyś planowałem:

1. **Wartość dla czytelników.** Przede wszystkim szukam wartości właśnie tego konkretnego projektu dla społeczności, która jest zgromadzona wokół mojego bloga.

- Komu pomagam tym projektem?
- W jaki sposób ma szansę pozytywnie wpłynąć na życie tych osób?
- Jaką wartość będzie wnosił?
- W jaki sposób inni skorzystają na tym, że realizuję ten projekt?

Tak zadane pytania pomagają mi uniknąć samolubnego podejścia. Tworzę treści dla swoich odbiorców, a nie tylko dla siebie samego. Uczciwie mówiąc, wiele z moich pomysłów nie przechodzi tego podstawowego testu. Coś, co w danym momencie wydaje mi się fajne, nie musi być interesujące i przydatne dla czytelników bloga.

Konkretny przykład: któregoś lata planowałem rodzinny wyjazd na 4-tygodniowe wakacje do Francji. Lubimy tam jeździć, m.in. dlatego że wyjazd naszej 4-osobowej rodziny autem w objazdówkę po Francji (i także północnych Włoszech oraz Szwajcarii i Austrii) wcale nie wychodzi istotnie drożej niż spędzanie wakacji w Polsce. Wpadłem na pomysł projektu, który krok po kroku pokazywałby optymalizację kosztów wakacyjnego wyjazdu za granicę. Jaka byłaby jego wartość dla czytelników? Przede wszystkim mogliby poznać moje sposoby na obniżenie kosztów bez jednoczesnego „dziadowania", a przy okazji być może pokazałbym im realną alternatywę na organizację fajnych, rodzinnych wakacji – włącznie z pokazaniem miejsc, które warto odwiedzić.

2. Jak zrobię projekt i jak wytłumaczę społeczności sens jego realizacji?
Na tym etapie precyzuję zakres projektu i szacuję jego złożoność. Rozpisuję także wszystkie składowe projektu, zagadnienia, które będę musiał przedstawić, oraz szacuję ich czasochłonność. Zastanawiam się również nad historiami, które będę chciał opowiedzieć, oraz sposobami ich opowiadania. Wykonuję także pierwszą przymiarkę do obliczenia kosztów związanych z realizacją projektu. W ten sposób powstaje obszerny zestaw notatek, który służy mi w kolejnych miesiącach. To najdłuższa faza planowania projektu – tak jak wspominałem, wylęganie pomysłów potrafi trwać u mnie miesiącami lub latami. Ale są też takie pomysły, które konkretyzuję bardzo szybko.

Jak wyglądałaby konkretyzacja przykładowego wakacyjnego projektu? Wyjazd miałby trwać miesiąc, ale realizacja tego projektu na blogu mogłaby zająć nawet 3–4 miesiące:

- **Pierwszy etap – planowanie – zacząłbym na dwa miesiące przed wakacjami.** Najpierw wytłumaczyłbym założenia projektu oraz pokazał proces planowania pobytów w hotelach i na kempingach. Pokazałbym, jak korzystać z promocji w celu tańszej rezerwacji noclegów. Wytłumaczyłbym moje sposoby podróżowania autem po Europie, np. w zakresie optymalizacji kosztów tankowania (są spore różnice w cenie paliw pomiędzy poszczególnymi krajami) oraz kosztów podróżowania autostradami. Na tym etapie opracowałbym i udostępnił publicznie budżet całej wyprawy. Mógłbym także stworzyć mapę (w oparciu o Google Maps), na której narysowana byłaby cała trasa.
- **Drugim etapem byłyby same wakacje.** Podczas nich mógłbym publikować relacje z podróży – nie tylko zdjęcia, ale również informacje o rzeczywiście ponoszonych kosztach. Można byłoby to zrobić w atrakcyjnej wizualnie formie, aby było dobrze widać, w których kategoriach wakacyjnego budżetu mieszczę się w założonych kosztach, a w których byłem nadmiernym optymistą i wydatki okazały się wyższe niż planowane. Wymagałoby to systematycznego uzupełniania danych, np. raz dziennie, ale jednocześnie stanowiłoby rzetelną dokumentację wzbogaconą o regularne praktyczne notatki.
- **Ostatnim etapem byłoby podsumowanie podróży** – już po powrocie – oraz uzupełnienie informacji o dodatkowe materiały i wnioski, np. co można było zrobić inaczej i bardziej optymalnie. Na tym etapie mógłbym uzupełnić dane o informacje, które trudno znaleźć w internecie, np. prawdziwy, łączny koszt przejazdu autostradami na trasie z Warszawy do Nicei na Lazurowym Wybrzeżu – na podstawie rzeczywiście poniesionych opłat.

3. Idealni partnerzy. Gdy już wiem, co i jak chcę zrobić, oraz widzę w tym wartość dla moich czytelników, zastanawiam się, jacy partnerzy mogliby pasować do projektu. Najczęściej kieruję się intuicją i na etapie „burzy mózgów" nie myślę jeszcze, czy potrafię dotrzeć do danego partnera i zachęcić go do współpracy. Szukam przede wszystkim ciekawego połączenia.

W wakacyjnym przykładzie naturalni wydają się następujący partnerzy:

- **Sieci hotelowe** – zazwyczaj zatrzymuję się w hotelach sieci Accor. Byłby to idealny partner do takiej współpracy, bo wywodzi się właśnie z Francji i tam ma najwięcej hoteli w różnych segmentach cenowych – od najbardziej znanych Mercure, Novotel i IBIS, aż po budżetowe IBIS Budget oraz F1.
- **Operatorzy komórkowi** – teraz wybór odpowiedniego operatora ma już mniejsze znaczenie, ale kiedyś koszty roamingu potrafiły znacząco uderzyć po kieszeni – zwłaszcza przy korzystaniu z transmisji danych.
- **Producenci samochodów** – jakoś przecież muszę się dostać do Francji. Ten projekt mógłby być świetną okazją do zaprezentowania zalet i wad samochodów hybrydowych lub elektrycznych.

Podstawowym kryterium wyboru partnerów są zawsze moje preferencje. Chcę pokazywać się w towarzystwie tylko i wyłącznie tych marek, z których regularnie korzystam i których nie wstydziłbym się polecać. Znacznie wyżej cenię swoją wiarygodność niż ewentualne pieniądze zarobione na współpracy.

4. Czy zrobiłbym to sam? To pytanie pomaga mi zrozumieć moją prawdziwą motywację do realizacji projektu. Znając już jego wstępne koszty, decyduję, czy byłbym gotowy sfinansować i zrealizować projekt samodzielnie – nawet gdybym nie znalazł dla niego komercyjnych partnerów. Pamiętasz zapewne, że właśnie taką decyzję podjąłem, rozpoczynając Elementarz Inwestora. Wtedy działałem trochę na oślep. Teraz staram się świadomie przygotowywać na taki scenariusz i świadomie przystępować także do realizacji niedochodowych projektów.

W takim przypadku muszę mieć zapewnione finansowanie własne. Nie wykluczam takich projektów, bo... niektóre z nich traktuję jak kolejną trampolinę. Jeśli zrealizowałbym spektakularny projekt we własnym zakresie, to miałbym szansę na sprzedaż kolejnych, jeszcze większych pomysłów. To pytanie można więc sformułować następująco: „Czy ten projekt jest dobrą trampoliną do kolejnych, jeszcze większych wyzwań?". Jeśli tak, to zapewne warto ponieść jego koszty, nawet jeśli nikt mi ich nie zwróci.

Z drugiej strony, znając prawdziwe koszty projektu (nie tylko finansowe, ale także emocjonalne oraz związane z kosztami alternatywnymi – tym, że w danym okresie przez brak czasu nie będę w stanie zarabiać w inny sposób) – mogę skuteczniej przekonywać partnerów do akceptacji mojej wyceny.

Czy mój wakacyjny przykład przetrwał test tego pytania? Nie, bo doszedłem do wniosku, że nie chcę poświęcać czasu z rodziną na codzienne aktualizowanie bloga relacjami z naszych wakacji. Mógłbym wrzucać coś sporadycznie do mediów społecznościowych, ale zdecydowanie nie chciałbym się czuć zobligowany do pracy na urlopie.

Zadając sobie to pytanie, doszedłem do wniosku, że ten wakacyjny projekt gotowy byłem zrealizować w zasadzie dla pieniędzy, a to nie była właściwa motywacja. Owszem – nadal uważam, że jako całość ten projekt byłby fajny i użyteczny, ale jednak mój osobisty koszt z nim związany uważałem za zbyt duży. A jeśli motywacją miałyby być tylko pieniądze, to uznałem, że potrafię je zarabiać w inny sposób i w innym niż wakacje terminie.

5. Wartość dla partnerów. Zanim sponsorzy zdecydują się wesprzeć projekt, to trzeba dla nich przygotować ofertę. Pomaga zadanie sobie pytań:

- Jakie korzyści wyniosą partnerzy z uczestnictwa w projekcie?
- Jaka będzie ekspozycja marki i zasięg komunikacji?
- W jaki sposób będą mogli zmierzyć efekty lub obliczyć stopę zwrotu z zainwestowanych pieniędzy?

Na szczęście nie trzeba mieć idealnych odpowiedzi na te pytania. Partnerzy mogą znaleźć we współpracy zupełnie inne pozytywy, niż to się nam wydaje. Dobrym pomysłem jest skonsultowanie swoich planów ze znajomymi pracującymi w działach marketingu lub PR-u dużych firm.

6. Twarda sprzedaż. To ostatni i najważniejszy etap. Jeśli zależy mi na zdobyciu dobrych partnerów, to muszę umieć sprzedać im ideę uczestnictwa w moim projekcie. Gdy odrobię pracę domową i dobrze przygotuję odpowiedzi na pięć pierwszych pytań, to mam tak naprawdę bardzo dobrą propozycję dla konkretnych firm. Wiem dlaczego, wiem, że jestem w tym obszarze monopolistą, wiem, że to, co proponuję, jest doskonale dopasowane do oczekiwań czytelników oraz do profilu konkretnej firmy. Dlaczego zatem miałbym się obawiać sprzedaży i stania murem za moją propozycją? W końcu przecież wypracowałem rozwiązanie, w którym wygrywają wszyscy: czytelnicy, partner, ja i nawet pośrednicząca agencja.

Tak właśnie przygotowuję i sprzedaję największe projekty.

ROCZNA WSPÓŁPRACA Z MASTERCARDEM

Już wiesz, że na 2015 rok planowałem tylko jeden duży projekt z zewnętrznym partnerem – wypracowywaną przez pół roku współpracę z firmą Mastercard. Miałem ambicję, aby był to szablonowy przykład nieszablonowego podejścia do 12-miesięcznego strategicznego partnerstwa pomiędzy dużą firmą z branży finansowej a blogerem zajmującym się tematyką finansów.

Planowałem upiec kilka pieczeni na jednym ogniu, realizując w ramach strategicznego partnerstwa także dwa moje własne i mocno opóźnione projekty: kurs Pokonaj swoje długi (PSD) oraz książkę o finansach osobistych. Co do PSD byłem absolutnie pewien, że powinien wchodzić w zakres współpracy z Mastercardem. Co do książki – miałem mieszane uczucia. Wiedziałem, że lepiej będzie dla jej wiarygodności, jeśli na okładce nie znajdą się patronaty firm kojarzonych z branżą finansową. Poważnie zastanawiałem się jednak nad dopuszczeniem firmy jako sponsora spotkań autorskich z czytelnikami. O moich planach szczegółowo napisałem w lutym 2015 r., ogłaszając nasze strategiczne partnerstwo → **zcwp.pl/mastercard**.

*

Nauczony doświadczeniami z Elementarza Inwestora wiedziałem, że trudno będzie z jednym partnerem utrzymać wysoką dynamikę projektu przez cały rok. Dlatego zdecydowałem się podzielić go na trzy fazy, podczas których miałem skoncentrować się na różnych aktywnościach:

- **Edukacja** – cykl wpisów na temat korzystania z kart bankowych, korzyści i zagrożeń oraz mądrego posługiwania się kartami kredytowymi.
- **Realna pomoc** – działania ukierunkowane na pomoc tym osobom, które wpadły w długi m.in. z powodu nieumiejętnego korzystania z zadłużenia na kartach kredytowych.
- **Spotkania na żywo** – cykl spotkań w całej Polsce, na których czytelnicy bloga mogliby się czegoś nauczyć, spotkać się ze mną i porozmawiać osobiście.

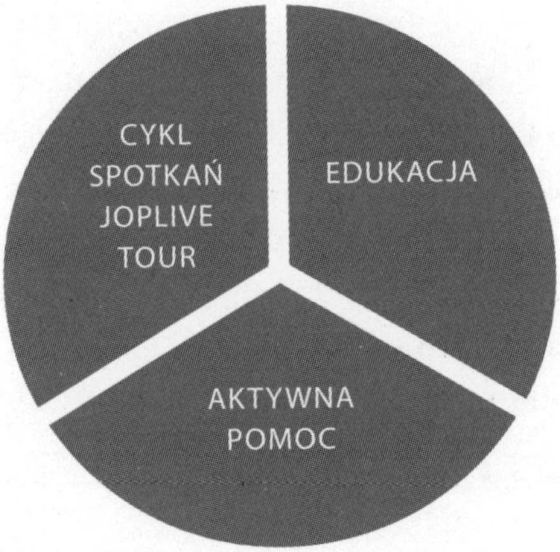

Pierwsza faza: Edukacja

Pierwszy etap współpracy trwał od lutego do czerwca 2015 r. Przypominał on typowe blogowe współprace komercyjne. Na blogu opublikowany został cykl edukacyjnych artykułów *Savoir-vivre kart bankowych* → **zcwp.pl/karty**.

Krok po kroku rzetelnie pokazywałem w nim plusy i minusy posługiwania się kartami debetowymi oraz kredytowymi. Analogicznie jak w cyklu *Zaplanuj budżet domowy*, tłumaczyłem, że karty, szczególnie kredytowe, mogą być mieczem obosiecznym – z jednej strony dają nam niesamowitą wygodę, ale z drugiej są często pierwszym krokiem do spirali długów. Pokazywałem jasne i ciemne strony, uświadamiając nie tylko benefity, ale i zagrożenia – także te związane z bezpiecznym dokonywaniem płatności w sieci i poza nią. Wyjaśniałem, jak korzystać z *chargeback*, czyli możliwości odzyskiwania płatności dokonanych kartami, np. w przypadku, gdy sprzedawca nie wywiązał się z dostarczenia towaru lub usługi. Przedstawiałem także sposoby na mądre, niskokosztowe korzystanie z kart bankowych przy płatnościach za granicą.

Podstawowym celem tego cyklu było z jednej strony podniesienie świadomości czytelników, a z drugiej – zapobiegnięcie wpadaniu w ewentualne problemy finansowe ze względu na nieumiejętne posługiwanie się kartami, szczególnie kredytowymi. To właśnie na edukacji zależało firmie Mastercard. Była bowiem czasami oskarżana, że przykłada rękę do zarabiania na osobach wpadających w długi, co jest nieprawdą. To banki są emitentami kart i to one zarabiają na ewentualnych odsetkach od zadłużenia powstającego na kartach kredytowych. Mastercard jest jedynie operatorem systemu płatniczego i nie czerpie korzyści z zadłużenia klientów – chociaż czasami cierpi na tym wizerunkowo.

Druga faza: Kurs Pokonaj swoje długi

Razem z Mastercardem zdawaliśmy sobie jednak sprawę, że sam cykl edukacyjnych wpisów na blogu nie będzie wystarczającą pomocą dla osób, które już mają problem z płynnością finansową lub wręcz wpadły w spiralę długów. Dla nich przeznaczony był drugi etap współpracy, trwający od połowy czerwca do października.

Udało mi się przekonać Mastercard, że warto, aby właśnie ta firma odważnie zmierzyła się z wyzwaniem walki z zadłużeniem. Opowiedziałem

Mastercardowi o moich doświadczeniach z indywidualną pomocą osobom zadłużonym, skuteczności wypracowanych metod i znacznie opóźnionych planach stworzenia kursu **Pokonaj swoje długi (PSD)**. Miałem już gotowy kurs **Budżet domowy w tydzień**, więc mogłem pokazać, jak będzie wyglądać materiał szkoleniowy. Zaproponowałem, że całkowicie bezpłatnie udostępnię PSD wszystkim zainteresowanym, o ile tylko Mastercard zdecyduje się zaakceptować wysokość mojego wynagrodzenia za projekt, uwzględniającą koszt przygotowania kursu. W zamian kurs oznaczony byłby logo Mastercarda i wszyscy jego uczestnicy doskonale wiedzieliby, której firmie zawdzięczają pomoc w wychodzeniu z długów.

Wizerunkowo dla firmy był to dosyć trudny temat. W jednej z lekcji 5-tygodniowego kursu PSD przekonuję jego uczestników do pocięcia swoich kart kredytowych, czyli de facto zniszczenia produktu z logo Mastercarda (do dzisiaj otrzymuję od uczestników kursu zdjęcia pociętych kart). Ostatecznie korzyści wizerunkowe przeważyły jednak nad kosztami. Mastercard dzięki patronatowi nad kursem PSD mógł się pokazać jako firma odpowiedzialna społecznie, niechowająca głowy w piasek, lecz wyciągająca rękę z realną pomocą do tych osób, które z różnych powodów wpadły w tarapaty finansowe.

Kurs Pokonaj swoje długi ma identyczną formułę jak BDT, czyli składa się z lekcji wideo na każdy dzień, materiałów pomocniczych oraz zadań, które każdy uczestnik może wykonać we własnym zakresie, będąc niejako prowadzonym za rękę. Jest to jednocześnie kurs dużo dłuższy – składa się z 25 lekcji rozplanowanych na 5 tygodni. Kurs pomaga uświadomić sobie problem, znaleźć motywację do walki oraz przedstawia konkretne wskazówki umożliwiające wyjście na finansową prostą. Uczestnicy mogą nauczyć się m.in., jak zrobić inwentaryzację aktualnej sytuacji finansowej i ułożyć plan wychodzenia z długów, a także gdzie szukać oszczędności, jak ograniczać wydatki i wreszcie jak zdobywać dodatkowe środki na spłatę długów i jak nimi zarządzać. Pomimo że moja współpraca z Mastercardem już się zakończyła, to kurs jest nadal dostępny – i nadal całkowicie bezpłatnie ➔ **zcwp.pl/psd**.

Trzecia faza: Spotkania z czytelnikami

Ostatni etap współpracy z Mastercardem miał przypadać na okres listopad 2015 r. – styczeń 2016 r. i jednocześnie zamykać całą współpracę. Tak naprawdę miał to być cykl spotkań autorskich książki *Finansowy ninja*, której premierę planowałem ponownie na Targi Książki w Krakowie, czyli październik 2015 r. Optymistycznie założyłem, że książkę napiszę w wakacje 2015 r. – już po zakończeniu prac nad kursem Pokonaj swoje długi. Pod koniec lipca stało się jasne, że znowu się przeliczyłem i nie ma szansy na napisanie książki w tak krótkim czasie. Musiałem zmienić założenia dotyczące cyklu spotkań.

Na szczęście przezornie zapowiedziałem, że zakres współpracy z Mastercardem w drugiej połowie roku ujawnię dopiero po wakacjach. Planowaliśmy cykl spotkań z moimi czytelnikami w pięciu polskich miastach: Katowicach, Lublinie, Wrocławiu, Szczecinie i Warszawie. Nazwaliśmy go #JOPlive Tour. W każdym z miast wynajmowaliśmy sale na wyższych uczelniach i zapraszaliśmy od 200 do 500 osób (łącznie około 1800 osób). Dzięki patronatowi Mastercarda spotkania były bezpłatne. Przez dwie godziny opowiadałem na nich o tym „Jak zostać finansowym ninja", czyli jak zaplanować swoją drogę do emerytury i jak policzyć, ile pieniędzy trzeba na nią odłożyć. Po prezentacji odpowiadałem na pytania uczestników, przybijałem piątki i prowadziłem indywidualne rozmowy.

Dzisiaj śmieję się, że byłem chyba pierwszym autorem, który zorganizował cykl spotkań autorskich na pół roku przed premierą swojej książki.

Efekty współpracy z Mastercardem

Projekt z Mastercardem jest do dzisiaj moją wizytówką. Pokazuje, jak strategicznie podchodzę do współpracy i jak bardzo jestem świadomy potencjalnych plusów i zagrożeń wizerunkowych. To projekt, w którym naprawdę rozwinąłem skrzydła i udowodniłem prawdziwy potencjał długofalowych, strategicznych współprac dużych firm z tzw. influencerami – działającymi w internecie osobami cieszącymi się zaufaniem społecznym (nazywanymi także liderami opinii).

To także świetny przykład, że zobowiązanie do współpracy ze strategicznym partnerem może być świetnym motywatorem do realizacji zadań, które się przez długi czas odkładało. Tak było w przypadku kursu Pokonaj swoje długi. Zanim go przygotowałem, byłem bardzo zmęczony bezpośrednią pracą z osobami zadłużonymi. Równolegle mogłem indywidualnie podpowiadać kolejne kroki zaledwie kilku osobom. Ich smutne historie i dramaty przytłaczały mnie psychicznie. Czasami miałem wrażenie, że oczekiwano ode mnie cudów i tak po ludzku opadały mi ręce. Chociaż wiedziałem, że rozwiązaniem byłoby przelanie mojej wiedzy i metod działania do zautomatyzowanego kursu online, to przez długi czas nie mogłem się za to zabrać. Pomogła dopiero twarda deklaracja złożona Mastercardowi. Nie miałem już żadnej wymówki.

Udostępnienie PSD było jednocześnie najlepszym prezentem dla mnie samego. Wcześniej, przez dwa lata, pomogłem uporać się z długami góra kilkudziesięciu osobom. W ciągu zaledwie roku od premiery kursu zarejestrowało się w nim ponad 12 tys. osób! Moja pomoc została przeniesiona na zupełnie nowy poziom, przy jednoczesnej minimalizacji zaangażowania emocjonalnego. Każdego, kto pyta mnie „jak wyjść z długów?", kieruję teraz bezpośrednio do kursu PSD.

Skala projektu przekroczyła wszelkie oczekiwania:

- W trakcie premiery kurs Pokonaj swoje długi cieszył się olbrzymim zainteresowaniem mediów i ukazało się o nim ponad 440 wzmianek w telewizji, radiu, czasopismach i publikacjach internetowych.
- Mastercard trafił do raportu *Odpowiedzialny biznes w Polsce 2015. Dobre praktyki* tworzonego przez Forum Odpowiedzialnego Biznesu. Był to jednocześnie pierwszy projekt społecznej odpowiedzialności biznesu tej firmy wyróżniony w taki sposób.
- Zdobyłem nagrodę Blog Conference Poznań 2016 za najlepszą blogową współpracę komercyjną w 2015 r.

- Faktyczny zasięg projektu oraz liczba osób zarejestrowanych w kursie Pokonaj swoje długi były kilkadziesiąt razy większe od początkowych założeń projektowych Mastercarda.
- Projekt okazał się tak dużym sukcesem, że Mastercard rozważał przeniesienie go na inne rynki.

Mnie samego najbardziej cieszyło skuteczne wdrożenie nowego modelu wsparcia dla czytelników bloga. Prócz opracowania kursu stworzyłem także na Facebooku grupę dyskusyjną Pokonaj swoje długi→ **zcwp.pl/psd-grupa**. Obecnie znajduje się w niej ponad 4700 osób, które wspierają się w walce z długami. Początkowo uczestniczyłem w tej grupie i pomagałem czytelnikom podpowiedziami. Obecnie jest to społeczność, która funkcjonuje już bez mojego udziału. Byłem jedynie katalizatorem, który doprowadził do jej powstania i po jej rozkwicie usunął się w cień, koncentrując się na innych zadaniach. Funkcję zarządcy tej grupy pełni społecznie Aneta Szpernalowska – jedna z osób, które jako pierwsze przeszły kurs Pokonaj swoje długi. Jestem jej niesamowicie wdzięczny za zaangażowanie.

KONFERENCJE I WYSTĄPIENIA PUBLICZNE

Lata 2015–2017 to także okres mojego rozkwitu jako osoby występującej publicznie. Obecnie to organizatorzy różnych konferencji, seminariów i spotkań zapraszają mnie do udziału, ale nie zawsze tak było. Na początku czasami sam wychodziłem z inicjatywą.

W 2014 r. Andrzej Gębski – jeden z czytelników bloga – zadał mi pytanie, czy jest szansa, aby zobaczyć mnie na konferencji **infoShare** w Gdańsku. Przekonywał, że warto, żebym się tam pojawił.

Rok później okazało się, że Marta Szadowiak – osoba PR-owo zaangażowana we współpracę z Blog Forum Gdańsk i stamtąd mi znana – dobrze zna się także z Grzegorzem Borowskim, organizatorem konferencji **infoShare**. Od słowa do słowa i przesłałem Marcie moją propozycję tematu wystąpienia, a ona przekazała ją Grzegorzowi. Finał był taki, że to właśnie w 2015 r. miałem okazję po raz pierwszy mówić o „Zaufaniu jako walucie przyszłości" ze sceny infoShare przed największym dotychczas audytorium – kilkoma tysiącami osób. To było coś zupełnie innego od moich wcześniejszych doświadczeń z występów przed znacznie mniejszą publicznością → **zcwp.pl/infoshare**.

Gdy dowiedziałem się, że w Manchesterze w 2015 r. organizowana będzie konferencja **New Media Europe (NMEU)**, na której wystąpi Cliff Ravenscraft – „ojciec chrzestny" mojego podcastu – to także nie zostawiłem spraw przypadkowi. Zarejestrowałem się na konferencji, ale jednocześnie zgłosiłem swoją kandydaturę na prelegenta. Na konferencjach zagranicznych częstą praktyką jest, że oprócz uzgodnionych i kluczowych prelegentów ogłasza się nabór dla dodatkowych mówców i w zasadzie można zgłosić dowolną osobę. Oczywiście tacy kandydaci przechodzą proces weryfikacji.

Opisałem moje dotychczasowe doświadczenia prezentacyjne (w tym anglojęzyczny występ na konferencji ALIVE w Berlinie), przedstawiłem dokonania blogowe i zaproponowałem temat prezentacji. Po ALIVE wiedziałem już, że nie mam się czego wstydzić i że pokazanie drogi, którą przeszedłem z moim blogiem, może być wartościowe także dla zagranicznych blogerów. Moim audytorem była Izabela Russell, która wspólnie z mężem Mikiem organizowała NMEU. Okazało się, że Iza jest Polką, co znacząco ułatwiło komunikację. Nie tylko przeszedłem weryfikację, ale także pomogłem promować NMEU w Polsce. Fajnie było znowu wystąpić u boku amerykańskich blogerów i podcasterów. Po udanym pierwszym występie w 2015 r. zaproszony zostałem jako prelegent w 2016 r. na kolejną edycję NMEU w Londynie.

Podając te przykłady, chcę powiedzieć, że w przypadku konferencji czasami nie warto czekać, aż ktoś nas zauważy i zaprosi do występu. O ile w przypadku wydarzeń krajowych strategia oczekiwania może się sprawdzić, to szansa na to, aby sam z siebie zaprosił mnie organizator konferencji zagranicznej (który dodatkowo jeszcze mnie nie zna), była w zasadzie zerowa. W tych przypadkach to ja musiałem wyjść z inicjatywą i przekonać organizatorów, że warto mi zaufać. Tu także doskonale pomagają referencje oraz przykłady wcześniejszych dokonań.

Istnieje jednak sposób na to, aby zostać prelegentem na konferencji bez zaproszenia i bez konieczności przekonywania do siebie jej organizatorów. Wystarczy zorganizować swoją własną konferencję.

FinBlog – konferencja blogerów finansowych

Pomysł zorganizowania konferencji dla czytelników blogów finansowych chodził mi po głowie od 2013 roku. To wtedy uczestniczyłem wirtualnie w amerykańskiej konferencji FinCon organizowanej przez tamtejszych blogerów. Z imprezy, której pierwsza edycja była po prostu spotkaniem blogerów finansowych, po kilku latach wyrosła ogromna konferencja. Do dzisiaj przyjeżdżają na nią przedstawiciele mediów, analitycy i doradcy finansowi, księgowi, a także uznani autorzy książek dotyczących finansów osobistych i inwestowania.

Na przestrzeni lat odbyłem kilka kameralnych spotkań z blogerami finansowymi. Na jednym z nich wspólnie ze Zbyszkiem Papińskim z *App Funds* oraz Marcinem Iwuciem z *Finanse bardzo osobiste* wpadliśmy na pomysł zorganizowania jednodniowej konferencji integrującej blogerów oraz czytelników najpopularniejszych polskich blogów finansowych. Do udziału zaprosiliśmy Macieja Samcika z bloga *Subiektywnie o finansach* oraz Michała Pałkę prowadzącego blog *Live Smarter*. Każdy z nas miał poprowadzić jedno wystąpienie na temat blisko związany z zakresem swojego bloga. Oprócz nas wystąpił także Paweł Cymcyk z bloga *DNA Rynków*, który wcielił się w rolę konferansjera i prowadził również panel dyskusyjny zamykający konferencję.

24 września 2015 r. był pięknym świętem polskich blogów finansowych. Okazało się, że z pomysłem organizacji konferencji trafiliśmy w dziesiątkę. W wynajętej sali mogliśmy przyjąć tylko 200 uczestników. Przy próbie sprzedaży pierwszych 100 biletów zainteresowani przeciążyli serwer firmy specjalizującej się w takiej sprzedaży. Pula kolejnych 100 biletów sprzedała

się w zaledwie 27 sekund i wielu chętnych odeszło z kwitkiem. Na szczęście zaplanowałem zarówno streaming w trakcie FinBloga, jak i bezpłatne udostępnienie nagrań wszystkich wystąpień → **zcwp.pl/finblog**.

FinBlog 2015 był również przykładem niesamowitej współpracy nie tylko blogerów, ale także czytelników, którzy wolontariacko zaangażowali się w pomoc przy organizacji konferencji. Takie wsparcie bardzo się nam przydało, bo tak naprawdę konferencja organizowana była w modelu non profit – żaden prelegent nie pobrał wynagrodzenia, a wszystkie wpływy posłużyły pokryciu kosztów.

Odpłatność za udział w konferencji była symboliczna, całodniowy bilet kosztował zaledwie 15 zł. Opłata wprowadzona została wyłącznie po to, aby ograniczyć rejestrację do tych osób, które gotowe były zapłacić za udział. Co więcej, całkowite wpływy z biletów i tak przekazaliśmy na wsparcie *Pajacyka*, o czym od początku informowaliśmy uczestników.

Koszty wynajęcia sali, kateringu oraz nagrywania wystąpień pokryliśmy dzięki wyłącznemu patronowi konferencji FinBlog 2015, którym został Narodowy Bank Polski – najbardziej prestiżowa instytucja, jaką mogliśmy sobie wyobrazić dla takiego wydarzenia.

Organizacja własnej konferencji jest czasochłonna, ale nie jest przesadnie trudna. Przy właściwym zaplanowaniu może ona służyć nie tylko przekazywaniu merytorycznej wiedzy przez prelegentów, ale przede wszystkim wymianie doświadczeń i nawiązywaniu wartościowych znajomości przez jej uczestników – osoby zainteresowane tą samą tematyką.

WOLNY OD DŁUGÓW!

Pod koniec października 2015 r. opublikowałem na blogu manifest finansowy zatytułowany *Oszczędzanie jako droga do wolności* → **zcwp.pl/wolnosc**. Było to uzupełnienie rozmowy ze mną, która ukazała się w „Dzienniku Gazeta Prawna", a rozpoczynała się od pytania: „Mój oszczędny Michale, musisz mieć strasznie smutne życie, tak ściboląc codziennie każdy grosz z kalkulatorem w ręku. Oszczędzając nawet pod prysznicem. To trauma z dzieciństwa? Nie dostawałeś kieszonkowego od mamy?" → **zcwp.pl/dgp**.

Rafał Drzewiecki, dziennikarz, który ze mną rozmawiał, nie patyczkował się. Stwierdził nawet, że powinienem się leczyć, a nie doradzać ludziom. Dla jasności: taką formułę rozmowy uzgodniliśmy wcześniej. Miał mi przywalić najcelniejszymi argumentami przeciwników oszczędzania i zrobił to dobrze. Miałem jednak ogromną potrzebę uzupełnienia tej rozmowy o coś, czego tam nie powiedziałem. Bardzo nie podobała mi się bowiem teza lansowana już w pierwszym pytaniu i pozycjonująca oszczędzanie jako synonim obciachu i wmawianie oszczędnym, że muszą mieć fatalne życie.

Sęk w tym, że bycie sknerą nie ma nic wspólnego z mądrym oszczędzaniem. Niemniej jednak deklaracja „jestem oszczędny" automatycznie szufladkuje mówiącego jako dziwnego odmieńca.

W konsumpcjonizmie wokół nas jest jedno wielkie kłamstwo. Wierzy w nie wiele osób. Wmawia się nam, że kupowane rzeczy uczynią nas szczęśliwymi lub wyjątkowymi. Wmawia się, że człowiek określany jest przez to, co posiada. Wmawia się, że na wszystko zasługujemy. Nawet jeśli nie mówi się tego wprost, to taki model życia jest lansowany na każdym kroku.

To się dzieje na okrągło. Wiele osób zaciąga kredyty konsumpcyjne tylko po to, by spełniać swoje zachcianki. „Głupi byłem" – mówią dopiero w momencie otrzeźwienia, gdy próbują wyjść z długów. Od premiery kursu Pokonaj swoje długi słyszałem już setki takich historii – znacznie więcej, niż bym chciał. Refleksja przychodzi często zbyt późno. I to jest przyczyna prawdziwych tragedii, do których prowadzi nadmierny konsumpcjonizm. Niestety, łatwo przekroczyć granicę płynności finansowej, za którą stajesz się wyrzutkiem. Kimś, kto wypada z obiegu i tonie, tracąc wiarę w siebie. Długi naprawdę potrafią niszczyć.

Kiedy w 2012 r. podpisywaliśmy z Gabi umowę kredytową, zaciągając kilkusettysięczne zobowiązanie, absolutnie nie czuliśmy się komfortowo. Chociaż było nas stać na spłatę rat, to kredyt hipoteczny ciążył nam psychicznie. Wiedziałem, że dopóki go nie spłacimy, to trudno będzie uznać, że mój biznes się udał. Nie jest sztuką osiągać wysokie przychody. Liczy się to, ile tak naprawdę zostaje w portfelu po odliczeniu wszystkich kosztów. To, czy nasza sumaryczna wartość netto systematycznie rośnie (wytłumaczenie, co to jest wartość netto i jak ją policzyć, znajdziesz na moim blogu oraz w książce *Finansowy ninja* → **fin.ninja**) oraz czy zwiększa się nasze subiektywne poczucie bezpieczeństwa finansowego.

Pod koniec października 2015 r. poczuliśmy się znowu naprawdę wolni. Mądre oszczędzanie, w połączeniu z systematycznym zwiększaniem zarobków z bloga, umożliwiło nam całkowitą spłatę zaciągniętego trzy lata wcześniej kredytu hipotecznego. To dzięki niemu mogłem rzucić pracę na etacie i zająć się wyłącznie rozwijaniem bloga. A dzięki czytelnikom, partnerom oraz pracy po wiele godzin dziennie byłem w stanie bardzo szybko zarobić na jego spłatę – szybciej niż zdołałbym to zrobić na etacie.

To było cudowne uczucie – wiedzieć, że od tego momentu pracuję już wyłącznie na naszą przyszłość, a nie odsetki dla banków. To wszystko było możliwe właśnie dzięki zdrowemu podejściu do finansów, życiu poniżej naszych możliwości finansowych i to bez nadmiernego zaciskania pasa, oszczędzaniu i zwiększaniu zarobków. Oszczędzanie było moją drogą do wolności i uwalniania się z krępujących zobowiązań.

KSIĄŻKA FINANSOWY NINJA – PRZEŁOMOWY SELF-PUBLISHING

Na początku 2016 r. na swojej liście celów miałem tylko jeden punkt – uporać się w końcu z napisaniem i wydaniem książki o finansach osobistych. Powoli stawała się ona moim przekleństwem. Presja, którą na siebie wywierałem, była olbrzymia. Czułem się coraz gorzej, wiedząc, że po raz kolejny łamię swoje deklaracje dotyczące terminu jej ukończenia i premiery.

Przypominam, że *Finansowy ninja* był planowany najpierw na październik 2014 r. Jednak pierwsze konkretne notatki do książki powstały dopiero w sierpniu 2014 r. i od razu stało się dla mnie jasne, że za pisanie zabrałem się zbyt późno. Przesunąłem premierę na październik 2015 r., jednocześnie planując cykl spotkań autorskich na przełomie 2015/2016. Książkę intensywnie pisałem już w wakacje 2015 r., ale nie udało mi się jej wtedy ukończyć. Zaplanowane wcześniej działania, m.in. organizacja konferencji blogerów finansowych FinBlog 2015, udział jako prelegent w konferencji New Media Europe w Manchesterze oraz zobowiązania wynikające ze współpracy z Mastercardem (w tym cykl spotkań #JOPlive Tour) skutecznie przeszkadzały mi w pracach nad książką. Im bardziej całość się opóźniała, tym bardziej było mi wstyd przed sobą samym i przed czytelnikami, którzy coraz częściej dopytywali się o termin premiery.

Swoimi przemyśleniami podzieliłem się w 67. odcinku podcastu zatytułowanym *11 błędów, które popełniłem, pisząc książkę – czyli jak zawaliłem najważniejszy projekt 2015 roku* → **zcwp.pl/067**. To była najlepsza diagnoza mojej porażki i jednocześnie forma autoterapii – pogodzenia się z zaistniałą sytuacją. Jak zapewne pamiętasz z rozdziału dziewiątego, rozliczenie i pogodzenie z przeszłością jest pierwszym etapem mojego corocznego planowania celów. Dostrzegłem wiele przyczyn porażki:

- **Brak odpoczynku pomiędzy kolejnymi przedsięwzięciami.** Zamiast odpocząć po intensywnych pracach nad kursem Pokonaj swoje długi, rzuciłem się od razu do pisania książki, co było błędem.
- **Niedotrzymanie ambitnego terminu spowodowało, że straciłem entuzjazm do pisania**, a wyrzuty sumienia powodowały, że coraz trudniej było mi się do niego zabrać.
- **Publiczna deklaracja „piszę dla Was książkę" pomagała tylko krótkoterminowo.** Po zawaleniu zadeklarowanego terminu stała się obciążeniem psychicznym. To m.in. dlatego książkę *Zaufanie, czyli waluta przyszłości* zdecydowałem się napisać w całkowitej tajemnicy i ujawnić ten fakt dopiero po jej ukończeniu.
- **Emocje w innych obszarach życia bardzo utrudniały pisanie książki.** Po raz kolejny przekonałem się, że nie jestem robotem, lecz człowiekiem, którym sterują emocje – czasem pomagając, a czasem przeszkadzając.

- **Paraliżował mnie perfekcjonizm**, który na przykład przejawiał się tym, że już w trakcie pisania książki próbowałem ją poprawiać. W efekcie potrafiłem utknąć na jednym rozdziale przez bardzo długi czas, co z kolei powodowało narastanie frustracji, że prace posuwają się tak wolno.

Pomimo że w moim życiu i biznesie wydarzyło się w 2015 r. wiele pozytywnych rzeczy, to nie umiałem się nimi cieszyć, bo mój najważniejszy projekt nie był ukończony.

W styczniu 2016 r. odbywały się jeszcze ostatnie spotkania z cyklu #JOPlive Tour. Obiecałem sobie, że od 1 lutego wycinam wszystko z mojego biznesowego życia i skupiam się wyłącznie na ukończeniu książki. Przestałem pisać nowe wpisy na bloga (ograniczyłem się tylko do podcastów), dałem sobie szlaban na wystąpienia w mediach, odrzucałem wszystkie propozycje spotkań i występów, blokowałem dostęp do mediów społecznościowych i przestałem nawet odpowiadać na e-maile.

Podjąłem także decyzję, że nie będę poszukiwał żadnego kolejnego partnera strategicznego dla mojego bloga i nie będę angażował się w żaden inny poboczny projekt, dopóki nie ukończę pisania książki. Jestem przekonany, że ta jedna decyzja kosztowała mnie około pół miliona złotych. Niemniej jednak po naprawdę świetnym finansowo roku 2015 (szczegóły znajdziesz w podsumowaniu tego rozdziału), było mnie spokojnie stać na podjęcie właśnie takiej decyzji.

W pełni skoncentrowałem się na pisaniu. Zastosowałem rozwiązanie, które 20 lat wcześniej pomogło mi w dwa miesiące napisać obszerną książkę o systemie operacyjnym Windows 95. Wtedy także skupiony byłem na jednym zadaniu i wszystkie inne czekały w kolejce.

Uczciwie mówiąc, taka koncentracja jest bardzo trudna. Zewnętrzny świat co chwilę domaga się mojej uwagi. Nauczyłem się jednak, że ważne i trudne projekty muszą mieć absolutny priorytet – zwłaszcza kiedy robi się je w pojedynkę. Gdy możemy liczyć tylko na siebie, to działanie z doskoku zazwyczaj nie wystarcza.

Realizacja dużych projektów wymaga wyrzeczeń. Aby skoncentrować się na priorytetowym przedsięwzięciu, czasami trzeba porzucić systematyczność w innych obszarach. Nie da się zrobić wszystkiego.

Finansowy ninja – podręcznik finansów osobistych

Z końcem maja prace nad treścią merytoryczną książki dobiegły końca. Ostatnie słowa zakończenia napisałem dopiero 13 lipca 2016 r., gdy trwała już sprzedaż książki i gdy widziałem już, że *Finansowy ninja* cieszy się olbrzymim zainteresowaniem – znacznie większym, niż sobie wyobrażałem.

Książka rodziła się w ogromnych bólach, ale dzięki temu powstało dzieło, z którego jestem bardzo dumny – kompleksowy przewodnik po finansach osobistych, który każdy z nas powinien był przeczytać jeszcze w szkole. Taki, jaki sam bym chciał przeczytać na początku mojej kariery zawodowej.

W książce podpowiadam, jak mądrze zarządzać pieniędzmi, jak unikać pułapek zastawianych przez instytucje finansowe oraz jak skutecznie zaplanować swoją emeryturę. Przedstawiam nieoczywiste zasady posługiwania się produktami finansowymi, omawiam narzędzia takie jak kalkulator finansowy, budżet domowy i poduszka finansowa. Przekazuję praktyczne wskazówki dotyczące czterech kluczowych obszarów domowych finansów: oszczędzania, zarabiania, optymalizacji podatkowej i inwestowania. A przy tym *Finansowy ninja* napisany jest prostym językiem, zrozumiałym dla każdego – także dla osób, które o finansach nie mają zielonego pojęcia.

Lubię przedstawiać tę książkę jako instrukcję na drodze do pełnego bezpieczeństwa finansowego. Jest mi bardzo miło, gdy tak właśnie określają ją czytelnicy w swoich recenzjach.

Self-publishing wbrew wszystkim

To, co było nietypowe w przypadku *Finansowego ninja*, to model wydania tej książki. Nie udałem się z nią do wydawcy. Zdecydowałem się wydać ją samodzielnie oraz sprzedawać wyłącznie za pośrednictwem swojego sklepu internetowego (to tzw. model *self-publishing*). Mogłem sobie na to pozwolić, gdyż przez lata darmowego blogowania i podcastowania zgromadziłem wokół siebie ogromną społeczność znającą już jakość mojej pracy. Wierzyłem, że zaufa ona moim deklaracjom, że jest to świetny produkt – przewyższający jakością wszystko, co dotychczas opracowałem.

Self-publishing był moim kolejnym aktem wiary płynącym z głębokiego przekonania, że jestem w stanie samodzielnie sprzedawać poprzez internet książkę *Finansowy ninja* nie gorzej, niż tradycyjny wydawca poprzez księgarnie. Jednocześnie dzięki wyeliminowaniu wszystkich pośredników – wydawcy, dystrybutora, księgarni – byłem w stanie zarobić w przypadku dużej sprzedaży znacznie więcej niż współpracując z tradycyjnym wydawcą. Policzyłem, że zamiast 10% z ceny okładkowej książki – a tyle płacą wydawnictwa dobrym autorom – mogę mieć nawet 70% tej ceny, już po uwzględnieniu wszystkich kosztów.

Oczywiście nie byłoby tego *self-publishingu*, gdyby nie moja wiara w samego siebie, że potrafię udźwignąć tak złożony projekt. Miałem być nie tylko autorem, ale również wydawcą odpowiadającym za kompleksowe przygotowanie książki do druku (korekta, redakcja, projekt graficzny, skład, druk), jej promocję (opracowanie strategii, działania PR, reklamę), sprzedaż (budowa sklepu internetowego, fakturowanie), logistykę dostaw (magazynowanie, pakowanie, wysyłki) oraz kompleksową obsługę klientów. Wielu z wymaganych kompetencji po prostu nie posiadałem. Musiałem je zdobyć lub skorzystać z pomocy specjalistów. Wcieliłem się w rolę project managera koordynującego pracę wielu osób współpracujących ze mną zdalnie. To wszystko zewnętrzni kontrahenci, z którymi rozliczam się za rezultaty ich pracy. Moje podejście do tego projektu szczegółowo opisałem w obszernym, kilkuczęściowym studium przypadku, które pomogło już wielu kolejnym autorom samodzielnie wydać ich książki → **zcwp.pl/selfpublishing**.

Decyzja o podjęciu ryzyka i wydaniu *Finansowego ninja* w *self-publishingu* była bardzo opłacalna finansowo. W ciągu dwóch miesięcy przedsprzedaży (lipiec–sierpień 2016 r.) nabywców znalazło ponad 12 000 egzemplarzy. Do końca 2016 r. sprzedałem 23 162 egz. książki, a w całym 2017 r. kolejne 32 484 egz. Po półtora roku od premiery licznik wskazywał łącznie 55 646 sprzedanych egzemplarzy, a dodatkowe ponad 1000 sztuk wysłałem bezpłatnie do bibliotek w całym kraju.

Czy to dużo? W polskich warunkach za bestseller uznaje się książkę, której sprzedaż egzemplarzy papierowych przekracza 10 000. Nakłady najpopularniejszych tytułów sięgają setek tysięcy egzemplarzy, ale średnia rynkowa to zaledwie 3000. *Finansowy ninja* pozytywnie się więc wyróżnia.

To, co robi jednak największe wrażenie, to wyniki finansowe. Mój łączny przychód netto z tytułu sprzedaży tej książki wyniósł do końca 2017 r. dokładnie 4 537 978 zł. Koszty zamknęły się w kwocie 1 214 058 zł, z czego największą składową stanowiły paradoksalnie koszty magazynowania i wysyłki – około 540 000 zł. Mój czysty zysk, już po uwzględnieniu podatków oraz darowizn na *Pajacyka* (bo każdy sprzedany egzemplarz książki finansuje jeden posiłek dla niedożywionych dzieci), wyniósł 2 470 000 zł.

ZAUFANIE PIERWSZEGO KLIENTA

Przedsprzedaż książki *Finansowy ninja* ruszyła dokładnie 1 lipca 2016 r. Pierwsze zamówienie otrzymałem jednak już kilka dni wcześniej, mimo że nie została jeszcze nawet ujawniona cena książki i szczegółowe informacje dotyczące jej zawartości.

Pierwszym jej nabywcą został Krzysztof Wysocki, który przesłał mi swoje zamówienie na książkę tradycyjnym listem, dołączając do niego stuzłotowy banknot! W swoim liście napisał: „Niniejszym zamawiam 1 egzemplarz książki *Finansowy ninja*. Mam nadzieję, że załączona w kopercie płatność została prawidłowo oszacowana".

Czyż może być bardziej obrazowy przykład zaufania, jakim obdarzają mnie niektórzy czytelnicy?

Dla jasności: te 100 zł trafiło na konto *Pajacyka*. Moja firma nie prowadzi bowiem obrotu gotówkowego i konsekwentnie tego pilnuję.

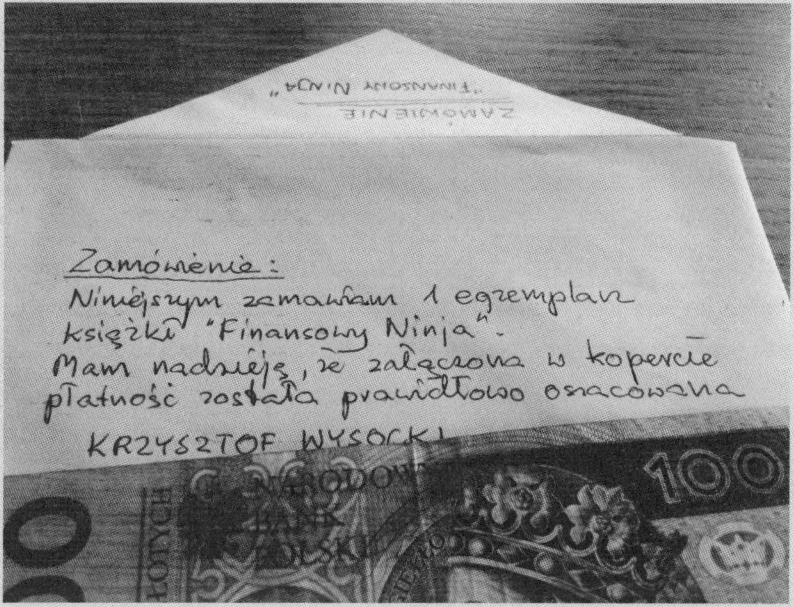

Destrukcyjne skutki niespodziewanego sukcesu

Samodzielne wydanie książki okazało się być kolejną trampoliną do jeszcze większych zarobków, których wysokość przekroczyła moje najśmielsze oczekiwania. Można powiedzieć, że znalazłem się tam, gdzie zawsze chciałem być – w komfortowej sytuacji finansowej. Jednak szybko okazało się, że taki niespodziewany sukces ma też swoje ciemne strony.

Po raz pierwszy w życiu mogłem lenić się i nie pracować bez konsekwencji finansowych. W efekcie na rok 2017 nie zaplanowałem żadnego nowego projektu. Uznałem, że mam prawo do odpoczynku. Gdy jednak okazało się, że pomimo kilku miesięcy luzu nie powraca mi wcale chęć do pisania, zacząłem się niepokoić. Brakowało mi radości, którą czułem wcześniej, tworząc nowe wpisy na bloga. Tak naprawdę męczyłem się, siedząc i patrząc na kursor na ekranie komputera. Dopadło mnie zwątpienie. Znowu czułem się trochę tak jak po połamaniu nóg w 2007 r., gdy myślałem, że być może wszystko co najlepsze w życiu jest już za mną i że od teraz będzie już tylko gorzej. Że nigdy nie powtórzę takiego sukcesu, jakim był *Finansowy ninja*.

Wiedziałem, że wraz z sukcesami rosną również oczekiwania. Niektórzy czytelnicy pytali w komentarzach: „Ciekawe, czym Michał Szafrański zaskoczy nas w tym roku?", a ja nie miałem dla nich dobrej odpowiedzi. Chociaż w teorii nikomu nie musiałem niczego udowadniać, to wewnętrznie czułem narastającą presję. Trudno skacze się przez coraz wyższą poprzeczkę. Co gorsza, po raz kolejny to ja sam ją tak wysoko zawiesiłem.

Coraz łatwiej było mi także uznać, że ten niespodziewany sukces był w pewnym sensie przypadkowy. Że to znowu takie szczęście początkującego – ot, spragnieni czytelnicy rzucili się po prostu na moją pierwszą książkę związaną z tematem bloga. Zacząłem kwestionować własny wpływ na końcowy efekt, jakby praca włożona w książkę nie miała większego znaczenia. A skoro moja praca nie ma znaczenia, to jaki mam realny wpływ na powodzenie kolejnych projektów? Przy rezultatach i pozytywnym odbiorze *Finansowego ninja* wszystkie inne moje pomysły wydają się tak małe, że być może nie warto w ogóle się za nie zabierać?

Marcin montujący 98. odcinek podcastu, w którym mówiłem o moich rozterkach → **zcwp.pl/098**, skomentował to jednym stwierdzeniem: „Straszna jest psychika ludzka". Uczulam po prostu, że nawet taki absolutnie fenomenalny, spory, nadmierny w stosunku do oczekiwań sukces może mieć niekiedy bardzo destrukcyjny wpływ na naszą psychikę i zdolność do dalszej pracy.

Spory, nadmierny w stosunku do oczekiwań sukces może mieć niekiedy bardzo destrukcyjny wpływ na naszą psychikę i zdolność do dalszej pracy.

Z drugiej jednak strony stan, w którym się znalazłem, wymusił na mnie szukanie innych rozwiązań i prawdziwych motywacji do dalszej pracy. W momencie, w którym kwestie finansowe przestały być dla mnie jakimkolwiek wyzwaniem, zyskałem wolność wykonywania dowolnej pracy – nawet takiej, za którą nie otrzymam żadnego pieniężnego wynagrodzenia. To zmienia optykę i daje szansę zajęcia się tym, co jest dla mnie naprawdę ważne. Tak naprawdę wszedłem na zupełnie nieznany mi teren, na którym od nowa musiałem szukać swojej drogi i odpowiedzi na pytania:

- Zakładając, że już nie musiałbym zarabiać pieniędzy, to co chciałbym w życiu robić?
- Jakie przedsięwzięcia byłyby warte tego, aby inwestować w nie swój czas i oszczędności – nawet jeśli miałyby być one całkowicie niedochodowe?

WSPARCIE DLA PAJACYKA

Jest jeszcze jeden projekt, z którego realizacji jestem szczególnie dumny – wsparcie finansowe dla organizacji dobroczynnych. To świetny przykład, w jaki sposób osoby wpływowe mogą wykorzystać swoją rozpoznawalność, zasięg i potencjał do organizowania pomocy na masową skalę.

Po sukcesie w konkursie Blog Roku uświadomiłem sobie, że skoro mój blog uznawany jest za inspirujący, to mógłbym również zachęcać do czegoś więcej niż dbanie o własny portfel. Chciałem zachęcać do mądrej dobroczynności – nie jednorazowo, ale systematycznie i długofalowo. Przez kilka miesięcy rozmawiałem z kilkoma organizacjami dobroczynnymi, próbując wybrać tę, która byłaby najwłaściwszym adresatem takiej pomocy. Długo biłem się z myślami.

Z jednej strony naturalne wydawało mi się wspieranie inicjatyw, które związane są z szeroko pojętą edukacją (bo to właśnie staram się realizować na moim blogu). Z drugiej jednak strony bliskie mojemu sercu są te działania, które związane są z zaspokajaniem podstawowych potrzeb każdego człowieka, np. z zapewnieniem pożywienia lub schronienia. Jednocześnie rozważałem, czy wesprzeć jakąś małą fundację lub konkretne rodzinne domy dziecka, czy może ukierunkować pomoc na większą organizację, która potrafi działać nie tylko w Polsce, ale także w innych krajach, gdzie bieda ma dużo większą skalę. Nie bez znaczenia było też znalezienie wspólnego języka z daną organizacją i upewnienie się, że będziemy mogli zmierzyć wielkość pomocy pozyskanej za pośrednictwem bloga, a także informować czytelników, jak wykorzystywane są te środki.

W lutym 2015 roku zdecydowałem się otwarcie wesprzeć program dożywiania dzieci ***Pajacyk*** prowadzony od wielu lat przez **Polską Akcję Humanitarną (PAH)**. Uznałem, że warto wspierać tych, którzy zaspokajają podstawową potrzebę każdego człowieka i jednocześnie adresują pomoc do dzieci w szkołach. Ogromnie inspirowała mnie także niezłomność i postawa Janiny Ochojskiej – szefowej PAH-u, oraz zaangażowanie Michała Serwińskiego, z którym uzgadniałem szczegóły współpracy.

Pomoc w ramach *Pajacyka* udzielana jest mądrze, tzn. trafia do tych dzieci w Polsce, które takiego dożywiania potrzebują, a z różnych przyczyn nie są objęte wsparciem ośrodków pomocy społecznej. Liczba dzieci, którym uda się zapewnić codzienny posiłek w szkole, zależy od tego, ile środków uda się pozyskać PAH-owi od darczyńców. Budżet tej akcji nie jest duży – wynosi około 1–1,5 mln złotych rocznie. Miałem nadzieję, że swoimi działaniami pomogę go zwiększyć.

Średni koszt obiadu dla dziecka wynosi 4 zł. Już wcześniej przekazywałem na *Pajacyka* 10% przychodów ze sprzedaży kursu Budżet domowy w tydzień, ale w lutym 2015 r. ogłosiłem, że chcę zebrać do końca roku środki na 10 000 posiłków – siłami swoimi oraz ofiarnością czytelników.

Prawdziwy przełom w tempie zbierania środków nastąpił w 2016 r., gdy ogłosiłem akcję ***1 książka = 1 posiłek***. Do dzisiaj z każdego sprzedanego egzemplarza książki *Finansowy ninja* przekazuję 4 zł na *Pajacyka*. W efekcie na koniec 2017 roku łączna kwota przekazana PAH-owi wynosiła już 300 700 zł, co oznaczało, że ufundowaliśmy 75 175 posiłków!

Przyznaję, że na początku zastanawiałem się, czy nie lepiej przekazywać darowizny po cichu, w myśl chrześcijańskiego przesłania „niech nie wie lewica, co czyni prawica". Uznałem wtedy jednak, że będąc osobą publiczną, warto szerzyć dobre wzorce, m.in. publicznie pokazując systematyczne wsparcie dla tych, dla których życie nie jest tak łaskawe. Wystawiamy się oczywiście wtedy na ryzyko krytyki, że robimy to tylko na pokaz. Niemniej jednak wiedziałem, że taką krytykę potrafię udźwignąć. Otwarcie przyznawałem się także, że publiczna deklaracja wspierania konkretnej organizacji dobroczynnej to również zobowiązanie, które może ograniczyć ewentualną chęć wycofania się z pomocy, np. wtedy, gdy przekazywane kwoty zaczną być naprawdę duże. To świetnie się u mnie sprawdziło. Zamiast każdorazowo zastanawiać się, czy przelać na konto *Pajacyka* dużą kwotę, po prostu automatycznie uznaję, że to nigdy nie były moje pieniądze – jestem tylko pośrednikiem w ich przekazywaniu.

Dzięki publicznej działalności w zakresie promocji *Pajacyka* udaje mi się zarażać bakcylem dobroczynności innych przedsiębiorców. We wrześniu 2017 r. we wsparcie Polskiej Akcji Humanitarnej włączył się Radosław Kotarski z wydawnictwa Altenberg, który też zastosował zasadę ***1 książka* = *1 posiłek*** dla wszystkich wydawanych książek. W rezultacie w ciągu zaledwie dwóch miesięcy na konto *Pajacyka* wpłynęło z jego wydawnictwa ponad ćwierć miliona złotych!

Było mi niezwykle miło i czułem się niesamowicie zaszczycony i dumny, gdy podczas gali z okazji 25-lecia PAH-u otrzymałem nagrodę Honorowego Darczyńcy za moje zaangażowanie i wsparcie programu *Pajacyk*. Odbierając statuetkę, powiedziałem do zgromadzonych gości:

„Zaczynałem wsparcie dla *Pajacyka* jako coś małego – od pierwszych wpłat na kilkanaście złotych. Nie bójcie się zaczynać rzeczy małych. Gdy wkłada się w nie dużo serca, to przy odrobinie szczęścia można je powiększyć do rzeczy naprawdę dużych. Warto próbować!”.

Coś, co zaczynało się jako mały, niepozorny projekt, przerodziło się w coś ogromnego. I to mnie bardzo cieszy. Właśnie tak zmieniamy świat na lepsze. Róbmy dobro i zarażajmy się nim nawzajem.

ETAP 10 – PODSUMOWANIE I WNIOSKI

Era dużych projektów zakończyła pierwsze 6 lat rozwoju mojego bloga i 5 lat prowadzenia własnej firmy. Dopiero ten okres dał możliwość przyjrzenia się prawdziwemu potencjałowi skalowania mojej jednoosobowej działalności internetowej.

Nadal pozostaję tzw. *solopreneurem* – przedsiębiorcą działającym jednoosobowo. Chociaż niektórzy próbują wmawiać mi, że działając w taki sposób, hamuję rozwój własnej firmy, to niezmiernie cieszę się z luksusu niezależności i wolności, jaką daje mi właśnie taki model działalności. Nieustannie wyznaję zasadę, że to nie ja jestem dla firmy, tylko firma jest dla mnie. Jest tylko narzędziem pomagającym w osiąganiu moich celów – zarówno osobistych, jak i tych związanych z szeroko rozumianą edukacją, realizowaną obecnie w spokojnym tempie na miarę moich potrzeb i możliwości. Bez przerostu kosztów i brania sobie na głowę zobowiązań, związanych np. z zatrudnianiem pracowników etatowych. Czy to model dla każdego? Nie wydaje mi się. Daleki jestem od twierdzenia, że każdy może lub powinien być przedsiębiorcą. Niemniej jednak mój przykład udowadnia, że dzięki współczesnej technologii można nawet w pojedynkę rozwinąć biznes systematycznie zarabiający duże kwoty. A skoro o tym mowa, to wypada podsumować lata 2015–2017:

Wyniki finansowe 2015 r.	**Wyniki finansowe 2016 r.**	**Wyniki finansowe 2017 r.**
Przychód = 1 465 040 zł	Przychód = 2 467 308 zł	Przychód = 3 005 265 zł
Koszty = 284 455 zł	Koszty = 609 790 zł	Koszty = 925 998 zł
Dochód = 1 180 585 zł	Dochód = 1 857 518 zł	Dochód = 2 079 267 zł

Firma ma mi dawać spokój ducha, a nie być obciążeniem psychicznym.

Łącznie w latach 2013–2017 moja blogowa firma wygenerowała przychód netto w wysokości 7,5 miliona złotych przy kosztach 2,2 miliona złotych. Przyspieszenie nastąpiło jednak tak naprawdę dopiero w trzech ostatnich latach. Sam jestem zaskoczony, jak niesamowitą drogę udało mi się przejść przez ten czas.

Gdy patrzę wstecz, próbując analizować przyczyny tak dobrych rezultatów, to dochodzę do następujących konkluzji:

1. **Nie warto na nikim wzorować się bezkrytycznie!** Każdy bowiem może się mylić, ja także. Poza tym sposoby, które działały kiedyś, niekoniecznie muszą sprawdzać się dzisiaj. Nie dlatego, że są złe, ale dlatego, że zmienia się otoczenie biznesowe. Kiedyś masowo sprzedawano parowozy – dzisiaj mało kto je kupuje. Świat pędzi do przodu.

Niektóre autorytety w swoim ograniczeniu mogą zapewniać, że czegoś nie da się zrobić, a potem przychodzi ktoś, kto to robi, i wszystkim opadają szczęki. Tak zrobił np. John Lee Dumas, który jako pierwszy zaczął **codziennie** publikować nowe odcinki podcastów. Wszyscy podcasterzy – włącznie z moim idolem Patem Flynnem – kwestionowali ten pomysł. Wszyscy się mylili. W chwili, gdy o tym piszę, John ma już na koncie 1969 odcinków od 2012 roku, a jego przychody wynoszą blisko 13 milionów dolarów.

2. Warto szukać własnej drogi, zamiast podążać za stadem. Warto podglądać najlepszych, uczyć się od wielu osób, ale jednocześnie szukać tego, co pasuje do nas samych. Czasami widzę w blogosferze próby kopiowania 1:1 tego, co zrobili inni, i mam ochotę wtedy krzyczeć: „To tak nie działa!". Nadal chcesz moich podpowiedzi? To przeczytaj jeszcze raz tę książkę.

Gdy startowałem z blogiem, to najpopularniejszym w Polsce modelem zarabiania na blogu były proste, jednorazowe współprace komercyjne z firmami. Ten model był tak bardzo lansowany, że sam na jakiś czas uwierzyłem, że to dobra dla mnie droga. Próbowałem jednak słuchać siebie:

- Gdy większość pisała krótkie teksty, ja pisałem długie, eksperckie.
- Gdy większość ekscytowała się współpracami z markami, ja poszedłem w afiliację.
- Gdy większość współpracowała jednorazowo, ja zacząłem pozyskiwać partnerów na dłużej – kwartał i rok.
- Gdy większość mówiła, że przyszłością jest YouTube, ja wszedłem w podcasty (i nadal czuję, że ta forma lepiej do mnie pasuje).
- Gdy blogerzy wydawali książki z tradycyjnymi wydawcami, ja wydałem książkę sam (dla jasności – nie byłem pierwszy).

Wydeptywałem własne ścieżki, budując swoją przewagę konkurencyjną na słabo zagospodarowanych terytoriach.

3. Trzeba być asertywnym, bo nie da się zrobić wszystkiego. Kiedyś łapałem się wszystkiego, bo nie wiedziałem, co będzie dla mnie OK. Testowałem. Uczyłem się. Poznawałem własne reakcje. Dzisiaj mam już wyrobioną opinię i mocno stąpam po ziemi. Wiem, że czas nie jest z gumy i moja energia jest skończona. Zrozumiałem, że żeby zrobić coś dużego, trzeba się na tym skoncentrować. To dlatego porzucam dużo drobnych i średnich rzeczy, chociaż jeszcze kilka lat temu ochoczo bym się zabrał do ich realizacji.

To dlatego również nałożyłem sobie ograniczenie liczby występów na konferencjach – jako prelegent pojawiam się maksymalnie 3–4 razy rocznie.

Stale dopracowuję kontrakt z samym sobą – listę zasad, które pomagają mi wytrwać w takich postanowieniach i nie ulegać chwilowym emocjom (koncepcję „kontraktu z samym sobą" opisywałem w książce *Finansowy ninja*).

4. **Warto robić dla nielicznych to, co chciałoby się zrobić dla wielu.** Już wiem, że osobisty kontakt się nie skaluje i że nie da się rzetelnie odpowiedzieć na kilkaset e-maili, wiadomości i komentarzy dziennie. Zrozumiałem to wtedy, gdy podsumowałem liczbę godzin spędzanych nad skrzynką pocztową. Nie można jednak marnować czasu innych. Dziś na stronie „Kontakt" na blogu lojalnie uprzedzam, że czytam każdy przesyłany mi e-mail, ale odpowiadam na nie bardzo rzadko. Wciąż jednak trudno mi zaakceptować fakt, że ktoś liczy na moją odpowiedź i jej nie otrzymuje.

Dwie dobre wskazówki na temat tego, jak radzić sobie z nadmiarem wiadomości, usłyszałem od Cliffa Ravenscrafta, mojego podcastowego nauczyciela, podczas naszego osobistego spotkania na konferencji New Media Europe w Manchesterze:

- **„Im bardziej jesteś popularny, tym mniej powinieneś być dostępny".** Wiem, że może to brzmieć jak wykalkulowana fanaberia celebryty, ale tak naprawdę w tym stwierdzeniu kryje się obiektywna ocena sytuacji twórców internetowych, o których uwagę zabiega wiele osób. Zrozumiałem to wtedy, gdy zobaczyłem, że można przeznaczyć cały dzień na indywidualne rozmowy z czytelnikami, a i tak nie zaspokoi się oczekiwań wszystkich zainteresowanych osób. Przy dużej popularności kontakt 1:1 po prostu się nie skaluje. Trzeba dozować swoją dostępność dla innych, bo obiektywnie takie wsparcie indywidualne zabiera czas, który moglibyśmy przeznaczyć na tworzenie nowych, wartościowych treści, docierających równolegle do wielu osób.

- **„Staraj się zatem robić dla nielicznych to, co chciałbyś zrobić dla wielu"** – ta wskazówka Cliffa bardzo mi pomogła w uporaniu się z wyrzutami sumienia. To dlatego, gdy już odpowiadam na czyjegoś e-maila, to robię to najlepiej, jak potrafię w danej chwili. Mam wrażenie, że tylko troszcząc się o innych i okazując im szacunek, możemy sprawiać, że świat będzie odrobinkę lepszy.

5. Warto zrozumieć, w czym jest się dobrym i próbować się tego trzymać. Zauważam, że wiele osób zbyt szybko porzuca tematy, którymi się zajmują. Zanim dadzą sobie szansę na sukces, to przeskakują na następny kwiatek, zapalając się do kolejnego pomysłu – chociaż w porzuconym temacie całkiem nieźle się zapowiadali. Jeśli jakąś dziedzinę się „czuje" i chce się w niej być dobrym, to warto poświęcić na nią jak najwięcej energii. Wtedy zwiększa się szansę na osiągnięcie dobrych rezultatów, a gdy już się do nich dojdzie, to paradoksalnie zazwyczaj niewiele potrzeba do „podtrzymania płomienia". Tak właśnie było u mnie w roku 2017.

6. Jest OK być innym od większości. Po prostu – i lepiej w to uwierzyć. Inaczej trudno być szczęśliwym ze swoją odmiennością, a większość wcale nie musi mieć racji. Zresztą, nawet gdyby miała, to otwartym pytaniem pozostaje, czy wolisz zaliczać się do tych, którzy mają monopol na rację, czy raczej wolisz robić to, co kochasz, i otaczać się ludźmi, którzy cię lubią i w tym wspierają. Tych, którzy zawsze mają rację, raczej się nie lubi.

7. Jest OK mieć gorszy okres – jesteśmy tylko ludźmi. To, że praca się nie klei, nie mamy na nią ochoty bądź po prostu czujemy, jakby brakowało nam sił – jest po prostu ludzkie. Tacy jesteśmy. Nie jesteśmy robotami. Czasem potrzebujemy odpoczynku, niekiedy bardzo długiego. Im większy i bardziej złożony projekt, tym więcej czasu trzeba dać sobie na regenerację.

Uczciwie mówiąc, zajechałem się przez te kilka lat blogowania. Skutki tego odczułem dopiero po premierze książki *Finansowy ninja*, która wyssała ze mnie całą energię. Spodziewałem się, że wystarczą mi 2–3 miesiące odpoczynku od pracy. W praktyce pisanie było dla mnie męczarnią aż przez półtora roku. Nie miałem wyjścia, mogłem się tylko pogodzić z przeciągającą się niedyspozycją. Gdy w grudniu 2017 r. powróciła mi łatwość przelewania słów na papier, to niedługo później usiadłem do pisania tej książki.

Duże projekty są bardzo eksploatujące. Warto zaplanować sobie czas na odpoczynek po ich ukończeniu, na wyczyszczenie głowy i zregenerowanie przed kolejnym wyzwaniem. Co ciekawe, pomimo mojej znacznie gorszej formy, blogowy biznes nadal zarabiał pieniądze – największe w dotychczasowej historii. Wystarczyło po prostu systematyczne promowanie produktów, które opracowałem w poprzednich latach.

Na koniec chcę jeszcze raz podkreślić rolę i wagę planowania. Chociaż na przestrzeni lat wiele rzeczy wpadło do mojej agendy zupełnie przypadkowo, to główne projekty były wynikiem strategicznego podejścia do planowania. Z jednej strony byłem otwarty na skutki uboczne mojej działalności, ale z drugiej – starałem się poruszać zgodnie z wyznaczoną agendą. Płynąć w konkretnym kierunku i nie być tylko bezwiedną łódką szarpaną falami.

Przypomnij sobie mój plan opracowany na początku 2014 roku.

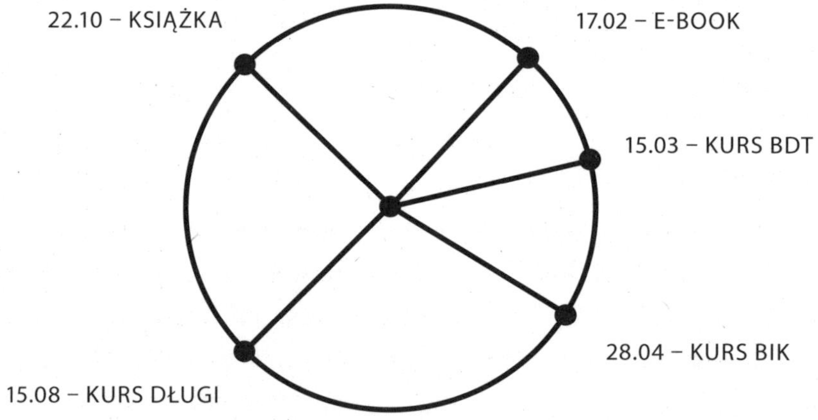

Jego realizacja zajęła nie rok, lecz aż trzy lata: w 2014 r. ukazały się tylko darmowy e-book oraz kurs BDT, w 2015 r. zadebiutował kurs Pokonaj swoje długi, a książka *Finansowy ninja* ukazała się dopiero w 2016 r. Całość zajęła więcej czasu, niż planowałem, ale boję się pomyśleć, gdzie bym był, gdybym nie opracowywał tego typu planów.

Czy to źle, że realizacja tych projektów tak bardzo rozciągnęła się w czasie? Trudno to ocenić. Bardzo możliwe, że *Finansowy ninja* mógłby nie być tak spektakularnym sukcesem, gdyby książka zadebiutowała dwa lata wcześniej. Ten dodatkowy czas służył pogłębianiu relacji z moimi odbiorcami, co zaowocowało później świetnymi rezultatami sprzedaży.

Książka ***Zaufanie, czyli waluta przyszłości*** to także element pewnego planu – rozliczenie z przeszłością i zamknięcie pewnego rozdziału, abym mógł śmiało pójść naprzód, realizując kolejne cele. Jednocześnie ma uchronić od zapomnienia te przemyślenia, które mogą być przydatne dla innych osób, próbujących podążać drogą podobną do mojej, ale nieco później ode mnie.

Sześć lat temu byłem etatowcem, który widział tylko bezsens i beznadzieję swojej dalszej pracy w branży IT. Pięć lat temu zakładałem swoją firmę i trząsłem się ze strachu przed skokiem na głęboką wodę. Dzisiaj mogę śmiało powiedzieć, że była to jedna z najlepszych decyzji w moim życiu. Ryzykowna, odważna, dla niektórych być może głupia, ale jednocześnie bardzo wynagradzająca, i to na wielu poziomach: emocjonalnym, psychicznym i również finansowym.

Przełamywanie *status quo* zawsze jest trudne. Droga moich ostatnich sześciu lat to liczne eksperymenty, które mógłbym opisać jako ciągłe doskonalenie warsztatu, sposobu, w jaki pracuję i przy okazji zarabiam. Sporo się nauczyłem i nadal uczę – także o sobie samym. Mam nadzieję, że opis mojej drogi pomógł ci dowiedzieć się także czegoś o sobie. Tego ci właśnie życzę i trzymam kciuki, abyś jak najszybciej znalazł się na swojej optymalnej drodze. Jak to powiedział kiedyś ktoś mądry: „Możesz być tylko sobą – każda inna rola jest już zajęta".

W treści książki znajduje się dużo odesłań do zewnętrznych źródeł.
Ich pełną, zawsze aktualną listę znajdziesz pod adresem → **zcwp.pl/bonus**.

ROZDZIAŁ 13

Epilog

Jest 14 marca 2018 r. Udokumentowanie mojej blogowej drogi zajęło mi niecałe sześć tygodni. Tym razem zdążyłem na czas – ta książka miała się bowiem ukazać równolegle z polską premierą *Gotowych na start* Pata Flynna.

O pracach nad tą książką wiedziały tylko najbardziej zaufane osoby. Publicznie poinformowałem o niej dopiero po ukończeniu pisania ostatniego rozdziału. Dlaczego trzymałem ją w tajemnicy? Odpowiedź jest prosta.

Z jednej strony obawiałem się, czy uda mi się zakończyć pisanie w założonym, dosyć napiętym terminie. Wiem już, jak smakuje gorycz porażki przy pisaniu książki. Kilka lat po debiucie przewodnika po Windows 95 zacząłem pisać analogiczny poradnik dotyczący kolejnej wersji systemu – Windows 98. Niestety zabrakło mi czasu. Można powiedzieć, że zmarnowałem dwa miesiące wakacji i nigdy tej książki nie ukończyłem. Jej premiera z kilkumiesięcznym opóźnieniem nie miała już wtedy sensu – pierwszą falę zainteresowania zagospodarowały liczne tłumaczenia książek zagranicznych. Obawiałem się, że ten scenariusz może się powtórzyć przy niniejszym tytule. Skoro nie chwaliłem się pracami nad książką, to o ewentualnej porażce wiedziałby tylko wydawca, ja i kilka osób.

Z drugiej strony nie chciałem zawieść zaufania moich odbiorców pustymi deklaracjami. Przy *Finansowym ninja* wielokrotnie przekładałem termin premiery książki i było mi po prostu głupio, że „robię z gęby cholewę". Wiedziałem też, że jakiekolwiek publiczne deklaracje wzbudziłyby od razu zainteresowanie i pytania, a potrzebowałem przede wszystkim spokoju i koncentracji na ukończeniu tego przedsięwzięcia w możliwie krótkim czasie. Nauczyłem się już, że w niektórych sytuacjach – nawet będąc tak transparentną osobą – lepiej pracować po cichu i dać światu znać dopiero wtedy, gdy dzieło jest gotowe.

LUDZIE

W tej książce pojawia się bardzo dużo imion i nazwisk. To celowe. Chciałem pokazać, jak ważną rolę na mojej drodze odgrywają inni ludzie. Pomimo że jestem zdeklarowanym przedsiębiorcą jednoosobowym, to nie byłbym tu, gdzie jestem, gdyby nie pomoc, wsparcie i chęć dzielenia się doświadczeniami przez inne osoby. W większości przypadków otrzymywałem to wszystko z dobrego serca i bez cienia interesowności.

Lubię powtarzać, że dobro powraca, ale jednocześnie chcę przestrzec przed traktowaniem relacji z innymi jako inwestycji. Tego rodzaju podejście uważam za cyniczne i prowadzące prędzej czy później do poczucia bycia wykorzystywanym przez jedną lub drugą stronę. Interesowność bezwzględnie zabija zaufanie.

Wierzę – i to także przejaw mojego zaufania do innych – że dobro powraca, ale problem polega na tym, że nigdy nie wiadomo, z której strony i w którym momencie. Dlatego warto być otwartym, pomocnym i dobrym przez cały czas, bez kalkulowania, co się opłaci, a co nie. Zdaję sobie sprawę, że brzmię zapewne dosyć idealistycznie, ale wszystkie efekty mojej działalności to tak naprawdę dowód na to, że ta reguła przynajmniej w niektórych przypadkach się sprawdza. Dlatego życzę ci, żebyś w to uwierzył i zaufał, że warto iść taką drogą.

Wiele mądrych osób mówi, że szczęście odnajduje się nie w zdobywanych dobrach, pieniądzach czy zaszczytach, ale w dawaniu siebie innym. Właśnie takie podejście prowadzi do wewnętrznego spełnienia.

Oczywiście można się wielokrotnie zawieść, natykając na osoby wykorzystujące naszą otwartość, ale uważam, że nie należy traktować ich złego zachowania jako podstawy do sprzeniewierzania się własnym zasadom i ideałom. Wolę nadal robić swoje i optymistycznie wierzyć, że każdy cwaniak chodzący na skróty prędzej czy później doczeka się sprawiedliwości, np. trafiając na większego cwaniaka.

MOJE SPOTKANIE Z PATEM FLYNNEM

Na deser zostawiłem piękną puentę spinającą klamrą całą historię opowiedzianą w tej książce. Pokazuje ona, jak wielką moc może mieć zwykłe dobre słowo wypowiedziane w odpowiednim momencie do innej osoby.

Przez pięć lat znałem Pata Flynna tylko korespondencyjnie. W 2012 r. obiecałem sobie, że kiedyś spotkamy się osobiście. Obaj tego chcieliśmy. Był tylko jeden zasadniczy problem: Pat generalnie nie bywa w Europie, a ja generalnie nie bywam w USA. Nie chcę niepotrzebnie narażać na stres rodziny i siebie (nie lubię latać), więc podróż do USA w ogóle nie wchodziła w rachubę. Musiałem poczekać, aż Pat zdecyduje się przyjechać do Europy.

W międzyczasie co jakiś czas donosiłem Patowi, co się u mnie dzieje. Przez długi czas byliśmy korespondencyjnymi znajomymi. W 2013 r. wysłałem mu zdjęcie Pawła, który, zainspirowany moim maratońskim wyczynem, przekroczył metę maratonu z podziękowaniami dla mnie. W 2014 r. informowałem Pata o pierwszych sukcesach afiliacyjnych. Później pokazywałem efekty kursu Pokonaj swoje długi, a niedawno chwaliłem się sukcesami książki *Finansowy ninja*. Cały czas starałem się pokazywać Patowi, że pełnymi garściami korzystam z wiedzy, którą dzieli się na blogu. Że efekty, które osiągam, to także wynik nauki na jego wpisach i podcastach. **Utwierdzałem go w przekonaniu, że warto, aby dalej dzielił się swoją wiedzą.**

Żebyście nie myśleli, że nasza znajomość toczyła się bezproblemowo, to przyznam się do pewnej wpadki. W lipcu 2014 r. **Pat zaprosił mnie do swojego podcastu**. Poczułem się, jakbym znalazł się w podcastowym raju!

Niestety, chociaż dobrze przygotowałem się do tej rozmowy, to nie byłem zadowolony z jej przebiegu. Pat miał chyba podobne odczucia. Gdy przesłuchałem nagranie, to stwierdziłem, że brzmię jak jakiś podekscytowany fan, który angielszczyzną z dziwnym akcentem próbuje coś przekazać na temat tego, że strategia „Be Everywhere" działa również w Polsce. Jakościowo odstawało to jednak od innych, naszpikowanych wiedzą odcinków SPI. Wspólnie z Patem uznaliśmy, że ten odcinek po prostu nie zostanie opublikowany... Gorzka pigułka, ale absolutnie nie miałem mu tego za złe. Drugiej szansy już nie dostałem i sam o nią też nie prosiłem. Wspominam o tym, aby nie tworzyć błędnego wyobrażenia, że wszystko, co robię, kończy się sukcesem. Tak nie jest, ale też nie rozpamiętuję porażek. Staram się z nich wyciągać wnioski.

Wtedy zdecydowałem się trochę „wstrzymać konie". Nie chciałem, żeby Pat uznawał mnie za psychofana. Wolałem, aby do naszego spotkania doszło dopiero wtedy, gdy będę w stanie rozmawiać z nim partnersko – bez patrzenia jak w obrazek. Uznałem, że poczekam, aż Pat przyjedzie do Europy, a nie zapowiadało się, że nastąpi to szybko.

W międzyczasie odwiedzałem konferencje blogowe w niedalekich krajach. Byłem dwukrotnie na ALIVE w Berlinie i na New Media Europe w Manchesterze i Londynie. Tam przekonałem się, że wcale nie wszyscy światowi blogerzy są w rzeczywistości tak otwartymi ludźmi, na jakich wyglądają w internecie. Powoli zaczęło rodzić się we mnie pytanie: „Jaki naprawdę jest Pat?". Czy przypadkiem nasze osobiste spotkanie nie zburzy tego ideału, który sobie zbudowałem na podstawie korespondencyjnej znajomości?

W międzyczasie docierały do mnie sygnały, że **Pat mówi o moim maratońskim wyczynie na przeróżnych konferencjach na całym świecie**. Przedstawiał tę historię dla zobrazowania tezy, że jako podcasterzy często nie mamy świadomości, kto konsumuje nasze treści i jak olbrzymi wpływ mogą mieć one na życie tych osób.

Gdy dowiedziałem się, że Pat będzie występował na organizowanym po raz pierwszy **Youpreneur Summit** w Londynie, to nie zwlekałem ani chwili.

Po szybkiej konsultacji z Gabi kupiłem bilet na konferencję. W listopadzie 2017 r. wsiadłem w samolot i poleciałem do Londynu.

Spotkaliśmy się po raz pierwszy w sobotę 11 listopada 2017 r. Dla obu z nas było to spore przeżycie. Dałem Patowi specjalny prezent: egzemplarz książki *Finansowy ninja* oraz baner, z którym wbiegłem pięć lat wcześniej na metę maratonu w Warszawie. To był strzał w dziesiątkę, uwzględniając to, co wydarzyło się później.

Pat prowadził tzw. *closing keynote*, czyli prezentację zamykającą całą konferencję. Podczas niej zrobił coś, czego kompletnie się nie spodziewałem. Zaprosił mnie na scenę, rozwinął baner i we wzruszających słowach podziękował mi za to... jak duży wpływ miałem na jego życie. Byłem kompletnie zaskoczony. Dotychczas wydawało mi się, że było dokładnie odwrotnie. Łzy napłynęły nam obu do oczu, a sala zgotowała nam owację na stojąco. Tutaj możesz zobaczyć wideo z tego zdarzenia → **zcwp.pl/spotkanie**.

Pat przyznał się publicznie, że **mój e-mail z 2012 roku przyszedł do niego dosłownie w przededniu zaprzestania nagrywania jego podcastu**. Nie widział już w tym sensu, nie wiedział, kto go słucha, i nie był przekonany, że podcast komukolwiek się przydaje. Na blogu już świetnie zarabiał, a podcast był wtedy sztuką dla sztuki. Czuł się wypalony, a presja nagrywania co tydzień nowego odcinka była dla niego coraz większą męczarnią. Chciał to uciąć.

Powiedział wprost, że tak jak ja sądzę, że on pomógł mi przebiec maraton i stać się lepszym blogerem, tak **on uważa, że mój e-mail uratował jego podcast**. Uświadomił mu, że są ludzie, którzy w dużym stopniu polegają na jego pracy. Stwierdził, że swoim uporem zainspirowałem go do kontynuowania nagrywania podcastu i stawiania sobie ambitniejszych celów. Doskonale rozumiem, co czuł Pat, bo sam czasami miewam chwile zwątpienia.

Byłem jednocześnie szczęśliwy, dumny i wzruszony, gdy Pat zaprosił mnie na scenę w Londynie. **Niesamowicie było dowiedzieć się po latach, że pomogłem mojemu mentorowi**. Spotkanie z Patem było klamrą zamykającą pewien rozdział w moim życiu. Niespodziewanie piękną klamrą.

NAUKA PŁYNĄCA Z TEJ HISTORII

Na koniec zebrałem kilka wniosków, które przyszły mi do głowy w trakcie ewolucji mojej pięcioletniej korespondencyjnej znajomości z Patem:

1. **Nie warto roztrząsać złych wydarzeń. Lepiej uznać, że są kosztem na drodze do tych dobrych.** Gdybym przebiegł maraton w pierwszym podejściu w 2009 roku, to być może moje życie potoczyłoby się zupełnie inaczej, nigdy nie wpadłbym w internecie na Pata i w konsekwencji nie uruchomiłbym bloga. Gdyby Pat opublikował słaby podcast z moim udziałem albo gdybym to ja obraził się za to, że nie chce go opublikować, to pewnie inaczej potoczyłyby się losy naszej znajomości.

2. **Nie warto chodzić na skróty ani rodzić podejrzeń, że się to robi.** Pozwoliłem mojej znajomości z Patem dojrzeć i okrzepnąć. Nie chciałem przedwczesnego spotkania w relacji fan-mistrz. Chciałem mieć pewność, że obaj spotykamy się jako internetowi znajomi, bez interesowności.

3. Czasami warto doczekać do bycia równorzędnym partnerem. To okazało się bardzo ważne z punktu widzenia mojej psychiki. Spotykałem się z Patem bez kompleksu niższości i bez poczucia, że mam do czynienia z kimś z innej planety. Już wiedziałem, że jesteśmy z tej samej planety, chociaż żyjemy na jej dwóch końcach. To pozwoliło mi czuć się swobodnie. Po prostu otwarcie rozmawialiśmy o swoich projektach i przedsięwzięciach, m.in. o chęci mojego zaangażowania w promocję jego książki *Gotowi na start*. Tak naprawdę jestem dobrym przykładem, że to, czego uczy Pat, sprawdza się także w polskich warunkach.

4. Na niektóre efekty naprawdę warto cierpliwie czekać bez nerwowego pospieszania. To trochę wbrew powszechnemu teraz pędowi. Obecnie mało kto chce odraczać nagrodę. Ludzie chcą wszystko „tu i teraz". Gdy kogoś poznają, to od razu spotkanie, interes, wspólne selfie i kolejny punkt na liście celów odhaczony. Czasami mnie mierzi takie instrumentalne podejście. Wolę wierzyć, że do wszystkiego lepiej jest dochodzić w sposób naturalny, czasem przypadkowy, niczego nadmiernie nie przyspieszając. Satysfakcja z osiągnięcia celu jest wtedy znacznie większa. Prawdziwej radości i wzruszenia nie da się kupić, trzeba sobie na nie zapracować. I jakoś tak mi się przytrafia, że rezultaty w takich przypadkach przekraczają najśmielsze oczekiwania.

5. Tworzone przez nas treści mogą pomagać konkretnym, nieznanym nam osobom. W trakcie jednej ze swoich prezentacji Pat powiedział: „Zastanawiacie się pewnie, ile takich «Michałów» jest w sieci i codziennie przyswaja to, co tworzycie, z korzyścią dla siebie i bez waszej wiedzy, że to się naprawdę dzieje".

6. Każdy ma chwile zwątpienia i potrzebuje realnego wsparcia. Wszyscy jesteśmy ludźmi. Targają nami te same emocje. Często tylko pozornie jesteśmy odporni. Dlatego tak ważne jest szczere wsparcie, np. w postaci ciepłych słów otuchy.

I tu mam serdeczny apel: jeśli korzystasz z owoców pracy jakichś twórców, to proszę – dawaj im co jakiś czas znać, że ich praca po prostu ci się przydaje. Podziel się od czasu do czasu informacją, jakie zmiany udaje ci się wprowadzać w życie przy nieświadomym współudziale takiego twórcy.

Dlaczego to takie ważne? Bo naprawdę każdy ma chwile zwątpienia. Myślę, że w szczególności dotyczy to twórców internetowych – zwłaszcza jeśli pracują w samotności i nie mają bezpośredniego, codziennego kontaktu ze swoją społecznością. Czasami wystarczy kilka krytycznych komentarzy (nawet uzasadnionych), aby podjąć decyzję „zamykam bloga" czy „kończę nagrywać podcast". Nasza psychika wyolbrzymia znaczenie krytycznych głosów. Gdy brakuje przeciwwagi, to łatwo jest zwątpić i uwierzyć, że krytycy stanowią większość (wierz mi – przechodziłem to). Z kolei przy jakimkolwiek braku pozytywnych głosów łatwo uwierzyć, że ludziom po prostu nie zależy na tym, co robimy.

Żeby jednak móc liczyć na takie wsparcie społeczności, to najpierw musimy pokazać się jako człowiek, który na nie zasługuje i po prostu daje się lubić. Takiego zaufania nie da się kupić. Trzeba sobie na nie zapracować, działając zgodnie ze swoim sumieniem i wewnętrznym kompasem.

To wszystko, co chciałem przekazać w tej książce. Będzie mi naprawdę bardzo miło, jeśli podzielisz się ze mną swoją opinią o niej, pisząc na adres **michal@finansowyninja.pl**. Gdyby przyszło ci do głowy publikować informacje o książce w mediach społecznościowych, to oznacz je proszę hashtagami **#zcwp** lub **#zaufanieczyliwaluta**. Oficjalną stronę książki znajdziesz pod adresem **zaufanieczyliwaluta.pl**.

Zapraszam także na stronę z dodatkowymi materiałami do niniejszej książki → **zcwp.pl/bonus**. Zachęcam także do dołączenia do specjalnej grupy na Facebooku, którą utworzyłem dla czytelników książki *Zaufanie, czyli waluta przyszłości* → **zcwp.pl/grupa**. Kto wie? Może warto zaufać, że coś fajnego z tego wyniknie?

PODZIĘKOWANIA

W tej książce przewinęło się bardzo dużo imion i nazwisk, ale to i tak tylko garstka w porównaniu z liczbą tych osób, które miały wpływ na to, kim dzisiaj jestem i co robię. Nawet jeśli nie wymieniłem Was imiennie, to jestem niesamowicie wdzięczny tym wszystkim, z którymi miałem okazję się spotykać, rozmawiać, wygłupiać i współpracować. Wszyscy wzbogaciliście mój bagaż życiowych doświadczeń i przyczyniliście się do wytyczenia mojej dalszej drogi. Jestem Wam za to niesamowicie wdzięczny – i bardzo dziękuję.

Nie byłbym jednak sobą, gdybym nie wyróżnił osób, które miały szczególny wpływ na napisanie mojej historii i powstanie tej książki.

W pierwszej kolejności dziękuję Bogu za opiekę, którą mnie otacza, wsparcie, dar wiary i nadziei oraz talenty, którymi mnie obdarował, i ludzi, których stawiał i stawia na mojej drodze.

Gabi – dziękuję, że jesteś najjaśniejszą gwiazdą w moim życiu, wspaniałą żoną, prawdziwym przyjacielem, tarczą, wsparciem, najbardziej szczerym krytykiem (a wiesz, że tego potrzebuję) oraz osobą, dla której stale chcę się zmieniać na lepsze, pokonując swoje ograniczenia. Motywujesz, inspirujesz, wierzysz we mnie nawet wtedy, gdy ja wątpię. Twoje zaufanie jest bezcenne. Cudownie iść z Tobą przez życie. Bardzo Cię kocham. :)

Mamo Magdo i tato Zygmuncie – dziękuję za mocne fundamenty, wsparcie wtedy, gdy było to potrzebne, i jednocześnie nauczenie, że w życiu na swoje trzeba zapracować samemu. Olbrzymi szacunek za to, że dopuszczaliście moje różne odchylenia od normy i nie przeszkadzając, pomagaliście tym samym przeprowadzać eksperymenty w szkole życia. To Wy nadaliście w moim życiu ramy znaczeniowe słowu „zaufanie". Mocno dziękuję także moim siostrom Marcie i Monice, dzięki którym poznawałem żeński punkt widzenia oraz uczyłem się, co to znaczy odpowiedzialność za młodsze rodzeństwo.

Mamo Elu – dziękuję za troskę, przygarnięcie pod swój dach, nieustający doping i wychowanie tak fajnej córki, która teraz wychowuje mnie. Jestem bardzo wdzięczny za wszystko.

Idalio i Szymonie – cieszę się, że wyrastacie na mądrych ludzi z mocnymi kręgosłupami moralnymi. Po prostu jestem z Was dumny. Życzę Wam, byście zawsze potrafili iść własną drogą i stąpali nią dużo pewniej niż kiedyś mama i tata. Mam nadzieję, że ta książka w odpowiednim czasie pomoże Wam tak, jak mi w swoim czasie pomogły inne książki, a także pomoże zrozumieć, co działo się w mojej głowie w tych gorszych okresach, których chciałem Wam oszczędzić.

Dziękuję również wszystkim mentorom – osobom, od których czerpałem wiedzę i których doświadczenia pomagały mi się rozwijać, a w szczególności moim szefom: Robertowi Jakubowskiemu i Piotrowi Cieślińskiemu z „Gazety Wyborczej", Wojtkowi Radusze z „Computerworld" i Jackowi Diehlowi z dcs.pl. Dziękuję też osobom, które poświęcały swój czas na cenne dla mnie rozmowy i ufały, że z tego Szafrańskiego coś będzie – Waldkowi Sielskiemu, Jackowi Myrsze, Ryszardowi Solskiemu, Jarkowi Kowalskiemu, Darkowi Partyce, Rafałowi Warmbierowi, Michałowi Jackowiakowi i Piotrowi Hryniewiczowi. Świadomie bądź nieświadomie – bardzo mi pomogliście i czerpałem od Was pełnymi garściami.

Kumpli wszystkich nie wymienię, ale w szczególny sposób dziękuję tym, którzy poratowali mnie w biedzie 10 lat temu, gdy połamałem się na stoku Pilska – Michałowi Darasowi, Maćkowi Warszawskiemu, Marcelemu Matyni, Darkowi Nożyńskiemu i Wojtkowi Szostakowi. Bardzo dziękuję!

Za inspirację do otworzenia bloga w największym stopniu dziękuję Adamowi Jadczakowi i Ziemkowi Borowskiemu. Adam – nie pomyliłeś się, warto było podzielić się tą wiedzą. Ziemek – Ty pierwszy uświadomiłeś mi, jak wygląda blogowanie eksperckie. Wiedzę pogłębiałem u internetowych mentorów, których już wielu wymieniłem w tej książce. Specjalne podziękowania należą się jednak dwóm: Patowi Flynnowi oraz Cliffowi Ravenscraftowi. Jestem Waszym dłużnikiem i fanem.

Szczególne podziękowania należą się również osobom, które pomogły mi uwierzyć, że warto napisać tę książkę – członkom mojej grupy mastermind, czyli Michałowi Śliwińskiemu, Markowi Jankowskiemu i Bartkowi Popielowi, którzy byli także jej wnikliwymi recenzentami. Zresztą nie tylko oni. *Zaufanie, czyli waluta przyszłości* nie byłaby tak łatwą do czytania książką, gdyby nie redakcja Gabi oraz kilku innych osób, które pomagały poprawiać i uzupełniać całość lub fragmenty. Dziękuję Annie „Bazylii" Samsonowicz, Krzysztofowi Bartnikowi, Zbyszkowi Papińskiemu, Marcinowi Hinzowi, Michałowi Koperze i Krzysztofowi „TesTeq" Wysockiemu.

Dziękuję też osobom, z którymi miło spędzam czas na rozrywce i rozmowach podczas wspólnego grania w CS:GO – Ewelinie Przywarze, Arturowi Janczakowi, Adrianowi Kwiatkowskiemu, Grzegorzowi Marczakowi i Krystianowi Podemskiemu.

Dodatkowo chcę podziękować niewymienionym tu jeszcze a ważnym dla mnie bratnim duszom internetowym, które na różne sposoby inspirują mnie swoją działalnością, konsekwencją i spójnością – Agnieszce Kaludze, Arlenie Witt, Ilonie Patro, Natalii Hatalskiej, Tomaszowi Sulewskiemu, Jakubowi Górnickiemu, Konradowi Kruczkowskiemu, Michałowi Pałce, Krzysztofowi Gonciarzowi, Maciejowi Budzichowi, Arturowi Kurasińskiemu i Michałowi Sadowskiemu.

Dziękuję także mocno Michałowi Serwińskiemu, który co prawda opuścił już szeregi PAH-u, ale kilka lat temu zaufał mi, że warto nawiązać długofalową współpracę na rzecz Pajacyka. Wiedz, Michale, że cały czas jesteś dla mnie wzorem do naśladowania pod względem zaangażowania w trudną pracę dobroczynną.

Chcę także podziękować mojej wydawczyni – Annie Zdrojewskiej-Żywieckiej za niezłomność, z jaką dążyła do wydania którejś z moich książek.

W końcu się udało i wierzę, że obydwoje będziemy dobrze oceniać tę decyzję. Dziękuję również za dobrą współpracę Kamili Wrzesińskiej, która zajęła się ostateczną redakcją tej książki.

I na koniec – bardzo dziękuję również Tobie za zaufanie, zakup i lekturę tej książki. To Ty nadajesz sens istnienia temu dziełu. Będzie mi bardzo miło kontynuować naszą znajomość poprzez stronę **jakoszczedzacpieniadze.pl**.

Powodzenia!

BIBLIOGRAFIA

Poniżej znajdziesz polecane przeze mnie wartościowe książki, podcasty oraz blogi. Są pogrupowane i w każdej z grup ułożone w sugerowanej kolejności.

KSIĄŻKI

Chris Guillebeau, *Niskobudżetowy startup. Zyskowny biznes i życie bez frustracji*, Wydawnictwo Helion, 2013

Simon Sinek, *Zaczynaj od dlaczego: jak wielcy liderzy inspirują innych do działania*, Wydawnictwo Helion, 2013

Timothy Ferris, *4-godzinny tydzień pracy: uwolnij się od schematu od 9 do 17: dołącz do niezależnych finansowo*, MT Biznes, 2011

Gary Vaynerchuk, *Ekonomia wdzięczności: zasada wzajemności w biznesie*, Wydawnictwo Helion, 2013

Pat Flynn, *Gotowi na start. Jak sprawdzić swój pomysł na biznes, żeby nie stracić czasu i pieniędzy*, Relacja, 2018

Pat Flynn, *Let Go: Expanded Edition: How to Transform Moments of Panic into a Life of Profits and Purpose*, Flynnspired Productions, 2017

MJ DeMarco, *Fastlane Milionera*, Gall, 2012

Michał Szafrański, *Finansowy ninja*, Kaveo Publishing, 2017

BLOGI

Smart Passive Income with Pat Flynn → smartpassiveincome.com

Michael Hyatt – Your Leadership Mentor → michaelhyatt.com

Tim Ferriss Blog → tim.blog
Live Your Legend → liveyourlegend.net
Leaving Work Behind → leavingworkbehind.com/blog/

PODCASTY

Podcastów można słuchać na stronach internetowych ich autorów lub w aplikacjach iTunes na Mac, Podcasty (na telefonach iPhone), Podcast Addict i Stitcher (na telefonach Android) oraz niektórych również w Spotify.

The Tim Ferriss Show – najpopularniejszy podcast biznesowy na świecie
→ tim.blog/podcast/

SPI Podcast – podcast Pata Flynna
→ www.smartpassiveincome.com/podcasts/

The Podcast Answerman – wszystko o podcastowaniu
→ podcastanswerman.com

Lead to Win – podcast Michaela Hyatta
→ michaelhyatt.com/leadtowin/

Online Marketing Made Easy – podcast Amy Porterfield
→ www.amyporterfield.com/amy-porterfield-podcast/

Mała Wielka Firma – polski podcast o przedsiębiorczości Marka Jankowskiego
→ malawielkafirma.pl

Więcej niż oszczędzanie pieniędzy – podcast Michała Szafrańskiego
→ jakoszczedzacpieniadze.pl/podcast

INDEKS